经济学的路径

——关于现代经济学理论和分析体系的随想录

崔勇列 著

中国财政经济出版社

图书在版编目（CIP）数据

经济学的路径：关于现代经济学理论和分析体系的随想录／崔勇列著．—北京：中国财政经济出版社，2015.5

ISBN 978-7-5095-6269-7

Ⅰ.①经… Ⅱ.①崔… Ⅲ.①经济学-文集 Ⅳ.①F0-53

中国版本图书馆CIP数据核字（2015）第140981号

责任编辑：卢关平　　责任校对：张　凡
封面设计：孙俪铭　　版式设计：董生平

中国财政经济出版社出版
URL：http：//www.cfeph.cn
E-mail：cfeph@cfeph.cn

社址：北京市海淀区阜成路甲28号　邮政编码：100142
营销中心电话：88190406　北京财经书店电话：64033436　84041336
北京京华虎彩印刷有限公司印刷　各地新华书店经销
787×1092毫米　16开　23.5印张　362 000字
2015年7月第1版　2015年7月北京第1次印刷
定价：48.00元
ISBN 978-7-5095-6269-7/F·5050
（图书出现印装问题，本社负责调换）
本社质量投诉电话：010-88190744
打击盗版举报热线：010-88190492、QQ：634579818

以价值的名义，此书谨献给一位中国劳动者，我的祖母

金　基　瑞

（1906～1993）

本书简介

本书以探析现代西方经济学（简称现代经济学）形成与西方历史背景特别是欧洲人文主义思潮的承继关系为出发点，深度研究现代经济学分析方法体系的思想基础；并以此为基点，进一步探讨分析方法论体系内部结构的逐渐转型与演变过程。本书还考察了现代经济学在其形成、发展和变化的历史过程中，如何通过与自然科学特别是数学或数理分析方法的结合，来自我界定自身在社会科学领域中的独特定位，以及这种独特定位如何影响经济学在现实经济局面中的实质作用。

作者的目的在于，深度分析经济学“历史性”和“时代性”之间的思想断层，以及经济学的“思想性”和“工具性”之间的复杂微妙关系。本书作者也试图探讨经济学与社会科学之间相互矛盾、相互渗透、又相互补充的复杂关系，如何影响经济学自身的发展和变化，同时又对社会科学的其他学科发生何种影响，以及这种交互作用的现实与长远意义。

本书的前半部分，主要分析微观经济学方法体系中主要构成部分的内容与涵义；解析其主要立论基础和概念之间的多重联系，以及经济学核心概念的内涵变化对分析方法体系所产生的重要影响；解释这一系列动态变化，如何影响后来的经济分析方法。本书的后半部分，则重点探讨宏观经济学的产生及演进，与微观经济学特别是其核心分析体系及其认识论基础之间相互继承和背离的过程及其历史意义。同时，本书也涉及并探讨了一些具体而现实的社会经济议题，譬如市场的历史学文化学涵义、“幸福”观念的经济学意义、行为经济学和经济合理性之间的关系、经济增长、经济发展、国际贸易、人口问题，收入差距、政府行为、能源价格以及本世纪初的世界性金融危机等。在涉及这些具体经济议题时，本书秉持作者一贯的立论主旨：思考经济学和社会、经济学和历史、经济学和文化、经济学和广义社会科学之间的相互关系，及其对经济学和经济学家的深刻意义。

本书共分二十四章（其中一章题为“外一章”），约31万字。

前 言
preface

现代的社会科学，都饱受失去目标之苦。它们也许没有失去方向，但是却失去了目标。经济学也许是最早失去目标的社会科学学科，虽然它的方向依然明确。这反映了我们这个不凡时代的共同文化特征：我们有明确的方向，但是却没有目标。我们生活在一个失去了对目标深切而敏锐感知的时代。

经济学失去目标的过程，似乎和其他社会科学有所区别。在20世纪初，当经济学从政治经济学阶段进入纯粹分析阶段时，就几乎明确地认为目标对经济学已经没有意义，经济学是不需要目标的科学，正如任何一个以完整的分析手段支托的科学不需要特定的目标一样。因此，与其说经济学失去了目标，不如说经济学放弃了目标。放弃目标，并不意味着经济学放弃了生命的愿望，而只意味着它变换了自身生命的形式。正像生命的目标虽然决定生命的内容，却不能决定生命的延续过程一样，失去了目标、也因之而改变了内容的经济学并没有断了香火，它依然强壮，甚至比紧紧拥抱目标之前更强壮。它只是变得简单：没有了目标，便没有了思想，没有了对思索和眷恋的执着，就一定会变得简单。

然而，在形式上，经济学不仅没有变得简单，反倒是变得异常复杂。最初的经济学（譬如在亚里士多德那里），似乎仅仅是对一些经济现象做出评述。也许是由于当时人类的经济生活结构相对简单，经济活动特别是商业活动相对萧疏，或是人类沉浸在精神和智慧的游戏之中，沉浸在人类和上帝、人类和自然之间宏大壮阔的对峙之中，而不愿（或者不屑于）把精力放在细细端详揣摩日常的生计方面。那是宏伟的年代，壮阔而澎湃的年代，人类全身心地追求惊异、追求无穷、追求永生也追求不朽。在那个年代产生了神话、史诗、戏剧、哲学和历史学，却没有产生经济学。在那个年代里，人们对日常生活的看法或见解，完全取决于其对宗教、自然和智慧学说的态度。日常生活有时是自然进程的一部分，有时又是上帝或宗教秩序意志的延伸。对日常生活方式及其内容的探讨或改变，都涉及一些深刻的文化或宗教禁忌。经济学说（包括亚里士多德的经济学说）都是作为哲学的附属物，或哲学家的社会学说或法哲学的附属物，而零星地出现在这些哲学家的著述中。这种情形几乎一直延续到中世纪的末期，甚至文艺复兴运动时期。严格地说，经济学的萌芽期是在文艺复兴时期和西欧启蒙运动相交时期，即公元15世纪至17世纪之间。它的产生也必须依赖于这两个历史运动所创造的总体的文化环境。

首先，经济学的产生必须有赖于宗教文化统治的终结和宗教禁忌系统的式微。否则，人们无法将日常的个人生活、个人行为、社会生活及其运动方式作为和上帝或宗教秩序的先验安排完全无关的独立研究领域，更无法把和宗教行为相对立的商业和经济行为作为完全客观和中性的研究对象。公元14～15世纪的宗教改革运动冲破了罗马天主教廷的文化统治和垄断局面，同时也以“新教伦理”的形式标树了社会成员将经济和商业活动与宗教生活和信念体系相隔开来，或将日常经济和商业活动作为彰显甚至荣耀上帝的活动形式。而文艺复兴运动和稍早些的自然科学（如日心说和物理学等）的兴起，则几乎完全否定了宗教文化的合理性，并以回归希腊时代的文化号召，开创了人文本体论，即以人本身作为社会文化核心价值载体的崭新的文化年代。在某种意义上，我们仍然生活在这个年代里。而启蒙运动则又把主要体现在艺术领域中的人文本体文化模式引入到社会科学领域中，建立了以人自主思维或理性体系作为主要媒介的文化体系。因此，我们甚至可以说，经济学是启蒙运动的直接产物。我们很难估量作为启蒙运动主体的哲学体系对经济学所产生的影响究竟有多大。但是，经验主义、理性主义以及后来的认识论批判体系对经济学研究对象的界定，以及经济学最初方法论体系的形成，无疑都产生了重要的影响。最初的很多经济学家同时也是哲学家，如大卫·休谟等人。在经济生活中，很容易运用这些启蒙时代哲学体系所惯用的方法论体系：

——我们如何认识经济现象，如何界定交换行为、货币与商品？

——我们对经济生活的认识以及所采取的经济决定，是基于经验的，还是基于知识和理性的？我们的经济活动与经济现象之间的关系究竟如何？

——是外在经济活动决定我们的经济行为，抑或恰恰相反？

重农学派的魁奈和杜尔阁等人同时又是启蒙运动的重要代表人物。经济学是经历了这一系列曲折复杂、却径途显明的文化历史运动之后，才得以成为一个独立的科学。经济学得以独立的过程真正值得我们赞叹、惊异并自豪：它摆脱了神话，摆脱了宗教，摆脱了哲学，摆脱了历史学，摆脱了政治和形形色色的文化学说，摆脱了重重的文化险关，摆脱了厚厚的历史迷雾，摆脱了数千年的矜持作态，勇敢地把哲人们最为不屑的日常生计、商业交换和银钱作为一门庄严科学的研究对象。也因为如此，经济学的产生，成为近代社会科学最令人鼓舞的伟大成就之一。经济学的产生，是人类在文化上最终以自身作为最高价值尺度的标志。

经济学的产生，是人文主义历史上最盛大的凯旋。

宗教改革运动大大地推动了欧洲国家的政治自治和政治独立的进程。在摆脱了罗马教廷的政治掣肘之后，这些国家必须重新定位其社会、国家和疆域的内容，也必须适应这种政治多元化所带来的社会生活方式的剧烈变革。这种局面，以及资本主义生产方式或资本主义历史形态的出现，也促使国家和社会组织重新架构和调整其在这一巨变的社会生活中之功能和作用。譬如，在马丁·路德的宗教改革运动之后，各德意志公国就面临一个如何管理和配置因为不必向罗马教廷缴纳税赋而出现的大量财政税金的问题。同时，急剧扩张的经济活动和海外活动所产生的社会财富，也要求更为密集和有效的管理方式的出现。这也是经济学产生的一个重要外在因素。

经济学是匆匆忙忙地产生的。它产生时虽很幼嫩，却雄心勃勃。它有明确的目标，即估测、管理、保存和扩大财富；也有明确的方术，即重商主义的囤积财富，多卖少买，多赚少花。虽然经历了数百年，我们在回顾经济学最初成长的时光时，仍不禁为它的纯真和朴实、为它的雄心和坚定的目标感而深深地感动。经济学最初诞生时的简陋有些令人难为情，但它却一开始就紧紧拥抱了社会，也拥抱了生活。在经济学的深情回顾中，我们都可以看见那道初生的经济学曙光如何照耀了一片黑暗的沃土，也可以看见那个帮助历史成长的管理算术如何急不可待地安抚人类的纯洁面容。

最初的经济学（我们暂定重商主义是最初的“经济学”）在后来的经济学说史上似乎没有得到应有的尊重。有的人认为它的起源过于简陋，分析方法过于幼稚，理论内容过于单薄，以致整个学说体系表现为为国家敛财致富的谋略之术，很难找到“科学”的痕迹。而有的人则认为它只涉及或论及了资本主义生产方式的表面现象，而没有触及其内在的运动规律。总之，最初的经济学（在大多数情况下它甚至不被认为是经济学说）的另外一个方面是：它坚定的目标感和对国家与整体社会利益毫无保留的关切，并把维护和增进这种利益作为其首要的职责。这是经济学最弥足珍贵的资产。不过，遗憾的是，经济学拥有这份资产的时间非常短暂。在形成一系列经济分析的方法论体系之后，这个资产便逐渐烟消云散。

迄今为止的经济学说史，如果以分析方法论的区分来看（这也是经济学说相互区分的主要标志），经历了重农主义—劳动价值学说阶段；生产要素学说—边际分析—均衡分析（局部均衡和一般均衡分析）阶段；非均衡分析—宏观分析—宏观和微观综合分析阶段；个人经济行为和经济决策分析—资产结构和资产选择分析—金融资产管理分析阶段；以及将经济分析方法扩延至其他领域，特别是社会成员的行为领域和具体社会现象的领域，并计算其可能造成的经济成本的所谓经济统计与社会行为学相结合的阶段（这后二者是相互重叠的）等几个大的阶段。在每一个阶段中，经济学都出现了历史性或突变性的转型。在第一个阶段，即重农主义和劳动价值学说阶段，或称“政治经济学”阶段，经济学尚未完全独立于其他社会科学学科。经济学的目的和其他社会科学的目的大致相近或相仿，即对一个特殊的历史形态（譬如资本主义生产方式形态）给出一个宗教学说般最缜密和无懈可击的解说，描绘这个历史形态“最根本”和“终极”的运行规律。在生产要素学说—边际分析—均衡分析阶段的经济学，已经完全脱离“政治经济学”的外壳而彻底独立。这个阶段是所有经济学发展阶段中最伟大也是最具关键意义的阶段。在这个阶段中经济学不再执着于给社会的历史形态进行最终解说的“任务”，而是严格划定了经济学学科的领域和边界，即商品交换领域或市场的特殊运作或作用形态。在非均衡分析—宏观分析—宏观和微观综合分析阶段里，经济学进行了一次深刻的方法论内省和自我批判，试图使经济学再回到与国家和社会整体利益体系相关的古典模式里。而在个人经济行为和经济决策分析—资产结构和资产选择分析—金融资产管理分析阶段中，经济学再次给自身划定了边界，以另一种方式对经济学的古典目标——对国家和社会利益体系的关注和卷入——的反叛，同时也脱出了单纯进行市场动力结构和动力机制分析的微观分析的范围。在这几个阶段中，经济学又融合了一个重大的历史性趋势，即与数学和统计学的紧密结合，以致数理分析和统计分析成为近一百年来经济学分析完全无可替代的主流。而同时，各个时期的分析方法体系又发生多样的变形，从而创造出许多新的经济学领域。如非均衡分析引出的垄断分析或不完全竞争分析以及厂商理论；宏观分析引出的消费函数理论和投资函数理论、充分和非充分就业理论；宏观分析的动态化引出的经济增长理论和经济循环（经济周期）理论，以及现代货币理论；另外，还有贸易理论引出的国际经济学理论和发展经济学理论（又称经济发展理论）等。

经济学经历了这种由直接目标性的财富学说至纯粹经济行为和经济结构分析体系的转换，使得它在外在形态上更像一门纯粹的分析科学，而它早期的社会本位的价值性质和对人类生活的直接关心态度却隐而不见了。这种态度在重商主义者那里充分表现出来后，在魁奈的学说中有所收缩，而在杜尔阁那里又重新生辉。但是，在劳动价值理论的年代里这种态度又有所反复：亚当·斯密似乎比较缺乏这种态度，而大卫·李嘉图似乎又热诚一些。这种态度在马克思那里表现得最为完美。

马克思的经济学说中对社会生活、社会进程和演化、社会结构和前途以及对人类的关心态度是无与伦比的。这和马克思本人的历史特征有关。他不仅是一位出类拔萃的经济学家，不仅是人类历史上空前的理论分析大师，同时也是人类历史上最伟大的思想家。他是从人类生存和发展的终极角度上展开经济学研究的。他的经济学理论每一个细节和每一个章节，都深刻蕴涵着对人类历史、人类苦难、人类进步与倒退、人类存在和社会演变的进程之间激动人心的冲突和对立的关切，深刻蕴涵着对社会运动内在机制、社会机体的生理结构的最细密严整的剖析，以及对这一系列运动终极的内在法则和动力学结构的始终一贯的眷注。他的经济学理论成为人类历史上最辉煌和最令人骄傲的哲学思维的成就。因此，他的理论成为人类历史上最伟大和不朽的人文成果之一。经济学在最初时期所表现出的那种令人感动的态度在马克思那里达到极致的境界之后，便几乎不可挽回地衰落了。在马克思以后，经济学彻底脱离了哲学，不仅脱离了哲学根因性或终极法则性的研究框架，更脱离了哲学的思辨方法论体系。这意味着，经济学（永远）不再是向社会提供准则、指明方向的科学。出现这种现象的原因可能在于：

1. 资本主义生产方式及其历史形态，在经历了长达两个世纪充满激烈的社会和阶级冲突、贯穿连绵不断的社会革命与国内战争的时期以后，进入了一个稳定成型的自律发展时期。这是许多19世纪的理论家们所未能预料到的。他们显然低估了资本主义这个人类社会中最大限度发挥物质创造力的强大历史形态的生命力和持续能力。他们所生活的年代只是资本主义的“初级阶段”，当然也是资本主义最野蛮、丑陋甚至最血腥的本性在社会和政治生活的各个层面上充分展露的时期。资本主义经历了这个黑暗丑陋不堪的阶段之后才进入了它的稳定成熟发展时期，这是20世纪以后的事情。而成熟时期的资本主义需要一种迥然有别于历史方向性、揭示规律性和激昂批判性的理论体系。在这个意义上，现代经济学就是资本主义经济学，就是以完全客观和中性（或非批判性）的姿态分析资本主义经济运行或运作的环节、功能形式和作用形态为己任。现代经济学告别其他社会科学学科的一个重要方法论特征，就是放弃批判。

2. 资本主义生产方式内在的巨大运动能力，不断而迅速变换着生产部门结构、生产的具体技术程序以及社会成员在生产过程中的作用功能形式，也迅速改变着社会成员在分配领域中的位置。因此，必须从多元化的立场去研究各种社会和自然因素在生产过程中的不同作用和贡献。如果资本主义经济成了全球无差别性的运动，那么它也必然是同时涉及社会和自然界所有物质存在的世界性运动。这些世界性物质存在和人一道在生产过程中发挥平等的作用。亦即，现代经济学得以彻底独立的过程中，必须逐渐并最终完全排除以人或人类价值为最终归结的社会人文科学体系的通用假设，或者欧洲人文主义历史强加给社会科学的通用暗含假设。在现代经济学中，人类只是生产要素之一，不是唯一的科学主体的归结。

3. 资本主义生产方式创造出无与伦比的社会财富，而且使财富的创造活动越来越具有全球均质性，使得财富的创造和分配本身必须脱离社会分析的局限而成为独立而纯粹科学部门的对象。亦即，现代经济学的分析最深刻的世界观假设乃是，世界是无差别的。在这个领域中必须毫不犹豫地排除社会科学其他领域中常见的引入局部性历史、文化、政治和其他社会因素的分析方法，必须以最坚定的姿态表明：在现代经济学领域中，这个世界是无差别的，任何局部性的因素都不能阻止共通的经济学运动方式的形态规则。

4. 在一种稳定而成熟的社会和历史形态中，必然产生由对终极事物的关怀（如对资本主义社会最基本运行规律的分析）转化为对具体运行机制、功能样式、行为模式的独立而专业化研究的需要。现代经济学不是阐明终极社会运动规律的科学，而是描绘现代人类如何在特定经济生活模式下对一定的经济信号作出自主反应而采取具体行为，以及在这种具体行为模式下经济体如何运作并保持均衡的科学。

5. 在19世纪和20世纪之交产生的科学技术革命的浪潮和科学主义的滥觞，必然深刻影响了社会科学对研究对象、研究风格、研究手段的重新选择。而经济学作为社会科学领域中最年轻、最缺乏自主和统一方法论系统的学科，必然率先和这股科学技术的历史浪潮相结合，以寻求独立的定位。科学技术革命的兴起，使得欧洲社会有机会对文艺复兴运动和启蒙运动（甚至宗教改革运动）以来以人文主义和人的价值为主要归结的批判性方法论体系做一个重新审视；与此同时，也给了社会科学领域新的启发，即社会科学是否也需要引进完全放弃道德批判而中性和客观实证的分析方法。现代经济学就是这种历史性重新审视的产物，也是社会科学多少引进和参照科学的实证性分析方法论的产物。经济学的数理化或与数学的结合，正是这个过程中最突出和具有代表性的现象。经济学必须借助于科学的实证分析方法论体系，通过和数学的结合，来摆脱对哲学、历史学、道德学等古老学科的依赖。经济学若不和数学结合，它就不可能完全独立，它就必须继续借用哲学、历史学、道德学、政治学和社会学的研究方法，它也会继续是这些社会科学部门的附庸。

经济学的数理革命，乃是经济学彻底独立于其他社会科学部门的根本性契机，也是经济学架构其独特科学面貌的根本性契机。但是，经济学也因此付出了巨大的代价：它必须重新组合并设定其研究客体或研究对象，因而也大大地缩减了其研究客体的范围。它必须将原有的许多研究客体和研究领地让渡给它从中独立的社会科学部门。它把分工和羊群送给了经济史，把贫穷、剩余价值和生产关系送给了社会学和政治学，把资本主义社会的运动规律和历史形态送给了历史哲学。经济学几乎只剩下一个研究客体，那就是厂商和个人的商业行为及由此形成的完全中性而无任何历史涵义的相互作用关系——供给和需求。围绕着这个极其单一且稍嫌贫瘠研究领地的，是繁琐复杂的数理分析的厚重篱笆，把自身和其他社会科学深深隔绝开来，谁也进不去，谁也出不来。

实际上，在马克思之前，萨伊的生产费用价值理论就已经开启了这个浩大革命篇章的首页，在萨伊的价值取决于工资、利润、地租等生产费用的理论主张后，便一劳永逸地将这三者之间的社会阶级关系涵义送出了经济学大门，而将其还原为无差别和均等的生产过程及其费用形成的要素或源泉。这是这场经济学革命最具震撼性和决定性的一步。其最深刻的含义，不仅在于排除了通过对不同要素（也可能被解释为“生产资料”）占有状态来分辨社会阶级关系在经济学中的意义，而且通过将只有人类才具有的特殊禀赋，即劳动力（或劳动要素），转化为和其他非人性生产要素（如资本、土地）完全无差别的“生产要素”之一的方法，彻底摒弃了社会人文科学方法论最根本的出发点和归结点——人类价值或人性因素的独一无二。由于这一步，经济学便永久地告别了历史学、哲学、社会学和政治学。从此，经济学便不再是“政治经济学”了，而是一门纯粹的科学。它不再凝视和拥抱人类价值、呵护和奉扬人性的独一，它只是冷静客观地观察与描绘特定领域——商品市场和商品交换——中人的行为和反应。随之而到来的，便是经济学历史上最伟大的分析方法的革命——边际分析革命（以下简称边际革命）。这是一场空前而完整的革命，为此后的经济学演进奠定了基本的方法论基础。没有门格尔、杰文斯、瓦尔拉斯等人的边际革命，就不会有后来的经济学；即使有，经济学也将呈现完全不同的风貌。在某种意义上，经济学因为边际分析革命才得以成为今日的经济学。不可否认，边际分析革命是20世纪社会科学领域中最重要和最有意义的成就之一。将它比喻为经济学中的“牛顿或爱因斯坦革命”，是毫不为过的。“效用递减”和商品价值并不取决于总效用或平均效用而是取决于边际效用的分析理论，至今都为我们提供了一整套须臾不可缺少的、同时适用供给和需求两面的经济分析方法论体系。其价值在于，它不仅是科学内涵很深的分析方法，同时也是极具实用价值的技术手段。这在经济学历史上从未有过。

但是，边际分析革命却同时又开启了另一个不幸的时代：一个过度理性和科学主义泛滥的时代。在瓦尔拉斯看来，科学的主要特征是在全然不计较功利效果的情况下追求纯粹的真理。天文学和几何学的真理对航海术大有助益，但航海术仅仅是一门技艺、不会由于得到科学真理的指导而成为科学。经济学则是一门从事观察、表述、解释的科学（当然从事经济学研究的也是科学家）。如果它要对经济社会规定法则、提出忠言和进行指导，那么它就变成了一门技艺。笔者曾在瓦尔拉斯墓前，望着远处日内瓦湖静静湖水沉思这番教诲的时候，突然觉得瓦氏有点“苛刻”：这个世界上包括中国在内，那么多对社会提出忠言、进行指导、设计“经世济民”方案的“经济学家”，或以此为职业而腰缠万贯，或得到社会各界的高度尊重，或具有重量“话语权”，他们到底算什么呢？他们还算“经济学家”吗？他们是有“技艺”的“工匠”，还是“不计较任何功利效果而追求纯粹真理”的“科学家”？我们做不出结论。既然边际效用分析体系同时具有科学和实用技术两个方面的价值，那么“经济学家”们也可能同时具有“科学家”和“技艺性工匠”两重身份。不过，瓦尔拉斯对经济学的这种定义，至少仍在一个严密的圈子里被奉为圭臬。

然而，讽刺的是，经济学之成为“科学”，似乎是经济学“自我认定”的结果，或者是它毫无保留地拥抱数学的结果（瓦尔拉斯本人就是出色的数学家）。而一旦经济学采用了这种认定，就必然采取和其他社会科学非常不同的姿态：固执地标榜理性，顽固地抛弃智慧，而且执意地无视它本应责无旁贷地加以关切的社会问题和社会议程。亦即，它放弃了目标。那些经济学本来认为负有责任的社会目标，已经被无情地推出了经济学的领地。经济学声称，它不需要、也不关心这些社会目标，它只是显微镜和解剖刀。这种现象至今都让我们感到心痛。边际分析革命——这一近代社会科学方法论体系中最令人鼓舞的成就却造成了经济学对社会的突然疏离和冷漠态度。

瓦尔拉斯的一般均衡理论和马歇尔的局部均衡理论，奠定了经济学最通常和标准化的方法论体系，也模塑了经济学的基本学术架构。他们让经济学成了一门科学。但是，他们却面临着一个致命的困境：经济学虽然放弃了目标，但是无法放弃它的研究对象或研究客体。它研究的是经济活动——在一定社会结构和框架之内展开的经济活动。它和自然科学体系仍然有着显著的区别：

1. 它的研究对象是不可实验和不可模拟的。人的经济活动在本质上是“人类的活动”，而人类的活动都在社会的架构里发生并持续。人类活动所产生的后果都会直接由社会来承受，而非像在自然科学那样自然界可以不必承受实验的结果。亦即，人类活动本身具有不可实验性，也不具有以非人类活动的样式加以模拟的特性。

2. 经济活动和自然界的活动不同，是具有人类智慧内容的。所谓智慧内容，不仅仅是指对于特定经济信号作出反应的心理因素，更是指在采取经济决策或做出商业判断时，人们对自我心灵的审视以及其与社会之间相互关系的估价。而这个过程是无法以数理模型来说明的。

3. 经济活动的结果必将引致社会后果，参与历史内容。例如，生产要素报酬比率的变动，最终的归结仍然是拥有这些要素的社会成员，亦即人本身从经济活动中获取报酬比率的变动，这个变动直接冲击社会结构，引发特定的社会议题并招致直接的社会后果。这个必然过程也无法以数理模型来说明。

人类做出经济决策和商业判断的智慧内容或智慧动力，不仅不能实验和以数学模型模拟，甚至不能限定和捕捉。因为智慧因素不能以数学来分析，而只能以智慧本身去感应。在这种致命的困境中，经济学家们只好用一系列的假设和前提来作为分析方法的支柱。假设和前提的最大作用是尽力在数理模型分析体系中剔除社会的和人类智慧的因素，尽量将人类活动塑造成类似物理或化学世界中因一定动力和外界干预而产生反应效果的类自然活动。于是，经济学使用这些假设和前提，将充满了智慧光辉和人类历史激情的经济活动凝冻或板结成无差异和标准化的类自然的活动样式；不再去揭示智慧和创造的骄傲，只是为了反映标准的社会机械力以及这个机械力的完美数学模型。这样呈现的人类活动，没有了社会的蓬勃活力和斑斓色彩，而只有一些符合规则和符合假定的往复运动。供给和需求，在最理想和最醒目的坐标点上不知疲倦地保持平衡或均衡的姿态，直到另一个假设和前提挪动它为止。在这个世界里，不仅智慧被扭曲，现实也被扭曲。现实和社会之母相分离，被塑造成有多个最佳的可能性，却又被无数假设和前提的藤蔓紧紧缠绕在苍白的理想世界。一个假定如果能永远和这些假设和前提为伍，便能永远拥有最佳态势的美丽社会蜡像。

在这种“理性”的膨胀中，经济或社会现实居然被扭曲成只和理论的理想境界共舞的非理性模式。这种经济学令人晕眩，令人高山仰止。宏伟美观的结构，玲珑有致的模型无不在赞颂着科学的堂皇和美轮美奂。毫无疑问，它也让我们骄傲，不是因为它的冷漠和高耸入云，而是它所体现的人类想象力的不朽。除了在经济学，社会现实永远都没有机会展现如此结构精巧和布局完美的鬼斧神工之作，永远都没有机会展示它整齐一律、清纯洗炼的风貌。但是，它所展示的这种社会现实在大多数情况下是不真实的。之所以不真实，并非因为它是虚构的，而是因为它太纯粹、太美丽了。

经济学，是关于数字或数据（或者具有数据内容）的社会科学。经济学方法论体系的出现与完整化，使得它本身具有了强烈的内在意识惯性，即经济学可能成为社会科学所有分科或所有领域的方法论基础：任何社会科学分科或领域中的客体，只要能加以数字化、数据化、统计化，它就可能成为经济学的一部分。这也是加里·贝克尔所强调的。当然，作为一个最早、也最完整地和自然科学特别是数学相结合的社会科学部门，经济学所凭借的方法论体系，是否应该成为社会科学所有领域中具有共用或共通性的分析平台？抑或经济学只是社会科学与自然科学之间方法论的中介或桥梁？

这是一个严肃的，却是空前复杂的问题。这使得我们不能沉浸在经济学的纯粹与美丽之中，我们必须认真地思考：经济学究竟是什么？

经济学究竟是什么？笔者试图回答并初步解说这个问题。但笔者知道这个问题几乎永不可解答，为此，笔者需要你伸手相助。

在本书的审校和出版过程中，中国财政经济出版社的卢关平编辑等提供了宝贵的支持，令我获益良多，在此深表谢忱。

崔勇列

2014 年 11 月 27 日感恩节于旧金山北郊肯特菲尔德镇

目　录

contents

第一章

经济学方法论的意义："现代"中"传统"的承续

在任何一个意义上，经济学都符合"科学"的标准，虽然很多人怀疑经济学是否真正是一门"标准"的科学。马歇尔曾承认经济学和其他纯粹科学（自然科学）的不同之处在于，经济活动"面对的是不断变换的人性力量（forces of human nature）"。但马歇尔同时又坚持，虽然经济学无法测量人类心理活动，但却可以间接地测量或推测（conjecture）人类心理活动所造成的结果。马歇尔把经济学定义为"研究最有力且最稳定地影响人们在其生命中商业部分之行为及因素"①。这种行为虽为追求商业活动之物质报酬的动机所驱使，但它却同时又是体现生命中最重要的价值，即责任感和生活理想，并最大限度贡献其终极能力的过程。人们这种努力及其过程，是以一定单位的金钱来测量的。金钱，无可否认地在精确地测量着人们生命历程中最稳定的活动——谋生的商业活动。正如化学的分子式使得它比其他形式的自然科学更为精确一样，经济学这种可测量的平衡式（不管它多么粗糙且不完善），也使得它比其他形式的社会科学更为精确。

① Alfred Marshall. Principles of Economics. MacMillan, 1st Edition, London 1890, Bk 1, II, p. 1.

“经济学密切审视着所有阶层——有时是所有国度的，而有时可能仅是那些居住在特定区域之中的——之人民的行为，特别是那些时时和交换活动相关的行为。”经济学家考察并测量那些被密切审视的人民为了他们希望得到的货品而付出多少钱，而且考察并测量究竟付出多少钱才能诱使这些人民肯付出他们本来厌恶的体力或人类能量的牺牲。这种性质使得经济学家多少类似那些精确的物理学家或化学家，而和其他社会科学部门大相径庭。

马歇尔的观点体现了大多数经济学家对经济学性质的认定，即经济学“科学”，是以客观中立的观测、审视、测量的方法论为主体的“科学”。它不同于社会科学或历史科学，它拒绝对社会及其价值涵义的确认。它唯一的责任是中性地测量和描述人类行为的结果。我们必须明白，经济学方法论的所谓“科学化”的过程，不仅仅是它单纯追求特定科学方法以摆脱其他社会科学体系“束缚”的过程，而是19世纪和20世纪之交欧洲文化产生一个重大转型的标志。在这个时期，宗教改革、文艺复兴和启蒙运动为主要动力，以追求和标榜人性价值，人类个性主权和人类智慧本体为主要内容的欧洲文化体系，逐渐转向和科学体系共存、向科学体系借鉴方法论的所谓“科学主义”滥觞的时期。经济学的所谓科学化，恰好是这样一个转型期社会科学体系所面临的景遇的写照。在其他社会领域里也出现了和科学相融合的科学哲学和实用主义哲学等思潮。当时，美国历史学家戈尔登·莱特（Gordon Wright）也曾大力推崇并倡导过这种方法论，他认为，社会科学家必须像化学家一样，在事实面前放弃一切预设的道德判断，而展开中立和完全客观的描述和分析，“那些具有智慧和正直态度者（intellectual integrity）有勇气面对一切事实，即使这些事实和自己最深刻的内在信念相冲突。”所谓自由的精神乃是拿不准“它”是否正确的精神（The spirit of liberty is the spirit which is not sure that is right）①。

这种方法论主张和瓦尔拉斯的主张是一脉相承的。他们都极力把经济学改造成超越通常的社会科学方法论基础，而尽量接近物理学和化学等自然科学的方法论体系的“科学”。这种努力部分地取得成功，因为在经济学研究的领域里，所有的活动都是可以直接或间接地加以测量的，这使得

---

① Gordon Wright. Notable or Notorious: A Gallery of Parisians. Harvard University Press, Massachusetts 1901, II, p. 47.

引用自然科学中的实证、测度和客观描述的方法成为可能。而同时，这种方法也部分地归于失败（这种失败似乎很晚才被人观察到），因为：

1. 虽然经济学试图模仿自然科学特别是化学的精确平衡分子式，但是两者之间有着本质性的差别。化学可以实验和模拟，而实验的结果正是其自然作用和运作的准确形态。但是经济学做不到这一点。经济学无法实验，它的平衡公式只是建立在一系列假定的变量之上的。这些变量和现实因素有很大的差距。

2. 经济活动是人类社会活动的一部分，也是人类生命活动的一部分。它必然反映文化心理结构和智慧结构，含有不容否认的人类本性的因素。而自然科学领域中是不存在人类智慧因素和人类本性因素的。马歇尔虽然认为经济学科通过测量人类商业活动的结果来间接地测得人类本性因素的作用力，但他却无法证明不同的心理与智慧结构，乃至不同的人类本性是否一定会产生出类似化学作用的纯粹而单一，因而可用标准平衡式（均衡式）来加以测度商业结果。

为了弥补这种致命的差异，经济学家们必须：（1）以主观假设（笔者将在后边详细论述其内容）来替代经济活动的不可实验性和不可模拟性；（2）必须基本上无视经济活动中一切社会文化和政治活动的因素，必须将一切不同社会形态下的经济活动还原为被纯粹单一的动机推动，追求单一设定目标的完全均质且无差别的机械性活动。这种方法论固然确立了经济学在社会科学方法论领域中卓尔不群的地位，但同时也发现这种地位有些尴尬：经济学试图接近自然科学，但它的不可实验性和不可模仿性却使得它只能留在社会科学的园地里；而经济学自得于其独特的方法论，固执地自我区别于其他的社会科学部门，又使得人们难以勉强将它归入到传统的社会科学领域中。

这种尴尬地位也对经济学本身产生了作茧自缚的作用：它必须放弃许多原有的研究领域和研究对象。如前言所指出的那样，它放弃了许多传统的经济学（或政治经济学）的研究议题，如交换形态、社会分工的含义、人口问题等。现在它更要进一步放弃更多的研究领域，如消费形态、政府和国家的职能、生产的国际差异和生产的部门差异等。等到几十年之后，经济学才逐渐地将这些曾被"赶出家门"的议题重新拾取回来，通过宏观经济学、国际经济学和发展经济学、经济增长理论等新的经济学学科的建立，来填充几乎被削减一空的经济学库藏。经济学就是这样走过几乎令人发笑的削足适履的阶段。为了迎合足以使经济学独立于其他社会科学部门的特殊方法论体系，而对研究对象或研究客体加以主观的重新整理和重新塑造。

瓦尔拉斯—马歇尔的一般与局部均衡理论是现代经济学方法论的基础，当然也成了经济学独立于其他社会科学部门的标志。经济学主要是通过其独特方法论体系，而非研究领地的划分来区别于其他社会科学部门的。不管经济学采用怎样的自我认定，经济学的研究领域有许多内容都和其他社会科学部门的领地相重叠或相交叉，因此独特方法论的重要性便更显突出。如果没有这些方法论，经济学就必须对研究领域和研究议题采取和其他社会科学部门相同的姿态，甚至必须在这些社会科学后边亦步亦趋。经济学必须有独特的方法论体系才能免于成为其他社会科学部门的附庸。为了做到这些，经济学必须小心翼翼地重新剥离那些和其他社会科学纠缠不清的研究议题，并极力将自身重新塑造成可以直接适用于新方法论体系的样式。经济主体及其行为必须简化，简化至纯粹并不含有任何社会价值含义的程度。经济主体行为动机的心理含义也必须舍去，因为对动机的心理含义的探索必将涉及文化学的领域。经济主体的需求和供给必须表现出相互均衡和对称的状态。经济学在这种努力中建立了一个观念上的“实验室”或“模拟室”。和现实世界中的实际经济运动不同，这个实验室或模拟室的运动剔除了外界因素的干扰和影响，也剔除了一切可能的社会含义，而在纯粹的环境中进行线性运动。

许多经济学家试图适度地修正这种纯粹“实验室”或“模拟室”模式，以便经济学能更为接近现实的经济活动。如帕累托和希克斯等人，以多组商品之间相互替代的边际替代理论和无差别曲线来力图充实瓦尔拉斯—马歇尔空泛的均衡理论。不过，他们实际起到的作用，恐怕并不是使原有理论更富有现实性，而是使它具有更细腻和更多元化的内容。当然，边际革命时期的一些初期概念，如“效用”和“边际效用”，已被内容更为复杂的概念所替代。

张伯伦和罗宾逊夫人（可能也要加上斯拉法）的垄断竞争和不完全竞争理论，和帕累托—希克斯理论相比，应该算是漫游于绿野仙踪的经济学自发的警世之作。它的立意异常简单而明确：经济活动不可能如此完美而纯粹，也不可能如此均衡且均质。经济活动是有差别的，这种差别不可能由于主观的假设而省略掉。张伯伦认为在经济活动中有一个完全不容否定的基本事实：具有同等效用的产品是有差别的，这个事实不容也不应该被假设省略。产品的差异性产生于生产过程、生产的地理环境、采用的技术，甚至不同的包装和品牌名称等。这种差异性使得供应商、生产者或生产要素提供者都有可能保持和他人不同的市场地位（张伯伦将其表述为垄断）。而罗宾逊夫人则认为，买方不断变换购买量所引发的供给价格的变动以及要素供给（特别是劳动要素供给）非常缺乏弹性，导致要素的边际成本价格与平均成本价格产生分离，形成非均衡现象或"买方垄断"现象。更令人注意的是，张伯伦曾特别论及一些更容易形成产品垄断的行业和部门，而罗宾逊夫人特别研究了劳动力缺乏弹性造成的"对劳动的剥削"。张伯伦和罗宾逊夫人的理论，其纯粹经济学方法论意义未必能在帕累托—希克斯理论之上。这个理论的意义恐怕主要的是文化学方面的。这个理论最重要的文化学意义在于，不仅大体上否定了"均衡"局面的合理性，也否定了经济活动以实验室或模拟室形态展开、完全抛离社会价值含义的方法论体系的合理性。这几乎是边际革命以来，甚至是整个现代经济学体系自萨伊时代以来，第一次自觉的文化反省。它不仅对现代经济学赖以树立其上的方法论体系核心内容提出了否定，更通过对现实经济活动结果所导致的价值含义的引入，力图使经济学回到社会科学阵营中来。

不过，张伯伦和罗宾逊夫人的分析方法体系在根本上仍然没有脱出马歇尔方法论体系总的框阵，他们只是分析了纯粹条件下所可能发生的一些例外情况，如在非均衡状态（如要素商品缺乏完全弹性，而这种状态并不时常发生）下的要素之间相互关系等现象。或许可以说，张伯伦和罗宾逊夫人的理论只是对瓦尔拉斯—马歇尔理论体系的补充，而非真正的挑战。他们丰富了原有理论的内容，给它增加了一层怜世的色彩。

真正震撼瓦尔拉斯—马歇尔梦幻学说的首先不是经济学家，而是20世纪20年代和30年代之交的经济大危机。这一场几乎埋葬了世界资本主义的经济大危机，粉碎了亚当·斯密的自由市场理论（通常被称为"看不见的手"）和萨伊定律面世以来，特别是经济学自边际革命以来一直引以自豪的方法论体系的根本基础——假设的均衡。这场经济浩劫让经济学丢尽颜面。这是非常诡异的现象：现代经济学方法论体系形成以来一直保持和现实经济局面之间的距离，而将重心放在分析个别经济主体（个人或厂商）的行为特征方面。它假设通过经济主体之间类自然性质的交换活动，整个经济局面会"大体"保持稳定或均衡状态，但是并没有刻意强调经济主体行为和经济局面之间的关系。这是我们在学习微观经济学（特别是前期现代经济学理论体系）时必须意识到的。但是，现在危机型经济局面的形成，却最后归结为现代经济学辛辛苦苦建立起来的方法论体系的失败。亦即，在绝大多数人（包括经济学家）看来，现代经济学说，特别是瓦尔拉斯—马歇尔理论体系，既是关于经济主体行为及其特征的学说，同时也必然是关于经济局面的学说。这是瓦尔拉斯和马歇尔等人所始料未及的。但是，外界关于现代经济学的这种认定，也必然得出现代经济学“失败”甚或其方法论体系“破产”的结论。换言之，不管现代经济学方法论体系的奠基人们怎样认定，在社会看来，经济学也必须是关于整个社会经济局面的学说体系。如果现代经济学为了刻意保持和经济局面的距离而着重关于经济主体行为特征的客观分析，那么在外界看来，这并不是经济学刻意不去碰触经济局面的议题，而是经济学在经济局面的阐述分析方面完全失败。真有点“出师未捷身先死”的悲凉。

在经济学说史上，凯恩斯理论的出现，有些类似圣经中的弥赛亚耶稣诞生的情节。凯恩斯似乎像一个代表着经济学根深蒂固的价值精神，却带来完全不同的拯救信息的经济学救世主。他的理论多少有些救世学说的味道。因此，凯恩斯的理论也有更为关怀社会和指导社会的古典精神。当然，凯恩斯的学说并非是一个社会学意义上的价值拯救学说，而依然是非常专业性的经济学说。但它和瓦尔拉斯—马歇尔体系却完全不同（本书后面将集中探讨凯恩斯理论）。他声明，总需求价格和总供给价格均衡时的有效需求是一种例外的，而非是常态性的或具有代表性的经济现象。经常的或具有代表性经济现象是有效需求的不足。而唯一能够补充有效需求不足，从而使总需求和总供给趋于均衡（有些类似一般均衡，但却涉及国民概念）的唯一力量是政府。在这里，凯恩斯几乎是以哲学家的姿态否定了已形成经济学深刻而牢固遗产的萨伊定律。借此，凯恩斯也和经济学圣经中的“旧约”部分，即萨伊、瓦尔拉斯和马歇尔以来现代经济学理论体系决裂，而开始了经济学的“新约”时期。人们通常将其归结为“宏观经济学”（macroeconomics）滥觞的时期。没有疑问，凯恩斯引发了一场足以和边际革命相媲美的经济学革命。这的确是一场值得赞美的伟大革命。因为它产生的背景，类似在万劫不复的灾难之后降临的末世审判，显得异常波澜壮阔，雄浑浩荡。同时，它也像一部诗篇般迷人，吸引了所有的人，包括那些卫道士般的经济学泰斗，如罗宾逊夫人和希克斯等人。他们都极力推崇凯恩斯的学说，并自愿成为凯恩斯阵线的成员。希克斯甚至极力否认他本人在此之前所获成就的意义。人们兴奋莫名，认为经济学开始了一个千年新纪元。随着凯恩斯学说传入美国，它也迅速替代了瓦尔拉斯—马歇尔体系在经济学中的地位，而后者在经历了那段"光辉"时期以后，已退居为几乎仅用于经济学教育和训练的基础课程。直到 20 世纪 80 年代为止，凯恩斯学说是经济学领域中无可争辩的主流。

凯恩斯革命是经济学史上最具有震撼性和影响力的事件。它实际上推翻了，或至少严重动摇了经济学自创始以来，特别是亚当·斯密和萨伊的理论出现以来被经济学视作最根本的暗含前提的理论信条——看不见的手，即价格力量的绝对自律均衡性。在这个革命中，也包含着对经济学理性科学主义傲慢态度的反省。其实，这后者，即对经济学理性科学主义方法论体系的批判与反省，是凯恩斯革命非常重要却被很多人忽视的一个内容。这个内容有重大的文化学含义，它是欧洲文化史发展中又一个重要阶段性特征的写照。在 19 世纪末 20 世纪初科学主义的兴起及其对社会科学领域的渗透（诚如本书中多次强调，这种渗透最具代表性的领域便是现代经济学方法论体系的形成）之后，欧洲文化史又到达了对过度科学主义方法论和思维体系及其在社会科学领域的影响进行全面反思的阶段，而这种反思又不脱欧洲人文主义价值体系的窠臼，仍将科学主义的泛滥视作类似宗教体系对人类自由思想体系和人性价值的压迫，并将这种反省的重点首先置于怀疑科学主义方法论和合理性方面。凯恩斯革命最重要的文化学含义便是，通过经济学方法论之缺陷性或有限性，以及其与现实或真实社会经济生活局面之间的差异，对科学主义在社会科学领域中的作用提出怀疑。只是，凯恩斯不像过去的启蒙学者一样伸张人性体系的独特价值，而是通过描绘分析人性要素及其对经济决策的影响之方式，来表明科学主义的方法论无法达到人性真正复杂的动机环节，无法揭示人性结构中微妙的运作机构。完全可以说，凯恩斯革命是欧洲另一波文化运动的代表性现象，虽然这个文化革命不像历史上几次重大文化运动那般引人瞩目。凯恩斯特别强调政府和社会在经济局面和经济行为总体格局中的责任，为此凯恩斯对"经济主体"概念进行了重新的定位：个别的经济行为主体被总括性和整体局面性的主体所取代；其在一系列严格而明确的假设下展开的经济活动样式，也被总括性主体无法以纯粹假设来限定的经济活动样式所取代。在这种取代之后，经济活动不再可能以假设来排除社会的影响和干扰，因为现在面临的是整个社会的局面，不再是在实验室或模拟室中，而是在真实社会环境中展开的真实的社会活动。经济活动必须面对一系列在原有体系内不可能被提及的问题，如就业和通货膨胀等。在这些问题面前，清高的理性科学主义态度和严格实证的中性分析方法都无济于事。也许这些问题不像许多社会科学家所认为的那样充满道德色彩，但它们都是必须加以正视的现实问题。在它们面前，经济学家不应该继续躲躲闪闪。

凯恩斯革命是一个重新将经济学牵引到社会科学领域中的革命，凯恩斯革命的这个含义比其真正的方法论内涵更为重要。在评价凯恩斯革命时，我们不能离开这个视角。遗憾的是，绝大多数人忽视了凯恩斯革命这个关键性的意义。

但是，凯恩斯主义的这种特性必然引起经济学对自身定位，特别是方法论定位，这样重大问题上的激烈争论。经济学是否应该继续保持实证和中性客观的传统？经济学应该如何定位？经济学如何对待自身的社会责任？经济学对经济局面的运动及其结果应采取何种态度，或“卷入”至何种程度？凯恩斯主义完全抛弃瓦尔拉斯—马歇尔体系，甚至亚当·斯密以来的全部经济学遗产吗？甚至，凯恩斯理论会导致政府或国家的权力扩张，进而造成社会主义式的局面吗？这种讨论非常痛苦和尖刻，而且具有伤害性。“两个剑桥之争”中的火药味，曾令人瞠目结舌。而这种争论似乎也导致了经济学阵营的大分裂（或可称为多元化）。经济学已不再有基于共同认可的方法论体系，并竭力使这个方法论体系更趋完善、更精巧和更充分的境界。质疑方法论体系的禁忌似乎一夜间被打破，社会问题和许多超经济的议题现在又重新回到经济学的怀抱。经济学似乎开拓了一个个新的边疆。

凯恩斯革命作为经济学范围内的革命，实际上也是经济学开拓新领域和新议题的革命。经济学突然发现，它曾把许多议题和领域推出了家门，而这些议题领域如果通过经济学方法可能会得到更完满的解释。凯恩斯革命大大拓展了经济学的眼界和胸怀，虽然许多经济学家们极力否认凯恩斯革命的价值（例如卢卡斯就曾轻蔑地说他根本读不懂凯恩斯的书），但他们的研究几乎无一不是在凯恩斯开拓的道路和凯恩斯扩展的视野上展开的。弗里德曼的货币学说是如此，加里·贝克尔的学说是如此，萨缪尔逊和“后凯恩斯学派”试图融合瓦尔拉斯—马歇尔方法论体系的努力更是如此。当然最令人欣慰的是，经济学在凯恩斯之后又重新拥抱了社会。如果经济学没有这种根本性的态度转变，我们很可能就见不到国际经济学、发展经济学（或经济发展理论）和一系列部门经济学如舒尔茨的农业经济学理论的出现，也见不到经济学家对一系列社会问题的关心态度，如托宾对贫穷问题的研究等，当然也看不到宏观经济管理、企业经营管理等所谓“新经济学部门”的出现。经济学家和今日经济学受益于凯恩斯实在良多，大大超出我们实际认识的程度。凯恩斯革命不仅是一场重新回归欧洲固有人文主义传统的文化复兴运动，同时也是一场经济学自身的深刻革命，它通过将经济学重新引入社会现实里去的途径，使经济学迅速成为有效地解释一系列社会现实问题的手段。但是，70 年代开始出现的工业化国家“滞胀型”（stagflation）的经济局面，导致了对凯恩斯主义的怀疑甚至否定态度。

人们开始怀疑凯恩斯主义是否“有效”，甚至许多人干脆认为凯恩斯主义已经“破产”。许多国家开展了“非凯恩斯主义”实验，如货币主义和供给派的实验等，而且也获得不凡的成效。但可悲的是，我们却忘记了凯恩斯革命超越其纯粹经济学学术内容的文化学甚至哲学的含义。凯恩斯革命最重大的意义——如前边不厌其烦地指出——在于它有深刻的文化复兴意义，在于它深刻反映了整个社会科学领域中固有的人文主义价值体系的复兴。这一点反映在经济学领域中，便是经济学世界观的革命。它重新将经济学引入社会现实中，也将经济学定义为社会现实或社会现实局面（整体性）的学说。这个革命所发动的不仅是经济学方法论和经济学议题的巨大跃迁，而且是经济学面对世界和社会现实的根本文化态度的巨大跃迁。经济学重新投入社会的怀抱，重新沐浴于人文精神的光辉之中。它不仅扭转了经济学的方法论体系，也重新给予了经济学方向和目标。

在进入 21 世纪的时候，我们看到的经济学似乎又是另外一个景象：经济学在凯恩斯革命的暮辉中惨淡经营，萎靡不振，显得迷茫而迟钝。经济学曾享有过的纯粹，活力，雄心，清高，坦荡的胸怀，坚定的方向和目标感已隐而不见。经济学似乎又开辟了另外一个道路：不是教导人们如何努力地组织合理的生产、追求合理的报酬、做出合理的经济决定，而是教导人们如何以钱赚钱，教导企业和个人如何看紧口袋、管好金钱。近几年获得诺贝尔经济学奖者，似乎有很多是私人财经专家或公司财务管理专家。例如诺贝尔经济学奖获得者、美国经济学家舒尔斯和莫尔顿就特别研究并设计出了评估股票选择权和金融衍生产品（如金融派生产品 derivatives），即金融市场中的避险工具，如奇异选择权（exotic option）、换息选择权（swaption）、期汇（forwards）、预期期汇（forward forwards）等的新模型。这两人都不是理论经济学家：舒尔斯是斯坦福大学财政学教授，莫尔顿是哈佛大学的企业管理教授。目前诸如此类的学者和他们关于金融股票市场的研究大有替代理论经济学地位的趋势。这不是这些学者的错误，也不是理论经济学家的错误。这实际上也不是一个错误，甚至是一个"有益"的现象。如果经济学能直接帮助人们赚钱，成为"芝麻开门"的魔咒，何乐而不为？更有甚者，有的学者（如史蒂芬·列维特等人）试图以经济学方法论的基本概念来分析一些最常见的具体社会现象（不是经济现象），如犯罪、种族、堕胎，甚至考试作弊等（我们将在后边的章节中讨论这个问题）。我们不知道这时的"经济学"还能否真正称作"经济学"，但是经济学之投入社会怀抱之后的脱胎换骨、放软身段，甚至毫无顾忌的样子确实令人震惊。这是否也是凯恩斯革命的余波之一呢？或者是它最后一声鸣笛呢？

2008 年爆发的金融危机，被普遍认为是由华尔街滥用所谓金融衍生工具而导致的。但是，没有人会拿那些获得诺贝尔奖的经济学家兴师问罪。他们的诺贝尔奖光环依旧闪亮。经济学家不会由于自己的学说和理论体系以及提供的分析工具而承担任何道德责任。理论体系是没有问题的，问题出自人们在实质经济生活中的操作。经济学家的道德豁免权似乎和经济学本身的"脱社会科学化"或"科学化"的历史进程有关。但是，这同时也可能意味着经济学不再重要。无论经济学如何演变，它似乎已经失去了对社会经济活动进行前瞻性导引和教导的能力与威望。我们所熟悉的经济学似乎跟随在经济活动的后边亦步亦趋，满足于对它进行解说和描绘，或者提供模型和量身定做的工具。令人迷惑的是，这是不是经济学的先哲，或者经济学本身想要的？

瓦尔拉斯—马歇尔经济学方法论体系确立以来，社会对经济学的理解和经济学对自身的理解之间一直存在着很大的差异。经济学家们强调，经济学是一门纯粹的科学，而不是一门技艺或一个工具，更不是行动的指南。经济学只是对社会现象进行客观实证的分析，得出相应的结论。经济学不涉及任何道德判断，也不是对某一个体、部门、阶层、社会团体的利益或福利表示出特别的兴趣。但是这回却对经济学一直保持着完全不同（也和社会对任何其他社会科学所采取的态度完全不同）的预期。社会认为经济学必须是一个"有用"的和具有功能性的工具。经济学必须对增进社会和社会成员福利、创造理想国民经济局面担负起责任并有所建树，否则经济学就是一门"无用"的学问。最近甚至有人提议取消诺贝尔经济学奖，"如果看一看现在的世界经济，经济学家实在不好再占这杯羹了。"近一百年来，经济学一直面临着社会对它所抱有的这种强人所难却又不可更改的压力。因此经济学在维护其纯粹科学的内涵的同时，也时时进行适度的调整。有时这种调整仅仅是态度方面的，而有时则是方法论体系和对象体系方面的。通过这样的动作，经济学向社会表明它并非一个完全"无用"的学问。凯恩斯主义就多少有这样的味道。但是经济学在向社会做出这种迎合性姿态时，仍然强调它本身的实用性质仅仅体现在它的政策性方面，即它仅仅为广泛的社会政治性决策提供适当工具性指导和建言方面。经济学决不会涉及（或堕落到）为社会成员或个体增加财富而充当谋士的程度。

美国经济学家坎贝尔·麦肯尼尔有一句名言："经济学不是教你如何赚钱的学问"（Economics is not a how - to - make - money area of study）①。而现在，经济学似乎又放宽了自己的底线，或者说进一步放下了身段。它热心地替社会成员出谋划策，让他们如何蛋生鸡鸡生蛋多快好省地赚钱。经济学家被不幸而言中，经济学成为谋财之道了。这无可厚非。社会在变，时代在变，经济学焉能不变？但问题是，这样变化之后的经济学，还算是经济学吗？经济学唯有这样才能找到"生存之道"吗？为了"生存"宁可不复为"经济学"吗？社会所期望和需要的变化就是这个样子吗？经济学为之而自豪，为之而奋发不辍的科学精神已该寿终正寝了吗？经济学"经世济民"、"经邦济国"的宏伟理想已是明日黄花了吗？经济学还需要目标吗？

我们谁也不知道，因为经济学自己也不知道。

---

① Campbell McConnell. Economics: Principles, Problems & Policies. McGraw - Hill/Irwin, 3rd Edition, I, p. 5.

第二章

均衡分析与边际分析：价值论向方法论的转化

源自边际革命的均衡分析是经济学分析的基础。没有均衡分析，整个经济学学说就要重新改写。均衡分析是关于纯粹合理性的分析。相互对应的两个因素在一个合理给定条件的推动下，以合理的轨迹相互交汇。我们可以从中发现一个最佳境界，一个无以替代令人赞叹的完美境界，最大含义上的合理境界。这是一个揉合了诗、颂歌和涅槃的世界，也是经济学家们的梦幻世界。世界上没有任何其他境界能像经济均衡那样，让我们如此狂喜雀跃。它有如我们艰难地攀上崖顶之后所看到的那轮旭日、我们绝望地涉过旷漠之后所拥抱的那片绿洲、我们漫长地漂泊之后所望见的那一缕故乡的清烟。尽管经济均衡只存在于经济学家的梦里，只长存于经济学家的心中，但是它的纯洁无瑕、它的玲珑剔透、它的冷凝冰清，却致命地吸引了一代又一代的经济学家为之折腰。在这个意义上，经济均衡不只是一个社会科学方法论体系、一个伟大的理论成就，还是我们经济学家生命的一部分。它象征着经济学家们最牢固的誓言和终极的委身，以至为之而生活和献身。经济均衡是一种非常独特的社会科学现象，在社会科学领域中，没有任何其他的理论或者方法论体系能够架构这样一个绝对完璧般和谐而美好的社会情境。在任何情况下我们都不能忘记，经济均衡是经济学家最崇高的信念所在；经济均衡是经济学家良知的终点。

我们有时非常惊异，这样完全改变了经济学面貌甚至社会科学面貌的边际革命和均衡分析是如何发端的？它和自然科学中的定理，如万有引力定理、物质不灭定理和相对论定理一样，是世界赖以运行的实在规则，只是像矿藏一样被人发掘了而已？抑或，和其他社会科学的成就一样，它是源自智慧和孜孜不倦冥想的产物？看来它二者都是。它反映了人类需求的最一般规律：如果你很饿，那么你吃的第一个馒头一定是最香的（或效用最大），第二个不如第一个，第三个不如第二个，以此类推，那你吃的最后一个馒头就是边际（margin）。效用的价值是由这个“边际”来决定的——因为在这个边际上，你已经吃饱了（达到最大的满足），不能再吃了。这是事实，人类自产生就有的最基本的事实，绵延了数十万年，却到了20世纪初才让经济学家点破，阐明为一个理论定理。在这个意义上，经济学家类似掘矿者。然而，和自然科学不同的是，经济学家无法通过实验或模拟来发现它。发掘它的唯一途径是智慧，包括非凡的观察力和思考力以及对社会及人类行为的最纯真的关切。如果缺乏其中的任何一个，我们可能都会和这个深刻改变现代社会科学风貌的伟大发现失之交臂。当然，我们也必须承认，和许多近代自然科学的发现一样，边际效用理论也是现代科学文化勃兴和科学主义思潮蔓延的产物，它同样体现了近代欧洲文化进化局面的基本内涵。

不过，均衡分析似乎并不完全是由边际革命一手催化的。均衡分析虽然充满了科学中性色彩，但事实是它建立在经济学家们对资本主义经济社会运行坚定的信心和道德肯定的基础上。均衡分析的前提和假设，如供给和需求的均等地位、竞争的含义、产业（industries）和厂商（firms）的概念，以及供给和需求赖以运动的总体环境都是资本主义市场式的，而非其他历史性社会经济形态的。均衡分析最深刻的历史文化含义乃是对资本主义市场经济形态的肯定。萨缪尔逊说：“任何经济体系都面临着共同的问题：如何将相对有限的资源分配在具有几乎无限需求的人们中间。毋庸置疑，经济体系乃是用以回答以下问题的社会组织：生产什么（产品和劳务）？如何生产？为谁生产？……然而，任何一种细致的分析都离不开最基本也最易懂的出发点：自由企业的市场体系是最纯粹的经济形态。”他的观点颇能代表一代又一代的经济学家们最隐蔽也最深刻的社会信念：对资本主义生产形态的无条件认同。

美国经济学家萨姆纳·斯利契特（Sumner Slichter）曾热切地鼓吹美国资本主义自由企业市场的“神奇性”。斯氏认为，在资本主义自由企业制度之前，人类曾经历过多种经济形态：家庭本位式的（family autonomy）经济形态，即完全家庭或家族自给自足式的经济形态；共产主义式的（communistic basis）经济形态，即社会成员按照集团意志从事指定的具体生产，而生产成果为集团所据有；专制性的（despotic basis）经济形态，社会成员在专制阶级的意志和安排下从事生产，而生产成果全部或大部归专制阶级所有；基于习俗和传统的（basis of custom and heredity）经济形态，即社会成员大多承袭其前辈所从事的职业，并将生产成果加以交换，而社会消费方式也几乎完全取决于习俗和传统。所有这些经济形态的共同特点是，社会成员的经济活动都受到社会组织单位的控制。斯氏认为，美国的经济形态是完全不同的：“我们的产业是由个人来组织的。自由选择你的职业，自由生产你之所好，自由出售你的产品，自由购买你之所需，自由决定你所愿之价。你乃自由人，你不受限制。你随心所欲从事生产，可不计有否需求，可不计过剩亦或不足。你愿买便买愿卖便卖不需任何理由。你是你自己的上帝，你不受任何控制。……此乃自由私人企业制度。”① 斯氏进一步将其概括为“放任”（let alone）和不插手（hands off）的制度。

斯氏认为这是最自然的制度。而这种制度得以自如运行的基本机制就是价格。斯氏指出，纽约每天接纳的牛奶量和它的实际需求量永远大体平衡，从未过多或过少。所有的牛奶生产者永远都知道自己应该生产多少，应该向纽约提供多少牛奶。不是什么人、什么机构或什么神灵告诉他应该怎样。他们依赖的法宝只有一个，就是价格。若价格上升，说明纽约有更多需求，生产者要么增加生产、要么将原来准备提供（譬如说）康涅狄格州的牛奶转而供应纽约市场；若价格下降，便说明纽约不需要这么多牛奶，生产者或减少生产、或将牛奶运至价格相对较高的地区。这个价格机制，如自然界中的韵律般规则而诚实，也准确而精妙。所有的经济个体都在价格的指引下自由运作。他或他们只跟从和服膺价格的指令，而且在这种跟从和服膺中发现和拥抱最真实而完整的自由。斯氏引用亚当·斯密的

---

① Sumner Slichter. Modern Economic Society. Henry Holt & Co.，New York，1928，p. 46.

话说，自由企业制度意味着最显而易见又异常简单的天然自由（natural liberty）。支持这种强大信念的基础乃是唯有自由企业才能带来的最大的满足（maximum of satisfication）。因为任何人都比别人更清楚更准确地了解自己的最大利益所在，因此他们为自己所作出的决定，要比别人或社会机构甚至政府代他们所作出的决定更准确、更合理。如果一个人有处置自己金钱的完整自由，那么他一定会购买那些会给自己带来最大满足的产品或劳务。而这种倾向通过价格机制反映到自由企业中，因此自由企业必然从事那些能最大限度满足人们需求的产品的生产。同时，如果人们有完整的自由去从事生产并选择生产方式，那么他一定会去选择最能满足人的需求又花费最少的职业或产业。

斯氏对自由企业制度的这种激赏性的阐述，在现代经济学界并不多见，因此也很引人注目。不过很明显的是，斯氏只是以美国式不加掩饰的率真大声说出了矜持的经济学家们难以启齿（因为这使得他们看起来像一个道德学家，而不是“经济学家”）却深藏于他们心中的信念。瓦尔拉斯和马歇尔也持有这样的信念，这是没有疑问的。不管经济学家们如何自称自己的科学公正性或客观性，他们的研究也必然建立在这种坚定的历史信念之上。而主宰了经济分析领域数十年之久的均衡分析方法，也同样建立在这种历史信念之上。或者说，均衡分析的两大要素，乃是对资本主义自由私人企业制度的历史信念和边际分析方法。

边际理论最初并非是单独的方法论体系，而是继劳动价值论、要素价值论之后的现代价值学说之一。在瓦尔拉斯和马歇尔那里，特别是在马歇尔那里，边际理论终于转变为分析方法。而随着这种转变，经济学也完成了一个巨大却很少为人察觉的历史性变化：经济学终于放弃了它曾视作生命的价值论体系，而代之以对资本主义生产形态或自由企业制度先验而深刻的历史信念的广义假定。从这时起，经济学不再需要价值论了。似乎这是“科学”的一贯方向，如生物学不会永远沉溺于进化论中一样。但是，这种对资本主义自由企业制度型生产形态的历史信念对价值论的取代，却是以非常暧昧也不完全令人信服的形式完成的：它将人类的基本行为方式，或者人类对应物质需求的基本关系形式或基本反应形式，转义为特定历史生产形态即资本主义生产形态的核心内涵，即将人类历史阶段中特定社会生产形态和人类恒久或永久性的物质需求形式单一地一体化了。这在逻辑上是不能完全令人信服的。边际理论迅速地从价值论体系到纯粹分析方法体系的转变，不无躲避这种文化逻辑争议的含义。

马歇尔曾论及了效用理论，很有些为价值论“盖棺论定”的味道。不过，马歇尔的边际理论与杰文斯、门格尔和瓦尔拉斯的边际效用理论稍有区别。他有时把第一效用当做边际效用，有时又把最后增量或最后效用当做边际效用。他强调“边际效用递减律”的基本前提是消费者的本性（character）和品味（taste）保持不变。但是，人的本性或品味实际上与消费的边际性或边际增量并没有关系，边际量涉及的只是人的需求程度。“本性”的变化虽可能导致人们的消费态度发生一些变化，但不可能影响特定的消费量。只要最低消费量存在，就有边际增量问题。而“品味”的变化导致的是消费选择的变化，它同样不影响以价格计算的消费量以及边际增量的变化。从马歇尔后来的论述看，他重视全部效用或总效用，甚于重视边际效用。马歇尔也由此将边际理论完全地转化为方法论。

马歇尔之所以对边际理论采取这样模棱两可的态度，可能是为其价格理论建立更广泛的基础。因为，马歇尔认识到，对经济分析来说，具有决定意义的是价格理论，而非边际效用理论。边际效用理论反映了非价格假定条件下人类需求的一般生理性或物理性规律，譬如一个人在深山里发现甜美的野果，那么这个人和野果之间便没有价格机制，他可以一直吃到不想吃为止。但是在价格机制下，边际效用将发生一些变形，价格的变化将会影响人们的边际选择：人的需求量决定于价格。如果一个人必须付出特定价格才能吃到野果，那么他可能只品尝一点或者干脆一点也不吃。在这种情况下很难判断真实的“边际效用”在哪里。而边际分析方法，则是判断在特定价格条件下，人们进行消费的最后增量或最后临界点在哪里。如果价格下跌，人们将提高其消费量，以致超出实际的合理需求或边际需求。如果某饭店的自助餐价格很便宜，那么人们会大吃一顿，以致摄食量大大地超出边际需求。如果价格上升，那么人们会减少消费量，以致达不到合理的边际水平。如果牛肉价格上升，那么人们会减少其消费量，以致人们的牛肉摄取远远低于一般合理的边际需求水平。这就产生了一个严重的问题：边际效用指的是单纯的最后增量，而边际分析则是基于“基本合理”增量的变化。意即，边际分析必须假定人们在一个合理或最适当的消费增量点（或者在特定价格条件下“最合理”的点）上停止或不再扩大消费行为（这种边际假定也适用于其他领域，如生产分析等）。然而，超过边际点而继续扩大的消费行为（或其他经济行为）则不能单单依靠边际分析方法，而必须依靠独立的价格分析方法。换言之，单纯的边际效用理论不涉及价格因素，而边际分析理论则将分析设定在特定价格条件约束下“合理”的最后增量。如果消费行为出现突破“合理”限界，即超出自身“合理”和“真实”需求的消费行为，就必须依靠独立的价格理论来分析。

在边际分析转入价格分析之后，均衡分析才得以成立。没有价格分析，供给和需求的关系便没有意义。譬如，一个人在山里面对丰盛野果时，并不存在“供给与需求”之间的关系。在这个意义上，局部均衡分析和一般均衡分析没有本质的区别，二者都是分析“价格条件”下的供给与需求之间的关系。但是，现代经济学家似乎更加推崇一般均衡分析。因为只有一般均衡分析才能准确描述市场各个组成部分和各个要素之间相互依存（interdependence）的关系。也就是说，局部均衡分析只能描述供给和需求之间的静态状况（当然不仅限于某一特定产品，而是任何特定产品），但是不能描述和说明社会产品之间、生产要素之间和超越单纯供需关系的其他经济学问题。只有通过一般均衡分析，才有可能将经济学分析引向更为深层和具体的经济学议题上。例如，只有通过一般均衡分析，才可能从事生产分析（生产函数）、消费分析（消费函数）和效率分析（最佳资源配置，福利理论和收入分析等）。也就是说，后来组成微观经济学主体的一系列分析领域，都是基于一般均衡分析、而非局部均衡分析之上。当然，局部均衡分析和一般均衡分析的核心都是价格分析。但是，一般均衡分析却有可能扩展到纯粹价格分析领域之外。例如，效率分析或效率理论的许多内容都和纯粹价格分析无关。因此，美国经济学家理查德·吉尔（Richard Gill）强调一般均衡分析就是微观经济分析。吉尔将“均衡状态”表述为：“整个社会在无需任何中央指导，仅仅依靠‘看不见的手’的作用下独立发挥功能的私人利益和个人决定，而解决了诸如产品的价值决定，产品的生产量，收入分配和生产方法等一些具有根本性的经济问题。”① 显而易见，按照这种定义，一般均衡分析方法已经超出了纯粹价格分析的范畴。

吉尔同时也强调价格分析在微观经济学中不可动摇的核心地位。一般

---

① Richard Gill. Economics and the Public Interests. Mayfield Publishing Co. , California, 1991, p. 7.

均衡分析和局部均衡分析的核心依然是价格分析。不过，价格分析在这两种分析体系中具有不同的地位和不同的形态。在局部均衡分析中，价格是纯粹影响供给和需求量的因素。但是在一般均衡分析中，价格不仅影响供给和需求量，也影响经济结构和经济运作形态（我们将在后边对这个问题加以讨论）。作为纯粹影响供给和需求量的因素，价格的作用基本上是静态的，价格的上升或下跌，都会影响已有的均衡结构中的供给量或需求量，导致旧有均衡状态的解体，并树立另一个新的均衡状态。因此，价格分析在局部均衡分析中的地位，就表现在新的均衡状态成立的一刻。它很难分析经济运行中的动态状况。静态分析的特点是“假设其他因素不变”(other things equal assumption)，因此在不可避免地分析价格的变动对均衡状态的影响时，必须无视造成这种变动的原因，而仅仅分析变动的现象本身。

例如，在供求分析中，商品数量的增加，一定会导致商品价格的降低；而商品价格的提高，则又一定导致商品数量的增加。商品供给量的增加是价格上升或需求增加的结果，而商品价格的提高也是需求增加的结果。但是，商品供给量的增加带来的却是价格的下降。于是产生了一个尖锐的问题，即所有和需求增加有关的因素不可能同时发挥作用，而必须遵守一定的先后次序。然而，在局部均衡分析中却没有这样的假设。

商品供给量的增加既然是价格上升的结果，那么商品供给量一定会立刻带来价格的下降吗？如果商品供给量的增加一定带来价格的立即下降，那么商品生产者便无利可图，在下一个类似局面中，他们不会再采取类似的举动。这样，在下一个局面中，商品价格的提高也不会立刻引起商品供给量的增加。如果这种假设成立，那么社会必须在价格—产量的循环中各经历一个商品供给过多（因为商品供给增加招致了价格的立即下降）和商品供给过少（因为即使价格增加也不会引致生产者立即扩大产量）的阶段。而在这个模式中，均衡状态和非均衡状态是并行不悖共同存在的。因此，将这种模式称为“均衡”并不公允，也不准确。虽然一般的局部均衡理论都以平面曲线坐标图形式加以表述，但是供给和需求之间的相互作用实际上是线型的或继起式的。由于这种实际的性质，它们之间的相互作用必然受到时间因素的阻滞而发生变形，从而出现二者之间不能直接相互作用和影响的灰色区域。在逾越这个灰色区域之后，通常会出现两种情况：

1. 供给和需求之间再次恢复相互直接作用和影响的形态，供给量的增加导致价格的下降，价格的上升引起供给量的增加。这一点可直接用“定点”价格弹性理论来解释：

$$E = -\frac{P}{Q} \times \frac{dQ}{dP}$$

式中：E 代表价格弹性，P 代表价格，Q 代表供给量，d 代表增量。

在这里，价格弹性是需求量与需求价格之比的函数。这意味着在供给与需求的一个特定交叉点上，需求量和需求价格呈现充分弹性，亦即需求量完全随从供给价格（见图 2-1）。

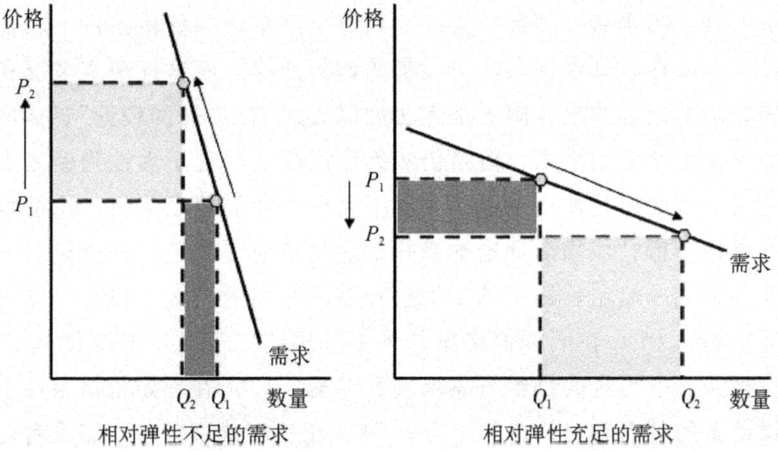

图 2-1　需求曲线图

这两个坐标图上，需求曲线中的点（P_1，Q_1 或 P_2，Q_2）不应该理解为均衡体系中具有先验性的均衡点，而是在经过上述灰色区域之后，亦即经过时间阻滞阶段之后出现的暂时性供需平衡局面。弹性需求的时间阻滞期要长于非弹性需求。必须指出，在这个局面里，需求量是“随从”供给价格，而非和供给量维持均衡。换言之，需求量的变换完全根据供给价格调整，而在不同的价格条件下，供给量可能完全相等，或者在相同价格条件下，供给量可能已经不同。而这个现象可以理解为在“时间阻滞”条件下，供给者对不同需求状况可能采取的不同态度。而这种态度不一定完全是“均衡条件”式的。

2. 供给和需求双方都进行适度的自我调整和自我抑制，以便获得最大利益或最大效用。如在需求增加时，生产者并不立即提高产量，而期待价格进一步上升；在供给增加时，需求者并不立即加以购买，以期待价格进一步下降。

$$S = \frac{D1 + D2}{dP}$$

式中：S 代表供给，D 代表需求。

因为供给者依据经验得知，如果立即扩大产量可能引起价格的急剧下降，而需求者也根据经验得知，在立即扩大购买后可能会引起价格急剧上升。这时价格弹性已经失效。在这个时区内，供给者必须判断自己的利益是处于价格降低条件下销售量的扩大、抑或适度控制产量条件下价格的稳定甚至上升；需求者必须判断自己的利益是处于较高价格条件下较低的购买选择、抑或在较低价格条件下大量的购买选择。而这种现实情况在除去时间因素的平面曲线坐标图上是无法加以表述的。“蛛网理论”，试图探讨在均衡状态中的时间因素，但是仍然无法说明人们基于理性判断之上的选择性行为。这使得均衡理论显得非常不完整。我们曾经指出，均衡理论的核心是价格分析，但均衡理论本身并不能简单地等同于价格理论。均衡理论涉及的是某一给定价格条件下供给和需求之间的平衡。但是，均衡理论却不能解释：（1）在同样价格条件下不同供给和需求量的变化；（2）在不同价格条件下出现的供给与需求量的平衡；（3）在一定价格条件下生产者对供给量的判断和对价格的态度；（4）在一定价格条件下需求者对需求量的判断和对价格的态度。所有这些因素都会影响价格水平，因此也影响供给量和需求量的变化，而这些变化不一定导致供需均衡。按照完全竞争理论的假设，厂商将收益最大化的途径就是提高产量；但是按照边际理论的假设，厂商的收益只能在边际收益等于边际成本的时候才可能最大化(获取平均收益)。在这个“点”上继续增加产量只能使边际收益低于边际成本，从而使平均收益下降。在扩大产量的前提下仍旧维持边际收益等于边际成本的平衡，就必须假设即使在扩大的产量下价格也不会降低（这说明需求量一直会在给定价格条件下追随供给量)。在完全竞争假设的均衡理论范围内，作出这样的结论并不困难。均衡本就是一种不需要前提的先验存在，在任何情况下，供给和需求保持均衡只需要价格条件给定的先验假设，不需要其他前提。但是在进一步的引进边际理论的分析中，则不可能作出这种结论。边际收益等于边际成本的等式需要一个前提，即厂商满足于获得平均收益。而厂商一旦不满足于平均收益，企图在给定的价格条件下获得平均水平的“最大收益”，就必须：要么使价格水平无论在任何产量条件下都能保持不变；要么在已经给定的价格条件下降低产量，从而保证边际收益高于边际成本。而这二者中的任何一个都会打破均衡分析体系的根本定律：价格一定随着改变的供给或需求量而有所变动；或者，在给定的价格条件下降低产量会破坏供给和需求的均衡。

然而均衡分析不会进入死胡同（我们在下一章中会进一步讨论这个问题）。因为均衡分析的中心是价格分析。在这里的价格分析，有一个不易突破的韧性：价格条件是由供给和需求条件之间的相互适应和平衡所给定的，因此很难估量除了供给量和需求量因素之外其他影响价格水平的因素。而一旦要引入这种因素，方法论体系只能在均衡分析体系之外另起炉灶。虽然均衡分析理论受到某种修正或怀疑，但不会被彻底遗弃。这是均衡理论最强韧的生命力所在。人们可以无尽地怀疑，修正甚至批判均衡理论，却无法彻底摒弃它。

均衡本来就是梦境，只要人类有梦，它就不会没有价值。

第三章

均衡分析到无差异曲线：供给和需求均衡的实象

商品供给量的增加和商品价格的上升，并不仅仅是需求量变动的结果。如果生产者采用新的技术、新的设备和新的工艺，也能提高商品产量。而产量的增加也会刺激消费者扩大消费量（需求量），因此产量的扩大不一定带来价格的降低。而且，如果商品生产者无法扩大产量甚至必须降低产量，也会带来价格的上升，而这种情况和需求的变动状况没有关系。在需求量不变的情况下，单单是供给方面的变动也会引起价格的变动。在现代经济学体系中一个基本的定律之一便是，供给量的变动（扩大）基本上不取决于社会需求量的现状。供给量的扩大永远以引起需求量的扩大为前提。在这种定律下，即使价格下降，只要生产者相信供给量的扩大会引起需求的扩大，那么供给量也会增加。而局部均衡分析是无法容纳这些定律的。在局部均衡分析中，供给和需求必须相互对应，而价格也必须只对供给和需求的变动做出反应。这是“假设其他因素不变”的真正内涵。

不过很少有人注意到的是，边际分析、局部均衡分析和价格分析本身，实际都是将重点放在需求之上的分析。亦即，微观经济学分析的重点是需求分析。这当然不无理由。人的本性不是在供给中，而是在需求中得以完整地体现的。需求表现的是最基本的人类经济本性——欲望。而经济活动同时又被形容和理解为给人的欲望以“最大满足”的活动。从边际效用开始，直到消费理论、无差异曲线和边际替代曲线等，经济分析便一直以需求为主要支点而架构起均衡理论的模型。需求量决定价格，也决定供给量；而价格和供给量只是影响、而不是决定需求量。一般均衡分析似乎也比较侧重需求方面的分析，但是它的分析方法将局部均衡分析中“假设不变”而舍弃的因素纳入为其必备因素。因此它也必须对供给方面作出观测和评价。于是一系列生产和资本理论也得以由供给理论派生出来。

当然，在需求分析中，供给和需求在不同的市场内是可以相互易位的。在商品市场上，厂商是供给者，消费者是需求者。在要素市场上，大多数消费者转而成为劳动要素的供给者，而厂商则成为这种生产要素的需求者。不过，在任何条件下，供给都严格地定义为资源的供给，而需求也严格地定义为对资源的需求。因此，在均衡分析中何以出现偏重需求的特点，的确是耐人寻味的。显然，经济学在拟定其最根本的出发点时，显然将人的本性因素置于资源条件之上了。

最初的均衡分析（无论是局部均衡分析还是一般均衡分析）都是以需求分析作为重点，以需求决定供给和价格为基本假设的。也就是说，均衡分析是以完全竞争条件下产品市场的需求分析为基本出发点的。在这种分析框架中，唯一的变数是需求量，而供给条件是假定不变的。这种分析的难点在于，需求者大都是比较分散的个人，而供给者大多是比较组织化的厂商，他们之间的行为方式几乎完全不同。前者比较多地表现出人性的基本特征，如一时冲动而缺乏理性、盲目决定而缺乏判断、希望捡便宜而缺乏产品知识，他们的决定是即兴的、直接的或随意的；而后者则完全不同，他们的决策是社会组织化的：精于分析和计算人的习性、充分估计各种市场因素且完全理性、掌握完全的产品知识，他们的决定是基于理性的，依据客观分析和充分信息、且依照集团和组织化原则运作的。因此在市场上，显然是供应一方更具有“优势”的地位。这种不对等的市场地位，仅靠价格机制是很难保持客观均衡的。明显的事实是，较为分散的个人或个体之所以能表现出足以和供给保持均衡的统一的“需求度”，是因为需求者必须对一个相对统一的供给源泉表示认同，并加以追随。“最大的满足”，实际上就是这种被动的认同。这个被动性认同的真实含义便是，需求者（消费者）的非理性、盲目决断、缺乏商品知识、缺乏集团性的特征，对供应者（厂商）理性、客观而精密的决断，充分商品知识和市场信息，以及集团和组织化行为特征的屈服。因此，需求者（消费者）必须屈从于供应者对商品形式和内容的定义，被动跟随厂商对商品的设计和制造，因此也在消费决策过程中追随供应者（厂商）对价格的态度和定义。一个特定品牌的产品有着千万个消费者或需求者，或者某特定产品特别畅销，并不是因为这些产品能够为这千万人带来内容完全相同和在计量上完全相等的效用和满足，而是因为消费者或需求者在厂商通过精心策划与设计、拥有充分的商品知识和相关技术的定义权、以及集团或组织决断的模式来营造的社会气氛和社会商品意识下，对这种产品产生了超越纯粹效用之上的共有的意识或观念认同，产生这种产品一定带来特定和不可替代满足感的错觉（我将在后边专门分析这个特殊的经济学问题）。“最大的满足”并不仅是指产生最大的效用，而且也包含了需求者（消费者）对供应者（厂商）的这种被动认同和追随中产生的行为变形或观念扭曲。固然，不完全竞争理论和垄断竞争理论试图解释这一问题；但是，即使在完整竞争假设下的均衡理论中，它本来也可以得到比较合理的解释。遗憾的是，经济学已经失去了这个机会。均衡分析将分析支点置于需求之上，可能是一个严重的失误；而不完全竞争理论和垄断竞争理论也未能充分地加以纠正。

现代市场经济（无论其性质为完全竞争亦或不完全竞争）的根本特性乃是供给决定需求，也决定价格。这种特性，无论在产品市场亦或要素市场上都毫无例外。在产品市场上，均衡状态显示为“最大限度的满足”；而在要素市场上，均衡状态则显示为“最大利益的获得”。虽然“最大限度的满足”和“最大限度的利益”在形式上显示为供给和需求在价格条件下的均衡，但是正如“最大限度的满足”的实际含义是需求者对供应者的共有认同和追随一样，“最大限度的利益”的实际含义也是要素的需求者对供给状况的认同和追随。要素的需求者只能按照要素的供给条件来决定要素的组合和替代。换言之，生产过程中的要素组合或配合比率，以及要素之间的相互替代，并不是取决于要素的需求状况，而是取决于要素的供给条件。这是后来产生的生产函数理论的真实含义所在。这个理论探讨的正是经济学中最关键的一个命题，即“如何生产”或“如何组织生产”的问题。在一个生产总体中必然出现特定的生产要素之间的组合方式（很多人将其描述为某种生产要素“密集型”经济）。而这种组合方式取决于各种生产要素的现实供给价格。除非某种生产要素的投入条件达到某种技术极限（譬如无限辽阔的耕地中只有一个农民，或者无数的农民只能在极其狭小的耕地内工作等），否则任何生产要素之间的组合都取决于这些要素的供给条件，或者价格条件。这一点在典型的均衡分析中是无法充分剖解的。在均衡分析体系中，供给和需求之间的均衡，并非指供给量和需求量之间的均衡，而是指供给价格和需求价格之间的均衡。由于价格的作用，使得均衡条件实际上由供给状况支持的真相显得更加模糊。因为价格不仅调节供给量，也调节需求量。

供给条件或供给状况决定均衡状况的结论，本来不应被忽视，因为它太显而易见了。一般地说，需求是无限的，而资源的供给是有限的。任何供给都是一定形式的资源的供给。这使得占有和利用资源满足需求的行为，必须付出价格或费用。在这个意义上，价格不是由无限的需求，而是由有限的供给状况或供给条件决定的。但是在均衡分析中，供给与需求在某特定价格条件下的“均衡”，却使这种真相隐而不见。在均衡分析看来，这种特定价格条件下的“均衡”就是供给和需求在“量”或“度”方面的均衡，双方在这个条件下都得到“最大的满足”。而实际情况是，供给者（生产者）和需求者（消费者）的所谓“最大满足点”具有完全不同的含义，甚或，这个“最大满足点”的概念本身具有重大谬误：供给者（或生产者）永远不存在特定的“最大满足点”，它的“最大满足点”就是资源供给的极限点或“竭尽点”；而需求者（消费者）也不存在特定的“满足点”，既然需求是“无限”的，那么在逻辑上它当然不可能被“最大地”满足。均衡条件，即特定价格条件下的供给量和需求量的“均衡”，只是需求者（消费者）“中止”需求或消费的“点”，在这个“点”上，需求者（消费者）可能达到、也可能达不到“满足”。价格条件的制约使得需求者（消费者）的需求量只能或只好“到此为止”。在均衡条件下，需求状况影响价格的现象应该被理解为，需求的变动实际反映的是供给的反向变动：需求增加反映的是供给的相对减少；而需求减少反映的实际上是供给的相对增加。而且，我们必须注意到的是，就社会整体的供给和需求状况而言（从一般均衡分析的视角而言），需求减少的现象实际上反映的是需求类型、需求形态和需求偏好的变化，而非需求本身的减少。需求的增加以及由此而产生的价格变动，反映的恰好是供给的减少或资源的日益稀缺。因此无论需求发生何种形式、何种程度的变化，它都必须追随和认同供给状况或供给条件的变化。而供给状况或供给条件的变化，不仅引起需求状况或需求条件的变化，也引起需求模式和需求结构的变化。

在市场经济世界中，需求者（消费者）所接受的产品并非任何无差别的产品，而是“某种产品”，或“某种品牌”的产品。只有在非市场经济体制下，需求者（消费者）所接受的产品才可能是“任何无差别”的产品，亦即这些需求者（消费者）并不一定追随或认同特定“品牌”的产品。需求者（消费者）与“品牌产品”之间的关联虽并非固定或一成不变，但却是非常常见和广泛的现象，以致可以说，在市场经济条件下，人们只接受特定“品牌”的产品。这种现象可以解释为，需求者（消费者）只追随和认同生产这些“品牌”产品的厂商或供给者，接受这些厂商或供给者关于他们的“品牌”产品独一无二的片面声明。需求者除了跟随和认同供给者之外，没有其他的选择。在供给者面前，需求者只能比较，而无法选择。供给者肆无忌惮地玩弄和摆布需求者，而需求者却束手无策。我们原本自耕而食自织而衣，现在一包方便面里裹夹着小麦生产者、食品加工商、包装材料加工商、防腐剂生产商、印刷商、运输商、批发商和零售商等一大堆不请自来的“供给者”。我们使用方便面，并愿为此付出价格，并不是因为我们人类的“本性”喜欢它，也不是这种含有防腐剂的食品比天然农作物更能给我们带来包括营养成分在内的“最大的满足”，而是因为这些供给者将这种东西硬塞给了我们。我们必须食用方便面，否则很多人会饿肚子。方便面的出现让许多人改变了生活习惯，即改变了“需求”形态或“需求条件”。如果没有方便面，我们本不会饿肚子，但是食用方便面后突然再没有了方便面，我们就可能会饿肚子。供给者就这样为我们设定和建造了一个特定的需求形态和需求条件。而我们在被强迫接受这种形态和条件时，却还得意地认为供给者在竭力地迎合我们，迎合我们的“需要”，我们因此而得到“最大的满足”。在这个意义上，均衡分析，特别是局部均衡分析，毋宁说是背离甚至蔑视它所津津乐道的“人的本性”的。

不过，笔者必须强调的是，均衡分析方法（包括局部均衡分析和一般均衡分析）并不是指某种特定形式的分析方法，而是以价格分析方法来研究经济生活中供给和需求相关关系的一系列分析方法和分析概念体系的总称。有时均衡分析方法是特别指那种在市场体系的假设下以价格杠杆寻求供给和需求平衡的经济学思潮，或者是特别指由边际革命直接引发的旨在分析经济平衡状态的经济学价值论和方法论之综合。边际革命最初是一场价值理论革命，但它很快就显示出局限性：效用和与此相关的“满足度”是不可测度的。这个致命的弱点，使得经济学家们迅速将边际革命从价值理论的领域引入到经济分析的方法论领域中来。“满足度”不可测量，但是它能够直接衍生出“最适度”或“最佳点”以及效率的概念，而这些概念都是可以用数理方式加以解析的。所谓的“均衡”，严格地来讲是“最适”或“最佳”的概念。但是，马歇尔和瓦尔拉斯对“均衡”只作了狭义的分析，即他们在均衡概念范围内只分析了供给和需求之间的价格平衡。因此，最初的原始均衡分析体系内几乎完全没有价值理论的痕迹，而正是这种缺陷为后来的不完全竞争理论和垄断竞争理论留下了空隙。

意大利经济学家维尔弗雷多·帕累托（Vilfredo Pareto）在均衡分析史、进而在现代经济学说史上作出了他人无出其右的巨大贡献。首先，他试图解决边际效用无法测量的难题，开创性地提出了“无差异曲线”（indifference curve）：有一组商品，含 3 公斤黄油和 6 公斤茶；而另一组商品有 5 公斤黄油和 3 公斤茶（另外无数组商品可有各自不同的黄油和茶的组合，而且这种组合可以延伸至无数其他不同种类的产品），那么消费者将依据自己的偏好（preference）来选择不同组的产品，以求得最大的满足。所有的消费者在这种无数选择可能性商品组合面前，是“无差异”的。这个理论之所以有极其重要的意义，是因为帕累托同时触及了两个重大的问题：（1）在经济学家们急于将边际理论直接转接至经济分析领域时，帕累托仍然试图在价值理论的框架内解说边际效用理论，并力图赋予它可计量的形态；（2）无差异曲线同时含有一般均衡分析的内容，它涉及的是“所有商品”和“所有消费者”。虽然在这里依然是假设供给状况和供给条件不变，但是消费者在无差异的状态中获得的满足，可以被理解为经济均衡。当然，这个理论在最初创始时，也有它的局限：在向右下方倾斜的单一曲线图中，消费者在曲线任何一点都可能得到最大满足（假设 100 个效用单位），但是如果消费者试图超过这一点而追求更大量的消费量时，就必须相应地放弃另一种商品的消费量。如果他要获得更多的茶，就必须放弃一部分的黄油，而这种情况不被视作“最大的满足”。所谓“最大的满足”乃应该是，在特定商品组合中，消费者获得最大量满足其需求的任何商品（茶），而无需放弃、减少或牺牲其他商品（黄油）。有些经济学家将消费者为取得某种效用而必须放弃或牺牲其他效用的假设，譬喻为“19 世纪的假设”。基本的现代型假设是，消费者要求“更多的消费”，而无需放弃或牺牲其他效用。于是，在无差异曲线坐标内，必须在原有曲线右方添加无数类似曲线，方可满足“现代型”的“无差异”条件。这使得“无差异曲线”在单纯解释供给和需求关系，特别是描述消费理论时，并非十全十美。

不过“无差异曲线”的主要缺陷，可能还是在帕累托竭力试图显示的价值论含义方面：这里有一个简单的假设，即消费者选择任何特定的商品组合，单纯取决于其“偏好”，有人喜欢茶多一些，而有人可能喜欢黄油多一些，而这种取决于个人偏好的特征决定不同的商品组合。然而，在供给需求的均衡分析体系中，任何商品的需求量是决定于价格，而非个人的“偏好”。固然，个人的偏好能够决定特定的商品组合，但恐怕是价格的作用远比个人偏好更重要，也更广泛。一个人的商品组合选择取决于特定商品的价格，如果茶变得贵一些，人们可能少买些茶，而多购买价格相对便宜的黄油，反之亦然。而价格的决定，正如前边所说，取决于供给状况和供给条件。在市场条件下，消费者基本上根据价格条件来决定如何选择商品组合。

于是，帕累托根据这个理论又提出了“最佳资源配置理论”：资源的任何重新配置，都不可能在使一个人的状态变得更好的情况下，使另一个人的状态变得更坏。或者，一个人变得更好，也不致使另一个人变得更坏。在帕累托通过无差异曲线引出“最佳资源配置”理论之后，均衡理论才得以显示出其最丰润而坚实的一面。在此之前，均衡理论是仅仅在供给和需求之间摸索平衡，而且必须附加一系列假设条件的简陋理论体系。在帕累托理论之后，均衡才得以冲破单纯的供给和需求平衡式的樊笼，而真正成为具有全面性的微观经济分析体系的主体：它既用来分析供给和需求的最一般的平衡关系，也用来分析生产，要素（或资源）配置，成本，消费和福利等具体的经济因素和经济关系形式。均衡概念具有更为广泛的理论内容：在始创时期均衡分析理论中，均衡仅只意味着供给和需求之间的价格平衡。而在这种转型之后，均衡理论便从单纯供给和需求平衡理论扩义为包含最佳消费模式，最佳资源配置或严肃配置模式，最佳福利状态的理想社会境界的学说。正如吉尔所说，均衡状态意味着社会已经解决了“最重大的经济问题”。当然这种状态是通过市场价格机制，而非通过任何其他途径所解决的。

诚然，我们必须承认，均衡分析体系的建立是一个充满曲折和荆棘的过程。它不断地自我补充、自我完善，试图在供给和需求均衡的貌似简单的体系中回答几乎所有根本性的经济问题。最终他们发现这条路是走不通的。在供给和需求均衡的单纯分析（即使它包含了精美的价格分析因素）中，根本无法容纳人们在采取经济行为时出于本性或根性的动机问题。比如，供给和需求在特定价格条件下的均衡假设人们已经达到“最大的满足”，却根本不顾在一个社会均衡条件下如何使所有社会成员都能共同达到“最大的满足”这样一个简单却必然的问题。帕累托的无差异曲线试图解决这个问题，以人们的“偏好假设”以及在各种不同的商品组合点上，说明不同的社会成员各自达到“最大的满足”的问题。但是这种解释又必然和价格分析相冲突。按照均衡理论的解释，供需均衡以及“最大的满足”度是通过价格条件达到，而在帕累托的无差异曲线中，以人的“偏好”来解释的结果，却把价格条件的因素忽略了。帕累托试图再通过“最佳资源配置”理论或“最佳福利理论”来补充这个缺陷。我们不得不对帕累托这样不断追求方法论体系革新的努力表示由衷的钦佩，他连续两次完成了几乎不可能的自我超越。这使得我们继续批评他显得苛刻。

但是，必须非常苛刻地指出，即使是帕累托的最佳资源配置理论或最佳福利理论也无法完全回答所有的问题，无法让均衡理论一劳永逸地成为固定而不受挑战的科学方法论体系。最佳资源配置理论或最佳福利理论固然又多少引进了价格条件因素（价格机制下的资源配置），但是它仍然不能说明最佳资源配置或最佳福利境界形成的一些精密的含义漏洞：一个人的最佳福利状态和另一个人的最佳福利状态之间的相关关系如何在价格条件下明确地设定呢？这“一个人”和“另一个人”之间的关系是供给者（厂商）与需求者（消费者）之间的关系吗？如果是这样，帕累托全盘的努力就完全没有脱出均衡体系原始模式的范畴。从含义上分析，帕累托的这“一个人”和“另一个人”之间的关系指的是“同一侧”而言，即就同样的供给者（厂商）或同样的需求者（消费者）之间的关系而言。然而，一是，这种关系在均衡分析范畴内没有显然的理论意义；二是，这种关系也不符合市场竞争的假设。在市场竞争假设下，“一个人”（供给者或厂商）的利益必然会减低或牺牲“另一个人”（供应者或厂商）的福利。也就是说，在市场条件下（或在价格条件下）几乎不存在帕累托的

"最佳"模式发挥功能的余地。帕累托的理论固然可贵，他试图给予均衡分析体系以更丰满的内容和更进化的结构。无差异曲线和最佳资源配置理论的确丰富了均衡分析体系的单薄。但是，帕累托却未能最终摆脱均衡理论最根本的矛盾，即供给和需求的均衡只存在于理论境界之中，而几乎没有现实意义。均衡理论最根本的缺陷在于，当它为均衡局面设立一系列必要的假设条件时却又不可避免地舍弃了重要的社会和人类文化的因素。"均衡条件"的根本理论假设是在资本主义市场体系内完全以价格条件和价格杠杆自主而自为地达成的均衡。然而，正是在资本主义市场体系内，供给和需求之间的互动关系发生了一系列微妙却具有根本性的变形。和其他任何经济体系不同，在资本主义市场体系内，"供给者"是有组织和社会集团化的厂商，而需求者是分散的社会成员或个人。这种结构决定了有组织和社会集团化的厂商，在供给与需求的互动形式中自然地具有主导或主动的地位。厂商通过一系列的方法，譬如广告宣传、推销和市场策略、价格联盟（卡特尔）和服务等，使消费者被动地形成由厂商来策谋和设计的需求模式，形成被动追随厂商的长期惯性。相反，由于需求者（消费者）零散和全然个体化的特点，决定了他们无法和供给者（厂商）一样主动地采取应对的措施。而这种根本特性，几乎无法在均衡分析体系的假设框架范围内立足和显现。这决定了均衡分析理论必须持续不断地承受怀疑和批判。

垄断竞争理论和不完全竞争理论（以及后来的凯恩斯学说），都有一个共同的理论特征，即对"均衡"概念的怀疑。在这一点上，前者即垄断竞争理论和不完全竞争理论（特别是张伯伦的垄断竞争理论）具有更重要的方法论上的意义。垄断竞争理论和不完全竞争理论试图证明"均衡"的现实含义，修正均衡体系得以成立的假设条件。在实质意义上，这两个理论和帕累托的理论一样，是旨在充实和修正均衡分析理论。因此。垄断竞争理论也沿用了均衡分析中的价格分析的内容，但其基点是，和完全竞争条件下供给者在给定价格点上将收益最大化的假设相比，垄断竞争理论探究供给者如何设定价格以使收益最大化。在完全竞争条件下，边际收益等于边际成本。亦即，在这个条件下，平均收益是给定的；换言之，平均收益等于边际收益。在这个"点"上再增加产量，平均收益就会降低，低于边际收益（或边际成本）。而在垄断竞争条件下，供应者（厂商）却使边际收益低于平均收益，从而也使得边际成本也低于平均收益，或者使平均收益高于边际成本。而这一点必须通过供应者有能力设定价格的假设才能做到。也就是说，所谓均衡条件下的价格条件实际上是由供应者（厂商）设定，而非供给和需求自然地达成“均衡”的结果。它们的理论意义在于力图证明供给者和需求者之间的差异不能通过简单的均衡模式来加以归结，价格带来的一定水平上或特定条件“点”上的供给和需求的暂时均衡，而不是供给条件和需求条件之间、供给形式和需求形式之间的均衡。供给者和需求者具有各自独特的行为和反应形式，有各自不同的商业决策动力，很难由价格条件来实现完整和“实质性”的均衡。供给者（厂商）可以通过对产品生产程序的控制和调节，以及排斥其他竞争者进入本部门的做法，来形成对产品的独特“垄断”。

垄断竞争理论显然是在价格分析范围内提出了对均衡条件的修正。这种在均衡分析范围内展开修正的举动是可以理解的。因为在垄断竞争理论看来，均衡分析的缺陷在于：单纯假设价格的条件是供给和需求均衡下自然“给定”的结果，而不是边际收益等于边际成本的进一步价格条件下价格有可能被追求最大收益（而非平均收益）的供应者（厂商）操纵的结果。但是，垄断竞争理论的缺陷又在于：没有明确地阐明厂商何以可能进行这种操纵，而将价格设定在获取高于平均收益的水平上。而要说明这一点，单纯依靠价格理论本身是远远不够的。正如笔者在前边反复地重申，这一点必须从资本主义生产形态的历史特征，以及在这种生产形态下社会成员追随供应者（厂商）的特殊行为方式形成的角度来加以分析。在资本主义生产形态下，厂商可以对生产过程和环节进行调节，对生产部门进行有利于自身的操控。但是需求者们却不可能对自己的“需求”加以“垄断”。因为这种需求是建立在人的共同根性之上，而他们本身却又是单独的个体。他们既无法“垄断”自己的人类根性，又无法对“需求过程”进行有利自身的调整。总之，垄断竞争理论和不完全竞争理论，不是以资本主义市场体系下厂商作为生产形态特殊的产物（资本主义大工厂式生产方式）所特有的行为特征内涵，而是根据厂商生产程序和生产过程中产生的“垄断”来说明均衡条件（及其假设条件）的不足。而且，最重要的是，这两个理论都将分析重点放在供给方面，完全忽视了需求方面，特别是需求主体作为社会成员和人类主体所必然受到的人类根性或本性限制，以及社会条件制约所形成的行为方式，对供给和需求互动关系的重大影响。这自然是可以理解的。在现代经济学分析体系成立以后，任何将人的因素和社会的因素引入到经济分析框架中来的尝试或努力，都成为离经叛道。

有趣的是，从“无差异曲线”理论中还引伸出另一个理论，即“边际替代”理论（marginal substitution theory）。它本来和“无差异曲线”理论一样，是用以解说社会消费模式的。但是如前所述，许多经济学家认为在现代社会中，消费品的替代已成为只有在极端情况下（如战争和自然灾害中）才可能发生的特殊情况。现代消费模式的一般情况是，消费者的选择不再局限于获取和牺牲的两难性方面，而是在不放弃和牺牲一种消费效用的情况下获取和扩大另一种消费效用。因此，替代理论作为一种消费理论已不具有意义。于是，“边际替代”理论又转而成为主要用于解释生产过程中生产要素最佳配合度的生产理论。

均衡理论在边际革命的基础上产生，它的主要目标似乎是在弥补边际理论作为价值理论的固有缺陷，通过价格学说而使边际理论获得充分的计量形态。但是这种努力却使边际理论彻底摆脱了价值论的窠臼，而演化为单纯的方法论系统。帕累托的惊人成就也未能摆脱这个轨迹。他的理论虽然也给效用以可比较和计量的形态，但它的主要作用却是使均衡分析方法更趋完善，为稍后的供给理论、生产理论、福利理论等均衡理论分支群的产生奠定了基础。因此，我们完全可以说，包括帕累托理论（甚至包括垄断竞争理论和不完全竞争理论）在内的均衡理论，不管它有多少显而易见和隐而不见的缺陷漏洞，都是经济学分析史上最重要的深刻的革命之一。它几乎构成微观经济学理论体系的全部内容。至今仍然是经济学不可逾越的经典。

“均衡”，实在是经济学不可动摇的梦想和涅槃之境，是经济学唯一的彼岸。经济学如果离开了“均衡”便不再有任何意义。当然，经济学家心目中的“均衡”形态各异：马克思经济学中的“均衡”是生产资料公有制和社会计划指导下摆脱了“生产过剩”的永续状态；现代理论经济学家心目中的“均衡”是在自由市场经济和价格机制下完全由个人行为和个人决策所决定的供给和需求之间的平衡状态；而现在经济学家们则更关切一些原本属于社会学家的议题，如经济增长和收入分配之间的平衡，经济增长和环境问题之间的平衡，经济发展和人口增长之间的平衡，发展中国家的贫困，国际贸易和收支的平衡与国际政治关系等。不管“均衡”采取何种形态，不管经济学家心目中和眼中的“均衡”相差有多么远，不管

“均衡”有否价值和道德成分，它总是一个理想的境界。没有任何一个经济学家的“均衡”模式，也没有任何一种“均衡”模式得以真正实现。经济学家们都很清楚，“均衡”是一种梦幻的和超现实的理想境界，它并不真正属于这个世界。它是超现实的，所以才显得异常美丽，具有致命的吸引力。它的无瑕、完美和彻底的和谐，比任何一个理论和学说都瑰丽百倍。当经济学家们皓首穷经地描摹“均衡”画图时，他是一个寻梦者，一个苦行者，一个仰望无穷天国的殉道者。他们在用曲线坐标图、完美而精巧的数学模型编织着一曲颂歌。

经济学是一部最感人的史诗。

第四章

收入分析：要素替代所揭示的真相

我们曾经强调，以边际革命为出发点的均衡分析的核心是价格分析。价格分析是均衡分析体系的灵魂：经济活动的均衡状况是以价格的活动来决定的。“无差异曲线”分析的一个特点是，暂时将价格因素舍去，而在单纯的商品组合范围内考察消费者获取最大满足的选择行为。但是，作为一个总体的均衡分析方法论体系，却始终以价格分析或价格条件因素作为其基本的支点。在“无差异曲线”分析之后，必然引导出一个命题：消费者为达到最大满足而采取的商品组合选择，必然要受到收入水平或收入状况的制约。消费者必须在其收入和可能的商品组合之间取得平衡。这使得无差异曲线在实际运作时，会表现出一定的变形：消费者并不只是根据自己的欲望和偏好，而且还要根据收入状况来选择。这是所达到或被定义的“最大的满足”，其含义实质上并非是消费者完全达到了欲望和偏好得以最大程度满足的目的，而是消费者依据欲望、偏好和实际收入之间的相互关系来做出符合其最大个人利益的经济选择。“最大的满足”的概念过于局限于消费领域，以致忽略了人们的经济活动实际上是追求现实条件制约下最大个人利益这样一个事实。一个纯粹的均衡分析（即使它考察了价格的因素），乃是假定人的需要不受收入状况限制，而无差异曲线则假定人们的消费选择不受价格因素的限制。接下来的经济学发展，必须对这种现象加以适当的调整：它必须再假设人们的经济行为受其收入水平的限制，而人们的消费选择也必然为价格因素所制约。

价格的变动，实际上反映的是需求者“收入水平”的变动。即使收入一定，价格的上升意味着收入水平的下降，而价格的降低意味着收入的增加。从而，考察需求量相对的价格水平变动，不能仅局限于价格和需求量之间，还应该包括价格和收入之间、以及需求量与价格之间相互关系的变动。在任何不同的价格条件下（或收入水平下），“最大满足度”都有所不同。其不同的“最大满足度”，并非需求者的合理需求量（最大满足度）随着价格的变动而有所不同，而是人们在价格水平、收入水平、需求量之间的相互变动过程中不断进行的“人为”调整。如果收入变动，需求量也在同样的价格水平上发生相应变动：如果收入上升，即使是相对提高的价格可能与提高了的收入水平相比也显得“低廉”；如果收入下降，即使是相对降低的价格与降低了的收入水平相比也显得“昂贵”。而且，需求者（消费者）之间相对不同的需求（消费）偏好、习性及其特定时间内的特定需求模式，也会呈现出需求量（消费量）之间的差异：汽油价格的上涨或下降，对大型汽车驾驶人需求量（消费量）的影响显然要大于驾驶小型汽车的人；药品价格的上涨或下降，对病人的影响显然要大于健康人，甚至不同的病人受到不同药品价格变动的影响也有所不同。因此，如果我们在一般均衡分析（价格分析）的框架内透视供给和需求之间相互关系的更深层面，就会发现：如果缺少收入分析，一般均衡分析会呈现出更多的漏洞。

经济学家们很清楚，价格学说或价格理论，不仅是现代经济分析体系的基石，而且是经济学家深刻历史信念的基础。笔者在前边明确地指出，经济学家们作为经济分析主干的价格理论，在很大程度是基于他们的信念之上的。英国经济学家雷德福（R. Radford）以其本人在第二次世界大战期间曾被纳粹德国俘虏并在战俘营生活多年的经历，撰写了一篇题为《战俘营中的经济组织》（The Economic Organization of a P. O. W. Camp），描述了战俘营中以香烟为基本交换媒介进行各种物品交换的情形。这篇论文曾引起经济学家们浓厚的兴趣，认为它是经济学史上难得见到的“实验”之一。

雷德福记述到，俘虏营的英军俘虏们每星期会收到从英国国内和国际红十字会送来的各种包裹，内有各种生活用品。俘虏们会在固定的时间和地点相互交换自己所需或喜欢的生活用品。最后，香烟成为大家所接受的类似货币的固定等价物，因为香烟比其他用品体积小，形状规则，容易保存，相对价值较高（因为几乎每个俘虏都吸烟），而且具有“可分割性”（一包香烟可以分成各种不同的等份）。在收到包裹的前一两天，“物价”水平相对较高，因为俘虏们的生活用品已近用罄，急需补充。但在每个周末，“物价”水平就会下跌。譬如一罐黄油的“价格”在星期一值15根香烟，到了周末仅值7根香烟。但有时其价格会出现神秘的上升，因为部分精明的法国俘虏时常串通德国卫兵将黄油和咖啡等拿到德国当地的黑市上牟取暴利，因此炒高了战俘营内部的“价格”。那些收到较多黄油的俘虏们便会“发财”——得到更多的香烟，而那些喜食黄油的俘虏则要倒霉，以致耗尽了几乎所有的香烟“储蓄”。

美国经济学家尼斯贝特（C. Nisbet）和瓦基尔（F. Vakil）也曾发表过一篇非常引人瞩目的论文，专门以供求分析方法研究洛杉矶加州大学（UCLA）学生们吸食大麻（marijuana）的情况。他们发现，校园内大麻的价格和供给量与需求量之间（特别是供给量）以及学生们的收入之间的关系，几乎完全符合经典的需求曲线。这篇论文之所以受到重视，不仅因为它为经济学分析提供了和前例相仿的“实验”，而且它表现了一种在常规社会经济生活中难以直接观察到的“纯粹”性质：对大麻的需求具有绝对的“市场”性质，不受任何其他社会因素和心理因素的影响；大麻的交易是供给者和需求者双方的直接交易。

然而，这些“实验”性的研究，除了证明经济学家们秉持不移的历史信念的“正确”之外，也说明了一些不大被人注意的问题。这两个例子都是在特定的环境中发生的行为，与正常的社会经济生活方式和行为方式是有所区别的。例如，在第一个例子中，可以不考虑收入的因素。所有的俘虏在“经济地位”或收入方面是完全平等的，他们唯一的“收入”是他们所拥有的香烟数量。在这个模式里香烟取代货币成为一般等价物，但是香烟本身同时又是一种具有效用的物品。这使得那些不需要或少需要这些效用的俘虏们，即不吸烟或吸烟较少的俘虏们在经济生活中会占有有利位置或拥有较高的收入（每个俘虏，不管他是否吸烟或吸烟多少，都会从国际红十字会收到同等数量的香烟），因此也可以获得更多其他生活用品的效用。这便和经济分析的通常假设有所出入，因为他们获得较多效用并非因为他们比其他俘虏需要更多的生活用品，而是在这种先天的差异下，他们自动地可以获得更多的（也许不一定是他们所需因而也不能视作“最大满足”的）物品或效用。必须强调，这里涉及的是种类很少的最基本生活用品，它们之间几乎没有任何替代性。而这一点正好论证了本章开始时提出的论述，供需状况实际上受到收入水平的制约。在第二个例子中，情况也很相仿。学生们的大麻购买量（或需求量）与学生们可支配的收入完全相关，因此其价格弹性通常在 0.4 和 1.51 之间。一旦大麻价格上升，学生们会立刻转而购买其他价格较低（可能更具毒害的）毒品，其替代弹性也较高。

这两个“实验”性的例子，恰好证明了单纯的供给和需求分析的局限性。任何进一步的供给—需求分析，都必须将收入因素作为参数。需求的样式和数量，都会因需求者的收入水平和收入状况而发生重大变形：需求者只在收入水平内考虑如何“相对”而非“绝对”满足其欲望和需求。这本来是经济学最基本的前提之一：物质资源的有限性，使得获取任何一种物质效用都必须付出代价。而一旦这个定理成立，那么供给和需求之间的相互均衡关系，不仅取决于需求者对自身欲望与需求之间相互关系的判断，更重要的，是取决于需求者对自己付出代价的能力（收入）与需求之间关系的判断。在马歇尔的局部均衡分析中，因其特殊的分析格局而无法带入收入要素，只能集中分析价格因素的单纯作用。而后来，愈趋成熟和复杂化的分析则不可避免地要考察收入的因素。为何一般均衡分析中仍旧不见收入因素的作用，的确有些令人费解。

但是，正如供给和需求不能单纯由消费者追求“最大满足”的动机决定一样，消费者合理的消费选择或决定，也并非完全由收入状况来决定。英国经济学家吉芬爵士（Sir. Robert. Giffen）曾提出过非常引人注目的“吉芬之谜”（Giffen’s Paradox）。他发现，在爱尔兰的马铃薯价格上升时，该国穷人的马铃薯消费量反而增加。因为马铃薯价格的上升造成穷人的“收入负效应”（negative income effect），即穷人的实际收入下降，使得他们更买不起肉类，因此不得不消费更多的马铃薯以保证日常餐食①。某些

① Ulrich Kohli. Robert Giffen and the Irish Potato Note. American Economic Review, 74 (1), 1986, pp. 188 ~ 192.

瑞士名牌手表以及名牌女包等“奢侈品”也会出现价格提高、售量增加的现象。这虽非典型的常见情况，但却说明了收入因素在供需关系中的多元作用：收入水平的变动并不一定带来正向消费需求变动，收入水平对消费量和消费倾向的影响也取决于产品的替代性。如果替代性不能按照经典假设运作（一个产品对另一产品具有完整的替代效用，且花费较少），则替代性本身就要相应产生变形。如果替代产品不能消除“收入负效用”现象，则消费者可能继续甚至扩大现有产品的消费，即使产品价格已经上升。因为和现有产品相比具有替代性的其他产品的价格更高。

这种情况不仅要求我们分析收入对消费行为、消费选择和供需关系的影响，也要求我们分析收入本身。在经济学（特别是微观经济学的）分析中，收入被归纳为要素的收入，如资本、劳动、土地等要素的收入（在现代经济分析中，似乎倾向于把土地要素归类于资本要素），即这些要素被投入产品生产过程之后所获取的报酬。经济学家们将要素收入称为“伴生收入”或“衍生收入”（derived incomes），因为这些收入形式是从产品市场的收入概念所派生或衍生的。只是，在要素市场上，厂商成为需求的一方，而拥有各种要素的主体则成了供给的一方。但是，这种简单的转换似乎不足以说明要素市场和要素收入的特殊含义：

1. 厂商需求的基础，不是欲望的最大满足，而是最大利益的获取。因此，在这里必须舍弃人类“本性”或“偏好”等主要决定个人或个体行为的因素。

2. 厂商对要素的需求不仅取决于现实的收入状况，也取决于对未来收益的预期。因此它也较少受到现实收入的制约。

3. 要素供给者不是在性质上同一的主体，而是两个或更多的主体，譬如资本要素的供给者和劳动要素的供给者。因此要素的供给条件和产品的供给条件不同，不能即刻对价格产生反映。要素之间的相互替代性，也不是取决于需求者的一时选择，而是取决于需求者对未来收益的预期。

4. 要素之间没有产品之间的即刻或立即替代性。实际上，要素之间的替代过程要比产品替代过程缓慢得多。与产品市场不同的是，要素市场构成相对简单，只有资本和劳动两种，其相互替代性不仅有限，而且在很大程度上是既定的。除非产生比较剧烈的社会环境改变，如技术飞跃进步，或者由于社会原因使得某种要素的供给突然大量增减；否则，要素之间的相互替代关系会大体上维持稳定，不会有剧烈的变化。

要素之间的替代之所以与产品之间的替代不同，是因为它既不是需求者根据“本性”和“偏好”以及收入水平所做出的选择，也不是纯粹的个人或个体行为。在要素市场上或涉及要素收入的范围内所发生的经济行为，都是具有完整的社会意义的。而且，不同的生产要素之间只存在有限的相互替代关系。亦即，生产要素之间不能完全替代，他们之间必须以特定比率相互结合；而且其替代和结合的比率，很大程度上取决于在产品市场中很少存在的技术因素。有的经济学家认为，厂商乃是那些将产品市场上的消费需求诠释为生产要素需求的社会主体——他们基于追求利益的动机、并在特定技术性考虑下，将不同生产要素加以结合生产产品。但是这依旧反映了产品市场上消费者对产品的预期。换言之，要素市场实际上是产品市场的翻版。显然，笔者对要素市场的理解和这种观点存在着较大的分歧。

即使在典型的平衡式中，我们还会发现要素市场和产品市场之间存在着明显的区别。按照经典假设，在完全竞争条件下，边际收益和边际成本相等即 $MR=MC$ 时（也可以表述为价格等于边际成本，即 $P=MC$），在此条件下其利润为最大。而在以下的平衡式条件下，才可以达到使成本最低的目的：

$$MC=\frac{P_L}{MP_L}=\frac{P_K}{MP_K}=\frac{P_{fn}}{MP_{fn}}=\cdots$$

式中：P 代表价格，MC 代表边际成本，L 代表劳动要素，K 代表资本要素，fn 代表综合生产要素。

边际成本等于产品价格和边际成本之比。如果将劳动要素、资本要素这两个条件加以结合，则有：

$$P=MC=\frac{P_{fn}}{MP_{fn}}$$

在这里，P_{fn}应被视为产品的要素价格，这意味着它是两种要素收入之总和，亦即：

$$P_{fn}=P_L+P_K$$

同时，作为共同组织和构成生产过程的因素，它们又必须以一定技术比率相互结合，于是又有：

$$P_T=\frac{P_L}{P_K}$$

式中：T 代表生产要素配合之技术比率。

在生产过程中，这个方程式条件是绝对的。也就是说，这两个要素之间，虽然可能发生相互比率的增减，却不可能完全相互替代。这个条件的重要含义在于，生产者必须在一定的要素配合比率下，而不是单纯调节产量才能追求最大利润，这和产品市场上消费基本依靠消费量来决定“最大满足度”的定律大不相同。在产品市场上，“收入”被假定为全部用来购买满足消费者需求的产品，而在要素市场上，“收入”并不能完全用来购买生产过程本身所需的要素，一部分会用在通常意义上的收入（资本要素所有者的收入譬如股票分红）和复杂的结构性资产等一系列不属于生产过程本身的用途上。这意味着“收入”对要素购买量的影响和决定作用，不如产品市场那样明显。而且，生产要素的购买量必须取决于一定的技术比率。在产品市场上，收入是价格水平的主要决定因素之一，因为“收入”决定供给和需求的相互运作关系；在要素市场上，收入就是要素价格本身，亦即，收入和要素价格本身是一体两面。可以说，生产要素价格决定着生产过程中要素配合的技术比率，而这个技术比率又会决定下一个循环中生产要素的价格水平。在产品市场中，收入和价格之间则不存在类似的相互决定关系。

从厂商的角度看，在进入生产过程之后，“要素”概念便转换为“成本”的概念。这种特性，决定了要素市场上必须依靠技术比率来进行要素之间的相互替代，也决定了要素方面“收入”的概念远比在产品市场复杂。在生产过程中，各要素不是按照其性质，而是按照其在周转中的地位来划分，如固定成本（fixed cost）和流动成本或可变成本（variable cost）等；在资本核算范围内，要素本身则完全无须加以划分，如平均成本（average cost）概念就是如此；在要素收入构成的范围内，又有工资、利润、利息、租金等。生产要素的这一系列形态变化，使得它的概念具有远为丰富和复杂的内容。当然，“要素”概念向成本概念的转换，乃是收入分析的终点。在这一点上，供给或生产分析将会接着出现。因此，完全可以说收入分析是供需分析，包括需求分析和供给分析或生产分析之间的中间环节。但是它又隐没在这两个领域之中，并没有显示出明确而独立的轮廓。这与需求分析和生产分析中都包含了要素分析有关，也与需求分析以产品分析的面目出现、并将产品市场和要素市场分割为两个不同的领域、而收入概念却没有加以分割的固有内在矛盾有关。

实际上，在产品市场上，“收入”只是外在因素，和价格分析相比并不占有主要的位置。但是，在要素市场上，“收入”便俨然成为主体性的概念。通过要素收入的分析，才有可能了解诸生产要素按照其在生产过程中的作用所获取报酬的社会结构特征。在完全竞争（或充分竞争）的市场上，生产要素的拥有者，会有充分的机会和权利来对市场价格做出反应。但实际情况是，与产品市场相比，要素市场存在着更高的垄断程度和更严重的不完全竞争状态。无论在要素供给者抑或需求者方面，都存在着不同程度和不同形式的垄断力量。这种情况在劳动要素供给方面更为明显。劳动要素实际上是按照所谓“职业”或“专业”领域来区划的。在特定条件和时间内，对特定专业的需求和供给量都会出现和价格条件无弹性关系的局面：一些职业或专业人员即使在再高的价格条件之下依旧缺乏，而有些职业或专业人员即使在再低的价格条件下仍旧过多。这是因为现代经济体系所需要的职业或专业人员必须通过很长时间的训练和培养，而且一旦养成某种职业或专业的技巧或技术，甚至终生无法丢弃。因此，很多职业或专业人员的需求，在很多情况下与实际的需求条件和价格条件不呈即刻反应关系或完全弹性关系。这类情况，使得要素市场的运作形态经常背离它的经典模式：对个别私人企业的短期生产情况来说，其生产要素的需求曲线和其边际产量曲线是相一致的，因为私人企业可以较迅速地调整要素投入比率，较快地完成要素之间的替代。但是就全体生产部门和长期生产情况来看，这两条曲线便产生相当程度的背离。因为对生产要素的需求，不仅要取决于要素之间的相互替代性，也要取决于消费者对产品的需求（即要受制于产品市场）。因此，在边际产量曲线向右下方缓缓倾斜的时候，生产要素的需求曲线会更陡峭地朝同一方向倾斜。

在生产要素市场中存在“供给者垄断”，似乎应该成为一个基本的假定。因为如前边所强调的那样，基本上任何一种生产要素的供给者，都局部或全面地拥有对要素供给的控制权或垄断权（譬如完全国有化的银行，强大的工会组织，特别集中在某一区域的自然资源，技术内涵较强的职业人员等），因此也可以局部甚至完全地影响要素价格。在这种“供给者垄断”下边际产量的下降，意味着厂商的边际产量只能以越来越低的价格出售。也就是说，任何由这些边际产量所带来的边际收益（marginal revenue）中，越来越大的部分需要用来补偿前次销售所带来的收益减少。在完全竞争条件下：

$P_f = VMP_f$（设 $VMP_f = P \times MP_f$）

式中：P_f 代表产品价格，VMP_f 代表边际产品价值。

即产品价格等于可调节边际产量。但是在垄断或不完全竞争条件下，则有：

$P_f = MRP_f$（设 $MRP_f = MR \times MP_f$）

式中：MRP_f 代表边际收入产品。

即产品价格等于边际收益产量。这意味着，如果厂商在产品市场上有某种程度的垄断力，那么它会调整生产要素投入至边际收益产量相等的水平。因为在垄断和不完全竞争条件下（指在要素市场），其边际收益要低于充分竞争条件下的边际收益，故厂商会向下调整生产要素的购买量。或者，生产要素的收入（或报酬）将低于充分竞争条件下的水平。

在要素市场上，还有一种“买方垄断”（monopsony）。实际上我们通常所说的“垄断”（monopoly）在经典分析中是专指“卖方垄断”。当然有时“买方垄断”也可称为 monopoly buying power，但是 monopsony 更简便明确一些。在实际情况中，生产要素的“买方垄断”现象似乎没有“卖方垄断”那样普遍：如果在一个地区内，某个厂商是唯一提供就业机会或唯一的其他生产要素购买者，那么这个厂商便处于“买方垄断”的位置上。在这种情况下，生产要素的需求曲线便复杂起来，因为其价格不能简单地由要素的供求关系决定，而是由厂商为获得最大利润而做出的生产安排所决定。这种区域性因素所决定的生产要素“买方垄断”现象，似乎属于特例，因此在生产要素收入分析中自然也不具有重要的意义。

总之，在生产要素和与其相关的收入分析中，必须局部地考虑垄断或不完全竞争（特别是生产要素的卖方垄断）的因素，而不能像在产品市场一样，将完全或充分竞争当作基本的假设。这也是要素市场和产品市场之间的主要区别之一。由于这种特征，要素市场上的价格决定因素，也不能纯粹由供给和需求的相互作用决定。在生产要素供给垄断（或卖方垄断）的情况下，要素的供给曲线相当于边际成本曲线，即要素价格主要由供给决定。而在生产要素需求垄断（或买方垄断，虽然这种情况不大普遍）的情况下，要素的需求曲线相当于边际成本曲线，即要素价格主要由需求决定。约翰·加尔布雷斯曾经指出，在现代工业经济体系中，单独经济单位（如厂商和要素所有者等）受制于“对方”（opposite side）的程度要远远超过受制于“同方”（same side）的程度。生产要素的买方垄断使要素价格低于完全竞争条件下的水平。而生产要素的卖方垄断则又使要素价格高于完全竞争条件下的水平。这意味着，生产要素的实际收入或报酬水平要取决于供给和需求双方的相互对抗（包括政治和社会对抗），而非二者在市场上的相互均衡。

但是，在经典的经济分析中，以边际生产力理论或完全竞争条件假设的均衡分析方法，依然在要素收入分析领域中占有主导地位。这些经典分析体系的一个共同特点是，将要素收入变动严格局限在由要素价格主导的供给—需求分析体系范围内。而这种供需分析方法又是直接从产品市场分析领域转借而来的。在这些经济学家看来，要素市场是产品市场的直接变形，所不同的只是供给和需求主体位置相互易位。不过，这种分析体系也不断遭到挑战：斯拉法和罗宾逊夫人都反对这种要素收入分配理论。其中，斯拉法似乎侧重于产品在工资和利润之间的分配本身所含有的超出“要素”理论定义的内容方面，而罗宾逊夫人则是从不完全竞争理论的角度来说明要素市场上的非均衡现象，即“对劳动的剥削”现象。笔者特别注意到并肯定罗宾逊夫人的理论。虽然人们经常将张伯伦的“垄断竞争”理论和罗宾逊夫人的“不完全竞争”理论相提并论，但二者的分析领域和分析重点是大相径庭的：张伯伦的理论侧重于产品市场非均衡现象的分析，而罗宾逊夫人的理论是主要针对要素市场的非均衡现象的。笔者愿意特别强调，笔者对要素收入分析形态的观点，大大受益于罗宾逊夫人理论的启发。笔者坚持认为，罗宾逊夫人的理论在要素收入方面，毋庸置疑也具有经典的意义。

根据完全竞争条件假设，要素市场必须包含以下数个条件：单个厂商购买资源不得多到影响价格的程度；单个资源拥有者不得拥有足以影响价格水平的供给能力；资源自由流动。我们可以看出，所有这些作为分析基础的假设条件相当脆弱，在现实生活中都是难以成立的。个别厂商和供给者拥有不同程度的买方或卖方垄断，从而可以在不同程度上影响供给和需求价格是基本的事实。这是由要素市场在本质上区别于产品市场的性质，即它的“社会集团”性质所决定的。要素市场基本上是“集团”而非“个体”的市场。影响价格要素的是“集团”决策及其行为的结果，而非个体或个人完全根据自由意志而自主地做出或根据偏好来做出的决策及相应行为的结果。换言之，要素市场和产品市场不同，要素市场的供给和需求，绝大多数都是在“社会集团”性质的厂商或经济团体之间进行的。即使是劳动力这样具有个体性的生产要素的供给和需求，也大都根据“社会集团”譬如厂商和工会之间的相互作用形式来决定。每个这样的“社会集团”都拥有不同程度的、足以影响价格水平的“垄断力”；而在价格的最终决定中，是买方垄断亦或卖方垄断的作用更大、更具有影响力，要视这些“社会集团”拥有要素的“垄断程度”来决定。一般地说，无论在买方或卖方垄断中，具有更高垄断程度的“社会集团”对价格的决定更具有影响力。譬如，一个地区仅有的工厂或企业，或者极少数的专业技术人员，都会在劳动要素价格的决定中有更大的影响力；国有化的银行对贷款利息更具有决定性和垄断性的影响力，从而也更能决定“资本要素”的价格。因此，在要素市场和要素收入分析中，应该将这种垄断或不完全竞争因素，而非将完全竞争因素作为根本性的经典假设。

在将收入因素引入到经典的供需分析框架中之后，我们便发现了许多在完全竞争假设下被掩盖的真相。并且，这些真相远比完全竞争条件假设下的“真相”要复杂。在导入收入因素之后，我们首先发现交换双方的动机因素或动力发生明显的改变。完全竞争条件下需求者（消费者）与供给者（厂商）之间的相互关系，由前者对后者的价格条件的直觉反应来决定。但是在引入收入因素之后，对价格的反应必须考虑收入的因素，从而人们在此基础上做出相应的决策，就不是直觉的而是理性的反应了。在引进特定前提条件的人类思维模式中所产生的行为方式或行为决策，完全有可能超越对现实条件做出直接反应的层面，譬如超越对价格水平的直觉反应或跟随的惯性，而根据对“未来”最大利益的预期（这是理性思维的必然结果）来行事。吉芬提到的爱尔兰在马铃薯价格提高的情况下反而增加马铃薯购买量的情况，就说明了人类在理性思维和相应决策模式下可能超越直觉反应的层面（譬如对价格水平的直觉反应）的现象。这里，我们绝对不是否定均衡分析或价格分析中关于价格水平决定的经典性假设，而是在讨论引入收入分析因素后，人们的行为和决策模式有可能产生的变形。而这种变形，在均衡分析的经典模型中是完全被排除在外的。

在收入因素被导入后，我们不仅揭示了在交换行为中人类行为与决策有可能发生变形的情况，也看到了在要素市场中价格决定过程产生“惊人”变形的真相。买方和卖方垄断（特别是后者）对价格水平的影响，已经大大摇撼了完全竞争假设下价格完全由供给（量）与需求（量）的变化来决定的经典假设。当然，买方或卖方垄断对价格水平的影响并不足以彻底推翻完全竞争假设条件下的经典结论，但是它却不容否认地成为日常经济生活中的常态。亦即，在现实的经济生活中，买方或卖方垄断的确能不同程度地影响价格水平。在要素分析领域中，不仅要考虑到人类思维模式的理性化（根据前提和给定的现实条件来决定行为模式并做出决策）对价格水平决定的影响，也要考虑到要素市场中供给和需求双方的“社会集团”性特点。“社会集团”的行为模式和社会成员个体或个人的行为模式或决策模式大为不同。“社会集团”的决策模式不仅将“人类理性思考”的特性发挥至极致，而且由于供给和需求双方“数目”少（与产品市场不同，要素市场供给和需求双方的“社会集团”特性决定了其“数目”很少），因此他们的行为方式和决策方式更具有“深思熟虑”和“谈判协商”决定的特点，而这正是垄断竞争市场中有异于充分竞争市场那种价格完全公开由供需状况决定的特点。我们在这里揭示的与其说是单纯经济学的“真相”，不如说是人类在特定社会结构中行为方式和决策结构发生变形的“真相”。而在现有的经济分析体系（包括垄断竞争分析和不完全竞争分析体系）内，这些实际上已在影响价格水平的因素无法加以表述。我们在这里只是“揭示”而已，也无法表述。如果我们试图在现有经济分析体系内表述这个真相，我们就会远离经济学。这是我们无法摆脱的两难之处。

然而，我们总是在不经意中发现一些惊奇，而这些惊奇有时又足以永久地改变我们的看法。我们实在无法把人类的思考看得太简单，更不能无视这种思考所招致的结果。

我们不能无视自己，因为我们不能否定自己。

第五章

“要素”和“资源”概念的转换：要素收入与人的收入的混淆

完全竞争条件假设的另外一个致命的问题是，在由产品市场分析转向要素市场和要素收入分析时，“要素”的概念也被转换为“资源”的概念。这是一个经济学百年来都未曾被发觉的大漏洞。“要素”和“资源”之间的关系和异同，从来没有被认真而详细地解释过。在经济学分析中，“资源”似乎有非常古怪的内在涵义：首先它有“潜在的生产要素”的涵义，即它除了被认识和购买的生产要素之外，还包括未被人类认识、未被纳入到现实或观念的生产过程、进而也未包含在经济分析之中的一切潜在的生产要素；此外，它还有生产要素加所有“社会产品”（包括消费品等不能被定义为“要素”的社会产品）的涵义。但是在要素市场分析中，“资源”和“要素”几乎是完全等义的。这种不被人察觉，却又非常精巧的概念转换，包含了几个方面的混乱：

1. 这使得要素市场分析或要素收入分析不能摆脱产品市场分析的窠臼。因为“资源”的概念也包含了“产品”的概念。因此，要素市场或要素收入的分析必然是产品市场分析（典型的均衡分析）的直接延伸。而且，要素市场的供给和需求不仅要取决于要素本身的价格，也要取决于其他社会产品的价格变动。这使得要素市场分析的真正内涵变得复杂起来。

2. 如果"资源"的涵义可以直接转换到"要素"的涵义，那么，"要素"的内在规定并不仅是直接用于交换、或用于供给和需求的特定"要素"量，而且还要包括那些未被认识、未被纳入交换和生产过程中的所有"潜在的要素"。这意味着，在要素市场上决定均衡价格的还要包括这些"潜在"的部分。如果这个结论成立，那么整个要素市场和要素收入分析的现存基础就要被推翻。

3. "资源"本身就其纯粹概念来说，是不可用价格单位来量度的。如果"资源"要获得可量度形态，就必须发生相对的内涵变化，即它的内涵必须分解为"产品"或"要素"的形态。而一旦发生这种变形，则会出现以下难以解释的悖论：无法用价格来量度的"资源"如何以价格机制加以"配置"或"重新配置"，即如何精确地为"资源"定价？如果"资源"不以价格机制或可以用价格以外的机制来配置或重新配置，那么它的经济学意义就会全然失去，只能引出社会学、道德学、政治学的命题。如果"资源"转化成为"产品"的形态，并采取产品市场的运行形态，那么资源的配置完全依靠价格机制决定；在这种情况下，资源虽然可以带来最大的需求满足，但不一定带来最大福利状态。如果"资源"转换为"要素"的形态，那么它的"配置"或"重新配置"过程中，就必然含有垄断或不完全竞争的因素，因此也不可能实现最大福利状态。

"资源"概念的出现，是为了在产品市场分析（供需分析）和要素市场分析（收入分析）之后，向福利分析（生产分析）过渡而出现的。这个概念似乎在收入分析和福利分析之间的模糊区域内艰难挣扎，却始终无法最终摆脱其定义的模糊性。这就使经济分析体系在这个微妙的阶段发生了非常有趣、也非常可笑的变形：为了摆脱收入分析中不可解释的矛盾，必须将分析扩展到更为中性、也更难明确定义的"福利"分析领域。但是现代福利理论又和所谓现代资源配置理论混为一谈，而且福利理论基本上没有关于收入或收入分配的内容，实际上它所涉及的是生产要素在不同厂商之间合理分配所达致的最大或最佳产量问题。通过这种变形，经济学得以绕过了令人头痛的收入分配，却留下一个大漏洞——经济局面如何在不涉及收入或收入分配所涵盖的全部问题情况下，达到所谓最大或最佳的社会福利状态？

所谓“资源”概念，也给帕累托的革命性“最适度资源配置”学说蒙上一层阴影。帕累托的学说有两个内在矛盾：（1）他的所谓“最适度资源配置”，是指生产要素之间的最适度配合所导致的最大生产效能状态，还是产品和收入的最佳分配所导致的最佳社会福利状态？如果他指的是最大生产效能状态和最佳社会福利状态共存的局面，那么何以能够证明仅仅依靠纯粹价格机制来实现完全不同形态的经济局面之间的融合，并使其共同达到最佳状态？（2）帕累托学说以边际技术替代率作为资源配置的理论杠杆。然而，在边际技术替代率下，被替代的要素报酬率就会相对降低，那么何以能实现“最佳状态”（一物状态或福利之增进不致另一物状态或福利之减退）？此外，帕累托学说还有进一步的问题：在达到某一最佳状态之后，何以保证市场经济系统中的主体（如厂商和消费者）能长期忍受并愿意保持一种静态状况？任何可能的变化，是否也能遵循帕累托铁律而不招致另一方或部门的经济状态或福利状态的相对变化？如果发生变化，是完全同向而非反向的变化吗？

一般来说，“资源”概念既然无法和价格分析相联系，也就无法和收入分析相联系，只有“要素”概念才可能和收入分析直接相关，并可以用价格来量度。因此，“资源”的配置，生产要素的配合，是两个完全不同的概念。生产要素的配合，不管有多么严重的垄断因素，都基本上是由价格机制来调节的。但是，“资源”的最佳配置，则是指超出了一个厂商的范围，而在全社会范围内（如在全体厂商之间）的运作和流动而言。除了价格因素之外，也必定有其他社会力量，如政府的干预等，会卷入其中。而一旦有价格以外的社会力量卷入，“资源”配置的过程就必然会引起价值观方面的问题，如政府是否应该限制烟草或酒类产品的问题，政府是否应该强制压低药品价格的问题，政府是否应该根本上禁止一些产品如枪支等在市场上销售的问题。而在限制措施被认为符合“社会利益”的共同认识下，是否损坏了相关部门如烟草工业、酒类工业、药品工业、武器工业部门的利益或“福利”，等等。笔者已再三强调，“资源”概念包含了未被人类认识和发掘、未被纳入市场和生产过程中的许多潜在的“产品”和“要素”，而这些“潜在的产品和要素”既无法以价格机制来限定，也无法纳入到经济分析的框架中来。但是，在现代经济条件下，这些“资源”绝大多数都是以特定的法律形式规定，被特定社会团体或社会成员所“占有”的。一个人拥有一块荒地的法律所有权，虽然这块荒地暂时没有纳入任何市场交换领域或生产过程，只有"潜在"的要素价值，但它是预先被特殊的"某人"而非整个社会共同占有的。这块荒地"资源"，显然一开始就不可能加入到社会最佳资源配置的过程中。如果这块荒地下边有丰富的金矿或石油蕴藏，那么即使它不加入任何市场交换领域或实际的生产领域，它也会有很高的"实际或潜在的价格"。但是这个价格又和这里讨论的价格分析体系完全无关。如果这块荒地被开发使用，它就可以被视作"要素"，可以用经济分析体系中的价格条件来解释。但是价格条件所不能解释的是，当这块荒地从"资源"或"潜在的生产要素"转化为"实际或现实的生产要素"时，有一种在经济学分析体系无法察觉、无法框定和把握的因素在发挥着重大的作用，譬如"所有权"的转移。而这种法律所有权因素，使得这块荒地即使实际进入了市场交换和生产领域，仍然"天然"地不可能参与形成"社会最佳利益或福利"的程式中。

帕累托的福利理论在经济学中具有革命性的意义，是古典一般均衡理论的另一层次的解说。一般均衡理论，只是揭示了在特定价格条件下供给和需求所达到的平衡，即一般均衡理论几乎强制性地假定，在这个价格水平上供给和需求双方都达到"最大的满足"。而帕累托的"最佳福利状态理论"，则是试图超越这个单单由价格条件设定的被动的"最大的满足"假设，而在回避单纯价格因素的情况下，给予供给和需求双方同时达到的"最大的满足"（一般均衡点）以全新的解释。他试图说明，要素分析可以解释要素的结合如何达到最大的效能状态，同时又达到社会"最大福利状态"（一方的利益或福利增进不致于减低另一方的利益或福利）。但是，由于他试图回避价格条件分析的框架来解释这种最佳福利状态，使得"最佳福利状态"这一概念的真正内涵非常难以体悟和把握。帕累托的"最佳福利状态"显然和一般均衡状态不同，它不完全或不主要地是由价格条件或价格机制的作用来达成的，因此"最佳福利状态"从一开始就无法以价格来计量。笔者在上一章中特别强调了在一般均衡分析或价格分析体系中引入收入因素的必要性。然而，我们发现引入收入因素后，呈现了"产品市场"和"要素市场"运作形态之间的区别。在要素和要素收入分析中不可避免地沿用垄断竞争或不完全竞争理论的分析方法之后，我们又发现了单纯价格分析（价格条件或价格机制作用）的局限性。同时，我们还发现在这个阶段出现了"要素"概念和"资源"概念之间的混淆（或转换）。"资源"概念的方便之处在于，它可以躲避价格分析的限制而给一般均衡的结论以崭新的解释；但是同时又产生出一个致命的漏洞："资源"概念的提出必然导致超出经济分析以外的结论。"资源"的内在定义，决定了它必须同时用经济分析以外的概念（譬如法律所有权概念）来解释。而在这种条件下，"资源"的配置过程根本无从形成所谓"最佳配置"或"最佳福利"状态。如果在"资源"的定义范围内引进"价格"因素，那么就不能使用经济学中的价格分析模式来解释，否则会更深度地证明"资源"配置领域和过程中不可能存在最佳状态的真相。

笔者一再强调，要素市场和产品市场不能等同视之，要素市场的运行机制大大相异于产品市场基本依赖供需关系（价格条件）来运作的形态。譬如，在产品市场分析中，几乎可以不考虑是否只有"一个"买者或卖者的问题，因为这个问题会通过供给和需求之间的相互均衡运动而得到解决。但是，在要素市场分析中就必须考虑只有"一个要素购买者"或"一个要素出售者"的问题，因为在现代经济体系中，要素的移动或运作主体大都采取"集团"或"复合"的形式。这种现象，使得在要素市场和要素收入分析方面，不仅要将垄断竞争和不完全竞争理论作为必要的假设，而且也要充分考虑到诸多实际参加收入价格和收入分配结构决定过程的非经济或超经济因素，如政治和法律制度，社会结社如工会和厂商联盟的因素，以及一个经济总体的区域分布结构等。

由此，我们可以认为，"资源"概念进入本来与它风马牛不相及的收入分析领域，可能是为这个具有道德和社会色彩的分析领域带进某种中立性的努力的一部分。如果"资源"概念和"要素"概念发生这种神秘而微妙的融通，从而使收入分析摆脱让人烦恼的道德因素的纠缠，那么经济学就说得上是完成了一个真正高超的魔术。不过，和任何魔术一样，这个经济学魔术也不可能足以改变真实。收入的社会性是不可回避的。也因为如此，收入分析成为在所有微观经济学的领域中最富有社会内容和道德判断涵义的部分。收入分析和收入分配分析，一直是经济学最重要的议题之一。不管经济学经历了什么样的形态变化，它都始终小心翼翼地把收入分析置于中心位置。在现代经济学的纯粹实证分析体系中，收入分析被力图赋予一种超脱道德涵义和中立的色彩。因此，收入分析体系本身被分割为两个部分，即产品市场上间接决定价格水平的收入因素，以及要素市场上和要素价格等同的要素收入（或报酬）的因素。但是，纯粹的实证分析毕竟不能完全容纳"收入"的社会含义和社会性议题。

我们必须回答以下有关收入的问题：（1）在一个健康的经济社会中，较低收入阶层的收入是否保持持续而稳定的增长？（2）在"富裕"和"贫穷"的社会阶层之间的收入分配形式和机制是否具有稳定性？（3）不同生产要素的收入（或报酬）份额表现出何种结构和何种特征？而纯粹实证的现代经济学体系所回答的仅是最后一个问题，对于前两个问题，它实在是无能为力的。它并非只是没有意愿回答这些问题，而是在引入收入因素之后的经济学分析体系中所出现的概念转换，以及一般均衡分析（价格条件）的天然假设系统的存在，使得它不可能回答这些问题。

在任何一个社会，收入和收入相关的问题，都是超越经济学（或者单纯现代经济学分析体系）范围的复杂问题。它不仅引起冷静严肃的思考，也煽动起激动的情绪和激烈的反应。然而，最具有讽刺意味的是，这样一个超越纯粹经济学范围的复杂问题，只能依靠经济方法和经济政策去对应。任何其他非经济的方法，都会使收入问题更为复杂化，都会造成不同程度的社会罪恶。汉娜·阿伦特（Hannah Arebdt）在探讨近代欧洲历史上的"极权主义"政治现象时指出，在欧洲社会初步建立宪政政治（法律）制度系统，并借此树立了社会法律正义体系之后，相对落后而沉滞的社会经济结构，其中最具有代表性的是社会资源的旧式占有结构和收入分配结构的现状，引发已经取得系统政治权利却在资源享有结构中处于相对弱势地位的社会集团和社会成员的道义愤怒。而这种愤怒被特定政治集团加以利用，以对那些失去政治特权，却依旧拥有资源分配和享有优势地位的社会阶层发动政治围攻和政治清算。阿伦特以此来解释近代欧洲"极权主义"的政治现象（譬如纳粹德国）[①]。阿伦特的理论可能在一定程度上阐明了收入问题在"经济"以外的范围内寻求解决时所可能招致的可怕后果。

因此，尽管经济学闪烁其辞地"迂回"研究收入的态度有些令人不齿，但是也只有经济学才"有可能"为收入问题做出最客观、最明确和最完整的结论。以任何其他方法来讨论收入问题都只能使它更扭曲。收入是要素的收入，是任何社会力量和社会物质卷入到社会生产之后所获取的报酬，这使得它们在本质上是相同的。社会成员都在某种程度上，以某种形式拥有某种或多种生产要素。在自由市场经济体系以外的其他历史形态的

① Hannah Arendt. The Origins of Totalitarianism. Schocken Books, New York, 1951, p. 67.

经济体系中，社会成员拥有生产要素的形式则不同，很可能会产生一些社会成员根本不占有任何生产要素的情形（譬如在奴隶制下的奴隶，即使他们的“劳动力”也不是自身能够占有的生产要素，这个要素被奴隶主所占有）。只有在自由市场经济体系下——不管它多么不纯粹、多么不充分，社会成员才可以自由地拥有任何形式的生产要素。但是，在现实的经济生活中，不同要素所获取的报酬率之间却经常出现惊人的差异，而纯粹经济分析所得出的结论又让人迷惑不解：资本要素的报酬率时常在数目上显得很大，但是它的报酬率却又低于劳动要素的报酬率（这是因为资本通常在统计核算上采取“复合单位”，而劳动要素在统计核算上采取“个别单位”）。但是除了统计方面的因素之外，劳动要素报酬率还因为其他原因（包括超经济的原因）而发生了巨大的变化。据许多美国经济学家研究，自 20 世纪初以来，劳动要素的报酬率（企业员工工资和奖金等综合报酬比率）增加了约 20%，企业收入比率（entrepreneurial income rate）下降了约 12%，利息水平，租税费和公司利润率则下降了约 3%。按照这个结论，或按照收入分析方法，社会中应该不存在收入问题，如果存在的话，则收入分配格局对资本（要素）不利。

如果这是经济学所谓收入分析所得出的最终结论，那么这个结论不仅毫无意义，而且令人蒙羞。收入分析不能够单用要素收入理论来加以囊括。收入分析涉及到每一个社会成员或社会阶层如何分配共同社会产品的问题。也就是说，收入问题的核心是收入分配问题，也就是收入分配的平等与否的问题。不管要素收入格局如何变化，也不管要素收入分配理论多么精巧绝伦，冠冕堂皇，我们都不能忘记，所谓“要素收入”最终都归结为“人”的收入，或者每个社会成员的收入，正如劳动要素的收入实际上是“要素所有者”的收入一样，资本要素的收入实际上也是“资本要素所有者”的收入。一个劳动要素所有者只可能拥有一个“单位”即他本人的劳动要素，而一个资本要素所有者却可能拥有多个“单位”或“复合单位”的资本要素。我们不能忽视“要素收入”和“要素拥有”的历史和社会形态之间（很可能超越纯粹经济分析框架）的联系。在自由市场经济体系下，理论上任何社会成员都可以自由地拥有任何生产要素，但是劳动要素的所有者永远只会拥有一个单位即他本人的劳动要素，而资本要素的拥有者却可能拥有无限量的资本要素。这使得劳动要素拥有者和资本要素所有者的收入差距，在自由经济体系下会达到很高的程度。而且，我们不能忽视的是，在现代自由市场经济下，所谓"劳动要素"的概念也发生重大变化：劳动要素不再仅仅指直接的物质产品生产者如工人和农民等，也包括许多非物质生产者譬如服务业和金融业的从业人员，甚至包括以往被定义在"资本要素所有者"范围内的人譬如企业的高级管理人员。而这些高级管理人员与企业普通员工之间的报酬差异，从20世纪初以来也发生了重大变化：20世纪的40和50年代，企业高级管理人员和企业普通员工之间的报酬差距约为24倍，而到了21世纪初，这个差异增加到430多倍，更不要说企业管理人员同时也是资本要素所有者，譬如他们拥有大量的股息收入并享受每年的利润分红。如果遵循纯粹经济分析体系中按照"个别单位"来计算的要素收入比率，我们就完全忽略了"要素"和"要素拥有"之间的区别，以及所造成的实际社会收入差距问题。这个漏洞，和"资源"与"要素"之间的概念混淆所造成的漏洞一样严重，甚至更具有伤害性。

经济学家们，如萨缪尔逊等人，经常把要素收入、收入和收入分配、劳动条件的改善以及社会生活水平和生活环境的改善与提高混为一谈。萨缪尔逊甚至认为收入差异是由各种社会职业技能所要求的不同训练费用所造成的。譬如，医生和律师的收入较高，是因为它们所受教育和训练的时间较长，费用较高。不过，经济学家似乎忘记，一个著名电影演员和电视布道家可能只需要最初步的训练，而它们的收入却远远高过医生和律师。一个专业运动员所受到的教育和训练也远逊于医生和律师，但他们的收入却可能大大高于后者。一个孩子受到严格的音乐教育和训练，但他们长大之后的收入却远远不如一个工程师。像萨缪尔逊这样优秀的经济学家所需要的教育和训练并不少于医生和律师，但是他们的收入却明显低于后者。萨缪尔逊曾谈到，如果将收入结构比喻为埃弗尔铁塔，那么他和"大多数人"的收入就在铁塔脚下的水平。不过，萨缪尔逊居然认为美国的收入分配结构基本上没有"不平等"的问题。至少，不会比当时的苏联更不平等。萨缪尔逊特别提到，当时生活在苏联的音乐家萧斯塔柯维奇的收入与普通苏联人的收入之间的差异，要大于当时生活在美国的音乐家斯特拉文斯基的收入与普通美国人的收入之间的差异。萨缪尔逊似乎忘记了他无论如何不应该忘记的一个问题：苏联和美国音乐家的收入水平和"要素"因素无关。萧斯塔柯维奇的收入不决定于市场，而是决定于社会特权结构和一个社会对音乐所采取的文化态度等非经济或超经济的因素。撇开其他因素不言，如果斯特拉文斯基的音乐在美国能够得到和萧斯塔柯维奇在苏联社会一样的社会文化认同，那么他的收入也一定会和萧斯塔柯维奇一样，和普通美国人产生一个较大的差距。麦当娜、迈克尔·杰克逊、碧昂丝（Biyonce）和布兰尼（Britney Spears）等通俗音乐家的收入与普通美国人收入的差距，岂是萧斯塔柯维奇和普通苏联人的收入差距所能比拟的！

笔者虽然强调只有经济学才“有可能”为收入问题提供最客观明确和最完整的结论，但这并不一定意味着“经济学家”能为收入问题提供“最正确”的解释。“经济学家的结论”和“经济学的结论”是完全不同的两码事。经济学家的结论是根据他本人运用特定的分析方法和基于特有的价值信念而得出的。而真正“经济学的结论”就不仅是根据特定的分析方法、特定的价值信念，而是根据“收入”的特有内涵，收入结构的动态变化，收入分配格局的历史迁移，收入分配机制的功能形式，现实收入状况在统计学和社会学上的双重意义，“要素收入”和“要素价格”之间概念含义异同的把握，不同生产要素的不同组合所赖以成立的技术条件和社会条件等许多因素来做出。经济学所做出的结论之所以“有可能”是最正确的，是因为它在所给定的所有条件和因素的基础上，以特定分析方法（体系）之间的相互对照，排除任何可能的价值判断和价值批判的成分，而直接给出最中性和最客观的结论。可悲的是，“经济学家们”只记住了“中性”和“客观”的经济学分析体系的条令，却忘记了收入分析必须包括所有这些因素的根本前提。他们在“中性”和“客观”的旗帜下，却得出不客观和不准确，也和社会现实相脱离的结论。而他们做出这种不准确结论的核心环节是，在经济学现有的收入分析体系内，无法将“要素”收入还原为“人”的收入或社会成员的收入，要素收入比率之间的差异又掩盖了社会成员收入比率变动的现实。当然，经济学以外的其他社会人文科学根本无法就收入和收入分配问题提供正确的结论，是因为它们的始点和经济学恰好相反，完全将收入作为单个“人”或社会阶层成员的收入，完全排除了“要素”的因素。排除了“要素”的因素，就无法把握“收入”形成的客观过程，无法精确地把握收入的源泉、收入的基础及收入的真实涵义。其结果会导致“收入”问题上扭曲的见解，导致不当的道德情绪和价值判断，进而导致不当甚至灾难性的社会实践。只有在经济学中，收入问题紧紧地和“要素”结合在一起，使得收入分析本身得以拥有坚实的基础。只是经济学家们片面地利用了这个优势，却失去了给收入问题最适当也最准确结论的机会。

也许是因为收入和收入分配的分析领域中有太多令聪明的经济学家们头晕脑胀的迷魂阵，因此他们都竭力远远地绕开它。收入分析的始发点和产品市场的需求分析乱麻般缠搅在一起，以致于收入分析还没有说清道白的时候，便一头扎进生产分析之中。收入分析实在是缺乏明确的轮廓，它的内容搀杂着要素理论、福利理论、资源配置理论，而在收入分析结束的时候，人们发现这几个理论实际上都有几乎完全重叠的内容。“资源”概念和“要素”概念之间的相互置换或混淆，又是其中的关键，故而经济学家几乎都无法真正地触及“收入分配”这一核心问题。因此，收入领域几乎注定成为微观经济学中最不成功的领域。

当然，收入分析体系也并非一无长处。单就方法论而言，恩格尔曲线和洛伦兹曲线就提供了既有丰富理论内容，又有很大实用性的工具（有趣的是，这两个曲线的提出者都不是显赫的经济学家）。洛伦兹曲线非常引人入胜。在 X 轴和 Y 轴延绵的是人口比率和收入比率，而不是通常的“量”。以 45°向右上方延伸的曲线，象征着“绝对的收入平等线”（即人口比率和收入比率相等）。这个曲线不仅可以勾画出社会人口收入分配比率结构，也可以勾画出某一社会阶层或集团相对于全部人口的收入分配比率的变化结构。一般的现实情况是，曲线大多向右下方或左上方倾斜移动，即表明人口比率和收入比率发生差异。特定社会阶层或社会集团所获得的收入比率高于或低于其人口比率。这个曲线引人注目之处在于，它避免了经典经济分析中将收入分析和要素分析、要素报酬分析、资源配置理论、福利理论，甚至最大消费效用的取得和最大贸易利益的取得等混为一谈的惯常做法，而直接将收入和分配结构，与社会成员的人口比率联系起来，并求得现实社会实际的收入分配结构模式。这在典型的经济分析体系中是一个值得注意的异类，它做到了大多数经济学家所极力避免的一件事情，那就是直截了当地将收入归结为“社会成员”或“人”的收入。要素收入分析的致命弱点在于它将本来是“人”或“社会成员”收入的事实修饰为模糊不清的“要素”收入，这是现代经济分析体系竭力避免价值判断并保持中性立场所必需的。如果经济学将收入分析归结为“人”的收入或社会成员的收入，它就必需接着说明“人与人”之间和社会成员之间收入差异变化的问题。而这种说明必然牵引经济学离开其超然的中性立场，去面对社会成员之间以及社会成员和社会之间的关系形式这样一个非经济学的问题。经济学家以“要素收入”或“要素报酬”理论来代替“人”的收入或社会成员的收入的概念，不仅是在方法论范围内另辟蹊径，而是为了使自身在方法论体系内和其他社会科学部门做一个明确的区分。要素收入或要素报酬分析，的确可以清晰地说明在单纯的社会生产过程中劳动和资本作为生产要素相互结合、并以此为基础获取各自报酬的图景。要素的收入结构，必定是与要素在生产过程中相互组合从而形成产出的事实相结合，才可以在经济学分析体系中具有完整的意义。而恰恰是要素的最佳组合（其结果是最佳产量的设定），却被“硬性”地假设为不同生产要素获得最佳报酬的均衡点。经济学的收入分析在这个“点”上便告完结。但是对于社会来说，收入问题恰恰在这个“点”上刚刚开始。社会要求回答：这个经济学上被设定的“最佳”或“最合理”的均衡点是否是社会所企望的“平等”或“公平”的收入分配点？所有的要素仅仅是对“最佳产量”而言达到“最大满足度”或“最佳贡献度”，这是否意味着所有的要素同时在主观上达到“最令人满意”也在客观上“公平或平等”的水平？显然，经济学无法回答这些问题，它既无法清楚地勾画社会成员个人收入变化的一般现状和趋势，也无法解明特定社会阶层或集团的收入比率在社会人口结构中所发生的变化，因此在根本上也无法说明收入问题。洛伦兹曲线最大的长处和意义在于，它一方面摆脱了要素收入分析概念的束缚，同时却没有脱离现代经济分析的基本框架。

实际上，和最佳模式相关的收入分配形式，并非指统计学上的均等或平等，而是经济学意义上的“合理性”。但是矛盾之处在于，这种“合理性”的内涵又无法以纯粹经济学的理论标准去加以衡量。因为按照经济学的理论标准，一种收入分配形式，不仅仅在要素之间，也要在社会成员或人口之间取得“合理”的平衡。然而，这种经济学式的“合理”平衡所强调的是，要保证任何一个要素都取得“令人满意”的报酬，又足以使厂商经常保持最佳产出状态，而且能为产品交换双方带来所谓最大的利益。但是这种“合理”状态往往和社会所期待的“平等”的分配模式大相径庭。按照这种经济学“合理”含义，最令人满意的收入分配结局是，只有极少数的社会成员的收入远远低于或远远高于当时社会的平均收入水平，而绝大多数社会成员的收入比率保持在这两个极端的中间水平。因为这种收入结构的实际意义是，绝大多数社会成员同时拥有劳动要素和资本要素所有者身份，在任何一种生产要素配合比率的局面中，都不致遭受“非利益"。而且，两个分配极端上的社会集团的规模（即极端穷困者和极端富裕者）小到不足以引起现有生产要素配合比率结构的任何剧烈变化、也不致于引起任何社会动荡的水平。而这些内容都是无法以纯粹经济学的理论去衡量，因为无法以经济学的方程式去表述。在大多数发达工业国家里，基本上形成了这种经济学家们心目中的"理想"收入分配模式：一是就收入量来划分的社会阶层已经出现"两头小，中间大"，即极高收入和极低收入阶层在全体居民中的比率很小，而中间收入阶层的比率最大；二是大多数（或越来越多）的社会成员都同时是两种主要的生产要素即劳动要素和资本要素的所有者。但是，这种局面根本不意味着收入分配格局已经达到实质的"合理"水平。仅仅是这种结构本身，并不能解释特定收入阶层在人口中的比率和其收入比率之间的差异问题。亦即，它不能回答在许多发达工业国家（特别是在美国），极端富裕阶层何以在总收入格局中占有那么高的比率（譬如在美国，最富裕的2%的居民占有近30%的总收入），而极端贫穷的阶层在总收入格局中只占有那么低的比率的问题；也不能回答极高收入阶层和极低收入阶层之间的收入差距、以及和中间收入阶层之间的收入差距日益扩大的问题。当然，经济学更不能回答为什么在现实局面中极高收入阶层都由资本要素拥有者构成，而极低收入阶层都由劳动要素拥有者构成这样一个令人难堪的问题。经济学无法回答这样的问题，并非是经济学家没有意愿，而是在现代经济分析的格局中没有回答这一类问题的能力。经济学只能回答要素收入的问题，而无法回答"人"的收入或社会成员收入的问题。如果经济学要回答"人"的收入或社会成员收入的问题，那么它必需摆脱其根本的分析框架和概念体系，即必需摆脱要素收入或要素报酬分析的基本框架。这意味着经济学需要在另外一个领域里另起炉灶，同时也意味着必需多少和经济分析的根本前提保持距离。这对经济学和经济学家都具有危险性。这大概也是洛伦兹曲线在经济学分析体系中没有显赫地位，而且经常被忽略不提的原因之一。

这就是经济学。它构想出一个纯粹而空洞的境界，然后向这个境界填塞内容。接着发现这些内容不能和空洞境界相融合，于是便躲避它。躲避的方法是重新构思另外一个纯粹而空洞的境界。不过，收入问题毕竟是社会的，因而也是经济学的良心所在。经济学在科学的王国里纵情漫游的时候，收入问题又让它重新回到社会。虽然经济学家对收入分配结构问题无能为力，但是却不可因此而忽略它。在这个令人不堪卒睹的问题上，经济学家也有自己的责任。在令人眼花缭乱的精妙方程式和曲线后边，总有一个最真切的事实，而这个事实长久地触动着我们的心弦。经济学家总该有足够的勇气面对这个事实，这个虽然尖锐也不符合经济学精妙遐想的问题。

经济学是美丽的颂歌，有时也是苍白的颂歌。

第六章

生产和成本分析：总成本、平均成本和边际成本

经济学的根本理念在于解释“为谁生产？生产什么？如何生产？”(For whom the goods shall be produced? What shall they be produced? How they be produced?)“为谁生产”是收入分析、资源配置和福利理论的课题；“生产什么”是产品市场需求分析的课题；而“如何生产”则是生产和成本分析的主要课题了。因此，在产品市场分析和收入分析相关的分析中，也都多少涉及了生产的问题。本章范围内欲重点讨论的，实际上是成本问题或成本分析。所谓纯粹的生产分析，不涉及生产的目的问题，即不涉及“为谁生产”或“生产什么”，而完全集中在“如何生产”的问题上。当然，“如何生产”从来就不是轻松简单的问题：亚当·斯密曾详细分析了生产分工的发展；马克思曾深入分析了生产形态和生产方式不断演变的历史（他的研究提供了这个领域中最重要的学术成果）。“如何生产”的问题，涉及人类物质生产方式形态由完全自给自足、分工合作向资本主义大工厂化生产演变的历史过程的研究，因此它也应该部分地是历史学的课题。然而，在现代经济学的生产分析中所论及的“如何生产”的问题，却完全舍弃了其中的历史含义，而集中在生产过程的“合理性”方面。

"如何生产"所论及的，并不是生产的历史形态和与此相关的生产组织形态，而是生产本身的"合理化"，即如何以最小的成本来取得最大产量或最大利润的问题。也因为如此，以生产的"合理化"为核心学说的现代生产理论，也自然地把成本分析作为其主要内容。

生产的历史形态和生产的组织形态无论发生何种变化，似乎都是以追求这种"合理性"为主要内容。这使得生产"合理性"的概念本身，而非生产的形态学说，更具有历史哲学的内涵。现代生产理论所试图加以解释的，实际上是在完全或充分竞争条件下的现代厂商（无论其组织形态差异）如何组织和安排"合理"生产，即成本管理的问题。现代生产理论与历来的生产学说（或生产形态学说）相比较，最重大的差别在于，其"合理性"主题是以成本分析形式呈现的。当然，毋庸置疑的是，生产的"合理性"学说及其成本分析体系，乃直接源于现代经济学说中比较隐含却异常重要的功利主义假设：人类为取得一种效用而必须付出负效用（也可表述为付出牺牲或付出代价）。而且，人们会比较所取得和付出之间的价值，以判断为取得一定单位的效用而付出相对单位的负效用是否"值得"，最通常的方法是将二者结算为一定的货币价格单位。如果"值得"，其行为会持续下去；如果"不值得"，人们便会中断其行为或是取消行动的计划。只是在现代生产理论中，这种功利主义行为的主体，由个体或个人转变为"厂商"；负效用即牺牲，劳作和生理痛苦，则进化为"成本"（cost）的概念。因为"成本"的特点，即它只能以货币价格来量度的特性，使得人们的这种行为在生产理论的范围内脱去了和个人感觉与判断相关的人文色彩，而转化成一个纯粹的假定技术过程。

当然，作为一个纯粹的、在假定条件下推动的技术过程，它的功能方式也必然和个人直接的行为方式或反映方式有所不同：首先，生产必须是"组织"的，即生产必须以"组织"的方式进行，而不是直接的个体行为。它不能直接地追求利益，而必须通过某种形式"生产"活动的成果，即产品来换取经济利益。这使得生产本身或生产过程本身具有独立于经济利益和经济目的的意义。换言之，生产的过程和结构本身，是独立于作为经济活动之目标的"利益"之外的。而在现代经济学中，生产过程本身，进而生产的历史形态及其结构，似乎都变得无足轻重。这也许说不上是悲剧，但是令人感叹：生产，在现代经济学中成为成本分析体系的附庸之前，曾是一个严肃的课题。即是在把生产局限在"如何生产"的狭窄议题范围内之前，它都曾被认真而严肃地研究过。生产的“合理性”从来就不仅是单纯的技术或技术进步问题，而且是“组织”的问题。因此也涉及到“组织”的历史形态和“组织”得以发挥功能的社会条件问题。现代经济分析体系中的生产固然也是“组织”的生产，它只是试图在分析过程中剔除了“组织”或“组织生产”的历史形态或历史含义问题。但是，在现代经济学将“组织”作为生产过程的基本前提时，实际上多少也把生产的历史形态含义带进了分析过程之中。亦即，现代经济分析体系中的“组织”，实际上是指自由竞争的资本主义经济体系下大工厂式的生产形态，而不是任何其他的生产形态。在生产分析领域中，现代经济学确实也面临着一个尴尬的局面：和其他关于经济运动中单纯的功能形式的分析，诸如供需分析、价格分析甚至边际分析等不同，生产分析不仅是关于功能形式的分析，而且也是关于形态的分析。

奥地利经济学家尤金·冯·庞巴维克（Eugen von Bohm－Bawerk）是现代经济学奠基人中少数直接分析生产过程及其性质者之一。他在其名著《资本实证论》中提出了“迂回生产”（roundabout production）理论。所谓“迂回生产”，其根本含义是基于效率基础之上的“合理化”生产。他曾举例，如果一个人感到口渴，需要喝水，可能采取三种不同的方式：（1）每次感到口渴时，他可以走到泉水或溪流边用手掬水喝。这种方法非常不方便也没有效率；（2）他可以砍下一棵树，把树锯成段状，再将其凿成木桶，这样他可以把泉水或溪水装在桶里，提到他的小木屋中。这种方法虽比第一种方法有效，但仍不是最佳的；（3）他可以砍下几棵树，将树加工成槽状，然后把这些木槽连接起来，这样水就可以从泉眼或溪流中直接流到小木屋中。这种方法比前两种方法具有明显的效率性。庞巴维克将第一种称为“直接生产”方式、将第三种称为“迂回生产”方式。并就此得出结论说，“迂回生产”较之“直接生产“方式可以创造出更大的成果（a greater result），即可以创造出更大的产出量。因为在一次性地建好了水槽之后，就可以不必每每辛苦地走到水边，而且获得的水量也多了许多。有趣的是，庞巴维克这个理论虽然可以用来说明“生产方法”及其“合理性”问题，却不能解释生产过程的形态问题，因为在他举的这个例子中，既不涉及“组织”的问题，又不包含以价格量度的经济利益的追求；并且，此人为使喝水途径“最佳化”所做出的选择及其“负效用”也无法以价格衡量，故难以将其归结为具有理论含义的“成本”。因此，这里“如何以最佳方式喝水”的活动，严格来讲不是“生产”活动。如果我们知道了生产过程中不可缺少的“组织”和“成本”（以价格来量度的广义“负效用”）问题实际上就是生产的历史形态问题，那么也必须了解，特定生产方式（包括生产“组织”方式或形态）是特定历史条件和人性因素的复杂组合①。庞巴维克“迂回生产”理论的特殊价值在于，他实际上在经济分析中引进了“人性”的因素。我们也发现，直接的生产分析，同时也是生产历史形态和人性因素的双重分析。

生产作为和其他形式社会活动（譬如艺术创作活动）相区别的活动，根本意义在于，它是一个完全建立在“合理性”原则之上的人类社会活动形式。“迂回生产”理论主要涉及的实际上也是生产的“合理性”问题。所谓的“直接生产”（direct production）是指，人类本体或个体通过与物质材料之间发生直接接触来获得效用的功能变换形式。在这种形式的生产过程中，人类不使用或很少使用生产工具，从而也必须付出相应的体能牺牲（负效用）。相对而言，“迂回生产”方式是指人类本体或个体与物质材料之间已经存在着若干种物质中介，而人类依靠这些中介来减少体能牺牲，同时扩大物品产出量。而生产工具或生产设备的充分与完善程度，也反映了“迂回生产”方式的发达程度。我们可以看到，所谓“迂回生产”实际上和后来出现的“效率”概念是基本等义的。庞巴维克将“迂回生产”方式描述为资本主义生产的“本质”（nature）和基本法则（fundamental law）之一。换言之，庞巴维克将资本主义生产方式理解为最高意义上的“迂回生产”方式，亦即，在资本主义生产方式中，人类本体或个体与物质存在之间存在着最多层次和最大范围的物质中介，生产工具和生产设备等也达到能够最大限度减少人类体能牺牲同时又最大限度提高物质产出量的极限程度。至此，“迂回生产”方式的概念便和后来的“效率”概念得以重合。应该特别强调的是，使“迂回生产”得以成立的所谓“物质中介”，不仅是指生产工具或生产设备系统，而且也包括生产技术和技能，以及生产管理和生产组织形态的功能等非物质因素。

但是，我们必须注意到“迂回生产”理论和“效率”概念和其他经济分析概念，譬如福利理论和资源最佳配置理论之间相互矛盾和冲突之

① Eugene von Bohn - Bawerk. Positive Theory of Capital. Macmillan & CO. , London, 1891, pp. 22 ~ 24.

处：福利理论或资源最佳配置理论的暗含前提是各种要素在价格条件下各方得以“最感满足”的水平相互组合，而“迂回生产”理论或“效率”理论则是指通过以物质中介的介入来最大限度减低人类体能（进而也包括精神）牺牲。单纯的“迂回生产”和“效率”概念并不包含“价格条件”这一前提。固然，在“迂回生产”中可能会遇到物质中介自身的一个极限，但这个极限是纯粹技术性的或受技术水准限制的，而和“价格条件”无关。这是“迂回生产”理论稍嫌粗糙的地方。不过，庞巴维克的“迂回生产”理论仍是一个不朽的里程碑：它赋予了“生产成本”以富有历史哲学性质的规范性含义。按照“迂回生产”理论的含义，“成本”是生产产品所需物质手段和人类体能牺牲的总和。在这里他依旧隐隐地提出了要素理论中的核心概念：物质中介以“资本要素”的形式，而人类体能牺牲采取“劳动要素”的形式，这相互对立的二者构成“成本”的总和。“成本”不仅意味着理论上的“资本要素”与“劳动要素”的总和，而且也意味着这二者之间相互对立和相互抵消的关系。“迂回生产”理论的假设是，物质中介手段即资本要素在生产过程中的比率愈来愈高，而体能牺牲或劳动要素的比率则愈来愈低。物质中介生产手段不仅采取“资本要素”的形式，而且也具有节省和减少人类体能牺牲的目的（而这一点在经济分析范围内意味着“劳动要素”比率的减低）和扩大产出的目的。一个生产体系的“迂回”程度愈高，即物质中介性生产手段更加完备，从而能将人类体能牺牲（表述为劳动要素）程度减至最低，就愈能够提高产出，因此也更加有效率。在这个暗含假设下，效率既是生产要素最佳组合的结果，又是最大程度减少劳动要素比率的结果。这似乎是个矛盾。庞巴维克的“迂回”生产理论和古典要素理论或厂商理论之间确实存在这样一个看似简单却很难弥平的矛盾：按照庞巴维克的假设，生产的“迂回”程度愈高，一个经济体系便更有效率。所谓“迂回程度”的实质乃是以物质中介手段来最大限度减低人类体能牺牲，或者在生产过程中最大限度利用物质中介，同时最大限度减少人类体能支出或劳动要素支出。这就和古典厂商理论中生产要素最佳配置和组合的定理相冲突。在现实的资本主义生产中，必定有不同程度的生产要素配置和组合的问题，但总的历史趋势是劳动要素的占比是不断降低的。在极端的情况下，可以出现全部机器人操作的工厂。因此，为了弥补迂回生产理论与古典理论之间的矛盾，我们必须将其二者分开解释：前者是关于资本主义生产方式或生产形态历史的动态性趋势的学说，而后者是关于市场或价格条件下一般生产过程的学说。

在生产理论架构下，成本和个体的“负效用”相比具有不同的内容：成本是复合的，是以价格单位直接量度的社会资源的投入，孤立个人体能和精神能量的直接付出也属于广义的社会资源。同时，和“效用”相关联的“成本”投入的结果，也是双重性的，即有时以“利润”来表示，有时以“产出”来表示。生产分析或成本分析同时以“产出”和“利润”来作为“成本”形成过程的结果。现代生产理论的重心并不在于“组织”、“产出”或“利润”分析，而是在于“成本”分析。成本分析包含着一种立体结构，它不仅是指物质或社会资源的目的性耗费，也是指人类为节省和减少自身的体能和生理支出而扩大物质或社会资源耗费的持续努力，而这种努力又往往和产量有关。同时，它还指人类力图减少物质或社会资源耗费（这种努力往往又和利润相关）以降低“成本”的反向努力。通过这个“成本”概念含义的深层结构，我们可以窥视资本主义生产方式一个根本的历史矛盾：它是人类历史上最有效的利用物质和社会资源的生产体系，这意味着单位生产过程中的物质和社会资源耗费可以降至最低；同时它又是人类历史上最大限度发掘和利用物质与社会资源的生产体系，这意味着社会总体范围内物质和社会资源的利用或耗费达到极限。这种悖论式的矛盾局面，也呈现了人类本性的深刻内在矛盾。所谓生产的“合理性”或“效率”反映了这种令人无奈的矛盾：人类必须扩大物质或社会资源才能够减少自身的体能痛苦和牺牲，也能够取得效率；而同时，人类也必须减少物质和社会资源耗费，以取得生产的合理性。于是，所谓“合理性”和“效率”的含义可定义为，在不扩大甚至减少人类体能痛苦和牺牲、也不减少甚至扩大产量的条件下，减少物质或社会资源的耗费与投入。但是这种“合理性”和“效率”局面的维持和扩展，却导致了社会总体物质和社会资源耗费量无限扩大的结果。这种内在矛盾又构成经济动态（dynamic）的历史源泉：人类通过这种矛盾作用来调整和重新建立新的生产系统结构。

在现代生产理论中，“成本”是唯一能够反映这种矛盾的历史结构的概念。它既体现了人类为节省和减少本身的体能痛苦与牺牲而代之以物质和资源耗费的努力，也反映了人类经济活动特有的丰富形式。而这种丰富形式并没有被“迂回生产”理论所完全概括。人类经济活动并非全部都是市场性或以获取利润为目的：譬如庞巴维克所举的例子中，那个人只是自己需要用水，而不需要将山泉或溪水作为商品来出售。在这种情况下，他的“迂回生产”方式只以减低体能支出或减少麻烦为限。只要这个目的达到，他就不会采取进一步的“迂回生产”措施，因为采取措施就会增加体能支出。而任何进一步的或无止境的“迂回生产”方式，必然和商业性质的经济活动，即追求利润的经济活动有关。在这种经济活动中，“迂回生产”方式本身也会发生一些变形：它不仅以减低人类体能支出和牺牲为目标，也以追求利润为目标。在后者的推动力下，“迂回生产”方式在扩大生产性物质中介的同时，也要减少物质中介或社会资源的耗费。如上所述，这也是资本主义生产体系最显著的外在特征之一：它是人类历史上最大的物质或社会资源的耗费者，同时也提供了人类历史上最有效地节省和减少物质和社会资源耗费的方式。而“成本”正是这种资本主义生产体系内在矛盾的象征：“成本”不仅是生产过程中广义社会资源耗费的总称，也是这个生产体系试图最有效地从事社会生产的标志。在“成本”最深刻的含义中，必须包括这种超越经济学议题的历史内容。也正是在这个意义上，“成本”和“效率”及“合理性”等概念的内在定义都是相通的。

在现代经济学中，“成本”有三种基本形态：总成本，平均成本，边际成本。总成本和平均成本的概念非常简单，也常用于实际的生产管理程序中。但是“边际成本”的概念则相对复杂得多，而且仅具有纯粹的理论含义，在实际的生产程序管理中并不独立地存在。“边际成本”是每一追加产量所需要的追加成本，或用于生产最后单位产量所需的最后成本。它与众不同的意义在于，它是唯一在理论上测度生产“合理性”的概念：每一单位的边际成本（或最后成本）所导致的单位产量的变化是生产过程“合理性”和“效率”的唯一理论指标。如果边际成本小于边际产量，则说明生产能力未能被尽数利用或发挥；如果边际成本大于边际产量，则说明生产已经没有效率。只有边际成本和边际产量相等时，生产能力才可得到最大限度发挥，生产过程也达到最高效率或最佳产量状态。不过，边际成本基本上是一个纯粹和抽象的理论概念，在现实的经济生产活动中，“边际成本”几乎是完全无法测度的。在现实的生产过程中，除非生产程序完全停止，否则并不存在特定的“最后”或“边际”成本点。边际成本概念毋宁说是表达了现实生产成本的结构和相互运作之间所形成的边际理论关系或边际技术关系。譬如，在现实生产过程中，或者在短期成本分析中，必须假定固定成本（fixed cost）为一定量，流动成本（variable cost）

则被投入至和固定成本的技术含量相容的程度，而超过这个技术含量界限继续投入流动成本，其导致的产量扩大则呈递减趋势。在这个意义上，固定成本的技术含量的极限便是其边际点。换言之，只有在流动成本的投入达到固定成本技术含量的极限程度时，才有可能直接地观察生产过程中成本与产量之间富有理论意味的边际关系，也可直接观察生产系统内成本结构之中的边际技术关系。这种关系在实际的生产过程或生产程序中可以间接地观察到："设备闲置率"或"设备利用率"便用来说明流动成本和固定成本之间的技术相容关系。一旦"设备闲置率"超过零或"设备利用率"低于百分之百，就间接地说明流动成本并没有达到和固定成本之间最大或最佳的技术相容度，其结论是"边际成本大于边际产量"。相反"设备闲置率"低于零或"设备利用率"超过百分之百，则说明流动成本和固定成本之间的技术相容性超越了现有的"合理标准"，其结论为"边际成本小于边际产量"，表明固定成本和流动成本之间的技术相容度"合理标准"有必要进一步调整。但是从长期成本分析来看，这种认定便没有意义：在长期成本分析中，固定成本和流动成本没有本质的差别，因此流动成本和固定成本的技术含量相容的假设条件便失去意义，这样也就无法仔细考察到在短期成本分析中清晰可辨的边际技术关系，也很难明确界定边际成本的含义。

我们可以看到，"迂回生产"理论中一再伸张的观念，在现实的生产过程中得到了重新表述：作为本质上是"合理性"和"效率"的理论，"迂回生产"理论追求的并非"最大的"产量，而是"合理的"产量。这个"合理性"不仅设定了生产过程中一系列微妙的技术关系，也体现了人类因此而减少和节省社会资源投入的真正推动力。而"边际成本"的理论概念则成为这种以"合理性"和"效率"为主要内容的生产方式的理论标志。但是，这种"合理性"和"效率"概念一旦以"成本"的形式加以表述时，便会产生一些疑问：如果"成本"可以区分为多种不同的形式（如总成本，平均成本，固定成本，流动成本和边际成本），那么它们之间在共同的理论性质是以何种内在结构相贯通？同时，这些不同的成本形式何以可能在其相互贯通的内在共性下，却只能分别适用于理论和实际生产领域之中？这个问题迫使我们不得不面对一个非常令人困窘的现象：现代生产理论所主要研究的乃是短期经济现象或短期生产过程，而非长期生产现象或长期生产过程。因为就长期经济现象或长期生产过程来说，成本将不会有“固定”与“流动或可变”之分（但总成本和平均成本的概念依然成立）。而且，在现代生产分析中几乎不分析固定成本，因为它是给定的（在短期生产过程中不会变化）。现代生产理论也几乎不分析单纯“总成本”，因为在短期生产过程中，只有平均“成本”才直接和“合理性”相关；而且在资本主义生产体系下，所追求的乃是“合理”产量，而非和单纯总成本相关的“最大”产量或“总产量”。因此，分析的重点放在“平均成本”、“可变成本”和“边际成本”方面。

这三个成本曲线的图形是相仿的，都呈 U 字形（见图 6－1、图 6－2、图 6－3、图 6－4）。这在现代生产理论中具有异常重要的意义。它说明了一个经济现象：在短期内，每单位的产量还远未能达到固定资产技术容量的水平；随着产量逐渐增加并愈趋接近这个水平，其单位成本也随之降

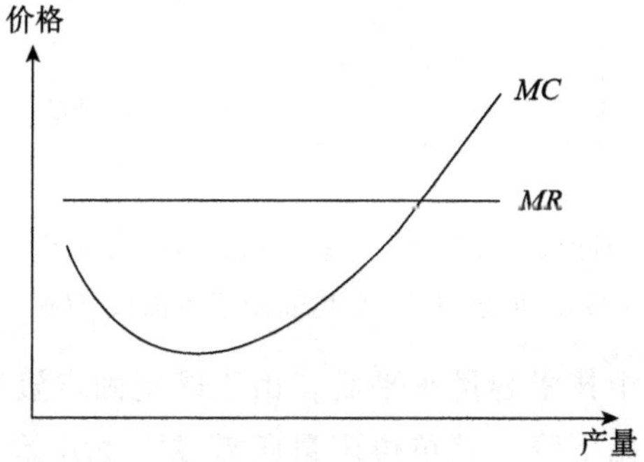

图 6－1　边际成本曲线

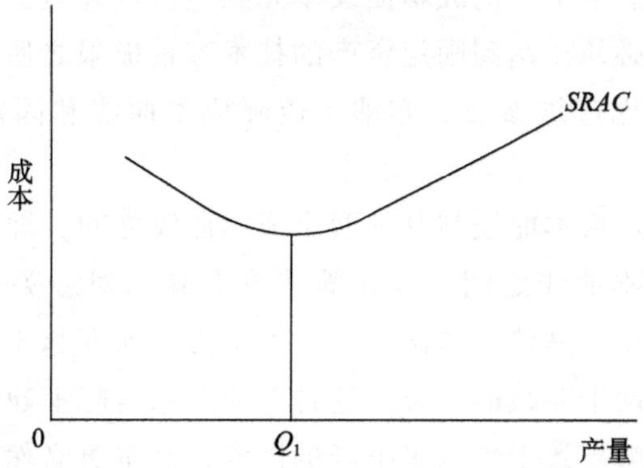

图 6－2　短期平均成本曲线

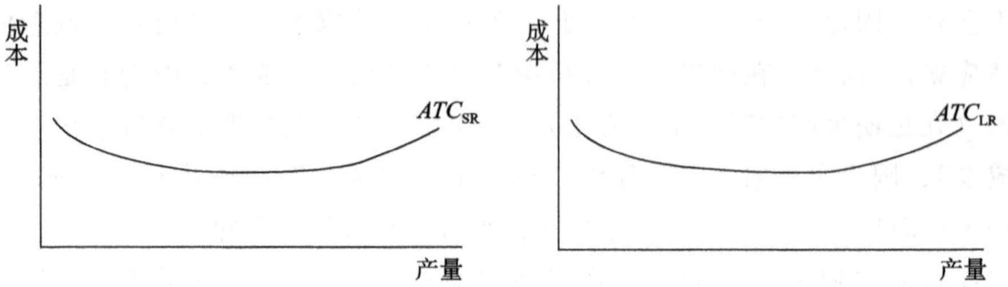

图 6－3　短期平均总成本曲线和长期平均总成本曲线

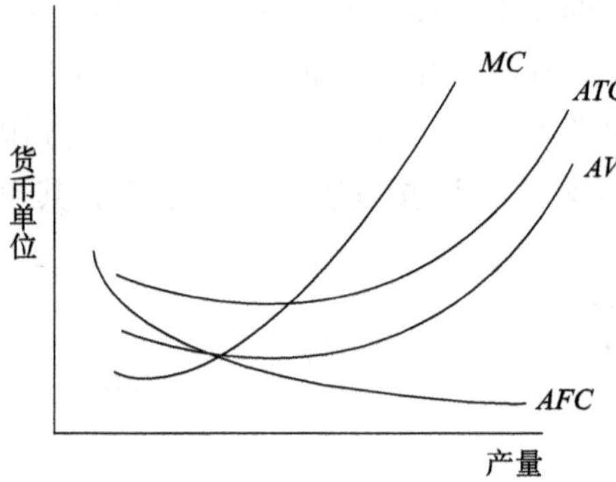

图 6－4　边际成本曲线 *MC*、平均总成本曲线 *ATC*、平均可变成本曲线 *AVC*、平均固定成本曲线 *AFC*

低；在产量达到这个技术容量水平后，由于既定固定资产的技术容量不堪负荷，产出能力开始下降，其单位产量所需成本也开始上升。这种规律对所有的成本形式都是适用的。不过，边际成本曲线对这个规律的感应似乎更为敏感，通常会早于其他成本曲线率先到达低点并呈上升趋势。这是因为其他成本曲线必须在达到固定资产的技术容量极限之后才会上升，而边际成本曲线仅考虑产量参数，亦即，边际成本曲线和固定成本是完全无关的。

而且，在边际成本曲线与其他两个成本曲线之间，即与平均总成本曲线和平均流动成本曲线之间，存在着非常有趣的对应关系：在趋于下降时，边际成本曲线总是位于这两个曲线的下方；而在趋于上升时，边际成本曲线则位于这两个曲线的上方。这种对应关系实际上建立在非常简单的逻辑上：一个能够导致平均水平下降的因素，其本身必然小于平均数；一个能够导致平均水平上升的因素，其本身必然大于平均数。在平均成本下降时，边际成本必须小于平均成本才足以压迫它继续下降；在平均成本上升时，边际成本必须大于平均成本才足以拉动它继续上升。通过这种对应关系，我们也进一步了解了边际成本分析在整个现代生产理论即成本分析体系中的特殊地位：边际成本分析是现代生产理论或成本分析体系的核心。只有在边际成本概念中，才可以合理地舍去既有的给定存量，而把“成本”作为一个理论性的概念予以定位。

但是，令我们有些迷惑的是，现代生产理论或成本分析体系建立在一个最著名也最空洞的经济学假设，即完全竞争或充分竞争型厂商（purely competitive firms）假设之上。这个假设是，市场上有“许多”的厂商在进行竞争，而这些厂商中没有任何一个可以影响或决定市场价格。亦即，这些厂商不能为自身产品设定（set）价格，只能接受现有的市场价格，唯一可做的是在接受这个价格的前提下调节自身的产量。即使厂商增加或减少产量，都不足以影响产品的市场价格。如果这些厂商希望通过提高价格来获取超额利润，他们就必须面对失去买者和市场的风险（因为买者会转向那些未提高价格的厂商）；同时，如果厂商在现有市场价格水平下可以出售全部产品，他们就不会去降低产品价格。可见，在完全竞争或充分竞争条件下厂商获取最大利润的唯一方法是在给定的市场价格下提高产量。简言之，完全竞争或充分竞争条件下的厂商是被动地接受给定的价格（takes the price as given）的。他们无法影响或决定价格。

这个辉煌的经典假设却存在着一个致命的矛盾：按照这个假设，厂商完全无法影响市场价格，厂商在给定的价格下获取最大利润的唯一方法是扩大产量（无论他们如何扩大产量也不影响市场价格水平），这与基本的供求均衡理论是相冲突的。因为按照供求理论，供给量增加会导致价格下降。在完全竞争条件下，每一个厂商都会通过增加产量来获取最大限度的利润，而不仅仅只有个别或少数的厂商如此行事；而这种行为的后果，自然会导致供给增加而价格下降。这种内在的冲突和矛盾，证明了完全竞争或充分竞争条件下厂商均衡的基本假设大有缺陷，甚至存在根本性的错误。经济学家称之为“迷”或“悖论”（paradox），并试图从两个方面来纠正或弥补：（1）适度修正假设的内容，即虽然单个厂商的产量增加无法影响价格，但是他们所采取的“集体行动”（collective act）则会影响价格水平。然而，这种修正却无法在逻辑上说明，每个单独的厂商所采取的行动及其总和与所有厂商所采取的“集体行动”之间的区别何在。（2）厂商增加或调节产量不是无限的，而是根据“合理”的原则，即把产量调节到使成本投入能够带来最适度产量和收益的水平，也就是边际成本等于边际收益也等于价格的水平。在这个水平上，厂商所获利润为最大。这个解释固然比第一个解释精巧，但仍未说明，即使是这个理性而“合理”的调节所造成的产品供给变化是否会影响价格水平。这个理论的另一个缺陷是，它没有说明，通常厂商只倾向于采取保持最大利润的“个体”或“集体”行动，这意味着他们采取的行动都不会导致价格下降，而只会导致现有价格水平的维持或提高，这当然也意味着，在完全竞争或充分竞争条件下“调节产量”实际上是指降低或减少产量。如果这个推论成立，便意味着厂商实际上不遵守“完全竞争”规律，或者说完全竞争或充分竞争的假设条件不成立。因此真正完全或充分竞争条件的假设，必须规定所有厂商并“无意”追求“最大利润”，而只追求给定价格条件下的平均利润。所有厂商所采取的调节产量的行动，并不意在影响价格，进而追求“最大利润”，而是为了维持和追随现有价格水平，在这个给定的价格条件范围内追求给定的平均利润。

这个经典理论假设体系根本的错误在于，如何在不同形式的成本前提下塑造一个统一而且贯穿前后的生产理论。我们所看到的是在不同成本形式下不同的生产形式，而这一点造成一系列不必要的矛盾。总成本、平均成本和边际成本，如果单独分开论述，都没有不当之处，但是将它们置于一个统一的分析框架下展开综合的论述时，就会出现一些难解的疑点。这个经典假设也证明了，一个精确的科学假设不能反映现实社会经济生活的全貌，因为精确的科学假设的局限性不在于它过于精确，而在于它过于简略。在这个经典假设体系中我们只看到，成本—产量—价格之间相互对应和作用的关系，尽管这个关系异常精确，却不足以反映其对应关系的现实复杂性和多样性。它假设厂商影响价格和利润的唯一途径是调节产量，这并不符合现实。厂商可以在给定价格条件下，在不能影响市场价格的前提下，也在不调节产量的情况下追求超过平均水平的利润（或最大利润），譬如进行技术革新，提高产品功能、改变产品外形使其更富有吸引力、改变产品包装、提供更好更全面的销售服务等。而这些途径既不违背完全竞争或充分竞争的基本假设体系，也不是通常意义上的垄断手法。然而这些途径根本无法反映在经典假设体系内。于是它不能说明一个基本的现实：它假设所有厂商都不能影响价格，而且获取“最大利润”的方法是调节产量，其结果大家都取得“平均利润”；但是现实是厂商的利润率完全不同。

譬如，以最典型的电子产品或家用电器厂商来说，他们应该最符合经典假设条件，几乎完全竞争，没有一个单独厂商可以影响或决定价格。但是这些厂商却有完全不同的产量，也有完全不同的利润率。那些获得更高利润率的厂商往往不是产量最大的厂商并且不是通过调节产量来追求“最大利润”，而是通过前面提到的、却不能容纳于经典假设体系的途径去做的。这个经典假设体系也不能说明进一步的动态问题，即如何理解和定义“影响”或“决定”价格：（1）在不完全竞争或垄断竞争条件下，价格是由一个厂商决定的，还是由多个厂商的“集体行为”决定的？为什么厂商“集体行为”决定和影响价格的现象仍然可以理解为完全竞争条件下的现象？（2）如果多个厂商决定和影响价格的现象（这在现实中是最常见的）得以成立，那么他们采取“集体行为”从而影响和决定价格的目的显然是为了追求“最大利润”；但其结果则是所有参与“集体行为”的厂商都处在同等的价格条件下，进而也只能获得相近甚至相同的利润，即平均利润。那么，这和完全竞争或充分竞争条件的景象又有何不同？我们不能不说，即使在不完全竞争或垄断竞争的条件下，厂商也和在完全竞争或充分竞争条件下一样，只能获取当时市场价格条件下的“平均利润”。和完全竞争或充分竞争条件下行为方式的不同之处在于，在不完全竞争或垄断竞争条件下，厂商可能更倾向于通过直接提高价格的方法或直接调节产量的方法，而非其他途径来获取“最大利润”。通过直接提高价格的方式来追求“最大利润”的现象，在美国的航空业很明显。有时某航空公司会以各种名目提高价格，譬如收取燃油费和其他各种形式的附加费，而后其他航空公司都会陆续跟进，于是这种附加收费便成为正常“市场价格”的一部分。而通过调节产量而追求“最大利润”的现象，则可以汽车业和石油业为例。但是，无论在哪一种方式下，最后厂商取得的都是在新形成的“给定”市场价格下取得“平均”利润。而且，在任何情形下其成本曲线都是相同的。

我们经常在经济学中看到这种奇特的现象：一个精确得令人赞叹的公式和推论构建出同样精确得令人赞叹的局面；它太精确，太令人赞叹，却有失真实。然而，哪一种理论是由于真实而成为理论呢？

第七章

成本分析的继续：垄断竞争理论的回归

我们在进行现代生产分析或成本分析时，经常遇到经典假设体系的局限所引起的各种疑惑与困扰。但是我们必须不断地回到理论中去，因为无论现实的活动样式或形态如何，只有在理论中才能发现超越这一切纷纭表象而决定最一般和最内在运动规则的力量。虽然我们非常希望回到现实中去，给现实局面一个完美回答，同时又不必冲破理论体系的约束。但我们终究做不到这一点。我们无法在现实生活局面中发现和提取边际成本规律。边际成本只是存在于理论中的。我们在面对许多现实问题时，又或多或少地忽视了边际成本的理论属性所发出的召唤。

在完全竞争条件下的短期成本分析中，边际成本等于边际收益。笔者曾一再强调这个公式非比寻常的理论意义：

$MC = MR$

式中：MC 代表边际成本，MR 代表边际收益。

此时企业利润为最大。而同时，如果此条件成立，边际成本（即边际收益）也等于平均收益，还等于产品价格：

$MR = AR = P$

式中：AR 代表平均收益，P 代表产品价格。

由于总收益等于产品价格乘以总产量，故有：

$$TR = P \times Q$$

$$P = AR = MR = \frac{TR}{Q}$$

而 $Q = \frac{TR}{P}$

式中：TR 代表总收益，Q 代表总产量。

在完全或充分竞争假设的短期成本分析中，价格是给定的，因此产量变化可以决定总收益的变化，可见在短期成本分析中产量和价格之间没有必然的函数关系。也就是说，无论产量如何变化，都不会影响价格水平。在这个模式中，亦即在短期成本分析的框架内，是无法解释产量和价格之间的非函数性，产量变动为何不致影响价格水平的悖论式命题的。出现这个悖论局面的原因在于这个分析体系的假设，即完全或充分竞争条件下价格是给定，而非由厂商行为所引致。所有厂商必须都毫无例外地被这个假设剥夺影响价格的能力，而只被观察其成本和成本形式与产量之间的关系。因此，我们可以说，在短期成本分析中不仅将固定成本因素略而不计，也将价格因素略而不计，即使这种做法会导致完全无法解释的悖论。

价格与产量之间，只有在长期成本分析的框架下才可取得貌似合理的函数关系。但是长期成本分析似乎又没有短期成本分析那种虽有些悖论却异常严肃的理论色彩。在长期成本分析中几乎完全放弃了短期成本分析中的基本假设限制：（1）厂商的生产行为变得灵活，他们调节产量和生产程序的动力也变得更为明确；（2）厂商不仅可以调节产品产量，也可以自由地进入和撤出不同的产品领域，因此厂商也不能再获取“超额”或“最大”的利润；（3）由于在长期成本分析中不再集中于单个厂商，而是集中在“整体厂商”（industry as a whole）方面，因此可以不再拘泥于厂商无法影响价格的结论。在这里，厂商行为是直接影响价格水平的。但是，关于产量和价格之间的函数关系（或足以导致改变现有价格水平的产量增减变动）问题，在这里产生了两个可能的解释，而且都合理：一是由现有厂商调节其产量所引起；二是进入和退出生产领域的厂商数目增减变化所引起的产量变动所引起。但是在长期成本分析范畴中，似乎是后者，即进入和退出生产领域的厂商数目变化更具有意义。因为现有厂商在给定价格条件下，已被假定达到了生产能力的“合理”极限，即边际成本等于平均成本和产品价格的程度，因此只有新的厂商的进入或退出，（但是在给定价格条件下厂商一般都不会退出市场）才可能引起产量变动。和短期成本分析体系不同的是，在长期成本分析体系下，这种产量的变化会影响价格水平。

我们必须意识到的是，在特定时间内的生产过程中，固定成本是一定的或者变化很小（譬如表现为设备的折旧），因此决定产量的主要是流动成本的变化。流动成本的增加和产量增加几乎保持相同比率。在这个意义上，我们所谈到的边际成本，其含义也主要的指流动成本。这就构成一个很有趣的事实：在短期内总成本曲线和边际成本曲线呈反向延伸，即总成本曲线一直向右上方延伸，而边际成本曲线则向右下方延伸。因为这时边际成本仍然低于边际收益或边际产品。但是长期地来看，总成本曲线和边际成本曲线则会大致上趋于一致，因为边际成本总有一日会等于或者大于边际收益或边际产量。而这个曲线又恰恰证明长期成本分析中没有所谓固定成本概念的结论，任何成本在长期成本分析体系中都是流动成本，因此主要由流动成本来构成的边际成本也会和总成本曲线趋于一致。边际成本实际上反映的是各种生产要素（从短期来说仅反映为流动成本）之间相互作用和融合的纯粹技术关系，只有在非常限定的技术条件内，边际成本和边际产量之间的数量关系才会发生变化。换言之，边际产量的变化，实际上意味着生产要素之间相互契合和作用的技术关系发生了变化。这些生产要素可以暂时转化为固定成本和流动成本（自资本和劳动要素衍生而来），在边际成本低于边际收益和边际产量时，说明固定成本能够接纳和容纳更多的流动成本，或者固定成本容纳流动成本的能力没有达到最高，此时的固定成本未能得到充分的利用，还未达到最有“效率”的境界；而在边际成本高于边际收益或边际产量时，便说明固定成本容纳流动成本的能力已经达到最大限度，或者已经超出固定成本容纳流动成本的能力，此时在固定成本既有的技术条件之下，更多的流动成本投入不能得到充分利用，因此逐渐脱离最有“效率”的境界。故而，我们也只有通过考察边际成本，才能真切地考察生产过程的“合理”或“效率”性，而其主要内容是考察固定成本和流动成本之间相互契合、容纳和作用的技术关系。总成本和总产量之间的相关关系，只有通过边际成本与边际产量之间的相关关系才能得到真正“经济学”式的回答。因此也有些经济学家主张，在经济学分析领域中可以完全不计较“总成本”的含义。

但是，产量和价格之间的函数关系实际上反应的是成本—价格关系。产量的变动不仅取决于市场上厂商数目及其生产能力，更取决于生产成本水平。在现代生产理论（成本分析）中，一般的假设是所有厂商的生产能力和技术水平相等，因而其成本水平也相等。但是即使在这种硬性的假设下，成本仍会呈现动态变化的状况：每个厂商和过去相比可能会降低或提高生产成本。成本水平的变动不仅取决于市场价格的情况（在这里价格被假设是给定的），而且取决于厂商在现有给定市场价格条件下，通过技术、设备、工艺、管理方面变革所引起的成本变化。而这种变化也会导致后续投入的每单位成本（边际成本）量发生变化，更多或更少。“生产函数”理论在这方面提供了非常有效的分析手段。

所谓“生产函数”，就是假设所有生产要素在生产过程中，都有可能不同程度地相互替代：

$q = f\ (f_1,\ f_2,\ f_3,\ \ldots,\ fn)$

这里，q 代表产量，f 代表生产要素，意味着生产过程中不同生产要素的投入。生产要素之间又存在着相互替代性，这意味着每个厂商都可以通过生产函数规律，即生产要素替代规律来调节成本水平。这个理论和“迂回生产”理论有扞格之处：“迂回生产”理论所表述的是其他要素对劳动要素的替代，其要义是通过物质中介替代人的体能付出（劳动要素）的形式来扩大产量。这意味着产量的扩大和效率的提高只是通过资本要素对劳动要素替代（而非相反）的途径达到。而生产函数理论的涵义则更为广泛一些，它表述的是所有生产要素之间的相互替代，既包含资本要素对劳动要素的替代，也包含劳动要素对资本要素的替代。生产函数理论也多少改变了我们对“效率”的理解。效率通常是指在尽可能低的成本投入（或生产要素）下生产一定量的产品。而在生产函数理论中，效率不仅意味着“减少”或“降低”成本（生产要素）投入，也意味着变动生产要素的投入结构，即进行生产要素之间的相互替代（当然，生产要素之间的相互替代，主要取决于各要素的供给价格水平）。这种替代所追求的主要目标依然是，它必须有助于平均整体成本的降低。在“等产量曲线”（iso-quant curve）中，“效率”甚至有更为广泛的含义：生产要素之间的相互替代，不再局限于同一部门中，而是在不同部门之间进行。亦即，各生产要素的边际报酬率（或边际产品）在不同部门中都相等的时候，便意味着达到了效率的境界，因为此时生产要素已经失去在不同的部门之间流动的理由和动力。

在运用生产函数理论的时候，人们很容易在它和边际成本的相互关系方面产生迷惑：生产要素的相互替代并不必然意味着一种生产要素投入量的增加，必须使另一生产要素投入的绝对数量减少（或至少保持不变），而是意味着和前一次生产过程相比，这些生产要素之间的相对比率发生变化。但是，边际成本的运动形式却与此大相径庭：它是指在假设某一生产要素或成本形式保持不变的情况下，另外一种生产要素的追加投入。通常它是假设在固定成本形式保持不变的情况下，流动成本的追加。因此，这个边际成本是不宜以价格形式或货币形式加以标示的，只能以纯粹的物理形式或物体形式来标示。故而，由此产生的边际产品也可用“边际物理产品”的概念来加以表述。换言之，边际成本的递减规律可以表述为：每单位流动成本追加于一定量的固定成本，其所带来的产出的增量趋于递减。但是边际成本的这种理论内涵却又造成了另外一种疑惑，即如果它同时包含“固定成本”和“流动成本”的概念，那么它就不适于长期成本分析体系，因为在长期成本分析体系中没有“固定成本”的概念，所有成本都是“流动成本”。长期成本分析和短期成本分析之间的这种内在概念冲突，反映了完全或充分竞争假设的先天缺陷。在短期成本分析中，完全或充分竞争假设造成了厂商行为和价格水平之间不相关性的难题（其含义是，就影响价格水平方面而言，厂商行为失去意义）。而在长期成本分析中，完全或充分竞争假设却又以生产函数概念作为主体，致使“要素”之间的相互替代性取代了“固定成本”和“流动成本”之间的互动关系模式。如果说在收入分析中我们遇到的是“要素”和“资源”之间的概念冲突，那么在生产理论或成本分析中，我们又遇到了“要素”和“成本”之间概念不相容的问题。

“要素”和“资源”之间的概念冲突，表现的是经济学主体概念和它可能包含的社会含义之间的矛盾，以及这些含义之间相互转换和沟通时所产生的困惑。而“要素”和“成本”之间的概念冲突，表现的则是经济学分析体系的多元化所自然产生的理论概念之间的失衡现象。不过，“要素”和“成本”概念之间的冲突，并没有“要素”和“资源”概念之间的冲突那么尖锐。因为，“要素”和“成本”之间的概念冲突只存在于生产领域之中，而且一般都认为“成本”是“要素”的现实形式或“可计量”的形式。因此，在不考虑固定成本概念时，我们仍然可以讨论成本结构中的替换性，即要素之间的替代。这种替代在现实中存在，且具有理论的意义。可以说，就生产过程单纯的技术涵义而言，“成本”是“要素”的现实或可计量的形式，表示单个厂商在整个生产过程中运用和移植生产要素的具体过程。但是在纯粹的成本分析，特别是长期成本分析中，这种运用和移植生产要素的图景便模糊起来，因为所有生产要素都取得“流动成本”的表象（在短期成本分析中我们至少可以通过“固定成本”和“流动成本”之间的区别来辨识生产要素相互区分、组合及相互作用的图像）。因此，成本分析体系基本上只适合分析单个厂商的生产过程或生产行为，而不适合分析一般或“总体”性的厂商的生产行为。我们在生产理论中使用“要素”概念时，不仅是要分析生产要素投入与产量之间的技术与函数关系，而且更意在探求社会一般的生产过程及其赖以成立的生产条件所支持的资源运用结构，或者厂商的生产结构。这是我们在进行生产理论分析时必须要首先清醒认识的。我们在运用了“成本”概念时，便自然地剔除了这种社会涵义上的生产结构因素，而只是单纯地关注于单个厂商的生产过程及其直接的技术涵义。

但是，更重要的，恐怕是生产理论或成本分析的演化所导致的一个更具有根本意义的疑问，即完全或充分竞争假设在理论上的可靠程度。在生产理论或成本分析（包括短期和长期成本分析）中，我们发现完全或充分竞争假设已经造成了显而易见的缺陷。这种情况把我们的目光重新引领到已经在收入分析领域中得到充分阐述的不完全或垄断竞争理论上面。只是我们的视角已经有所不同：在收入分析中，我们重视的是“要素”价格报酬率的结构；而在生产理论或成本分析体系中，我们则更关心不完全或垄断竞争理论真实含义本身，即它如何在生产过程中造成成本—产量函数关系的实质变换，而这种变换的结果可能在收入领域中呈现为不同要素报酬率的假象。当然，由于我们是在讨论生产理论，因此自然也更为关注“卖方垄断”。实际上，在完全或充分竞争假设与不完全或垄断竞争理论之间，并不存在经济学家们一直声称的那种泾渭分明的区别。在长期成本分析中，完全或充分竞争假设就已经变得非常脆弱。厂商可以通过调节产量而影响价格水平（价格不再给定）；厂商可以自由进入或退出某一生产领域或生产部门；没有固定成本的概念，因此不能假设固定成本为一定，产品价格也不能再由流动成本单独决定，而是由“全要素”即包含资本要素的全部要素的生产率决定。长期成本分析的以上内容，实际上已经差不多推翻和否定了完全或充分竞争假设的核心内容。

但是，在生产理论或成本分析领域中，我们更关心的是，不完全或垄断竞争如何决定或扭曲厂商的成本结构，成本和产量相关关系形式会发生何种变化等问题。

在不完全或垄断竞争假设下，我们不是假设所有厂商都可以影响或决定价格水平。可以影响或决定价格的是那些处于“垄断”或“垄断竞争”地位的厂商。他们之所以能获得这种地位，显然是因为：(1) 这些具有垄断竞争地位的厂商，其固定成本与流动成本之间相互契合与作用的技术限界与其他厂商不同，即这些厂商的总成本曲线向右上方延伸的角度相对缓和，同时边际成本曲线向右下方延伸的角度却比较陡峭（说明这些厂商比其他厂商更迅速地达到边际成本等于边际收益或边际产量的境界）。因此，边际成本曲线和总成本曲线最终大致趋于一致的时间也较长，因为这些厂商的边际成本曲线相等于边际收益或边际产量之境界的时间会比较长，也需要花费更长的时间缓慢地上升到和总成本曲线相一致的水平。(2) 如果假设这些具有垄断竞争地位的厂商现有固定成本与流动成本之间相互契合与相互作用的技术限界和其他厂商相同，那么“垄断竞争”地位可使其相同的平均成本带来更多的产量。当然在这个范围内，其“垄断竞争”的形成可能在生产领域以外，譬如对某种资源拥有方面更具优势，在生产过程赖以维系的环境和基础条件方面占有更多优势，产品品牌与众不同等。这些垄断地位可以使厂商以较少的流动成本投入而获得相同的产量，这意味着这些厂商较之其他厂商率先达到边际成本等于边际收益或边际产量的境地，并可以更长时间地处于这个境地。

我们必须强调这一点（这是笔者首次在经济分析体系中提出这个问题），不完全或垄断竞争理论的真正含义不仅要在收入分析领域，更重要的是在生产理论领域中才可以得到更明确和清晰的解明。就生产理论的限定条件而言，具有“垄断竞争”地位的厂商必须具备上边提到的两个条件之一或全部：(1) 其固定成本与流动成本相互契合与作用的技术限界必须有所不同，亦即固定成本容纳流动成本的技术限界必须与其他厂商不同。在现实中这意味着这些厂商具有更好或更先进的设备，具有更高的技术水准，可以进行更大范围内的技术革新，或者进行更为灵活和广泛的生产过程调整或生产组织的革新。其结果是以更少的流动成本投入获得更大的产量，边际成本可以在更长时间内保持和边际收益或边际产量相一致的状态。其影响价格水平的方式是将价格水平降低，并在降低的价格水平中获得比其他厂商更大的收益或要素报酬率。(2）通过其他途径取得的垄断竞争地位，譬如生产资源配置中优越地位或优势，生产环境方面的优势以及特殊品牌优势等生产领域以外的优势地位，导致的也是较少流动成本投入获得更多产量的结果。在第一种情况下，是固定成本和流动成本之间结合比率的技术变化导致更多（绝对的）产量，而在第二种情况下，则是相对便宜（同等物理量）的流动成本导致更多（相对的）产量。由于流动成本物理量相同的表象，在这里不会导致价格水平的降低，毋宁说，垄断竞争厂商在相同甚至更高的价格条件下取得更多的收益或要素报酬率。

以往传统的垄断竞争理论是指第二种情况，即生产领域之外形成的垄断竞争地位。这使得传统垄断竞争或不完全竞争理论只能在收入理论领域内、而不是在生产理论领域内得以展开。如果要将垄断或不完全竞争理论延伸到生产理论领域，就必须在生产过程和生产组织运动范围内考察厂商之间固定成本与流动成本之间相互契合和运作的技术条件与技术限界的异同。但是一个致命的限制是，在长期成本分析中，固定成本性质消失，一切都呈现为流动成本形态，因此垄断或不完全竞争理论不适用于长期成本分析体系框架，而只适用于短期成本分析的框架。我们必须严肃说明：一个厂商在固定成本与流动成本相互契合与运作的技术条件，或固定成本容纳流动成本的技术条件与技术限界方面所具有的相对其他厂商的垄断地位或垄断竞争地位，也是一种真正理论意义上的垄断地位。完全或充分竞争条件假设的根本前提，乃是价格的给定，即任何厂商都不可能通过调节其产量来影响价格。所有厂商都必须接受市场“给定”的价格，并且在这个“给定的价格”下均等地获取平均利润。如果价格不再给定，任何厂商可以通过调节产量的途径来影响价格，那么完全或充分竞争的假设条件就不成立，这时就会出现垄断竞争的局面。那个（或那些）足可影响价格的厂商便处于垄断竞争的地位。那些取得垄断竞争地位的厂商并不一定如传统垄断或不完全竞争理论所解释的那样是通过生产要素配置中的优越地位甚至品牌差异等途径来取得其垄断竞争地位，他们完全有可能通过另外的途径，亦即调整固定成本和流动成本之间相互契合和容纳的技术条件的途径来做到这一点。甚至毋宁说，这是现代经济体系下取得垄断竞争地位的最重要的途径。这也大致说明了现代经济条件下技术革命、技术革新和技术进步的含义。我们可以举一个例子，世界上最有效率的大型钢厂都不在生产铁矿石的地区，而附近有丰富的铁矿石、以及运输和其他方便条件（譬如当地政府提供的赋税等方面的优惠）等“生产资源配置方面的优势地位”并不是“当地厂商”具有垄断竞争地位的必要或全部条件。只有那些具有更高的生产率、更完备的生产技术和生产装备体系的厂商，才会具有“垄断竞争”地位，而他们大都远离铁矿石产地，在生产要素配置方面没有突出的优势。

当然，我们还必须注意到另外一种局面：在完全或充分竞争条件下，厂商不能够（或逻辑上不应该）自由进入和退出某个生产领域或生产部门。因为在价格给定、利润均等的条件下（或等产量曲线的“效率”标准下），所有部门都具有相同的生产要素报酬率，不会产生导致厂商进入或推出的理由、动机和动力。如果发生厂商进入或退出生产部门的情形，便表明整个生产局面没有达到等产量曲线所标示的效率境界，某部门的生产要素报酬率要高于或低于其他的部门。而且，如果有新的厂商进入，那么表明原来已在该部门的厂商较之其他部门的厂商能获取更高的收益；如果有厂商退出，那么表明继续留在该部门的那些厂商较之那些退出的厂商，或具有更高的利润率、或更具有影响价格的能力、更重要的或具有更高的效率，足以用更低的成本提供完全相同的产量。在这里我们所指的“更高”的效率，乃是指某厂商固定成本和流动成本之间相互契合和容纳的技术条件优越于其他厂商。

也只有在把垄断或不完全竞争理论引入到生产理论的框架内之后，我们才能更清晰也更完整地认识短期成本分析体系的意义。短期成本分析体系的重要意义在于，它一直强调固定成本的独特存在，故而还能更清晰地解释包括资本要素在内的全要素对成本或产品价格的决定作用。我们必须强调，资本要素的含量和结构，都会影响成本结构，进而影响价格。如果进一步承认不同厂商和生产部门之间存在着不同资本要素含量和结构，以及不同的资本要素产出率，那么我们得出的结论，就是厂商之间存在着区别，这意味着其中某些厂商具有垄断竞争地位。而长期成本分析体系却因为假设不存在固定成本，因此就不能用来解释垄断竞争现象，也无法清楚地解释资本要素（固定成本的核心部分）对产量和价格的影响这一重大问题。

长期成本分析体系中完全或充分竞争假设条件的宽泛，使得它本身产生不可避免的漏洞，也使得建立在否定厂商“均质”论或厂商“差别”论的垄断或不完全竞争理论得以成为（微观）经济学理论的主题成分之一。笔者并非主张垄断或不完全竞争理论是由一个错误的假设所引导出的“正确”结论。完全或充分竞争假设不是一个错误，而是必要的自我理论限制。垄断或不完全竞争理论只是局部地放宽了这个过于严格的理论限制，使得它更接近经济生活和经济运动的现实局面。但是传统的垄断或不完全竞争理论只是强调生产过程以外的因素，而没有重视生产过程、生产组织和技术条件的因素。本章便是着重论及这方面的内容，并强调，在现代经济体系下，生产过程内部的因素，包括技术条件的因素，可能是垄断竞争地位形成的主要原因。

只有垄断或不完全竞争理论，才可能更充分地表述资本主义市场经济的现实内容。但是，这并不意味着完全或充分竞争理论失去了理论和现实价值。实际上，在现实经济生活中，存在着非常类似完全或充分竞争理论境界的局面。如美国的农业部门非常接近完全或充分竞争境界：每一种农产品，几乎都由为数众多的农场生产，几乎没有一个农场可以单独地决定农产品的市场价格。农产品价格类似“给定”，大致保持非常稳定的状态。与此同时，在现实经济生活中，还存在与此截然相反的现象，即垄断或近乎垄断的情况。如美国各州的公用事业（电力、煤气和电话服务等）以及电脑软件业中的微软公司（Microsoft），就接近完全垄断的状况。但是这二者，特别是完全垄断现象，在美国这样充分发达的市场经济国家中都属于个例，并不具有突出的代表性。

在发达市场经济国家中，更具有普遍代表性的乃是不完全或垄断竞争现象。美国大多数经济部门，特别是工业部门，都属于此类。譬如汽车业中通用、福特、戴姆勒—克莱斯勒，晶片业中的英特尔和AMD，制药业的辉瑞（Pfizer）、默克（Merck）、利来（Lily），饮料业的可口可乐和百事可乐，航空业的联合、美利坚、西北等。这些厂家虽然并不能单独地决定市场价格，但是通过其产量的调整、销售方法的改变（譬如贷款利息的高低，实施现金折扣）等方法来间接地影响市场价格。在这些领域中，厂商们竭力建立具有自我优势和自我标识作用的产品领地（这是垄断理论的重要内容），譬如在汽车行业中，通用汽车公司的中型轿车和跑车、福特公司的小型卡车、戴姆勒—克莱斯勒公司的吉普车和微型面包车等，各自具有性能方面的优势，从而对价格水平具有更大的影响力。一般这种现象成为“少数卖方”（oligopoly），即少数几个处于供应地位的厂商可以集体地影响产品的市场价格水平。当然也有一些特殊的例子，譬如在“奢侈品”生产方面。几乎在任何一个产品领域中都有“奢侈品”。这些和“普通产品”的效用完全相同的“奢侈品”，却可以数倍甚至数十倍以上的价格出售。法国的 LV 提包的价格几乎和一辆豪华汽车相等（最昂贵的款式价格高达 4.5 万多美元）；一辆法拉利牌跑车的价格相当于 10 辆韩国起亚牌普通轿车；在中国的大城市，一顿年夜饭或情人节的晚餐可以收费数 10 万元人民币；一瓶茅台酒的价格相当于十几瓶普通酒的价格。当然可以用垄断或不充分竞争理论来给予局部的解释，但是仍不足以全部解释“奢侈品”现象：垄断或不充分竞争理论无法在生产理论的范围内解释这种现象。也就是说，这种以品牌为标志的“奢侈品”的产生，完全在生产过程之外。厂商不能通过任何理论意义上的生产过程的调整来生产这种“奢侈品”。“奢侈品”的形成是在特殊的社会生活氛围和环境之下、以特殊的文化推广方式取得消费者的心理认同，在超越其实际物质效用的领域内，使消费者产生独特自我心理期许和假想人格独立的社会意识活动的结果。很多人试图以经济学（特别是生产理论）来解释“奢侈品”现象，结果证明几乎是完全徒劳的。它可以用垄断或不充分竞争理论来部分地解释，但是无法以单纯的生产理论（成本分析体系）来解释。这也从另一个侧面说明了现代垄断或不充分竞争理论的实质：它不是完全意义上的生产理论，更不是完全意义上的成本分析体系。这使得它能够更全面地解释特定价格条件下的厂商行为，但是却无法清晰地解释生产过程中许多影响成本和价格的因素，甚至无法清楚地解释在生产过程中产生的导致垄断或垄断竞争的因素（譬如前边指出的厂商以技术革新、技术进步和改善生产组织与管理方式来形成产品垄断或垄断竞争的情形）。

这种现象在理论上具有重要的意义：以厂商、产品、管理结构和行为方式完全相同为基本前提的完全或充分竞争假设，已经基本上不具有理论说服力。换言之，以厂商、产品、管理方式和市场行为方式之间的不同为基本前提的垄断或不充分竞争假设，应该成为微观经济学的基本理论支柱之一。在市场经济体系中，厂商在生产过程中的各种相关决策和行为方式（特别是厂商在技术革新和管理方式方面的决策和行为）及其结果，不可能完全相同。厂商总是会通过任何可能的方式竭尽全力去制造、凸显和强调与其他厂商及其产品之间的差异（厂商竭力去强调自身和其他厂商及其产品之间的“相同性”，只会在一种情形下产生，即某一厂商对其他厂商的产品进行非法的“山寨”性仿制）。其主要途径有以下三种：（1）在品牌、设计、成分、结构、包装和产品分类分级等方面，进行凸显与其他厂商的产品差别。这种途径被张伯伦认为是产品“垄断性”的主要根源。以上任何一个方面的变化，都可能使产品具有某种程度的“垄断性”（但是我们必须小心翼翼地排除“奢侈品”或“豪华品”，因为它们的垄断性在理论上是不可能通过任何生产过程中的调节来取得的）。（2）通过各种形式的广告来强调自身产品与其他厂商产品的差异。虽然广告的内容主要在于凸显自身产品的“优越性”，但其根本含义乃在于强调与其他厂商和产品的不同，在自身的产品和其他产品之间作一个强制性的社会心理区分。虽然一般来说，不同厂商之间的产品差异远远没有广告所宣称的那样大，但是关于产品差异的社会心理认知却已经形成。（3）通过技术革新，采用新技术和新设备，以及改革生产过程的管理和生产组织形式的方式，以降低成本，并制造具有更优越性能和更为市场认可与接受的产品。这和第一种情况虽然有相似之处，但是其主要目的是以更低的成本生产出性能更优越的产品，使厂商在较长时间内处于边际成本等于边际产品或边际收益的阶段。它虽然也导致与其他厂商的产品相区别（具有更优越的性能和品质）的结果，但同时也因降低了平均成本，间接地产生了影响价格水平的结果：即这些具有垄断竞争地位的厂商在某一价格水平下可以获取更高的收益。

“为谁生产？生产什么？如何生产？”是历史上所有经济学说要回答的问题。但是生产理论在试图回答“为谁生产”和“生产什么”的问题时，总是偏离了经济学应有的学术轨道而引发社会道德甚至政治性的议论，最终选择了只回答“如何生产”的问题。固然，在完全或充分竞争的假设条件下，“如何生产”的问题显得并不重要。厂商既然在“给定”的价格条件下进行完全相同内容和相同形式的生产，对价格和市场毫无影响力，因此在既定条件下进行完全惯性的生产就已足够，而不必考虑足以引起任何厂商和产品差别的“如何生产”的问题。只有在垄断或不充分竞争假设条件（其实垄断或不充分竞争已经不只是假设）下，“如何生产”的问题才具有真实的意义。在这个假设条件之下，生产不是“理论合理性”的问题，即不只是边际成本等于边际收益的问题，而是通过强调和凸显产品的差异来维持市场份额的问题。然而，一旦这种生产取向得以成立，那么

“为谁生产”和“生产什么”的问题，又会取得新的意义：“为谁生产”转型为“市场份额和广告与特定嗜好所驱使的消费群”的形式；而“生产什么”又转型为厂商旨在凸显特定产品特性的各种调整措施的形式。也许我们可以说，在垄断或不充分竞争假设下，“为谁生产？生产什么？如何生产?”的三段式议题之间已经没有足以称道的差别。它们有着非常接近甚至雷同的内容。

这使我们感到诧异。不仅是因为我们可以在生产理论的迷宫里殊途同归，而且也因为在经济学这面神奇的多棱镜下，庄严的真理乐意显出它异常简单而拙朴的本来面貌。

第八章

生产过程中成本结构与生产要素的供需关系：进一步的生产分析

我们已经在本书第五章和第六章中分析了生产要素问题，即分析了要素替代和要素与资源之间关系，以及含义转换之间所出现的概念互置现象。在第七章中也分析了生产要素和成本之间的含义转换，以及相互之间的关系问题。但是，如果我们在纯粹生产分析（成本分析）之外来分析生产过程和生产要素供需之间的关系，那么我们还会发现一些发生在纯粹生产过程以外的活动如何影响生产本身。当然，到现在我们尚未深入分析“生产要素”概念得以广泛应用的背景，因为这个问题引发许多超出纯粹经济学范围的意识形态和情绪争议。譬如，“劳动价值理论”和“生产要素理论”之间就存在着这种深刻的意识形态与情绪性的争论，而这种争论显然无益于对经济学理论体系的演化史做一个全面和客观公正的评价，无益于将经济学理论的发展作为一个整体性的文化史现象来理解。劳动价值理论显然是经济学理论中具有里程碑意义的理论，它试图解释产品构成的根本性定义和源泉的问题。这显然和当时欧洲科学进步所导引的对物质世界进行根源性和终极性进行世俗和非宗教解释的文化思潮有关。

严格地来讲，“劳动价值理论”并不是用来解释生产过程的。马克思曾严格区分“资本的生产过程”与“资本主义生产过程”，前者是指资本形成的一般抽象的理论和历史形态，而后者则是指资本主义生产过程的现实形态。马克思明确表明，在“资本主义生产过程”的具体或现实形式中不能直接套用“劳动价值”的概念，而必须采用“劳动价值”的具体形态，如利润，工资，地租等。马克思对劳动价值理论的深刻解释以及对其具体和现实形态的阐明，显然远远超越了李嘉图。在《资本论》第三卷里，马克思通过对资本主义生产过程的分析以及劳动价值具体形态的分析，已经隐约地提出了“生产要素”概念的初步轮廓。“劳动价值”和“生产要素”之间，实际上不存在进行直接比对的逻辑和理论基础。“劳动价值”理论，是对包括资本主义生产形态在内的社会产品进行根本性结构与源泉性解释的历史性价值学说；而“生产要素”，则是仅针对资本主义生产过程的现实形态进行逻辑解释的技术学说。“生产要素”仅存在于资本主义生产形态中，只用来解释参与资本主义生产过程的社会资源所采取的不同形态。因为在非资本主义生产形态中，资金不采取“资本”的形态，劳动者的报酬也不采取“工资”的形态，在很多情况下土地资源的报酬也不采取“地租”的形态。而“劳动价值”则不同，它可以用来解释包括资主义生产方式在内的一切生产方式中社会产品的历史结构及其终极源泉问题。最重要的是，它只限于解释一切历史形态的社会生产中产品的历史构成与终极源泉问题，而不用来解释生产过程和产品之中任何可能的技术关系问题。“生产要素”只用来解释资本主义生产形态中资源投入的形态，以及这些不同形态的资源相互组合成为特定的生产过程，并且在产品中分享各自的报酬的问题，它并不用以解释资本主义生产形态的历史涵义以及社会产品的历史结构以及终极源泉问题。马克思本人在论及资本主生产的具体与现实过程时明确地将“劳动价值”转换为各种不同的概念形式。将“劳动价值”概念和“生产要素”概念进行直接的比照或比对，并将其二者置于相互对立甚至敌对的理论位置上，曲解了现代经济学理论演化和成型的一体化历史，也曲解了马克思经济学说的真正涵义。而且应该指出的是，萨伊的“生产费用”理论和生产要素理论也有很大区别。前者是一种具有终极源泉性质的价值理论。“生产费用”并不仅是指资本主义生产形态下社会产品的构成元素，而且指任何历史形态下产品的构成元素。这一点和生产要素理论完全不同。正如我们不厌其烦地强调，生产要素仅是指参与资本主义生产过程的各种社会资源的不同形态，而不是指社会产品终极源泉和根本构成要素。

“生产要素”不仅用以解释资源投入生产过程时具体形态以及其相互组合的方式，也用以解释这些不同资源形态在生产过程中相互替代的现象（生产函数）及其结果。这一点具有及其重要的方法论意义。生产要素之间的相互替代不仅是由于厂商出于特定技术需要（譬如提高效率）而发生，也由于生产要素的供需条件以及由此形成的生产要素的价格水平而发生。这是我们在典型生产分析（成本分析）时无法观察到的。我们在典型成本分析体系中观察到的是成本形态（固定成本，流动成本，平均成本和边际成本等）的变化及其对产量的影响。但是我们却无法观察在生产过程以外的因素（生产要素价格的变化）对生产过程中成本形态变化的影响。厂商的生产函数决定于生产要素的现有价格水平。生产函数大体假设现有生产局面中所有厂商都在给定价格条件下获得均等的收益（这当然也是完全和充分竞争条件的假设）。这时长期成本曲线是缓慢向右上方延伸的，因为在均等收益假设下，边际收益递减规律也会缓慢地发生作用。边际收益递减规律有时看起来和完全充分竞争假设相矛盾，因为“均等收益”实际上也暗含地意味着“不变的收益率”。但是在长期和动态的序列中，我们无法否认边际收益递减规律的有效性。边际收益递减规律的作用，使得我们也必须假设会有一些企业进入或退出该生产领域。企业的进入和退出会改变对生产要素的需求状况，因此也会影响生产要素的价格水平。而生产要素价格水平的变化，会影响厂商生产过程中的成本曲线，特别是长期成本曲线，因为厂商必须对变化的生产要素价格作出相应反应，从而重新改变生产过程中生产要素的组合状况。这又会影响整个生产要素的供需状况和价格水平，因为这个特定生产领域中改变的产量以及相应的成本结构，会对整个生产要素市场产生引致作用：该生产部门中密集使用的生产要素价格水平将会提高，而该生产部门较不密集使用的生产要素的价格水平将会降低。

虽然许多生产领域中，厂商不同的生产过程及其成本结构会使生产要素的供需状况和价格水平大体上保持平均，但是在特定时期和特定情况下，生产要素供需状况和价格水平会发生出其不意的突然变化。譬如，一个地区的电厂出现故障而停止发电，周围地区的电厂会将自己的电力输出到这个地区，从而导致电力价格的提高。丰田汽车公司在美国德克萨斯州安东尼奥市建厂生产 Tundra 牌轻型卡车，导致这里汽车工人工资水平提升。相反，在底特律地区，福特汽车公司大量裁员，使得汽车工人的工资下降，因此许多汽车工人来到安东尼奥市的丰田车厂工作。这使得我们对生产要素供需状况和价格水平变动的特殊动力结构有了新的认识。诚然，生产要素的供需状况和产品的供需状况有相似或相近的动力结构，即由市场来决定。但是，产品的供需状况一般决定于需求者或消费者的“偏好”与习性，而生产要素的供需状况则复杂得多。它们不仅是取决于厂商本身生产过程中成本结构的调整及由此产生的对不同生产要素的不同需求，也取决于非厂商自愿的状况，譬如边际收益递减规律所导致的长期成本曲线的变化，不同厂商的进入或退出所导致的收益率的变化等等，而这些现象并不存在于通常的产品市场中。

从长期来看，厂商必须不断地调整其生产能力以适应不同的产量水平，因此长期成本曲线总是比短期成本曲线要“缓和”，亦即，长期成本曲线更能够反映出价格—产量以及生产能力—产量弹性。在长期角度上，由于必须允许假设其他厂商进入（或退出）特定生产领域，因此单个厂商也不能使纯收益率保持不变。总体而言，只要有一定的收益率，进入的厂商就要多于退出的厂商，这意味着单个厂商的纯收益率是趋于递减的。在这种局面中，厂商要维持一定的收益率就必须设法以较少的生产要素投入来获取同等的产量，而这又意味着单位产品的生产要素投入总体上是逐渐趋于降低的。这个过程包含着厂商对技术进步和技术革新的追求，以及通过更有效的生产过程与生产组织的管理来减少生产要素的投入。由于固定成本是一定的，因此对厂商来说“减少生产要素投入”就是减少流动成本的投入。厂商必然通过三种方式来做到这一点：(1) 调整固定成本和流动成本之间相互契合与容纳的技术结构，使一定的固定成本在单位时间内容纳更多的流动成本。这也包括延长固定成本和流动成本之间相互融合容纳的时间（延长生产时间）。(2) 通过调整固定成本技术结构的形式来减少流动成本的投入。这种情况下，固定成本和流动成本之间相互融合容纳的技术比例不变或者提升。(3) 追求能够在单位时间内更多地融合与容纳流动成本、同时又能减少流动成本单位投入量的新的固定成本结构。这三种途径都需要一定的技术进步与革新，以及生产过程、生产形式与生产组织的调整。但是，这三种途径却会对生产要素市场产生不同的影响：在第一种情况下，对构成流动成本的生产要素（原材料和工资等）需求不变或增加；在第二种情况下，对构成流动成本的生产要素的需求下降；在第三种情况下，对构成流动成本的生产要素的需求不变或下降。

我们看到，在这三种情况下，有两种可以导致构成流动成本的生产要素的需求下降。长期来看，这就使得这些生产要素的需求趋于下降，从而导致了这些生产要素报酬率的降低。但是由于第三种情况，即厂商对新的固定成本（新的技术设备）的需求增加，因此对构成固定成本的生产要素特别是资本要素的需求是趋于增加的，这又导致了资本要素报酬率的提高。而在收益率因素下，社会生产要素总体结构会发生适应这种局面的变化，越来越多的通常用于流动成本的生产要素会通过市场机制转换或转化为报酬率更高的资本要素。根据这种大致的过程，我们可以描绘资本主义生产形态和市场形态下，所谓社会经济结构或部门结构的动态变化：从劳动密集型经济结构向资本密集型、再向资本—技术密集型经济结构的转化，就是这种过程的现实体现。这种动态结构不仅使整个经济部门的成本曲线发生变化，也使整个经济结构的内容也随之发生变化：不仅原来构成流动成本的生产要素的需求与报酬率减低，或者这些生产要素通过市场机制转换或转化成为构成固定成本的生产要素，譬如资本要素，而且更耐人寻味的是，构成流动成本的生产要素也会发生一些自发性的内容调整，以便能更好或更有效地容纳到新的固定成本之中。这在现代经济中是一种非常重要的现象：石油逐渐代替煤炭成为主要的能源动力，因为石油产品能“更好”或“更有效”地容纳到“新的固定成本体”，即新的技术设备的技术条件中，譬如燃烧柴油的内燃机列车比燃烧煤炭的蒸汽列车更有效率且动力更强。人造纤维和塑料等其他石化产品的出现，就相对降低了对天然产品如棉花和木材的需求，不仅因为这些产品相对便宜，也因为这些产品更能和大多数现有固定成本体（技术设备）相容。一般的普通劳工会减少，而受到过更多技术训练和教育的技术型熟练工人会增加，因为后者能更好地操作新的技术设备。制造业的劳工会减少，而从事资本行业的人譬如股票经纪人、银行工作人员等会增加，因为后者更适应资本要素的操作需求，也符合资本要素报酬率提高的局面。因此，我们在考察生产要素的供需关系时，必须摆脱单纯产品供需关系的框架，才能深入考察生产要素供需状况及价格水平与生产过程中成本结构动态变化之间的相关关系，并从中进入到整个社会生产结构和经济结构变化的脉路中去。我们也只有在生产要素的供需状况和价格水平的变动、及其与生产过程中成本结构变动的联动关系中，才能够深入解释资本主义生产形态独特的内在运动机制。

在分析生产过程中，我们一般都假设有两种生产要素，即资本和劳动。这两种生产要素和生产分析中的成本形态“固定”和“流动”成本形态相对应。在这里，我们必须同时假设“固定成本”在一定期间内是保持不变的，否则我们无法把握生产要素边际收益递减的规律。边际收益递减规律，在这个意义上是指在流动成本投入固定成本（或二者相融合）的比例保持不变的情况下，每一个追加的流动成本投入所引致的产量递减。或者说，在固定成本（资本要素）维持不变的假设下，也就是在短期成本曲线分析中，边际收益递减规律实际上是指劳动要素的报酬递减或劳动要素所引致的收益递减。可以说，在短期内，我们完全可以仅从边际劳动生产率的变化中去观察边际成本曲线和总产量曲线的变化。而如果我们同时去观察生产要素市场对这种变化的反应，则可以看到劳动要素需求的降低和资本要素需求的提高，因而导致整个生产要素结构产生向资本要素结构倾斜的既定倾向。此后，资本要素的边际收益递减规律又使得对资本要素需求的减少和对其他要素譬如劳动要素需求的增加。当然，此时对劳动要素需求的增加，并不只是简单地回归先前的生产要素配合结构或者成本合成结构，而是出现另一种形式的要素需求：即要求新增加的劳动要素能够对固定成本（资本要素）进行主动的技术革新，以便固定成本能够更有效地容纳流动成本、提高资本要素的边际收益率。这就出现对现有资本设备进行技术改造或革新的风潮，譬如将现有机械设备电脑化和数据化，以提高加工精度和速度；使用更好的材料，以使设备更耐用、更轻便；使用更经济的能源动力或设法减少设备的能源消耗；等等。这时，就出现了所谓资本—技术密集型经济或所谓知识密集型经济。这种情况下，便不能再假设固定成本（资本要素）保持不变，我们也就更深入也更真切地了解了在长期成本曲线中不存在所谓固定成本概念的基本原因。也因为如此，在长期成本曲线分析中，在我们不能再假设固定成本保持不变的情况下，边际收益递减规律则反应资本要素和劳动要素二者边际报酬率交替下跌的局面，而非只是反应任何单一生产要素边际报酬率降低。

我们也必须强调，长期保持边际成本等于边际收益的途径，是调整固定成本和流动成本之间相互容纳的过程，这往往意味着固定成本可以容纳更多的流动成本。这可以通过三个途径做到：（1）设固定成本一定，通过调整使一定的固定成本可以在单位时间内容纳更多的流动成本；（2）延长固定成本的利用时间，以容纳更多的流动成本；（3）不再设固定成本一定，而是扩大固定成本量，以扩大其总体容纳流动成本的限度。前二者一般和短期成本分析联系在一起，而第三者则和长期成本分析联系在一起。第三种情况即是通常所说的“生产规模”的扩大或“规模化生产”。这种情况既包括单纯地扩大固定成本量（设备量），也包括使用更大量容纳流动成本的固定成本形式（大型设备），或者二者兼有。这种规模生产方式的目的，是为了增加流动成本的流通量、以减少平均成本。其结果，虽然同时扩大对资本要素（因为固定成本或设备的需求增加）和劳动要素的需求（因为对流动成本或劳动的需求也增加），但是对两种要素的需求量不同，对某一要素的需求可能超过对另一种要素的需求，因此对这些要素价格水平的影响也会有所不同，需求较多的要素价格水平要高于需求相对较少的生产要素的价格水平。而同时，厂商生产过程中会因为这种价格水平的异质性而出现所谓等产量曲线的局面，亦即，表现在厂商方面则是生产要素之间出现相互替代性。如果一个要素的投入量较大，而另一种要素的投入量较少，在厂商行为方面或是在生产理论的角度上看，就是生产要素之间出现替代。

等产量曲线并不一定只是某单个厂商的，也不一定只是所有厂商整体一律的，而很可能是厂商之间的。换言之，在某一厂商持续沿循既有生产要素结合比率的时候，其他厂商可能会采取不同的生产要素结合比率。因此，即使是同样的产品，也可能是不同生产要素结合比率产出的结果：有的产品生产过程使用较大资本要素和较少劳动要素，而其他厂商可能相反。譬如日本和美国的汽车制造业所使用的资本要素比率就高于大多数欧洲的汽车制造业，日本本田汽车和丰田汽车使用大量的生产线机器人，而英国的劳斯莱斯和本特利则以主要用手工打造。这也反映了等产量曲线和规模生产之间的某种隐含的相互关系：一般来说，大量采用资本要素的产品其生产规模也比较大，而大量采用劳动要素的产品规模就比较小。大量使用生产线机器人的通用汽车公司和丰田汽车公司每年有1000万辆左右的产量，而大量使用人工的劳斯莱斯的产量每年只有数百辆。在美国和日本，对汽车制造业所需的资本设备譬如机器人的需求，即对资本要素的需求就高于英国；而在英国，对具有熟练技术的汽车工人的需求，即对劳动要素的需求高于美国和日本。就此可以说，在美国和日本，资本要素的平均收益要高于英国，而在英国，则是劳动要素的平均收益高于美国与日本。这也说明一种情况，即某一特定经济区域甚至国家内的厂商会有相仿或相近的生产要素投入与配合结构，以及相近的等产量曲线。亦即，日本和美国的厂商有比较相仿或相近的生产要素投入和配合比率，英国或欧洲的厂商则有另一种相仿或相近的生产要素投入比率。造成这种现象的原因当然有许多，其中不乏社会、历史，甚至文化的因素。但是仅从经济学角度、特别是生产理论的角度来说，其原因在于厂商的生产过程所形成的特有固定成本——流动成本契合与相容纳的结构，以及由此产生的对不同生产要素的不同需求比率，使得该特定区域或国家生产要素市场供需状况和价格水平也发生相应的调整。当然，这些不同区域之间的生产要素供需状况与价格水平，最终会导致国际和地区之间生产要素的流动（这一点我们将要在国际经济和贸易章节中加以讨论）。在国际之间的生产要素流动大多采取资本流动的形式。这时的资本流动不是单纯的资本要素流动，而是生产要素的流动，最典型的有转移生产线等。这些国际间的资本流动，在理论上都具有追求更便宜的生产要素的含义。

生产要素的供需状况和价格水平，与厂商生产过程中成本水平及成本结构之间存在着相互决定的关系，这就是本章考察的重点。这种关系具有相互决定性，而不是任何一方所单方面决定的。我们通常假设厂商生产过程中的成本水平和成本结构取决于生产要素市场的供需结构和价格水平，使得问题看起来是前者取决于后者。从生产理论（成本分析体系）的角度上来看也确实如此。但是，厂商在组织生产时必然根据生产要素的供需状况、价格条件以及供需环境来决定如何生产、在哪里生产。厂商在组织生产时必须确认生产要素的供需状况及其价格水平，以使其生产过程中的长期总成本投入能减少至最低。厂商不会在人口稀少的地区建立需要大量劳动力的纺织厂，不会在没有技术工人也没有充分发达机械工业的热带雨林建立汽车制造厂，不会在荒凉的撒哈拉沙漠建立粮食加工厂。厂商一定会把纺织厂建立在具有充分劳动力供应的城市地区，将汽车制造厂建立在有机械工业基础也有充分机械工人储备的地区，在农业地带建立粮食加工厂，在经济发达地区开设银行，在金融中心地带建立证券交易机构。而厂商组织生产过程的决定会影响已有的生产要素供需状况和价格水平。只有通过这种单纯厂商生产过程与外在生产要素供需之间的相互关系及其变动，才能够更广阔地审视和理解整个经济活动的相互关系及其运动的局面。一个部门的厂商行为所带来的生产要素供需状况与价格水平的变化，会导致更大范围内生产要素配置情况的变动。如，厂商对劳动要素的增加，使得当地农民去工厂做工，因此农业部门必须相应地调整其生产过程，或者扩大农业机械设备的购入以替代缺少劳动力的局面，或者将农地移作他用，以谋取更大的收益，譬如将农地改为建设房地产，以供工人们居住。厂商对资本要素的需求（譬如资金和固定设备等）会使银行金融业不断扩展，以致许多人再从工厂转移到银行部门，从而增加对替代劳动要素的设备装置的需求。对资金需求的增加使得利息率增加，以致提高整个居民的储蓄率。厂商排出的废水和废气等严重污染环境，导致当地居民医疗费用增加，甚至引来政府部门的干预，最后形成使厂商付出更高意外成本的强制规则，导致厂商转移到外地生产，导致失业率增加（劳动要素价格的降低）等。总之，一个部门或厂商看似孤立的行为，会引发一系列连锁性的反应和一系列始料未及的后果。

其实，我们在这一章的分析（甚至所有生产理论相关的分析）中都假设有一个和产品市场一样发挥功能的、且完全由供需状况及其价格水平决定的生产要素市场。但是，事实是，生产要素市场和单纯的产品市场不同，其价格水平并不是完全由供需状况来决定，其供需状况也不是完全由市场机制来决定。即使是在市场机制最为发达和完善的地区，其生产要素市场也无法完全和产品市场一样运作。这是我们必须认识到的。这种情况甚至也不同于产品市场中的不完全或垄断竞争局面。首先，生产要素有许多不同的形态，譬如资本、劳动、土地等。这些不同的形态和构成形式使得它们除了追随市场机制之外，也必须受到各自构成形态（甚至物质构成形态）的制约。譬如，资本要素供应要受到当地资本市场结构甚至传统，包括当地居民储蓄习惯等的制约；劳动要素要受到当地居民教育水平，劳动意愿，工作态度以及工作伦理，人口结构等的制约；土地要素更是要受到其自然条件，譬如位置、地形、土壤肥力、地下资源以及交通状况的制约。其次，生产要素市场所受到的非自然性非经济性制约，譬如政府和法律条件制约的可能性也远远高于产品市场：资本要素会受到经济所有制形式（公有制或私有制）的制约以及种种关于资金流动方面的政府与法律限制的制约；劳动要素要受到人口管理制度（如特定国家的户籍制度）和工会力量的制约；土地要素要受到土地所有制和土地管理制度等的制约。

这一切都使得生产要素市场永远不可能像产品市场一样完全或几乎完全由市场的供需状况决定。因此，生产要素市场与厂商生产过程的成本结构之间的相互联动关系，只是“市场供需”假设条件之下近乎虚拟的关系形式。因此，生产要素市场的供需曲线和产品市场的供需曲线不同，就长期来看它是越来越近乎平行甚至向右上方延伸的，亦即它们具有较强的价格刚性。其中，资本要素市场的灵活度（或弹性）比较大一些，也比较接近产品市场的运作样式，因为资本要素不具有“自然”因素。但是劳动要素和土地要素特别是后者则缺乏弹性，其价格长期来看是不断提高的。和资本要素不同，劳动要素和土地要素要受到更多的自然因素以及政府和法律规约，譬如劳动年龄，出生率，人口分布，劳动力政策，劳动法规，劳动时间，土地的自然秉赋方面的有限性，各级政府的土地政策，土地利用方面的限制，自然环境保护方面的法规等多种因素的制约。这些情况使得各种生产要素对厂商行为会有复杂多样的反应。即使是最接近产品市场性质的资本要素市场，也受到一些非价格性质或非市场性质的影响。在很大程度上，资本取决于人们对未来收益的预期，或者说是人们为了未来收益而牺牲目前福利的结果。如果人们预期利率较高，就会抑制现在的消费支出而将更多的收入用于储蓄。一个厂商为了扩大未来的收益，而将一大部分当期收益转为投资、而不是用于厂商所有者的个人分配。因此资本要素的供给不仅受到生产过程对其需求的制约，也受到利息率的制约。储蓄者预期更高的利息率，而厂商期待更低的利息率，从而资本要素的供给要取决于这两个利息率之间的均衡；利息均衡也取决于社会民众普遍的消费—储蓄习惯和决策模式，而不单单是厂商生产过程对资本要素的需求。这些现象，在纯粹的生产理论（成本分析体系）框架内是根本无法观察到的。这也使得我们必须在单纯生产分析领域之外，并通过生产过程和生产要素市场之间（主要通过价格机制）联动的相互关系形式，去间接地、推演式地分析生产理论本身所涉及的更深刻和广泛的涵义。这种关系形式的深入分析，有时可能会超出纯粹经济学的范围：生产要素供需结构与价格水平的变动，对（至少是特定地区）居民的收入水平和福利状况会产生何种变化？这种变动会带来何种社会结构与社会阶层的变化？会带来何种社会议题？厂商行为对自然环境会产生何种影响？对技术工人需求的增加是否会促进职业教育？等等。而在单纯经济分析（特别是生产理论）范围内是无法整体地考察这些问题的。

在生产过程中的成本与生产要素供需状况之间的相互关系图景进一步明晰化之后，我们就必须准备探讨一些完全摒除在纯粹经济学分析体系之外、却无时无刻不在影响现实经济生活甚至厂商行为的一些问题，如市场形态，市场的真切含义（甚至包括其文化学和历史学含义）。我们是在生产过程中的成本结构与外在生产要素之间貌似简单却异常复杂多样的相互作用关系形式中，找到这个切入点的。这也使得我们对“生产要素”概念本身的认识有了更为深切的延伸。“生产要素”，不是终极意义的“价值”、不是社会产品终极构成因素的计量单位，只是在资本主义市场经济机制下卷入其特定生产过程中去的各种社会资源的具体形式。正因为如此，我们不能像现代经济学体系那样，简单地将生产要素市场归结为和产品市场完全同质性的经济活动载体。产品市场可以不受到历史形态的制约，因此可以将文化和历史的要素忽略不计。但是要素市场则不同，它必然受到资本主义生产的历史形态，资本主义市场机制的基本运作内容，以及现代社会各种（包括政治在内的）公共生活因素和文化形态的影响。它和生产过程中成本结构之间的关系及其运动形式，尽管在现代经济学的描述下显得与产品市场毫无二致，但是在更深入的考察和剖析中，却显示出更为丰富多样的形貌。

我们在事物的相互关系形式中去曲折地探究事物本身的神奇特性，这也是思想本身所独有的。我们只能在思想本身中领略神奇。

第九章

市场与经济自由的魔咒：经济学领地内外的探视

有一次，著名经济学家维尔弗雷多·帕累托（Vilfredo Pareto）去柏林参加一个学术会议。在会议上，德国历史学家古斯塔夫·施穆勒（Gustav Schmoller）大肆抨击经济学，宣称“根本就不存在所谓的经济学规律”（There is no such thing as economic law）。帕累托找到施穆勒，问到：“我想在柏林找到一家仅花费十芬尼（二分之一马克）便可享受丰盛晚餐的餐馆，你可以告诉我哪里有这样的餐馆吗?”施穆勒回答：“十芬尼？天下找不到十芬尼一顿的晚餐。”于是帕累托说：“这么说经济学规律毕竟还是存在的。”（So there does exist economic law after all）这是经济学最脍炙人口的典故之一。这也多少反映了经济学的尴尬地位：社会人文科学界不能苟同经济学自以为是、自诩为纯粹分析形态科学的傲慢态度，以及它所构造的完全消除了人类智慧和情感内容的学术世界，甚至怀疑经济学在自诩为分析科学体系的时候能够真正解释其客体的能力。在这些社会科学家看来，经济学是一门古怪的学科，既无法实验，却要标榜科学分析的方法论形态；既不探究人的精神世界和人性区域，却硬要跻身于社会科学之列。在他们看来，经济学是一门类似工程师之类的行业，是一门对社会商业生活提出建言、忠告、修复方案和操作程序的技艺。这和经济学家对经济学的认知有天壤之别。经济学对经济学家来说是一门对社会商业生活进行客观分析和提供逻辑解释的纯粹科学。但是社会科学却不接受经济学家的这种定位。因此有了施穆勒的“根本不存在经济学规律”的说法。笔者想他要说的是，虽存在经济规律，却不存在经济学规律。

经济学的这种矛盾就反映在经济学的研究客体，特别是其核心范畴“市场”涵义方面。“市场”是经济学，特别是微观经济学的中心范畴。但不幸的是，市场从未被作为一个单独或独立的实体加以研究。在通常的经济学分析中，市场是一个不言而喻的存在，一个毋需论证的基本假设条件。它是一系列经济学概念，如价格，成本，要素，资源，厂商和消费者等的当然载体，是这一系列概念相互交织，相互作用和反作用，均衡的反均衡的当然场所。它本身的内涵在经济学范围内是先验的或既存的，因此不需要对“市场”本身加以特别的定义或剖析。然而，“市场”的实质内涵是大大地超越这一系列经济学理论的，其运动方式与机制，其具体结构都含有特定历史、文化、法律、甚至区域因素的特点。这就是“市场”的奇特之处：它是经济学的酵母和立足之基，却又把历史学和文化学的要素如琥珀般凝冻在自身的身躯里。这是经济学独有的遗产，也是经济学独有的软肋。

不管经济学多么冰冷刚硬，它仍然葆有对社会最偏执的关注；它只是试图剔除道德内容和道德标准，并在得出结论时采取中性的姿态。这样，它就可以避免做出道德价值判断时的尴尬。譬如，帕累托在询问十芬尼一顿的晚餐时完全不必考虑几种可能性：（1）德国人的好客，他们可能邀请帕累托参加晚宴而无需他付出分文；（2）帕累托可以用十芬尼买一块大面包果腹，这块面包虽可以吃得“饱”，但谈不上“丰盛”。帕累托在这里提出的两个变量是“十芬尼”和“丰盛的晚餐”。亦即，经济学必须永远假定在一定价格水平（而不是任何给定的价格水平）和一定内涵的产品（而不是任何性质的产品）之间存在对应关系。在这里，其他任何形式和水平上的对应关系都是被假设不存在的。这里不存在十芬尼与一块大面包或“任何不丰盛的晚餐”之间的对应关系，也不存在“德国人的好客”等人类秉性与晚餐之间的对应关系。在这里我们未必能一览无余地审视经济学主体关系架构的全部形状和全部意涵，却能够最清楚不过地观察到“一定变量之间相互对应关系”之下真理的面貌。只有经济学能够简单而明确地说明一个真理：十芬尼无法买到“丰盛”的晚餐，只有在高于十芬尼的价格水平之上，才可能买到接近“丰盛晚餐”技术定义的产品。但是，均衡分析只涉及“晚餐”，而不涉及“丰盛”。技术定义上“丰盛”的概念，在完全或充分竞争假设下几乎是不可回答的。在这个假设下，所有产品是无差别的。十芬尼可买到或买不到的不是“丰盛”或“不丰盛”的晚餐，而是任何无差别的晚餐。一旦在晚餐前冠以“丰盛”的形容词，就必须将其放在垄断或不完全竞争的假设之下。只有在这个假设之下，产品才会发生非由市场先验给定的价格水平之间的差别。产品之间的差别以及由此而来的产品价格之间的差别，在社会生活中则有其他的表述方式，而这些表述方式又有历史学或文化学的内容。“丰盛的晚餐”涉及了文化学、词义学、社会学或民俗学的领域。如果用理论经济学的方法去表述，则可能是：投入较多资源或生产要素譬如各种稀缺的食品材料，由经过较长训练、经验丰富因而报酬较高的厨师通过较长时间的繁复而精细的烹制过程即生产过程而制作的总成本较高的晚餐。在这个意义上，经济学和历史学、文化学或社会学多少有点殊途同归的味道，经济学只是说出了社会文化学关于“丰盛的晚餐”定义的价格形成原因而已。看来施穆勒关于经济学规律不存在的结论确实没有讲歪到哪里去。

这不能不使我们对“市场”重新进行审慎的思考：它真的只应该作为一个理论经济学概念甚或经济学词汇的沉默载体吗？它真的只应该被视作根据经济学所创造的定律和定义去机械移动的曲线和公式的堆积吗？如果我们想赋予“市场”以生气和生命，就不得不让它多少脱离纯粹理论经济学的桎梏，而让它还原为人类社会展示其无穷生命力的场所，亦如马歇尔所说，体现人类生活“经济部分”的场所的本来面貌。不过这个分寸很难拿捏得准确。一旦走得太远，就会让我们狼狈：市场概念非经济化。其结果是，不但“市场”概念失去其必要的经济学内核，而且导致一系列扭曲的社会意识甚至经济实践。将“市场”概念持续地锁定在经济学园地里的做法的益处之一是，我们能够保持“市场”概念的纯粹性和单一性。换言之，“市场”概念只有在理论经济学的范畴中才可能保持其纯粹和抽象的理论一律性。因此，我们似乎应该在纯粹价格—成本分析体系之外，又在经济学方法论的总框架之内，去寻找市场本身的丰富多样性。在价格—成本分析体系内，“市场”的含义实际上是相互矛盾的：在完全或充分竞争假设下，市场是价格的决定力量，价格由市场来给定。这意味着价格基本上是由需求来决定，而供给只是对需求的反应（需求却不是对供给的反应）。在这种结构下，厂商都自动按照边际成本等于边际价格也等于边际收益的先验定则来运动。但是，在垄断或不完全竞争假设之下，价格不再由市场先验地、单独地决定，而是由厂商决定，即厂商通过调整产量、调整生产过程中的要素投入结构（成本结构）的方式来影响价格。这意味着价格基本上由供给来决定。在这种结构之中，并非所有厂商都按照边际成本等于边际价格也等于边际收益的定则运作，因为任何导致产品特殊性或差异性的努力，都可能导致背离当时的边际成本或边际价格。可见，在这两种不同的价格之下（即使在同一个价格—成本分析体系框架内），“市场”的本质概念已经发生分裂。

英国经济学家理查德·迪特穆斯（Richard Titmus）发表过一篇比较英国和美国献血体制的论文，曾引起广泛的争议。两位诺贝尔经济学奖获得者保罗·萨缪尔逊和肯尼思·阿罗（这两人恰好是姻亲，萨氏的弟弟娶了阿罗的妹妹。他们的侄子或外甥是另一个著名的经济学家，曾任美国财政部长和哈佛大学校长的劳伦斯·萨莫斯）也卷入了这场争论。英国实行无偿的志愿献血制度，而美国则实行志愿与商业性相结合、并以商业性为主的献血制度。迪特穆斯的研究结果显示，实行志愿献血制度的英国血浆供应充足，而且质量较好，带病原的血只占献血总量的4%左右。而美国的血浆供应经常短缺，且质量较差，带病原的血占献血总量的18%。他因此得出结论说，商业性的献血制度所提供的血浆质量很差，容易导致传输各种病毒或疾病。同时这种献血制度也没有效率，不能满足社会对血浆的需求。这篇论文不仅涉及英美两国医疗制度之间的比较，更重要的是，它涉及理论经济学的核心议题，市场的合理性问题。按照经济学的解释，资源唯有通过市场才能得到最佳的配置，生产要素唯有通过市场才能达到最大的产出水平，而且资源的配置和生产本身唯有在市场内才可能达到最大的效率。但是，在血浆市场里，却出现了与这种经济学铁的法则相悖的现象。迪特穆斯说明：（1）市场并非实现最佳资源配置和使其效率最大化的唯一场所；（2）如果市场是实现资源最佳配置和最大效率化的唯一场所，那么它还一定存在着被我们忽略、却实际上发挥功能的其他动力因素，如道德因素等。

阿罗撰文反驳迪特穆斯的观点：（1）血浆作为人类身体或生理结构的一部分，很难将其定义为“资源”，因此血浆也不可能完全按照市场原则加以分配。譬如，即使付出再高的代价，也不能诱使许多社会成员志愿献血。而那些职业的或商业卖血者大多数是穷人，黑人，无技艺者，流浪者，吸毒者和其他低收入者。这些人献血（卖血）不是取决于血浆的市场价格水平，而是取决于自身的收入水平。一旦有了较高收入，即使再高的价格也不能吸引他们去卖血。一旦收入降低，即使是较低的价格也不会妨碍他们去卖血。（2）迪特穆斯关于“志愿献血者”的概念非常不明确。“志愿献血者”的定义应该是，在不知道并不计较受血者是谁的情况下，完全根据自由意志而无偿献血。根据这个定义，“志愿献血者”不应该包括那些献血给自己家人或亲戚或朋友的人。在英国，有28%的献血者就属于这一类（在美国则高达40%）。而且，更重要的是，在美国出现血浆短缺的时期，其价格也没有明显地上升。

这个争论除了市场概念的纯粹经济学意义之外，还含有与“市场”密切相关的一系列文化学道德学的命题：市场是建立在特定的历史道德体系之上并受其制约的吗？市场能够包容个人之间所有类型的经济活动，包括商业交换之外的其他经济活动吗？存在“市场正义”的范畴吗？如果市场建立在自由意志的基础之上，那么出卖的自由（free to sell）和赠与的自由（free to give）之间的差别在哪里（二者都实现了资源或货品的重新配置）？虽然这里是以献血作为例子，但同样的情形在其他产品和资源领域中也都可能发生。准确的市场定义应该是指人类经济活动用于商业交换的场所。而其他类型的经济活动，如赠与、给予、志愿活动等，虽然是人类经济活动的一部分，却不是商业活动，因此也不属于市场活动的范畴。赠与和给予等形式的人类活动，是直接的道德实践行为，它基于对人类社会基础道德体系的认知和遵循，也基于对这种道德体系所决定的社会关系，以及社会关系所决定的总体福利结果的认可和关注。亲友之间的献血，就是这种道德体系所决定的社会关系。而一旦献血成为商业行为，它就不会具有这种道德性质，不会具有对总体福利结果加以关切的内容。与这种现象接近的是人类性行为。它和献血一样，也是直接出售或转移部分人类身体功能。夫妻之间的性行为，是建立在社会道德体系以及对总体福利结果（如繁衍后代，维系家庭形式等）的关切的基础之上。而卖淫则不具有这种道德性质和道德目标。不过，比较难以解释的是男女之间超越夫妻关系而发生的完全自主或基于自由意志之上的性行为。这是具有道德内容（相互倾慕和吸引）而没有道德目标的行为。这种行为和献血一样，虽然可以部分地说明某些特定资源在市场发挥功能的特殊形态，却不足以说明市场概念、定义和功能的全部内涵。因为，人类在直接处理自身的身体或生理功能（除劳动力之外）时必然采取截然不同的道德态度和道德标准：即使卖淫的利润再丰厚，也不能诱使大多数女性去做妓女；真正的男欢女爱也不会以“一手交钱”来做结尾。在荷兰的阿姆斯特丹卖淫是合法的，但是在美国大多数人不能接受卖淫是纯粹的商业行为；在绝大多数国家烟草并不非法，但禁烟的地方越来越多，烟草工业也不停地被责难；工业国家的厂商完全可以合法地排放废气废水，但是却必须面对强烈的社会敌意和强大的政府干预；人类细胞复制和干细胞研究等，也都充满了道德情绪的争议。市场一旦遇到和人类身体或生理功能相关的领域，就必须直接面对道德体系，二者在妥协中小心翼翼地各自估量在社会生活中的位域。

美国经济学家杰克·赫什莱佛（Jack Hirshleifer）曾专文探讨“资本主义”和“社会主义”的所谓“道德合理性”问题。这是一篇意识形态意味很强的论文，触及了“资本主义”在市场形态经济机制运作下所表现的复杂矛盾的历史内容。在20世纪大部分时间里，“资本主义”被理论家描绘成自私和缺乏对人性关怀的制度，而社会主义则反映出相反的历史特性。爱因斯坦和尼赫鲁都持有这种观点。赫什莱佛将这种20世纪颇具代表性的思潮描述为“软性社会主义”（soft socialism），以和“硬性社会主义”（tough socialism）即苏维埃社会主义相区别。赫什莱佛认为这种思潮根本无视市场在资本主义历史形态下运转时所表现出的巨大的正面道德价值特性。他发问：“在所有的社会形态中，哪一个能够将社会能量最有效地转换为具有效用的社会成果呢？”他自己回答：“资本主义。”在资本主义私人企业制度的市场体系中，如果一个人或一个企业能够在人们愿意付出的价格水平上提供产品和劳务，他就会有所得。在这个价格水平上，如果他能够提供更好的产品和劳务，他就会获得比别人更高的所得。这种制度很难在逻辑上将之定义为“自私”的或“反人性”的。消费者选择购买他们所需要的，生产者选择生产他们能卖出的。但是市场规律却要求这些市场主体必须相互关心并满足对方的利益：生产者必须满足消费者的预期和需求；消费者必须付出相应的价格以让生产者获益；劳工必须付出雇主们所需要的劳动力；雇主必须支付能为劳动者所能接受的工资以作为对劳动牺牲的补偿。如果这些市场主体不能关心和满足对方的需求和利益，那么他就会走开，去寻找那些满足自己需求的对象。

赫什莱佛指出，那些指责资本主义为自私和非人性的思潮，必须证明那些他们认为足以替代资本主义的制度：（1）可以比资本主义市场体系更有效合理地配置社会资源，使其产生最有利于社会整体的结果；（2）可以比资本主义市场体系更关心和满足社会成员的需求和利益。赫什莱佛认为，在逻辑上并不存在这种足以替代资本主义市场体系的经济制度，因为资本主义市场体系完全是以人本性的“原发动力”（human natures as they actually are）[①] 和人的自由意志为基础的。在充分的人类自由意志体系下，在人们可以进行自由选择的条件下，他们必定会将自己所能支配的资源配置到最符合自身利益和需求的领域。没有任何外人和政治机构比“本人”更了解自己的最大利益所在。赫什莱佛认为社会主义者所热衷的公有制不能明确回答：（1）它如何将“公有制”这种纯粹的理论宣言，还原为在事实和法律上都使社会整体和全体社会成员共同平等地享有社会资源的现实局面；（2）它如何让这种号称全体社会成员共同享有社会资源的制度，保证资源配置在最有效或最佳的状态；（3）它如何保证实际上管理这些社会资源的政治机构（如政府部门和政府官员），不因这种巨大的管理权而享有更多的社会成果；（4）它如何保证这种巨大的管理权不致转化为对社会公共生活的控制权，进而侵蚀和扭曲人类自由意志体系。

赫什莱佛的观点显然具有强烈的意识倾向性，已经超出纯粹经济学的范围。它反映了现代经济学家在道貌岸然的学术外表下含藏的热切政治观念如何脱不了“俗套”。不过，他也同时提出了值得我们深刻思考的问题：“公有制”的社会主义经济制度，是否能够既保证全体成员实质地、共同地、平等地享有社会资源，同时又让资源配置在最有效或最佳的境界？无论我们怀有何等热切的政治和文化情怀，我们都必须面对这个问题，而“公有制”的经济制度（包括欧洲福利社会主义经济制度）也必须最终向社会成员明确回答这个问题。在某一时刻，我们和“制度”都无处可躲。

在欧洲知识界，对市场功能和市场体系的敌视与抨击一直是不容置疑的主流风潮和意识时髦。任何一个“高尚，有深度，目光深邃”的思想家必然是反市场的（这种现象在中国知识界似更为普遍）。强烈的文化批判传统，导致了欧洲知识分子在资本主义商业文明和市场现象面前自感清

---

① Jack Hirschleifer. Capitalist Ethics: Tough or Soft. The Journal of Law and Economics, the University of Chicago Law School, Oct. 1959, p. 162.

高，以及在思想介质的本涵上总要和美国“划清界限”的惯性。其结果是人人都条件反射式地“讨厌”和“蔑视”美国的市场机制和商业技术文化，似舍此无法跻身思想崇高深邃的欧洲知识分子之列。以欧洲为中心而启动的现代文化知识运动具有浓重的古典人道主义色彩，充满对动态资本主义运作形态所招致的人性本质的扭曲和异化、人与社会之间疏离现象的深刻恐惧情绪。英国政治学家彼得·霍洛根（Peter Hollogan）指出，欧洲知识分子始终在狄更斯的作品中获取关于资本主义的黑暗映象，而这种观念深植于反对“经济自由主义”的观念基础之中。在这种深刻的意识里，不可避免地包裹着知识分子悲天悯人心状的傲气，对技术文明加以激烈否定时自以为控驭人性真髓的优越感。同时在这种自我崇高的傲气里，也不可避免地显现出无法全盘界定活跃动态社会的惶恐不安，以及无法全权对社会与人性、社会与经济活动之间重叠交叉的复杂构图作出理性诠释的茫然无措。这些知识分子在提出傲然的否定时无法提出具有说服力的替代蓝图（正如赫什莱佛所说）。他们试图把这个蓝图包藏在所谓欧洲理想和欧洲价值的远景期待里，试图说明那些优于现有政治和经济秩序的未来图景可以在欧洲共同体里找到。这种欧洲本位主义式的世界观，其实是另一种形式的欧洲—西方文化霸权意识。然而，这种顾影自怜的欧洲主义世界观却无法回答一个简单的问题：欧洲经济模式、欧洲经济生活形态同他们视如敝屣的市场经济生活形态（譬如美国的自由市场经济体系）相比，到底“好”在哪里？欧洲模式下的经济生活比市场经济模式更有效率？能更佳地配置资源？能更多地提高生活品质和生活水准？能更大程度地扩展包括制度和法律正义、经济机会的均等、经济机会的选择和参与等内容在内的社会公义？在他们的正义观中，技术文明、经济进步和市场体系都呈现反人性的本涵。但是他们也必须否认这样一个事实：如果资本主义市场体系是以人本性的“原发动力”为基础，那么对效率、合理性、更高生活品质和生活水准的追求，对技术革新和经济进步的艳羡和渴望，也必然是现代社会人性的一部分。这些因素恰恰也是现代化社会得以成立和存续的命脉。完整的人性要质不可能通过全盘否定市场来伸张。一度蔓延法国的暴乱揭示的不仅是法国的问题，而是欧洲的问题。它揭示的正是毫无生气和市场活力的欧洲体系的真正面目。很难想象欧洲知识分子和现代知识分子如何从这个僵硬体系中萃取人性未来的希望，并信誓旦旦地给全世界应许。

作为一个认真的经济学家，我们不能不想起奥地利学派。自门格尔始，至米塞斯和哈耶克，似乎都坚守着和这种欧洲潮流相对抗的阵地。和赫什莱佛不同，他们不是意识形态的反社会主义者，他们只是将经济自由视作“自然秩序”的体现。这意味着自由市场的“正当性”不仅来自其更合理地配置资源（以社会个别成员在追求自身最佳利益基础上最合理配置自身资源为基础），而且市场自由也能够通过这种“自然秩序”来达成社会成员能够享有和其他历史形态的社会相比更高福利和经济成效（譬如医疗、教育和其他方面的生活质量）的道德目标。他们怀疑国家和政府在市场的地位和作用，乃因为他们无法得知人或人们最佳利益之所在，因此无法将资源配置在符合人们最佳利益的领域。从门格尔的“边际效用”理论开始，这个学派奠立了以主观价值论为基础的经济自由主义论。这个理论体系关注由主观价值论天然衍生的“经济自由”体系，以及由此形成的经济秩序的价值。价值和价值的判断之所以是主观的，是因为人（或市场主体）都天然地具有自主地采取经济决定和自主地展开经济行动的倾向。

在大部分社会形态下，特别是在市场经济体系下，甚或成员所采取的自然经济行为即市场行为，都源自他们对价值的主观判断、而不是关于价值内涵的特殊结构的“客观”考察。这种自主经济决定和经济行动的惯性，使得人们不断地追求得以保障和不歪曲这种行为方式的经济秩序。而国家和政府的作用，不仅在于它干扰了市场运作的正常进程和秩序，而且，在更深层面上，在于它曲折和迂回地干扰和歪曲了人们本来应该对价值体系所采取的自主行为和主观判断。国家和政府的经济政策和经济行为，其最危险的结果，不仅是干扰了市场运作，而且还使得社会成员和社会经济主体对经济价值（包括经济产品价值）的主观判断发生歪曲或扭曲，无法精确地判断经济和产品的真实“主观价值”，导致他们必须追随国家和政府对经济价值包括经济产品价值的官方解说。最典型的例子是政府的价格管制。在行使国家权力的管制价格时，人们对经济价值作出主观判断的正常程序被打乱，就会对经济产品价值产生误判。即他们不是根据自身与产品实际物质效用之间的相关性来判断其价值，而是根据政府公布的价格管制导向来判断其价值。而这种“主观性价值误判”会导致错误的甚至伤害性的集体经济行为。

米塞斯、哈耶克和罗斯巴德等人甚至宁愿超越经济学专业领域，从政治学和历史学角度去延展自己的理念，显然是因为他们意识到：在现代历史条件下，欲使人们主观价值判断模式恢复正轨，不能再寄望于社会成员或经济主体的自我行为修正或自我意识提升，必须要转向直接地修正国家和政府的行为。而修正的第一步，就是谴责和痛陈其弊病。在凯恩斯主义凯旋了半个多世纪之后，奥地利学派，特别是哈耶克的思想依然如此闪亮，都证明了一点。市场有自身的规律，但是这种规律必须是人们在自由意志下去寻找，任何外在力量，包括国家和政府都不能代替人们寻找，不能代替做出答案。

经济学家（包括欧洲的经济学家）是“另类”的知识分子。经济学家没有资格反市场，反市场的经济学家会被赶出“家门”。现在没有几个人会认为加尔布雷思是经济学家。不管心中有何等热切的文化情怀，不管经受何等的冷嘲热讽，不管如何被知识精英们贬斥为死板僵硬单调乏味的另类，经济学家都必须坚守这个最基本的战线。当萨缪尔逊和阿罗这两个重量级的经济学家不惜亲自披挂上阵，和一个名不见经传的小经济学家打口水仗，正是反映了经济学家心目中“市场”份量的沉重。市场是无差别的。市场的历史学、文化学以及区域民俗学的因素都不可能抹煞这种无差别性，一旦从这个战线后退一步，就不配作一个经济学家。不管这个战线多么荒寂，多么零落凋残，它都是经济学家良心的基石。在欧洲式知识阵线面前，经济学家必须坚定地声称，市场并没有道德原罪，市场真理的探索同样需要百炼成钢的高能智慧。

然而，经济学家认识和定义市场的途径以及运用智慧的方法，却大有可议之处。他们一开始就不仅在市场的定义和性质方面、而且在具有道德内容的市场事物方面，全都放弃了价值判断。因为最简便和最直截了当的结论不可能不触及人的道德心理条律，譬如判断一个经济现象或经济方案是“好”是“坏”。经济学家心目中的市场，是一种假设的或纯粹理论意义上的全然均质和无差别状态。不论市场在任何其他社会科学领域内采取何种面貌，在经济学内，市场就是“这个样子”的。经济学家不能回答关于市场的所有问题，只能回答关于市场的最基本动力学的问题；一旦争论超出这个范围，就脱离了经济学。不过，在实际的经济生活中，经济学很难泾渭分明地辨别哪些内容属于经济学范围，哪些则不是。因此，在经济学阵营里时常发生激烈争论：经济学是否应该完全摒弃道德价值判断，是否应该在实际经济生活中采取超然的态度？市场的均质性或无差异性是否意味着经济活动主体的行为同样具有均质性或无差异性？一个中国农民在

"割资本主义尾巴"时期小心翼翼拿几枚鸡蛋到市场去贩售的动机，和微软公司推出新视窗操作系统的动机和波音公司推出新型大型客机的动机有均质性或无差异性，这便是市场最隐蔽也最根本的驱动力。但是仅仅把握了这个驱动力，并不足以建立经济学方法论结构。经济学立足于完全或充分竞争的市场假设，就是确认市场的均质性和无差异性，而只有资本主义市场体系最接近这个假设所包含的定义。因此，经济学家无法以道德中立的假面具掩饰自己。经济学家很难在经济生活面前采取绝对超然或中立的态度。至少是因为，这样做意味着经济学是"无用"的科学。这就是经济学家难以解脱的两难之处。不管职业经济学家自己是否愿意，也不管他们如何争辩，在他人看来所谓经济学家就是资本主义的卫道士。只要他们还固守市场的理论阵线，固守市场的各种主要假设条件，他们就不会被接纳到现代知识分子的行列中。但是，离开了市场，经济学家还有什么地方好去，还有什么更甜蜜的家园好寻觅呢？于是经济学家必须硬着头皮继续钻自己的牛角尖。

有时，经济学家对自身的科学超然局限性厌恶不已，正像奥地利学派所做的那样，索性在某一时刻扮演政治和哲学批判家的角色。这是因为，整个市场体系，即使是在它最"完整和发达"的历史形态下，都要和国家或政治权力相遇，以及由国家政治权力来全权解说的公共利益相遇。在纯粹的经济学领域里，经济学家可以陈述和描绘何为对个人和经济主体来说是"合理"的，但无法解明在社会体系必须以"公共利益"形态来框定经济主体之间的定位，"合理性"如何与公共利益主体之间维持不相抵消的关系形式。经济学是一门实证科学，批判不是它的方法论组成部分之一，而国家和政治权力对市场体系的腐蚀性干预和破坏，在很多情况下无法以经济学的方法来加以解明和排除。这大概就是为什么哈耶克最后通过《通向奴役之路》这样的政治哲学力作，通过政治批判的途径来反抗国家与政治权力的原因。哈耶克认识到，国家与政治权力对市场体系及其功能的腐蚀与破坏，不仅是对效能和利益的破坏，而且是对主体自由根本基石的破坏，是一种吞噬价值的历史恶行。哈耶克大力主张货币的非国家化，这不仅是因为国家对货币的垄断权不仅扭曲了市场机制，使得市场机制自我修补功能无法运作，而且是因为货币的国家化使得大多数经济主体无法在市场体系内充分展开自由的经济决定，从而侵蚀或侵犯了社会成员的根本主体性自由。国家以政治权力的形式确立了"公共利益"的虚拟体系以及相应的解说体系，国家通过这个体系来重新框定社会经济主体之间的相互关系形式。哈耶克竭力说明，公共利益的国家政治权力属性，恰好扭曲了市场体系内存在的公民自由的内涵，因为公民主体自由的根本内容，本来应该是理性选择和相应决策及行动的自由，而国家政治权力的解说体系，却试图说服社会，公民主体性自由的根本内容不是选择和决策的自由，而是反应和认识规则的自由。弗里德曼也步哈耶克的后尘，在其学术生涯的晚期进入了政治批判的领域。我们可以理解，当经济学需要浪漫和批判色彩时，他们都义无反顾。不管对他们的观点如何评价，我们都应该为他们骄傲。

非经济学家对国家政治权力的批判就远没有这样客气了。理查德·爱泼斯坦那本名著《攫取：私人财产与征用权》（Takings：Private Property and the Power of Eminent Domain），更令人想到“市场”概念的深度渗透如何导致“经济自由”意识形态并形成对美国社会生活总体和意识系统的重大影响。身为芝加哥大学教授的爱泼斯坦并非经济学家，而是一位宪法学家。但是芝加哥大学深厚的“自由市场”经济学传统，他本人和弗里德曼与卢卡斯等人的经年友谊，显然不会不对他的理论产生影响。在美国学界，几乎是爱泼斯坦第一个指出，任何由政府推动或实施的公共福利政策都是违反宪法的。爱泼斯坦强调，根据美国宪法规定，人人有特定天赋和不可剥夺的权利与自由，包括“经济权利”与“经济自由”（economic liberty），譬如财产权等。这种权利除非出于自愿，否则绝不可以任何其他形式使其与占有者相分离。一旦在没有等额补偿的情况下财产部分或整体地与占有者相分离，这个天赋的经济权利就会被侵犯、被破坏。财产被盗是一种权利的破坏，而任何政府行为导致财产价值减损、导致财产处于不安全状态，亦或对财产进行没收和其他形式的剥夺，同样是一种权利的破坏。过重的税赋是直接的剥夺私人财产、减损财产原值的行为，通过过重税赋以推行社会福利政策无异于罗宾汉的打家劫舍①。

他指出，很多情况下美国的所谓“经济自由”概念大多属于政治哲学层面，并没有全面贯彻在宪法实践上。他甚至指出，美国宪法中所指责的“压迫与剥削的政府”，实际上就是不能保障“经济权利”和“经济自由”

---

① Richard Epstein. Takings：Private Property and Eminent Domain. Harvard University Press, Massachusetts, 1985, p. 56, pp. 107 ~ 110, p. 117.

的政府，也就是美国政府。罗斯福的“新政”就是美国历史上最大的侵犯“经济权利”和“经济自由”之举，后来的约翰逊“伟大社会计划”，甚至一系列公共福利政策包括最低工资政策和各项地区性规章，都是这类剥夺权利和自由的“暴行”。爱泼斯坦认为，“新政”之所以“罪孽深重”，不仅因为它本身就是一揽子对经济权利体系和经济自由现状釜底抽薪的政策方案，更因为它开了后来一系列不可逆转的政府干预经济生活、进而全面腐蚀经济权利体系的惯性行为的先河。譬如，爱泼斯坦指出，在“新政”之前，国会通常只针对“州际”即流动于各州之间的商品如铁路等制定法规，不会针对任何制造业或其他生产部门制定法规。而自“新政”以来，国会借各种名义对经济部门或经济活动制定的法规达一万多个，而每一个法规都使得那些被规范的对象被迫付出大量手续费或罚金，进而“减损”了财产价值，形成政府对民众和私人财产的剥夺和非法占有。爱泼斯坦主张美国司法体系即法院负起为美国人民保障经济权利和经济自由的严肃责任。他甚至为此和最高法院法官，也是他在芝加哥大学的同事安托宁·斯卡利亚（Antonin Scalia）在一次学术会议上大声争吵。笔者有点惊异，因为斯卡利亚也是同样强硬且保守的经济自由论者，大概是因为他不喜欢爱泼斯坦的过激态度和强烈的反联邦主义色彩。

在这里，我们看到的不仅是“市场”所支托的经济自由概念在经济学以外的天地里兴风作浪时的强大能量，而且还有它所造成的社会和政治生活动态局面的怪异造型。爱泼斯坦在这里扮演了一个“经济学家”的角色，只是这个角色绝无可能由经济学家自己来扮演。他说出的是经济学家的“心里话”，只是这个话绝无可能由经济学家口中说出。市场的运行基于人本性的“原发动力”，这在暗示着社会已经架构了这种“原发动力”得以正常运作和发挥功能的充分现实条件。因此，完整的“市场”必须牢固地和“经济权利”和“经济自由”体系结合在一起。笔者相信经济学家从未把“市场”放在神性的龛位上，从未设想“市场”概念和由此衍生的“经济自由”脱型为超越商品交换的区位而翩然飘升为“经济权利”的政治纲领，或者旁触周围的社会和历史因子发生“链性”变异而引发政治振荡和丕变。“市场”概念无法也不能简单地定义，其概念的外延也无法固定附着在一个或一群政治客体之上。至少，“市场”概念无法毫发无伤地转变为“经济自由”，更无法让它蜕变为广义的宪法层次上的“经济权利”。这样的转型从一开始就超出了经济学家的地盘。经济学家不仅不齿，也完全无意估价社会正义和历史正义的份量轻重。也就是说，从经济学的“市场”概念中无法判别：“经济自由”衍生出“经济权利”的社会正义体系，相对于公共目标下均等指向的资源再分配所形成的社会正义体系，二者孰优孰劣。

经济学的“市场”是完全中性的，不仅在正义道德价值的原理上中性，在功能的根本动力源泉上也是中性的。即使在最缺乏法律正义的社会里，“市场”也仍旧大体依照其动力规则运行。但恰恰是这种顽固而不容妥协的中性姿态，才推理出不受任何政治权利牵制和约束的“经济自由”和“经济权利”观念，才使得“市场”一旦走出经济学领地，就会“墙里开花墙外香”，变成资本主义意识形态的纲领和西方政治保守主义的神像。资本主义意识形态和西方政治保守主义的特点是，将自身描绘成中性和普泛，具有完整人类本性主体价值的历史现象，而没有任何东西比“市场”概念更符合这种现象。这大概是经济学家未曾料到的。这种悖反性也是“市场”概念最致命之处。但是经济学家却没有认识到这种悖反性来自经济学自身深刻却模糊不清的假设：“市场”在任何历史形态的经济生活中都存在，但是只有在“自由企业”下，它才能够称为“自由市场”。换言之，市场也许存在，但不一定是“自由”的，因而也不是完善而纯粹的。自由而完善的市场只存在于“自由企业”制度下。通过这种几乎神不知鬼不觉的概念潜移默化，现代经济学就成了资本主义意识形态的核心策源地。然而经济学家对此又没有知觉，因为现代经济学的这种意识形态策源作用已经发生在经济学领地之外，专业经济学家对此已鞭长莫及。

“市场”和“经济自由”概念之间的借位互置，在社会意识体系中会造成令人错愕的裂变。举例来说。在洛杉矶和圣地亚哥市之间的15号高速公路最左侧的两条车道的中间，可以看到镶嵌有一个个类似微型反光镜的东西。这是一个结合了高速摄影、数据读取和数据传输功能的高科技电子装置，可以立刻将驰行在这两条车道上的车辆牌照号码传输到中央数据处理中心。高速公路管理当局便根据数据来给驾车人发出账单，要求付款。也就是说，这两条车道是收费的（其他车道则免费使用）。洛杉矶和圣地亚哥之间是美国交通最拥挤的地区，驾车人每天平均要在公路上花费约5小时，大大高于美国其他地区。设置这种收费车道的目的，就是为了缓解严重的高速公路堵车现象。如果驾车人不愿和大家一起承受堵车的煎熬，就可以进入这个收费车道，电子装置便会从车辆进入车道时起开始计时，直到车辆离开车道。收费标准则根据公路流量随时调整，拥挤情况最严重时收费较高，不拥挤时收费较低，甚至不收费。据说效果不错，既缓解了交通拥挤问题，又增加了政府收入。这是根据南加州大学经济学家建议设置的“市场运行原则系统”：以一定附加价格获取一定的额外效用，而价格本身根据供需状况的变化进行调整。但是这种看似天经地义的经济学原理应用却引起激烈的争论：高速公路是政府用纳税人的金钱投资建造的，应当由所有驾车人完全均等和无差别地免费使用这个公共设施系统。均等而无差别地使用，意味着既同等地享受其效用，也同等地遭受其限制。而市场原理的介入则将其改变成为：如果你愿意付出某种额外的价格，你可以享受较多的效用、遭受较少的限制。但是，在一个均质而无差别的平等公共系统里，这种装置对那些不使用、不愿使用或使用不起的驾车人公平吗？这个系统的设计者却振振有词：这和飞机的头等舱有何不同？谁付得起钱，谁就可以享受更好的生活品质和服务。可是，飞机不是一个公共系统，而是市场器物。在市场系统里谁吃山珍海味，谁吃清炒小菜无人可以置词；但是在一个本来均等而无差别的公共系统里设置这样的市场系统，就是另外一个问题了。市场准则的原义乃是通过价格交换来消解“社会不平等”，但是，在以效率为要义的市场准则下，反而推出另一种形式的经济结果不平等：付不出某种价格者便没有权利享受特定产品和效用，其占有资源的平等权利和自由必定受到相应的局限。付出更高或额外价格者可以占用更多的资源，但是在资源有限或一定的假设下，那些付不起头等舱和额外公路收费者，只能因此占用更少的资源，造成深刻而内在的不平等。但是从另一面考察，在一个先验的公共系统里，那些可以并愿意付出更高价格者却被迫和其他人一道获得同等量额的资源分配，这对那些人显然也未尽公平。

市场法则总是如此混淆自由—平等这个两难的理想体系。阿瑟·奥肯的“效率与平等”理论之所以难以在实际社会生活中效行，就是因为市场和经济自由的定义一旦附加社会正义理论的关照，就会立刻萎缩成为一种将级差性资源配置和占有局面（如贫富分化，分配不均等）合理化的伪善学说。奥肯的理论是在效率和平等并存，二者均非最大化，以致二者都无法充分发挥功效的魔幻格局中所寻求的不存之解。

在类似的问题上，法学家可以“清醒”，政治学家可以“果敢”，经济学家却必须保持必要的“懵懂”。经济学家的责任是探索和描绘市场最根本也最隐蔽的驱动力，而非市场动力造成的社会局面。然而，很多经济学家还是沉不住气，把这个责任放大为对市场定义和功能的最终解说权。而经济学家如斯做，就会把对这个驱动力的解说推演成为关于市场总体结构和丰富生理机制的唯一学说，而且把市场在其丰富多样性的因素之下所表现出的任何外在活动样式，都归结为同其驱动力直接相关的简单一律的运动，这不仅危险，而且愚蠢。因为经济学家实在没有力气承担这种严重意识分裂的后果，更没有力气收拾这种后果所造成的残局。

现代社会境遇导致某些经济学家具有和他们实际能力相比过大的话语权。值得庆幸的是，他们通常不会把这话语权错解为对经济生活含义和社会生活程序的最终解说权。不过，他们一旦这么做，经济学就会有麻烦。

第 十 章

“幸福”观念的经济学含义：无所适从的断层

美国心理学家达林·麦克马洪（Darrin McMahon）认为在所有现代印欧语系中，所谓“幸福”条目不同程度地组合了“好运”（luck）、“幸运”（fortune）和“命运”（fate）等含义①。“好运”表示一种偶尔到来的、产生正面结果的机会。“幸运”表示由“机会”和人类秉性动力之间的组合所实际产生并可以占有的生活成果。“命运”则是指不取决于人类秉性动力，不取决于人类可以掌控和调节的外在生存环境，而取决于超级智慧或崇高的超级力量所决定和设计，在人类整体认识能力范围之外运作，具有固定指向性的先验的生存安排。在中世纪英文中，“happ”意指机会、幸运和“发生”（happen）。在这个词里，它指一系列发生在某人身上的事件的总和。如果这些事件中“好”的超过“坏”的，这个人就“幸福”了。有一句希腊谚语说：“人未及死，不言幸福。”（call no man happy until he is dead）幸福不是一个得以经验认知的客体，即经验生命时间程序的动态“状态”，也没有“寻找幸福”或探讨“幸福在哪里”的问

① Darrin McMahon. Happiness: A History, Atlantic Monthly Books. Washington D. C., 2006, I, p. 6.

题。因为不管我们是否寻找，"幸福"或"反幸福"的时间程序必然在我们的生命之中，我们注定会经验"幸福"或"反幸福"。它以不可违逆的必然性侵入到我们的生活中，以不容拒否的霸道铺设我们的生命历程。"幸福"仅剩下一个基本内容即"命运"。"好运"或"幸运"只以极偶然的几率发生在我们的生命之中，来去匆匆如初春花园里缤纷翩舞的蝴蝶。"好运"或"不幸运"（或败运）几乎同时来席卷我们的生命园地。最后"好的"留下多些，还是"坏的"留下多些，可能近似于抛钱币的概率。

然而，我们仍和先哲一样继续探讨幸福，持续地追求幸福，就是因为我们不甘心，不甘心完全压倒性地被超级智慧和意志先验设计掣肘在一个固定而毫无惊奇的生命轨道上，以不可避免的铁的必然性驶向一个预先被告知的终点。在那里我们会领取一个清单，可以看到我们占有了多少幸福，然后走向生命的终结。我们绝不甘心，即使是最虔诚的仰望者也不甘心。我们多少会做些小动作，偷偷摘下一点沿路的果子，然后私下品尝。如果幸福以一种巨大的必然性来到我们面前，我们就会观赏，而不会被时间推着走。我们把这种观赏（不管它多么扭曲）也视作幸福的一部分。按照边沁的观点，人类是"功利"的动物，人类时刻都在窥视、瞄定，并准备随时跃起去攫有那些有利于生命条件的事物。这些有利于生命条件的事物并不能直接地被称为"幸福"，幸福并不是一种自然状态或者直接以可观度形式来利泽生命条件的外在物。幸福是人类精神现象对实际"占有"这类有利生命条件的外在物时，对其与生命条件之间相互关系形式的估价。因此，"幸福"之大小，不仅取决于占有这些有利生命条件的事物的多寡，也取决于人类精神现象对这种占有结果实际估价或评价的尺度标准。一个美元的取得对一个非洲饥民来说可能是一个"巨大"的幸福。虽然我们会弯下腰去捡起天上掉下来的一美元纸钞，但不至于欣喜若狂。因为我们对这一美元和我们现有生命条件之间的相互关系有不同的估价，一美元给我们不同的人带来的"幸福量"大为不同。我们关心的问题在于，这一美元会以怎样的频度出现在我们的生命之中，会以怎样的频度来"有利于"我们的生命条件。显然，一美元出现在我们的生命之中并"有利于"我们生命条件的频度远甚于非洲饥民，但是我们比非洲饥民"幸福"吗？这取决于我们和非洲饥民之间对"幸福"的不同精神评价。我们很可能比非洲饥民幸福，因为我们的精神现象中对这些频繁出现在我们生命之中并有利于我们生命条件的现实必定会有一个客观的估价（包括我们对非洲饥民生命条件的评价与比较），但是，单单就“一美元”给我们带来的个别“幸福量”而言，便远不如非洲饥民，因为一美元能够“有利于”我们生命条件的程度、结果和意义不相同。在“我们”这里，一美元只能买一个苹果，而在非洲饥民那里，一美元相当于他们一天甚至数日的生活费。

乔纳森·海特（Jonathan Haidt）认为，在古代社会中，希腊是唯一出现公民自治和“社会自由”范畴的历史范例。这种特殊性营造出特殊的智慧观以及随之出现的幸福观。希腊社会强调基于公民自决之上的意识自由，也因此强调自我意识控制和意识独立的重要性。而“幸福”作为人们对自我生存环境与生存条件的主观评价，必然涉及人类心理结构中天然的量度和评测生存条件的机能问题。这使得关于“幸福”的观念不能立足于被外在必然性掣肘和主控的假设之上，而只能立足于人本身对自我生存环境和条件做出心理量度的基础之上。苏格拉底认为幸福就是个人与“美好”境界之间的任何选项。有一个“美好”的生活，使自身成为“更高尚”的人（higher patterns of being），就会幸福。在这里，幸福的认定和控握就有很大的弹性，在给定的自我生存位置和形而上的“美好”境界之间有无数的选择点，在任何一个选择点上人都可以声称得到幸福。换言之，只需比此时此刻稍微好一点，你便幸福了。有趣的是，以这个评断体系，幸福也具有类外赋的必然性。由于人们可以在这个无限广阔领域的任何一点都可以得到幸福，幸福便具有一个隐含的强制性。苏格拉底的本意大概在于强调人自主而非依照外赋必然性的推力获得幸福的可能性，但是过于宽泛的假设框架却导致了不约而同的结论。

从路德开始发轫的新教伦理中强调人的幸福取决于上帝的救赎，以神秘而不可知的外在庇佑力来应许的未来的奖赏。幸福不是此时甚至不是此生的。现在人的一切选择和作为都是为“最终”一次颁发的奖赏，即和耶稣基督一道复活永生，并在天堂享受永乐之境。人们只是为未来的一次性永恒颁赏而持续工作：人们必须坚持“正确的生活方式”，做“正确的事情”，必须不断阅读圣经并向上帝祷告，在内心深处保持对上帝固定而绝对的信仰忠诚。然而，讽刺的是，这恰恰是历史上“最自由”的幸福观之一。由于幸福是在最终的某一时刻（耶稣重临进行末日审判的时刻）的一次性颁赏，因此现世的一切工作都不能定义为幸福，这样就为世人如何看待、定义、判别以致如何从事这种工作，甚至不从事工作，留下空前大的天地。在这个天地里恰好可以放下苏格拉底的幸福论。如果人们不打算领取最终时刻的一次性永恒颁赏，他可以恣意而为，然后将这种恣意而为的自由抉择视作自己的所得即“幸福”。“如果这个世界上存在愉悦，而且我们只能在生活中享受愉悦，那么生活本身就是幸福。”大风流鬼卡沙诺瓦的这个命题没有改变幸福的欧洲式样释义本身，而是改变了人和幸福之间联动的样式。在这里，幸福既不是一种可以唾手可得的随意抉择，也不是在末日时刻必将到来的生命奖赏，而是一种需要认识和辨析的生命论证。幸福一定有，幸福在生活之中，你有机会却不一定现成地占有它。《独立宣言》中宣告人有“追求幸福”的权利，实际上是将这种幸福观以“美国方式”说得坦白，以致有点狰狞。原来人并非天然地配备幸福，也不可在自身位置和终极幸福之间的任何一点上渐进地占据，甚至不一定在生命的末极被必然地奖赏，而只是获得一种权利，人们运用这个权利去发现、论证和占有幸福。这就有点像取得开采金矿的许可证，怎样去开采，开采多少，要看你自己的本事，看你自己的运气。人必须付出特定的代价和生命成本，譬如劳作，努力，思索，探析，竞争甚至争夺，才能换取一定的幸福量作为报偿。而人完全有可能在付出所有的生命成本和人生代价之后却一无所得。这是沉重得发黑得幸福观。连麦克马洪也说这种追求幸福的方法和追踪一个逃犯毫无二致。

笔者时常在想，现代经济学大概是在这个欧洲系列幸福观的基础上发觞的。没有疑问，经济学的主要内容在于指出如何以“最佳”方式来获取“幸福”。现代经济学试图回答的问题主要有三个：（1）幸福的具体形态是什么；（2）这些幸福的具体形态如何以特定社会标准和尺度加以计量；（3）如何去最大限度获取不同形态的幸福，却又只付出最小的代价。在经济学中，幸福观显然得到一种飞跃般的形态革命。在经济学之外，“幸福”始终没有一个可以认识论来把握的具体规定和形貌，也缺乏与人的具体行为和社会实践直接运通和衔接的标度。也就是说，几千年来人们只能说明幸福是“什么样子”，却搞不清楚幸福到底是“什么东西”。在大多数时候，欧洲式的幸福观是把幸福本身定义为，在给定生活条件下对事物或事变的正向或“愉悦”的心理感受，以及这种现象或事变可能对生活进程的影响所作出的心理评价。但是，心理感受和心理评价既无法量度也无法精确传达，因此这种幸福观只能停留在纯粹主观认识的层面。生命奖赏论的幸福观略有不同，它为人们对照幸福提供了具体的外在标准，即现世的美德和善行系统。但是这种幸福观仍然无从计量，人们仍然无法精确测度“美德”和“善行”的含量，以及在生命的末日时刻所换取的等量的颁赏。这是作为哲学或道德伦理学范畴的幸福观最致命的局限。而经济学则另辟蹊径，一举解决了这部分（而非全部）难题，即幸福的具体形态和对之加以衡量的难题。经济学通过将幸福转型为可以技术手段量度和测评的特定形态，来说明幸福的含量，估算人们在取得这些特定含量的（且具有特定形态的）幸福时需要付出多大的生命成本。为此，人对幸福的渴望或欲望转换为“需求”的形态，人们可以占取的现实幸福转换为“产品”、“效用”或者“最大满足度”（maximum satisfaction）的形态，人们为追求幸福而付出的体能牺牲或“负效用”等生命代价转换为“成本”的形态，以此生命代价所换取的报酬转换为“收入”的形态，人们在特定时期内维持幸福的现实转换为“利益”的形态，某特定个人或（如厂商）获得超过其生命付出或个体牺牲之上的幸福报酬转换为“利润”的形态。在经过这一系列转换之后，幸福就是可以用计量方法来测得的具体的“量”了。当然经济学从事这一根本性测定的最终标准就是“价格”，亦即，在经济学里幸福是有价格的。如果幸福没有价格，我们就无法精确地衡量和测定，也就无从定义和把握幸福。如果我们在哲学和伦理学的工匠们建造的幸福花园里倘佯许久而仍有“雾里看花”的疑惑与不解，就一定要来到经济学的园地里。在这里，我们不仅被告知幸福到底是“什么样子”的，甚至获知幸福的价格。没有幸福在心灵的小溪里荡起的涟漪，没有幸福在长思的花园中散放的馨香，也没有幸福的誓言在我们的胸怀里激发的温煦，幸福在这里只有一个明确的，往往又是精准的价钱。

没有疑问，今日大多数人的幸福观就是这种经济学式的。在哲学看来这很荒唐，在伦理学看来这是悲剧。但是，在我们的时代里幸福就是有价的，幸福就是标价出卖和被收买的。一个认为“找一个好老公可以少奋斗三十年”的女大学生，为了给父亲治病要把自己嫁给出价最高者的姑娘，满街跑的三陪女，就是这种有价幸福时代的最佳脚注。在经济学以外的所有领域里，这都是“丑恶”的。但是在经济学里，这就是一个人在特定生存环境和给定的生命条件下所能采取的最合理、成本最小的获取幸福的方法。经济学正是通过将幸福概念转换为可标度的具体形态的方法，完全摧毁了对幸福概念采取特定道德态度的基点。在经济学里，幸福只有“合理”与“不合理”之分，没有“道德”与“不道德”之分。在经济学里，“不道德”是指那些致使人们付出与所获利益相比显得过大的成本，不以最佳方式或最小成本获取所得的方案，以及牺牲或减损他人福利来获取福利的方案（帕累托）。当然，经济学也是费了一番力气才让幸福和一切商品一样获取可计量，进而可交易的有价形态的。最初的边际效用理论是把“幸福”设定为人们获取特定效用之后的满足感。但是这种满足感却无法计量，因此后来者们又设计了一系列模型如无差别曲线和消费者替代理论，使满足感具有了可以计量的形态——“满足度”。

但是经济学又面临一个巨大的矛盾：在这个分析体系里，幸福被等同于“满足度”。这意味着“幸福”可能既是由一系列牢固而时序性的心理感知，以及对总体生活状况的持续性评价构成；也可能由一系列即兴性的，基于对外在世界与自身物质变换之结果的愉悦感构成。后者可以计量，而前者是无法计量的。这大概也是经济学试图在玩弄“幸福”概念时不得不采取的偷梁换柱的技法。而且，在这里可以被计量的不只是“满足度”而已，一切其他相关因素都同样可以计量。不仅利益可以计量，为获取收入而付出的牺牲和代价都同样可以计量。而利益本身只和为这种特定利益而付出的特定代价呈变量关系。譬如，一个妓女所获得的报酬只能和她为此而出卖身体的行为呈变量关系，而非和其他任何形式的利益或“幸福”呈变量关系。她为之而感到“幸福”的，只是她获得的报酬，而非任何其他形式的“满足度”。因此在经济学里，人似乎只能有特定形式的（譬如职业性质所决定的）幸福，而非“一般”的幸福。如果某人要获取“一般”意义上的幸福，即哲学和伦理学公认的“幸福感”，就必须回到心理层面上来，就是回到只可意会却不可计量的心理感受上来。人们所感到幸福的不是（或不主要地是）由职业付出而获取的收入，甚至不是由这些收入所能交换（或购买）的产品效用（或者满足感），而是这些产品或效用所导致的人格“自主”认同的确定感。亦即，幸福的根本涵义在于通过个人行为确认“自我”人格对于社会主体的独立性和自主性。人感到幸福快乐，是因为他（或她）深刻认识到自身的主体人格不被压迫，可以通过自身行为来确认并宣告对自我生活，进而对人格主体的支配权利。人们在职场大都不快乐，因为他们在这里都不“自主”，都有被支配和被压迫感。他们只有在花费职业带来的收入时才感到快乐，因为这时他们可以确认对自我人格的支配权利，通过自我人格相对任何社会力量的独立而确定自己“独一无二”。

幸福在这个意义上便是自我人格相对于社会体系的独立，以及个体在特定生命条件中进行充分选择的自由。一个姑娘将自身“标价”后嫁给出价最高的男人不大可能对婚姻本身感到“幸福”，对她来说婚姻本身是一种为获取“幸福”而付出的代价（一种生命成本）。但是如果她因这个婚姻而得到很多的钱，能给父亲治病，而且也能使自身的物质生活水准大为提升，那么她会感到“幸福”，因为她的自我人格在她获得为父亲治病的金钱能力时相对社会体系和给定的生命条件已经“独立”，同时她也能够作出多项旨在提高自身“满足度”的物质选择，譬如进行购物等。这时，她相对于社会体系的一般境况（譬如具有同样愿望却无法实现的其他姑娘们）而言，便是“独立”的，社会体系的一般境况已不再对她形成“压迫”。

这时的幸福方程式是：幸福 = 自由 = 选择。自由条件的最低也很可能最普泛的定义，即自由等于选择，而选择越多，幸福值也越大。例如，一个囚犯毫无选择，只能被“囚禁”。但是被从监狱释放者便“自由”了，因为他不仅不再被“囚禁”，而且可以做出在被囚禁期间不可能作出的选择，就比仍在监禁中的囚犯“幸福”了。这个方程式也产生一个难以克服的悖论：幸福多寡依赖选择范围的大小，而人性特征使得人们在面临选择时往往优柔寡断，因为他们害怕在众多可选项目内所选择的不是最好或最佳。因此选择的结果不仅不会让他们幸福，反而可能减损幸福值。因此人们在面对选择时往往放弃自主判断或认定的权利，而趋附于现成的社会“标准”，认为受到社会认可和赞赏的生活方式才是真正“幸福”的。

这里我们所理解的是一般生命条件所提供的选择范围的广泛性。但是在经济学里，就表现为产品和效用之间的相互替代效应。于是就产生品牌观念和所谓的品牌经济。人们认定特定的品牌才会引起社会和他人的注目、认可和赞许，从而使自己更愉悦、更“幸福”。品牌成为特定社会境界的凝结物，也就成为了社会成员自我期许和肯定、标示自我人格或人格主权的载体，并由此成为引发“幸福”感的启动点。人们认为这种名牌产品更能够彰显其人格价值，他们对自身人格价值的评价或估定，以名牌产品价格的形式物化为特别的外在形式和标度。在这里，人们所认定的“最大的幸福”，就是这种物化和外在标度化的人格价值，而非产品效用所带来的“满足感”或“满足度”。这让经济学本身的神圣定理产生始料未及的扭曲：人的幸福本应取决于他们因选择所得到的特定效用，但是人们的心理倾向却使得他们将引起社会认同和赞许作为首要，效用是用来支托这种心理倾向的。这样，人们所取得的“幸福”不主要取决于效用，而是取决于品牌。曾看到一个娱乐版报道，说香港一位以挥金如土、生活奢华而著称的女明星到一家专门店去买爱马仕名包，最后挑选了一个价值数十万港币的时装包满意而去。她满意的笑脸，恰好就是这种结合了经济学和哲学幸福感的经典写意。

一个爱马仕名包和一个百元提包的效用相等，都是装东西，价格却差数千倍。一辆现代汽车和一辆奔驰汽车也具有相等的效用，都是将某人某物从甲地运到乙地，但是后者要多出几乎十倍的价格。一辆丰田汽车冠以“凌志”（Lexus）的牌子，本田车冠以“艾鸠拉”（Acura）的牌子，日产汽车冠以“无限”（Infinite）的牌子，大众汽车冠以“奥迪”（Audi）的牌子，价格就要至少高出1万美元左右。这使我们对现代经济学视为神圣的根本律条产生深刻的怀疑：为什么人们要多支付数倍甚至数百倍的价格去购买相同的效用？为什么人们的实际消费不是以效用、而是以品牌为主要基准？当然，经济学家可以说，就一般或大致的情况来说，人们的消费是以效用为基准的。但是实际的情况是，在发达或充分竞争假设市场下，充分的选择条件使得人们的消费行为（和需求行为）不是以效用、而是以品牌为主要基准。张伯伦的垄断竞争学说试图弥补这方面的不足，说明厂商在设计和制造产品过程中，通过工序和产品性能的差异、对这种产品差异的公共宣告（如广告等）、以及对生产要素的优先性占有，造成自身产品与其他产品之间的区别，用以作为制订差异性价格的基础。据说，保加利亚某地的玫瑰花在夏天某日一定气温下，在早晨摘取，然后制作成的玫瑰精油价格极其昂贵；福建某地的“大红袍”茶树只有寥寥几十株，生长在人迹罕至的山崖边，由经过特殊训练的猴子去采摘，能卖出几万元一两的天价。按照张伯伦垄断竞争理论的解释所暗含的假设，这些产品的价格中已经含有“不同”或“更多”效用，即这些采取不同价格的产品和“其他产品”相比，由于工序等一系列因素的作用，会含有不同（更多或更高的）效用。价格的不同，反映的是“效用”的不同。但是，“大红袍”山茶和其他茶叶相比究竟有什么不同或更高的效用？爱马仕包和普通提包相比有什么不同的效用？奔驰车和现代车相比有什么不同的效用？根据美国消费者联盟的跟踪调查，价格最昂贵的奔驰车、美洲豹车等的可靠性

（reliability）最差，出现的毛病最多，花费的修理费更是惊人。这意味着奔驰车的“效用”不如价格仅为十分之一的现代汽车（韩国生产的现代汽车通常非常可靠，毛病很少，不大需要修理）。即使差异性价格反映不同的效用，但可以相差到十几倍甚至数百倍吗？张伯伦的理论显然无法直接解释这种现象。张伯伦只能解释市场供需结构中完全或充分竞争的均衡状态是不存在的，但是无法说明厂商制订这种差异性价格的基准为什么会为消费者所认同和接受，人们追随这种价格的心理基础和心理依据是什么。

经济学极力避免触及人的心理领域，这本无可厚非。如果触及心理或心灵，那么人的经济行为就将取决于心理动机而非市场动力。一旦触及心理领域，以价格均衡理论为基石的经济学就会失去立足之基。凯恩斯试图触及心理领域，并以此解释“有效需求不足”即均衡局面遭到破坏的局面，但也是限于宏观经济学的层次。而事实是，人的经济行为特别是消费行为（对产品价格的反应），受到心理因素和心理结构的重大影响。改革开放前的中国，人们的消费行为极大地取决于商品效用，“能用就好”，没有挑肥拣瘦的余地。但是市场机制建立后的中国，人们花费数万元去吃一顿年夜饭，父母为了给孩子买一双 NIKE 运动鞋要花费近一个月的工资。这是在特定的心理因素和心理结构推动下，而非纯粹追求效用的动力下做出的消费决策。这时的人们所追求的不是一顿饭或一双鞋子单纯的技术性效用，而是这特别的一顿饭和特别品牌鞋子所载负的心理意义：它们代表一种可以导致极大自我心理愉悦的社会物化标准，在这个标准上人们对自我人格主权，自我对社会体系的相对独立性变得非常明确，以致对自我价值和自我人格在社会格局中的定位，具有了强大信心与满意认可。如果不吃这顿饭或不买这双鞋子，那么他们心理所释出的信息是“我们吃不起这顿饭也买不起这双鞋子”，在这种负面心理信息下，就会对自我人格主权有不确定感，对自我人格价值与社会之间的独立性产生怀疑，对自我人格价值在社会格局中的地位便会感到不满意，因此便不会“幸福”。人们通过这种方式以取悦社会，得到社会的认同和赞许，期待通过购买特定品牌和特定形态产品，并以此“炫耀”自己收入的形式来明确或凸显自己在社会的定位。如果人们在这一系列消费行为程序中得出自己的确是某一特定社会阶层的归属感，认为自我努力和随之而来的自我人格禀赋的完善程度接近“理想”的社会标准，而且不会为之付出过大的生命成本，他们就会感到满意，感到“幸福”。

最近的科学实验甚至证明所谓幸福感以实在的生理方式存在：根据实验，在人为得到自己所期待的事物而兴奋时，其大脑中的前部皮质层（在人眼睛的正上方部位）电波异常地活跃。这就是说，不仅幸福在经济学中的具体形态，甚至幸福的心理感应度都是可以测量的。这大概是英国经济学家理查德·雷亚德（Richard Layard）敢于推出他那部《幸福：科学所教导的课程》一书的依据。笔者读到这本书时有些吃惊。这位伦敦经济与政治学院（LSE）的经济学教授，居然试图超越整个经济学阐释幸福的框架，而就其字面含义来解释幸福，这是相当冒险的尝试。几乎没有经济学家敢于公开提到“幸福”的字眼。经济学自认为是最有效探讨和追索幸福的工具，却不屑于谈起这个字眼。雷亚德在大部分时间里，是一个规规矩矩的教书匠，基本著述也都是教科书之类，他不会不知道这个经济学的禁忌。他也知道无法以经济学家的身份，无法以经济学的分析方法来直接地定义和探析幸福。他可能也知道在经济学里幸福必须被换算成各种可以计算和测度的量。但是他却很聪明地察觉到，经济学的这种做法有着巨大的弊端：（1）在经济学中，幸福被零星地附着在特定客观变量上，无法说明幸福在心理层面上的深刻反映，即人们关于幸福的一般的观念形式。在这里，幸福只能具有却无法感受。关于幸福的感受无从计量因此必须舍弃；（2）将幸福换算成可计量形态之后，幸福含义完全被量化，即可计量度越高，幸福也就越“大”，从而收入越高者越幸福，占有资源越多者越幸福，敢于以收入换取尽量多商品和效用者也就是敢于花费者越幸福。[①]从经济学中推出这种令人沮丧的资产阶级式结论也许并非完全是经济学之过，但无可否认地这是经济学式幸福观的致命弱项。此书的本意，好像是为了给身陷这种困境的经济学解围，证明经济学的幸福观和历史性的幸福观相距没有那么远，经济学的幸福观也并不完全是资产阶级式的。

雷亚德可能对经济学试图以科学姿态给幸福以最终端的解释、却又不屑于言及“幸福”的犹抱琵琶半遮面的虚伪态度甚为不耐，跳出来要直截了当地把幸福摆在桌面上。他很聪明地以“科学”角度、而非仅从经济学角度来解释幸福。他力图说明，富裕或拥有更多金钱并不能让人幸福。现

---

① Richard Layard. Happiness: Lesson from a New Science. Penguin Co., New York, 2011, pp. 7 ~12.

在的美国人比 20 世纪 70 年代富裕两倍，却没有 70 年代的人感觉“幸福”；现在的日本人比 50 年代富裕六倍，也没有那时的人“幸福”。他把这种现象比喻为“快乐的走步机”（hedonic treadmill）现象，你走得越快，走步机也转得越快，而你还是身在原地。你收入越高，对生活的期待也越高，从而关于幸福的主观标准和定义也随之“向上”升，你的幸福量也无法增加。在这里，雷亚德是从心理学角度来解释幸福感现象，也就是回到了古典幸福观的原点，即幸福是一种人类心理现象，是人对自身生活条件、周围生活环境、社会普遍的生活基准进行评定从而确定自身在这些条件里的地位的结果，也是在当时的社会条件之下对自身生活质量的评价，即是对自身生活状况和现成社会环境以及由这种环境所提供的社会生活基准进行比对而得出的结论。当然，在雷亚德那里，幸福也不仅是单纯的心理感受，它必须和收入或拥有的金钱保持一定的变量关系，只是幸福对收入增加几乎没有弹性效应。他在这里巧妙地弥合了经济学与哲学幸福观之间的一些根本性裂缝。幸福仍然可以经济学的方法去探索和测量，只是它和哲学的幸福观是一体两面：一面只能意会和感觉，但确是真实的，甚至可以测出它的脑电波；而另一面可以触摸和直接量度。幸福是一种和外在经济量保持函数关系的心理现象。作为心理感受和作为经济量的幸福都是可以测量的。但是，这里雷亚德的说明却露出破绽：（1）可测量的心理感受和可测量的经济量之间没有可变换性；（2）二者的可量度性所得出的结论相互矛盾。在前者，即作为心理度的幸福有明确的刚性，幸福量不会因为幸福因子的增加而增加。而后者，即单纯作为经济量的幸福却和幸福因子呈高度弹性关系，幸福因子越大，幸福量也越多。按照前者，你的收入越高，金钱越多，不一定能够有等量的幸福。按照后者，收入越高金钱越多，幸福也就越多，你若没有收入没有金钱，你就连一点幸福都没有。

我们假设两个人，一人收入很高，经常到海滩度假，躺在椰影婆娑、海风习习、蓝海白沙的海滩惬意无比。这时的他当然幸福，而这个幸福和他为之而付出的代价（为高级海滩度假别墅而付出的高昂价格）是呈正比的。而另一个人没有那么高的收入，无法到高级海滩别墅度假，他便在自家后院晒太阳，这时风和日丽，身边有冰镇的啤酒，几个可爱的孩子欢乐地嬉闹。此刻的他也非常惬意，深感幸福。他感到这个幸福时没有付出什么代价（手边的啤酒除外）。这两个人的幸福显然有形态上的不同：前者的幸福是经济学式的，采取明确的经济量的形式，为入住这个豪华的海滩别墅而付出的代价在账单上有明确数字。而后者的幸福是哲学或心理学式的，只能以这个人当时的心境、感受、对生活情境和生活现状的认知，甚至当时独特的环境因素（风和日丽，孩子们也兴高采烈）来形成。后者不可能有前者的“海滩幸福”，因为他可能付不出这种幸福所要求的价格。而前者也不大可能有后者的幸福，因为在他看来，幸福不应该比“海滩幸福”这种社会基准更低。任何低于这个基准的，在他看来根本算不上幸福。因此即使他和后者一样躺在自家的后院里，也不会感到幸福。而这意味着“这一类”的幸福只能以相应的价格来购买。任何不需付出价格的所谓幸福，在他看来，可以是任何其他东西，却不是幸福。他会看着后者的背影说：“奇怪！躺在自家后院他也会感到幸福，真是不可思议！”然而，后者的幸福感是确实的。他当然也知道在海滩很不错，但是他可能觉得那“不值得”。如果在自家后院晒太阳却不需付出分文也确实快乐，他便深刻怀疑花很多钱去购买“海滩幸福”这种选择的“合理性”。在他看来，花费高昂的“海滩幸福”是“不合理”的，那么对他来说“海滩幸福”也就不是幸福。

在这里我们发现，幸福与否的真实评定及其内在涵义必须结合经济学和哲学心理学二者的方法，否则不可能给幸福观带来真正具有说服力的解释。“海滩幸福”者是典型的经济学式幸福的代表。在他那里，幸福的任何构成要素都有明确的价格标示，以及由这种价格标示来传达的关于幸福的公认社会基准。但是这种关于幸福的“公认社会基准”却不是完全经济学式的。因为海滩自然形态和自然风貌以及这些形态风貌所引发的心理感应是文化的，只是这种文化的心理感应必须以价格形式来获取而已。他可以同样的价格去支付水费电费，而水费电费的价格不是“幸福”。他知道，“海滩幸福”只能由海滩的自然形态和风貌以及文化心理感应来提供，他只是为了获取这个幸福付出了价格而已。在他看来，这个价格和任何其他形式的代价，譬如为了看美景而走很长山路的疲惫，并无差别。那个“后院幸福”者的幸福是哲学和心理学式的。他的幸福因为没有付出什么经济代价，无法以经济量的标准来加以衡量，因此不算是经济学的。但是，他之所以选择这种幸福并“乐在其中”，可能是因为他付不出“海滩幸福”所必需的代价，而且在他看来“海滩幸福”在经济学角度是“不合理”的。因此，他的“后院幸福”显然是在这种经济学认知基础之上的，而且在经济学角度来看是“合理”的选择。最后这两个人殊途同归：他们关于幸福的观念，他们所获幸福的实在内涵，都结合了经济学和哲学心理学的内容，都必需以这二者的方法来加以比照、审视和量度；离开了任何一个，他们的幸福观都得不到完整而“合理”的解释。

那位港星在购买爱马仕包时的幸福感，来自对它可能和自身禀赋（譬如自身的美貌和气质）所结合而产生的令人满意境界的愉悦，以及她能够通过这种购买达成的对自我人格禀赋相对社会体系的独立。她相信自己的个人禀赋与提包搭配所产生的境界，是他人所不能及的。所以她买这个包一定比她在地摊上买一件普通的提包（如果她会去买的话）更觉快乐，这意味着她确实以较高的成本占取了较高的幸福。但是，她比那些普通工薪女子在地摊上买到一个式样新颖、质量不错、价格却便宜许多的提包所获得的幸福感更大吗？有人说未必，但也有人说可能。说未必，是因为同样快乐的两位女子的内心愉悦的确不可以数学方式比较。说可能，是因为那个普通女子一定有更高的心理预期，认为爱马仕包会比地摊上的提包带来更大的幸福，而女明星却不会反之亦然。爱马仕作为所谓世界顶级的提包，女明星很少有进一步预期的余地，从主观上认定世界上任何其他的提包都比不上这个包所能带来的幸福。在这个意义上，她的确可能占有了就提包来说所能提供的最大限度的幸福。这是雷亚德试图证明、却又掉入的两难陷阱：幸福可能的确可以明确计量，经济学的资产阶级定义依旧成立。然而幸福作为一种心理感受或心理印迹，却无法进行“一般”的多重比较，因此我们无法得出某人在某一特别给定的生命条件下所作出的选择是否取得幸福并取得多少幸福的真切结论。据说中国已经成为许多欧洲奢侈品销售增长最快的国家。一篇报道说上海一些工资收入有限的白领丽人去买一件 LV 包（又是一个世界顶级提包），然后接下来的几个月内都要吃咸菜啃馒头挤公车。她们在占取这个提包时可能也获得很高量级的幸福，但是由于在后期为此而付出高代价而遭受的不愉悦和不舒适，却可能迅速消蚀或抵消已有的幸福量。而这种情形不大可能发生在那个多金的港星身上。这也支持了关于幸福的经济学定义，即幸福是可以计量的，而且收入越高金钱越多便可能获取更多的幸福。但幸福与否的心理定义确实是不可计量的，因为这些女子们吃咸菜啃馒头的“不愉悦度”不可计量。

经济学的幸福观和哲学心理学的幸福观之间的相互融合，才能将人类心理中两个相互矛盾的倾向结合在一起：人类心理希望维持并凸显自身人格与社会体系之间的距离或者相对独立性，并借此确认对自我人格的主导权利，人人都希望甚或确认自己是“独一无二”的。人类的幸福观必须建立在这种确认自我人格“独一无二”的心理基础之上。亦即，人只有在确认自身人格独一无二且相对社会体系已经取得独立，自身意识自由得到充分伸张时才会感到幸福。如果人不认为自己独一无二，在社会体系所提供的现成生活基准模式中没有独特的自我表征，因此也不确认自我人格相对社会体系已经独立，便会将自我持续“锁定”在社会体系的生活基准内，无法得到自我意识的独立和自由，便不会感到幸福。但是，人们取得这种具有相对社会体系独立形成的人格自由（或幸福的基本元素）的途径，则是必须在社会体系之内。人们只有通过社会体系现成提供的客观可能性来达成这种意识独立、意识自由或者“幸福”。这意味着人的这种努力必须获得社会体系的认可和赞许，必须持续不断地取悦社会体系，必须不断注视自身努力在社会体系提供的基准看来如何与众不同。这是经济学式幸福观的主要内容，这又意味着人的意识在根本的社会体系基准看来并没有完整地独立，人们争取的实际上并不是独立于社会体系提供的基准，而只是“高于”这个基准。很少有人会在全面地反叛、无视、践踏和对抗社会体系提供的基准时感到“幸福”。经济学的幸福观和哲学心理学的幸福观之间这种微妙的意识混合，才能使人们取得完整的“幸福感”。换言之，人们一方面认为自己已经取得相对社会体系的意识自由和人格独立，另一方面又将这种确定感建立在符合现有社会体系基准的先决条件之上。这就使得完整意义上的幸福观成为广义社会道德意识秩序的组成部分。这种广义社会道德意识秩序要求人们取得关于自身人格与意识独立和自由的心理确定感，而同时使人们将取得这种确定感的途径紧紧框定在社会现成的基准范围内，保证人们只是在意识上独立，而非从社会基准上独立。人们取得这种意识独立的途径只能是经济学的，因为所谓社会体系所提供的基准时常都有明确的量度（譬如价格）标准。

然而，我们在经济学领地和哲学心理学领地里观察到的“幸福”都可能不是幸福的真况。在经济学里，幸福可以量度，以价格为单位。然而“幸福”本身却是完全的心理或精神现象。在经济学里我们只是大约地丈量幸福的形貌和幅度而已，却完全不能定义幸福的构成和要素。就像我们买一件东西，其标价是“东西”的价格，却不是这个“东西”构成元素的价格。而在哲学和心理学领地里，我们只看到关于幸福内涵的描述，却无法确定幸福和给定生命条件之间种种互动关系的确切外在形式，因此不能说明在特定的生命条件下幸福所采取的特殊形式如何决定幸福含义本身这样一个重大的问题。

也因此，我们永远都会持续地问这样一个问题："幸福在哪里?"

第 十 一 章

经济行为和心理动机：游走在“合理性”和人性之间

笔者在本书第十章和第十一章中着意探讨的，实质上是一个非常重要却又广被经济学家和其他社会科学家所忽略的问题，即经济学和社会科学之间的相互关系问题，以及作为描述人的经济行为和经济决策的经济学与人性或人的本质之间的关系问题。在本书中笔者曾不厌其详地论及了现代经济学最重要的形态革命，即科学方法论体系化以来经济学和社会科学其他学科之间发生的疏离。这种形态革命使得经济学不得不对自身功能和目标做一些深刻甚至根本性的调整，从探讨人的社会生活中经济和商业领域行为动机与特征，以及其对社会局面的作用与影响，转化为分析人们对特定外在条件（譬如价格条件）的反应如何影响其经济和商业决定，并且对基本经济条件（譬如均衡条件），而非对整个社会局面，有何种作用与影响。

这种以人们对外在给定条件做出合理反应为出发点的科学式分析方法，必然会否定社会科学（也包括古典政治经济学）最通常的分析枢纽，即对人的基本生存条件，人的本质，人性本质以及相应的人类精神结构对人类行为（也包括人的经济和商业行为）影响力的关注。在现代经济学中，倒不能完全说彻底抛弃了对人的本质或人性本质的关注，而只能说这种代表社会科学体系最深刻内涵的方法论特征潜化为经济学的假设体系之一。在现代经济学中，人的确是以其人性本质的深刻驱动力来行动并做出相关决定（包括经济和商业决定）的，但是这种行动只是简单地表现为对特定外在条件的反应，特别是对价格条件的反应，人性本质因素不是直接地而是通过对外在（价格）条件做出“合理”反应的形式发挥作用。这是经济学的方法论体系“科学体系化”之后的必然归宿。因为人的行为直接反应人性本质或人的精神结构，便无法以科学方法，特别是数学方法进行计量的考察。如果这种行为没有了“合理”或者在科学方法论上“必然”的性质，便无法使经济局面呈现物理式的平衡或均衡局面，现代经济学的根本基础就不再成立。本书第十章和第十一章中，着重探讨现代经济学的方法论革命所体现出的这种意味深长的特征：现代经济学的方法论革命的根本表征在于，忽略或者不计人性本质的因素——这也算是它对社会人文科学体系的最重大的背离。

笔者特别加以关注的是：(1) 经济学的核心概念，譬如市场、价格条件和均衡等，所含有的非纯粹经济方面的含义，或者其中历史和文化的含义；(2) 人们的经济决定在何种情境和给定条件之下，会直接——而非间接地或通过对价格条件的“合理”反应的形式——表现出人性或人性本质的特征，而且直接反应特定条件之下人类精神意识结构的功能。“幸福”或“追求幸福”等非纯粹经济学概念领域中，经济学和哲学、人类心理学之间的纠结及其探讨，正是这种尝试之一。

经济学中最重要的范畴之一就是人的经济行为或经济决定，虽然这个范畴无法以特定计量群的形式表达。这些在现代经济学体系看来纯粹是对外在价格条件的“合理”反应的行为，实际上都包含了与社会生活现实局面、社会生活条件、社会文化体系密切相关的，并且是复杂多样的人类精神与意识活动因素，也深刻地反应了人性本质的结构内涵。人们做出任何经济决定，都会受到这些社会或社会文化总体条件的局限与影响。美国人的平均储蓄率低于零，而中国人的平均储蓄率可高达 50%，差异如此巨大。这两个不同国度的居民，可以采取如此迥异的“经济活动”形式和“经济决定”，不能简单地以“对价格条件的反应”来概括。两种全然不同的经济活动或经济决定的形式，反应了不同社会或社会文化总体条件对民众行为的局限和影响，反应了两国民众在各自社会文化条件和经济活动局面总体模式下不同的精神意识结构和心理状态，以及其对日常经济决定的影响。在美国也有民众努力储蓄，在中国也有民众热衷消费，而这些民众的经济决定与社会绝大多数成员经济决定模式之间的差异，也表现了其特殊的精神意识与心理结构动能之间的差异。有些人花费几乎所有的收入来进行一些奇怪的收藏，或者进行一些他人觉得不可思议的消费或经济活动。这些经济行为或经济决定不能也不应该以“对价格条件的反应”这类单纯的现代经济学定义来解释。这些经济活动反应的是这些人特殊的精神意识结构所决定的心理动机或心理动能。在哲学和文化学的层面上，我们将之定义为“人性本质决定论”，即由深刻精神意识结构所驱使的心理运动如何对社会总体境况和条件做出反应，如何在自身与社会条件之间的相互关系范围内对自身生存状况进行评量和预期，并采取旨在改变或调节自身生存状况的种种行动与决定。现代经济学如果意欲持续留在社会人文科学的领域，持续作为社会人文科学体系的一部分，就必须严肃地面对“人性本质”对于经济行为、经济决定、经济变量的重大影响。

现代经济学最大的缺陷之一，就是在于它几乎一劳永逸地将“人性本质”，或人类精神意识结构及其相应心理动能的因素，排除在商业行为和经济决定领域之外，而将这些活动和决定完全地归结为对外在价格条件的被动性甚至机械性反应，将人们社会经济和商业活动描述为追求价格条件之下供需均衡的类自然的活动。在局部均衡理论和一般均衡理论滥觞时期之后，现代经济学领域中出现过很多次修正运动，证明这种貌似纯美的公式和模型并不存在任何可以把握和模塑的现实意义，现实的经济活动并非主要地以均衡境界作为归结。

但是这些理论都完全忽略了均衡模式之所以不可能具备现实意义或者具有可以把握的现实形式的根本缘由，即完全忽略了一个根本的问题：人类的经济活动或经济决定，作为广义社会活动的一部分，必然受到人类精神意识结构及其相关心理动能力量的驱使。这些活动并不主要地是对外在价格条件的被动性或机械性的反应行为，而主要地是在特定精神意识结构下心理动能所推动的自主的人类社会行为。它是广义人类社会行为或社会文化行为的一部分，也必然表现人类在社会活动的其他领域中也同样表现出的人性本质特征。垄断竞争理论或不完全竞争理论对均衡理论的实证，也完全回避了人类精神意识因素和人性本质在经济活动与经济决定中所发挥的作用，而单单将均衡条件不能恒定确立的原因归结为一系列外在条件，譬如对生产要素和资源的优先性占有，生产过程中进行调整的独特性所导致的产品差异，在宣传中产品特殊性的强调对购买决定的影响等等。我们在后边将要重点论及的宏观经济学实际上也是对微观经济学均衡假设体系的否定，其中特别提到了人的心理因素对经济决定的影响，譬如凯恩斯的三大心理定理，如何会使均衡局面变得缺乏意义。不过，在微观经济学领域里，回避人类精神意识结构因素以及人性本质的影响，仍是具有代表性的现象。现代经济学（当然我们在这里仍旧是强调微观经济学）树立的科学方法论体系的核心，就是将人的经济行为转化为类似自然律的因果活动，不仅对外在推动力或作用力产生准确一定的“合理”反应，也表现出可以规范和量度的数量形式，因此必然将人性本质和人类精神意识活动的因素当做“假设不存在”而可以舍弃的项目。而笔者在这里要重点考察的正是这一点。当然已经在前两章中也持续地探讨了这个重大问题。

现代微观经济学的均衡体系中，人的经济行为（价格条件下的“合理”反应）的特点，必须在其反应的涵义以及行为的内容上都必须是“合理”的。这种“合理性”都必须具有类自然或类物理学的精确、一律，以及和其生存或存在状况与需要条件完全相符合的数量形式。换言之，人对价格条件的“合理”（以及“精确的”）反应，必须建立在完全适应自身生存状况与需要条件特别是物质效用的精确计算的基础上。人们的经济行为必须完全而持续地遵循对物质效用进行数量估计并审视“符合自身生存状况”内容的要求：他所购买的物品或劳务既不能低于，也不能高于，而是完全精确地符合自身生存状况的要求。如果他一天需要半公斤面粉，半公斤大米，半公斤牛奶，半公斤猪肉，半公斤蔬菜，200 克盐，而且这是“完全”符合其生存状况之要求的精确条件，那么他只能买这么多，不应该更少，也不应该更多。然而，他往往是买得更多，或者买得更少，很少只购买“完全精确”并适合其“自身生存状况所需要”的“量”。他采取这些不符合自身生存状况需要的经济决定，是因为价格条件的变动。在某一类食品价格降低时多买些，价格上升时少买些。这并不奇怪。但是，我们必须记住，人们生存状况的需要并不仅仅由一类产品，而是由许多类产品组成。人们既需要这些食物，也需要杂货，服装，家具和其他家庭用品。人们并不是只做出一个，而是要在不同类型的产品中做出多种不同的选择。按照现代经济学的假设，人们必须在所有这些领域中都遵循完全合理、精确，以及符合自身生存状况要求的数量原理，并采取相应经济选择或决定（譬如消费者替代）。而这在现实经济生活中是不可能的，因为这类在日常生活中全面采取合理精确和数量原理的经济决定，无法克服一个基本的却简单的技术困境：人们并不“确切”地知道自己到底需要什么、需要多少，无法以具有自然精度的数学量判断自己对这些产品的需求，并在此基础上采取“合理”的购物决定。

因此，在人们面对一系列不同的产品组合时，必须做出综合的选择，而这些选择远远超出消费者替代原理的范围。因为他的选择不仅是建立在对各种产品价格条件反应的基础上，也必须建立在对自身生存状况的需求进行具有意识内容的审视和心理估价的基础上，亦即，建立在其人性本质所驱动的基础之上。他的商品组合以及其对收入的分配受到心理力量的影响，也受到社会文化体系内含准则的制约。我们往往看到收入不高的家庭将大部分收入用在消费上，其产品购买量大大地超出其“完全合理与精确的”生存状况的需要，而收入很高的家庭却非常“朴素”，其产品的购买量可能低于其“合理”的需要。有的人在大部分产品领域中采取符合“精确”和“合理”原理的决定，却在有些产品领域中却采取相反的决定。有的人对购买食物很谨慎，却热衷于购买各种漂亮的服装；有的人购买食品和服装都很“合理”，却非常喜欢豪华汽车；有的人购买的食品、服装和汽车都“合理”，却是一个旅游探险狂；有的人合理地购买食品、服装和汽车，也不热衷旅游探险，却喜欢收集古董和名画；有的人对这些都不感兴趣，却热衷赌博；也有的人对这些同样不感兴趣，却非常热心公益，将自己有限的收入捐献给慈善机构。也就是说，绝大多数人的日常经济决定，不可能在所有领域中都完全“精确”、“合理”地符合真实生存状况要求的原则。很简单，人们的精神意识结构所驱动的心理动机不同，在社会文化体系范围内对生存状况内容的精神认知不同，对自身人性本质和社会总体条件之间的相互关系形式的评量不同，或者在当时所处的社会文化总体价值体系框架下所形成的文化心理，以及由此导引的生活态度和相应的经济决定也不同。现代微观经济学关于人们的需求及其相关的经济行为“合理性”的假定没有明确的轮廓，却是它最重要的暗含前提之一。而在现实中，人们大多数的经济行为都不符合经济学“合理”性的假设条件。

在现代社会中，人们绝不是一个个毫无差别的消费和购买机器——在特别给定的价格信号下做出机器般精确一律又毫无差别的反应行为，这些行为又造成可以用现成数量标准来精确衡量的无差别结果。每一个人都具有不同的心理状态，即使在社会文化价值总体框架之下，他们所受到影响的程度、愿意跟随这些价值体系的愿望程度、对这些价值体系加以自我解释的内容都不同，而这些差异会明确地反应在他们的经济决定上。每一个人都会在当代社会（特别是现代化社会）中取得符合自我文化价值取向和文化认同的生活习惯和文化偏好，并以此为根据来做出经济和商业决定，分配自己的收入。人们在满足这些在现代社会中形成的特定生活习惯和文化偏好时，往往不遵守“合理”“精确”的微观经济学假设体系的原则。如果一个人喜欢读书，那么他在购买书籍时往往不大考虑书本的价格；如果一个人喜欢收集古董，那么他为了得到自己所喜欢的一件古物，会不考虑价格是否“合理”；如果一个女子喜欢一件漂亮和款式新颖的衣服，她往往不特别在意这件衣服的价格；如果一个人酷爱旅游，那么他会把很大一部分收入都用在周游世界上；有的人对生活质量和水准有着全新的自我解释，或者超量消费，或者消费严重不足。因此，在微观经济学假设体系中关于“单个人”独立的经济决定以及其与价格水平之间的相互作用关系形式是非常不完整的。它既不能完整地说明某人的经济商业决定是否完全“合理”，甚至也无法解释在这种相互作用关系下所形成的价格水平是否完全“合理”。个人的消费行为或经济商业决定，应该视作“社会成员”在特定社会文化价值体系总框架下，按照其特别的社会文化心理状态，按照他们对社会文化价值体系的自我解释所做出的社会行为。

笔者曾在第十章中讨论到为何人们对特定品牌的商品做出特殊的反应，并指出不能以垄断竞争或不完全竞争理论来解释，因为这一理论只能说明厂商如何通过各种形式形成价格差异，却不能说明消费者接受和追随这些价格的依据，特别是其心理依据是什么。要让消费者接受特定厂商的特别产品及其特殊的价格，就必须使消费者对这些产品产生特殊的心理反应以及心理依附，而这些反应又必然超出该产品纯粹的效用范围。亦即，消费者选择特殊产品的心理基础并不是这些产品的实际效用，而是它们所包含的超越其实际效用的文化含义。人们为什么在一辆 2 万美元左右的汽车和价格数倍于此的汽车之间做出选择，不仅考虑到汽车的效用（一般来说汽车的实际效用大体相等，都是将某人某物从甲地运至乙地），更考虑到不同款式汽车超越其实际效用的文化含义方面。如果他喜欢价格昂贵的汽车的款式，那么在这里影响他做出决定的就必然有特别的文化审美成分。如果他喜欢昂贵的汽车是因为能显示其“社会地位”，那么在这里影响其经济决定的更有他寻找自身在社会体系中的自我定位的社会意识。许多人坚持购买国产车，那么他们的经济决定中就有“爱国”的政治文化意识的成分。人们对大多所谓名牌产品的态度，更能表现出和微观经济学的“合理”与“精确”经济选择行为假设毫无关联的文化态度或文化心理动机。

一个法国名牌时装提包的价格几乎和一辆汽车相等，一个女人一生也许只能穿几次的欧洲名牌晚礼服的价格可以买到一栋房屋，一个瑞士名牌手表的价格可以抵上一个劳工一年的总收入，一两纯普洱茶的价格高到吓人，一株兰花的价格居然可以达到六七位数。价值连城的珠宝首饰基本没有和“生存状况和生存条件”直接相关的物质效用，一个黄金外壳镶满钻石的手机，其物质效用和一个普通手机毫无二致。但是人们却花费大量金钱去购买它们，然后很少佩戴或“使用”，大都收藏起来。2007 年 12 月在第二届国际奢侈品展览会上，有商家推出每人 99000 元的“世界华筵”，除了“鲍参翅燕”外，还包括全球一切珍稀的“飞潜动植”，并且专门为参席者配备了价值高达 2000 万元的唐代皇家镂金餐具。据说报名者踊跃。商家强调，华筵用的是顶级材料，提供的是至尊服务，因此每人近 10 万元的收费是“合理”的。显然，和这些名牌或品牌商品，以及服务相关的经济或商业决定，与这些产品的实际物质效用完全脱节，既无法以均衡理论中的“合理”假设来解释，也无法以垄断竞争理论中厂商行为的角度来解释。这些消费决定或经济商业决定，几乎完全是出于特别的社会文化价值体系的总框架下人们对商品所采取的超越其纯粹效用之上的涵义之心理认知和文化判断，出于对自身在社会体系或社会格局中之定位的关切，出于对自我人格在这些产品衬托之下所可能发生令人愉悦的提升的心理期许。

这些产品之所以被购买，并不是因为它们作为特定要素或资源的“稀缺性”，更不是因为这些产品的物质效用对购买者的生存条件或生存状况产生重大的作用，而是因为购买者对这些产品和效用与自身生存状况和生存条件之间相互关系形式做了独特的自我文化心理诠释，认为这些产品能够使自己更“高贵”，能提高自己的“身份”，能够和社会体系之间保持更具优越性的联系。这就对经济学，特别是微观经济学及其作为其支柱的价格均衡理论提出了非常严峻的挑战。这个挑战的内容并不在于消费者或需求者是否随从市场“给定”的价格，而在于消费者或需求者并不随从价格信号来调整消费或需求量。这些消费行为也不是根据给定市场条件下对自身真实需求的“合理”估计，因此这些市场价格也通常不会根据需求量而调整，通常都具有明显的刚性。这些消费者或需求者的经济决定（消费或购买决定）不是出自对自身“真实”而“合理”需求的精确估价，而是出于对自我社会定位、取悦社会体系、以及期许自我人格内涵得以提升的心理动机。而厂商生产这些产品不仅是由于对生产过程和工艺过程的先发性调整，或者在某种生产要素和资源配置上占有优势地位，从而可以制订差异性价格，而且是因为显示这些产品“特殊性”及其外在标志（譬如品牌）可以对消费者或需求者引发上述的心理效应，致使消费者在超越其真实合理需求和忽视价格市场信号的情况下，做出购买这些产品的决定。

意大利菲亚特汽车公司的少东曾因为吸毒而被家族逐出管理层，后来他推出一种完全由手工精细制作、采用特殊塑胶材料的太阳镜，结果销售情况非常好。这种太阳镜每副近 2000 美元，是一般的太阳镜价格的 200 倍。这种太阳镜能卖出这个价格，并不是因为它使用的材料或所花费的劳动成本比其他普通太阳镜多了 200 倍，而是因为购买者认为这种太阳镜非常“高贵”，非常“时髦”，且能显示“不凡的品味”，因此也能显示自身的“社会地位”。著名的女性手提包厂家法国的爱马仕（Hermes），产品价值通常在数万美元左右，在下了订单数年后才能拿到货。这些手提包以手工缝制，从皮革选材到最后成品完全由同一个工匠负责，使得“爱马仕”提包能卖到令人乍舌的高价。这些人购买这种太阳镜和手提包的动机几乎和市场价格机制毫无关系。现代经济学的“合理”假设之所以不能成立的技术条件之一，乃是因为人们对物质效用与自身生存状况和生存条件之间的相关性有非常不同的估计；而之所以有“非常不同的估计”，又是因为人们对自身人格价值和社会体系之间相互关系，以及对个人和社会体系（包括社会总体文化价值体系）维持附属关系所需要付出的代价有不同的估计。而这种“不同估计”的基础，是人们的精神文化结构对社会体系的价值内涵进行的心理诠释。许多人对物质效用的追求可能建立在“合理”的基础上，亦即建立在对生存条件和生存状况的社会文化标准进行非常“狭义”的解释的基础上。在这个基础之上，人们做出经济决定（消费或购买决定）的动力和程序与微观经济学的假设相同，即在价格条件（或价格信号）下做出“合理”的反应，价格上升时少购买些，价格降低时多购买些，或者根据价格条件进行产品替代。但是许多人的经济决定完全相反，他们即使在很多情况下遵循价格条件下“合理”的原则，但是在特定时刻，在特定心理动机下，在特定的产品和劳务领域中却反其道而行之。每一个人在一生中都经常会做出这一类在经济学看来“不合理”的经济决定。

经济学在“科学化”之后对自身的领地做了重大的调整：它必须和“科学”一样，从事观察，分析，表述和解释，而不是对经济社会和经济活动制订法则，提出忠言和进行监导。而经济学一旦采取这样的认定，就必然采取和其他社会科学部门非常不同的态度：固执地标榜理性，顽固地抛弃和人类智慧相关的精神活动的意义，将社会问题和社会议程类自然化。其最显著的标志之一是对“人性”或人类文化心理状态和社会文化价值体系之间的组合所导致的人类精神—心理动机因素的否定。与此相关，衍生出的假定则为：人的经济或商业决定不是在人类文化心理动机之下做出，而是外在性单纯价格反应的结果；人们对价格的反应也有类自然的“合理”程式。这种假设现在遭到越来越多的怀疑。人的经济行为和商业决定出自人类文化心理动机，反映人性本质特征的事实已经得到充分的证明。但是，除了上边提到的人们在做出购买决定时所表现出的人类文化心理因素之外，我们需要进一步探讨的是，人类文化心理因素及由此引发的心理动机，会在社会生活领域内造成何种结果，而这些结果的经济成本和收益如何。

美国经济学家斯蒂芬·列维特试图在一系列常见的社会现象中去发现其中的经济成本—收益关系。他的研究题目包括：如果街头毒贩赚那么多钱，为什么他们还和老妈住在一起？对儿童来说，游泳池和枪支哪个更危险？为什么过去十年犯罪率大幅下降，警察逮捕人数反而上升？堕胎和犯罪率之间有什么关系？为什么黑人经常给自己的孩子起一些怪怪的名字，以致他们长大后连工作都不好找？学校的老师是否作弊，以提高班级的成绩表现？日本的相扑运动是否腐败？酒后开车有多危险？汽车安全带和安全气囊哪个更有用？这些问题通常很难被学院经济学家严肃地视为“经济学”的研究议题，但是在这些现象中却牵扯着种种经济成本—收益关系，也反应了人类文化心理动机及其相应的社会行为所造成的经济后果：美国的犯罪率自1990年以来降低了近50%，在列维特看来这和20世纪70年代以来美国堕胎率的提高有密切的相关性。那些堕胎者大多为贫穷、单身、年少或黑人女性。而这些妇女所生的孩子比其他正常家庭的孩子更有可能成为罪犯。既然这些孩子没有生下来，就少了许多潜在的罪犯，犯罪率也因此下降。美国各大公司乐意雇用而且能得到提升的黑人都有很“白人化”的名字，如迈克尔（Michael）、提摩西（Timothy）、斯蒂夫（Steve）、杰夫（Jeff）、尼尔（Neil）等，而那些有很怪名字的黑人，往往一开始就不被录用。但是黑人还是很喜欢给自己的孩子起一些怪怪的名字，如美国篮球运动员夏基·奥尼尔（Shaqille O’Neil，中文昵称“奥胖”）、安图安·韦德（Antwan Wade）、勒布仑·詹姆斯（LeBron James），女歌手碧昂丝（Beyonce Byers）、拉基霞（LaKeasha Burker）、肖香娜（Shoashanna Johnson），甚至美国女国务卿康朵丽莎·赖斯（Condoliza Rice）等。另一个崇拜列维特的美国黑人经济学家 D. 罗兰（D. Rowland）曾发表一篇文章，认为黑人社区存在的许多问题应追溯到欧洲殖民者贩卖黑奴时代。在殖民者运输黑奴来到美洲的漫长而痛苦的航程中，大多数黑奴因为饥饿、疾病和恶劣的船上环境而死去。而其余少数人能幸存下来，是拜赐于这些人身体中特殊的遗传基因——他们身上有较高的盐份和胆固醇，不仅能从相等份额的食品中分离出较多的脂肪和热量，也能够延缓脂肪的燃烧，使得他们在缺少食品的环境中能够延缓生命能量的消耗而得以幸存下来。而这些人成为绝大多数现代美国黑人的祖先，造成黑人特殊的生理基因结构，身体中有较高的盐份和胆固醇。这也是现代美国黑人社区中心脏病、循环系统疾病和糖尿病等疾病的比率远远高于其他种族的原因。这种生理基因特征也使得黑人民众寿命较短，容易发病，因此也造成健康医疗负担过重，工作能力和收入水平下降。

列维特等人的分析方法试图证明，以往的经济学分析要么完全忽略了人类本性的因素，要么假设在经济学领域内人类本性不再决定经济行为及其结果，也不会改变经济变量之间的相关性变化形态。他们并非要做心理分析或从道德学基础上分析人的本性及其要素，而是要分析人性或人的本性因素如何影响人们社会生活中的每一个决策，而且这种社会后果中又映现出人性和人的本性结构中何种未曾被注视过的侧面，人性或人性恶的本质如何表现为特定的社会经济活动形式，会产生何种结果，而且社会为此而付出何种成本。一般而言，（在自由市场经济体制假设之下）推动经济活动的是人类的本性（如赫什莱佛所说），或是两种在道德学上被定义为“负面”的品质要素，追逐利益的无穷贪婪和在现实面前的过度惊慌，而这种品质要素多会衍生出其他的人性品格，如虚荣、虚伪、文化偏见、言行不一、阳奉阴违、撒谎欺骗、对道德和律法秩序的敌视、违逾法律的心理冲动、以及根深蒂固的怠惰造成的粗心大意习性等。只要生而为人，就必然会具备这些负面道德要素，而且一定会在特定的时刻将其诉诸于自身的社会行为实践中，或贯彻在经济行为决策上。

在赫什莱佛强调资本主义自由市场经济的动力来自“人类本性的原在要素”的同时，理论经济学家们却对这些现象甚至对人类精神心理因素完全忽略，视而不见。经济学家很忌讳人家把自己视作道德学家，不愿在事物的判断上采取任何道德立场，在任何面对这类窘象时会扭过头去。经济学家在这样做的时候，犯下一个致命的错误：他们同时也忽视了人类文化精神结构所导致的心理动机在经济行为和商业决策上所发挥的重大作用，这种作用使得人们在作出相关经济生活决定时往往不遵守对价格水平作出“合理反应”，从而达到价格均衡的境界。人们在许多情况下并不考虑（或并不仅仅考虑）“价格水平”的因素（这意味着他们所采取的经济决定完全建立在“合理”估价产品“效用”的基础上），而且同时考虑这些产品和自身精神文化结构所导致的心理动机与心理认知之间的关系，而这种行为着重在人们对自身生存状况和生活条件的总体环境及其对自身生活内容与主观估价的生活质量所可能带来的影响方面。如果这个产品能够使自己变得“更好”（而这个标准的内容则由纯粹的社会文化价值来决定），能够使自己和社会体系之间的相互关系得到“令人满意”的“接近”，他们就会去购买特定的产品和劳务，并以此来宣示自身和社会体系之间的关系已经得到令人满意的“提升”，而且和其他人相比，自身已经站在相对“优越”的社会位置之上。这时人们的经济行为和商业决定与价格水平无关，他们购买产品或劳务的商业决定已经和价格水平脱节，也不会招致供需均衡基础上的价格均衡。那些所谓奢侈品或豪华品的价格，大都不会随着供需状况而调节，而是对产品供需状况几乎完全刚性。这些产品必须保持自己独特的豪华奢侈且给人造成完全与众不同的心理印象，而这种心理印象是和它本身的实质效用乃至供需状况完全脱节的。一个 LV 牌的女式提包和其他普通的女式提包在“实质效用”（其功能，质地，加工程度和耐用程度）方面完全没有区别，但是价格却要高出数千倍。这种价格不管有多少人购买，基本不会变动。LV 不断地强调自身品牌的与众不同之处，如何采用“上等”的材料，如何以精细的手工制作，在制作过程中对细节的注重可以达到何种“惊人”的程度等。但是这种“独一无二”“与众不同”之处，根本不足以解释它和其他同类产品之间数千倍的差价为何在经济学上是“合理”的。即使用张伯伦的垄断竞争理论也完全无法解释。但是，它的价格却是“合理”的，在经济学上不合理的时候，在人们的精神文化结构所决定的心理动机和心理认知上是“合理”的。因此，这种产品的销售既不是诈骗也不是软性的抢劫，而是“自由意志”基础上的愿买愿卖。

1979 年，以色列心理学家丹尼尔·卡恩曼（Daniel Kaneman）和阿莫斯·特沃尔斯基（Amos Tversky）在《计量经济学》（Econometrica）上发表了一篇意义深远的论文，从心理学角度分析经济行为中“厌恶损失”（loss aversion）的心理如何影响人们的日常经济和财务决策。美国著名经济学家理查德·赛勒（Richard Thaler）首先注意到这篇论文，并大力推荐并引介到美国经济学界。从 1987 年起，赛勒出版了一系列著述，深入分析人们的非理性经济行为，包括“厌恶损失”心理。他的学生，加州理工大学学院教授柯林·卡梅若（Colin Camerer）则进一步结合了神经生理学实验方法与经济学理论，探讨人的神经生理活动譬如脑部活动如何影响进而决定人们的经济和商业决定，并将这种和神经生理学相结合的经济学实验体系称为“神经经济学（neuroeconomics）。卡梅若的仰慕者，纽约大学神经生理学博士彼得·索克尔·海斯纳（Peter Sokol Hessner）则进一步完善了对人类脑部活动的探测实验，建立了脑部神经活动模型。他的实验表明，人们在面临经济选择（盈利或损失并存的抉择）时，大量血液会流经脑部，进而带来大量氧气。而大量氧气的到来会改变脑部的磁场，特别是顶部皮质层和颞耳部皮质层。按照传统脑部生理学理论，这一部分区域是人们专门进行深度和专注思考的。可是现代实验表明这一部分区域也用于非理性和感情冲动型的思考，并导致人们做出相应的经济决定。普林斯顿大学教授，著名神经生理学家乔纳森·柯亨（Jonathan Cohen）同意这种结论。他总结说：“神经经济学的核心在于，肯定大部分时候脑部有数个区域相互协作，共同做出经济决定，而有时它们却相互竞争，相互冲突，导致做出非理性和冲动的经济决定。”① 他在实验中也证明了这一点：在公园里随机性地找到两个互不相识的人，并给他们 10 美元，让他们分享这笔钱。只有一小部分人同意接受拿走少于 5 美元的份额，而绝大部分人

① Jonathan Cohen. see New Yorker, April 8, 2013, p. 37.

拒绝拿走少于5美元的份额。这个实验表明，人们“厌恶损失”的神经性心理确实存在。他们不甘心自己拿取的份额少于他人，认为自己如果只拿走少于5美元的份额，就“吃亏”了，而做出宁愿不拿一分钱也不肯接受少于5美元的份额的决定。这个决定完全是非理性而不合理的，因为他在这个决定下实际上一无所得，而如果愿意接受少于5美元的份额（譬如3美元），他实际上已经盈利了。

柯亨指出，人类有一种先天的追求和渴望“公平”的心理。在意识到自己的公平权利被破坏或被侵犯时，会非常生气，会做出惩罚对方的行动，而这种惩罚行动最终的后果是惩罚自己。人们期待他人认识到自己的“坚强”，下次会尊重和惧怕自己。这种心理模式往往也会影响到经济和商业决策。渴望公平、渴望得到尊重的心理，使得人们往往做出荒腔走板的经济商业决定。另外一个美国经济学家乔治·阿克洛夫（George Akerlof）曾提出过“信息不对称”（asymmetric information）理论：在通常的交换行为中，总有一些人比另一些人占有更多关于交易的信息，譬如旧汽车推销员比顾客更了解旧汽车内在的毛病，证券经纪人比普通股民更了解股票交易的内幕或某种股票的实际价值，卖屋者也比购屋者更了解房屋本身的实际状况和价值，通常是产品的供应方比需求方更多地拥有产品功能和结构方面的知识和信息。而这种信息不对称局面，使得拥有更多或更准确信息的一方在交易行为中占有更多的优势，也使得交易双方，包括供方和需方之间的交易大多建立在不对称和不公平的基础上。然而，所有交易者，包括拥有更少信息或产品知识的需方（购买者）却和那些拥有较多产品信息和知识者同样地自信，这种状况使得人们从一开始就会做出错误的经济或商业决定。

笔者非常尊重甚至推崇“行为经济学”或“神经经济学”的研究，特别是他们通过科学实验的方式来证明现代经济学最具代表性的经典假设，即人们经济行为基于“理性”和“合理性”的假设。他们力图表明，人们大多数经济行为，所采取的经济和商业决策，都不是基于“理性”和“合理性”的原则，都不是在价格条件影响下深思熟虑所采取的最佳行动，而是在神经生理学条件下脑部功能运用的结果，大多数都不符合“合理”、“最佳”和“理性”的条件，或是盲目和感情冲动的后果。如果现实真如现代经济学的经典假设，就不该存在任何“经济问题”，不会有萧条，不会有泡沫，不会有赤字，不会有破产，甚至不会有环境的破坏。行为经济学或神经经济学是一个非常重要的经济学新现象，它的研究成果应该给予充分的尊重。但是，笔者仍不能苟同它的研究方法论及其根本的出发点。它仍然没有摆脱现代经济学长期以来所纠缠不清的窠臼，既试图将经济学框定在“科学”范畴中，试图以“科学”方法来解明经济问题。神经经济学甚至走得更远，它进一步为经济学提供了“科学实验”的基础，而这是经济学部门长期以来所缺乏、也为之而感困窘的。但笔者永不动摇的信念是，经济学是社会科学的一部分。经济学不是探究客观世界自然规律的科学，更不是实验科学，而是社会科学领域的一分子。它所研究的不仅是“人”的经济行为、经济决策或商业决定，更是研究“社会成员”在特定历史社会形态下、在特定社会文化价值总体范畴内所采取的经济行动，对社会整体造成何种后果、社会为此而付出何种代价的问题。人们的经济行为，是社会成员所采取的具有特定文化价值含义的社会行为，它反映特定社会历史形态下文化价值体系对社会成员深刻的心理影响和渗透，以及由此而采取的经济和商业行动，与社会体系之间相互运动和作用的结果和形式。社会成员在特定经济发展或经济增长的历史阶段所塑造的特定社会生活方式中，会形成一种基本的经济选择和决策模式，在诸如储蓄、消费、投资，包括慈善行为在内的社会活动中，都会表现出特定经济增长阶段所塑造和形成的总体性社会生活方式的印迹。这种总体性的、基本取决于经济增长阶段及其必要条件的社会生活方式，会和地域、传统文化与习俗、特定社会价值观等因素相组合，形成特定社会具有代表性的经济生活和集体性经济选择模式。而这些恰恰是包括神经科学在内的自然科学所无法加以说明的。它无法解释，为什么在基本无差别的脑神经结构及其功能条件下，不同地区的居民会有非常不同的经济生活和经济选择模式，而且不同地区的社会又会经历殊异的经济发展和经济增长的阶段，其经济发展与经济增长的速度、内涵和动力结构还会相差千里。

一位居住俄勒冈州的老人平时极为节俭，以致终生从未用过皮带，只用一根绳子来代替。但是在临去世前却毅然将终生的储蓄近1000万美元捐献给慈善组织。这个人一生中所有的经济行为和商业决定在经济学角度上来看都是“不合理”的。如果一根最便宜的皮带他都不肯买，那么价格水平对他根本没有作用。他将所有储蓄都捐献给慈善组织的行为在经济学看来也是“不合理”的。因为他根本没有为自己和家人及时购买“效用”。他一生的行为只有在文化精神结构及其普遍的标准体系看来是“合理”的：他是一个天使，他一定进入天堂，他得到了至高无上的赏赐。而在经济学看来，如果真正存在这种赏赐的话，那么他是用将近 1000 万美元的价格来购买的。那么在经济学看来，这种结果是合理还是不合理呢？我们的经济学在这个问题的牵引之下来到一个分水岭：我们如何去注视人性，不仅注视人性对人类经济行为和商业决定的影响，也注视人性的可贵对社会升扬的贡献以及人性的缺陷对社会局面所造成的可怕后果。我们不能不注视，因为所有这一切都造成经济的后果，到头来这一切都是有价格的。

只是，价格在自己的园地之外、在人性的天地上自得其乐。

第 十 二 章

凯恩斯理论和宏观经济学历史定位：救世学说抑或有限的革命

现代宏观经济学的产生时常被概括为“凯恩斯革命”。凯恩斯革命毫无疑问是20世纪最重要、却最被人忽视且最未得到恰当评价的文化革命之一。美国经济学家约翰·加尔布雷思将凯恩斯的《就业、利息和货币通论》(以下简称《通论》) 和圣经以及马克思的《资本论》并列称为人类文化史上最具有影响力的三大经典文献。凯恩斯革命和圣经、《资本论》一样，都有些类似宗教史上弥赛亚来临，即耶稣基督降生时的情形：在一个末世般荒寂衰败的年代里，它给一个失去方向和活力的历史运动重新指出了新的目标，也制订了和这个目标相适应的社会拯救方案。毋庸置疑，凯恩斯理论是一个极其非凡的学说，因为：(1) 它根本上改变了经济学长期赖以维系的核心信念和思维模式；(2) 它改变了经济学长期视若圭臬的方法论体系；(3) 它根本上变换了经济学长期目不转睛地注视的对象体系。

的确，凯恩斯革命从根本上改变了经济学的核心信念和思维模式：它并未否定经济均衡的现实性，而是认为这种均衡并非无条件的或完满无缺的。凯恩斯理论指出，现实的经济均衡并非是供给和需求两大力量在价格条件下所达到的物理性均衡，而是大致的社会均衡。在这种大致社会均衡条件下，基本经济力量（供给和需求）之间未必能达到完全的同质同步作用状态。经济学家必须把这种非完满的社会均衡状态而非传统的物理性均衡状态视作“合理的”均衡。均衡并不是经济学最终的理想境界，而是一系列经济动态运动中的短暂阶段。

凯恩斯仔细分析了这种社会均衡或“类经济均衡”成立的基本条件，即，有效需求的不足。有效需求不足来自人们的社会心理现象所决定的特殊的资产选择行为：人们（或任何社会经济行为的主体）并非如传统经济学所想象的那样一成不变地沉溺在交换行为之中。许多因素使得人们暂时或有限度地离开交换领域，而对资产进行非直接供需交易性的配置。这些因素中最重要的是人们对未来的预期。人们对未来的预期总是偏向悲观，因此他们总是将一部分资产（现金）从供给和需求的交易流程中分离出来，以作为对未来预期的安排。

在很大程度上，凯恩斯所谓三大心理因素乃是同义语的反复。其中，“心理上的流动偏好”具有关键性的意义，也是理解“有效需求不足”理论的枢纽点。它的重要意义在于，既解释了储蓄行为这一和交易行为（作为社会成员来说采取消费行为形态）同样重要的经济行为的动机，也解释了储蓄行为和消费行为的联动关系所招致的有效需求不足，何以不能通过调节供给的方式来解决。由于“心理上的流动偏好”理论，凯恩斯也成功地将传统经济行为（如消费行为）等理论和现代利息理论以及现代货币均衡学说结合起来，并成为契机引发了那场“革命”。

凯恩斯的理论毫无疑问地是建立在他的货币理论之上的。他的货币理论，折衷了剑桥学派和瑞典学派两种非常不同的货币均衡理论。但是在《通论》中，凯恩斯的理论却表现为投资（资本）理论和消费理论的二位一体形态。其结果是，后来的经济学家特别是凯恩斯学派的经济学家们，着重于投资（资本）分析和消费分析，以及由此衍生的财政政策相关的公共政策分析，却忽略了凯恩斯终生为之呕心沥血的货币均衡理论。缺乏货币理论支撑的凯恩斯学说——如果说这是凯恩斯学说真貌的话——无法有力地解说投资—产量关系。因为在凯恩斯本人强调利息不能构成储蓄—投资的唯一变量之后，整个投资学说就必须在货币均衡的框架之外展开。而在货币均衡框架之外的因素大都是或然性的，因此，总体性的经济运动就显得不是在一贯的动力基础上进行，而是在一系列零碎的因素推动下进行。譬如，由“心理上的流动偏好”所导致的资产分流，在这种理论框架下对投资所发挥的影响似乎要超过正常利息水平下的储蓄量。这是因为，这个资产分流恰好和边际消费倾向递减的产量理论坚固地附着在一起，从而整个分析体系的重心倾斜在货币均衡理论的框架之外。

因此，凯恩斯学说或凯恩斯主义学说基本上与货币理论绝缘，而其中的货币学说内容只剩下利息理论的成分，以致凯恩斯学说的所谓货币理论就等同于一种变形的货币利息理论，而非货币数量论。后来货币理论的复兴，是由反凯恩斯阵营以货币数量论来揭示的。货币数量论是非常强大和非常具有生命力的理论。从数世纪前的金银数量论开始，它一直都是货币理论无可替代的重心。现代货币主义学说在根本意义上就是一种货币数量理论。和传统货币数量论不同的是，它将货币供给和货币需求（而非单单是货币供给）作为货币数量论的主要内容。货币需求甚至比货币供给更具有重要性，因为货币需求比货币供给更不稳定，也呈现出更大的波动性。不过有趣的是，现代货币主义（譬如米尔顿·弗里德曼）学说的基础之一居然是发源于凯恩斯的资产学说或资产结构学说。这种学说试图说明，由于人们资产结构的多元化，利息水平不再是决定投资和收入水平的唯一变量。而在凯恩斯追随者那里，凯恩斯主义又回到了利息理论（货币理论中较没有生气的部分）的窠臼。现代货币主义却显得是另辟蹊径，以货币数量论，特别是以货币需求学说的内容来抵制回归利息理论的潮流。至此，凯恩斯理论在货币理论的领域内已是全数败退。毋宁说，凯恩斯学说和凯恩斯主义在这种惯性的轨道上和货币理论的自觉分离，是它后来面临分裂甚至“破产”的关键因素：没有完整的货币数量学说，又不能坚持利息理论，凯恩斯学说中的消费理论（如边际消费倾向递减的理论）和收入理论便得不到强有力的支持。而资产理论（如心理上的流动偏好所导致的资产分流理论）也失去了和货币理论的内在联系，从而和其作为基本结论的有效需求不足理论产生自我冲突。

如果我们平静地思考宏观经济学从微观经济学的延展基点上“产生”的过程，那么一定会体认到，微观经济学自萨伊定律以来遵奉的均衡观念，即供需关系在市场机制内自动调节和自我平衡的坚固假设，在不断发展的经济学方法论及由此触发的观测与考察能力、在现代经济发展和经济结构不断变换的历史进程中出现新的经济现象这两种力量的狙击下陷入无法“自圆其说”的窘境时，会如何导致另一种否定全盘均衡论的经济学说的产生，以及为什么这种经济学说必然采取“宏观经济学”形态的问题。微观经济学的均衡假设条件的过度狭窄化，不能不说是它最后遭遇这种“窘境”的主要原因。从萨伊供给自动创造需求的假设，到瓦尔拉斯更为圆融且高度复杂的均衡学说，都以无视或淡化货币的角色为特征。他们都假设货币在供需相互关系的交错运动中只是简单地扮演一个交换媒介的作用。而货币的实际作用远不止于一个“交换媒介”，它有许多其他的功能，马克思在《资本论》中就曾深度分析了货币的各种不同功能。而这些功能都会以不同的形式对经济局面和经济活动产生影响。而且必须指出的是，货币的发行是一种国家权力行为，完全由政府所主导，这种属性自然也为经济运动带来不容忽视的重大影响。一旦货币不仅以简单的交换媒介、而且也以其他的功能形式来发挥作用时，微观经济学的经典均衡假设便会受到严重挑战。有些经济学家认为，微观经济学加上货币，便是宏观经济学。这种说法其实不无道理。凯恩斯在架设起宏观经济学理论体系时也必须以货币为切入点，以货币形态和功能来说明为什么微观经济学均衡学说的假设条件那么脆弱且缺少根基。凯恩斯特别强调货币所造成的“流动性”（liquidity）对供需均衡条件的扭曲：一旦拥有货币，便具有了商品之间的流动性，亦即对任何可能商品或劳务的购买力或购买权，而非单一商品的选择权；而且，通过货币的这种功能性特点，商品和商品之间也具有了互置或互换的可能。如果某人有一个房屋，他可以将房屋出售，然后以出售房屋的款项来购买任何所需商品。如果某人有股票或基金等任何金融产品，仍然可以随时将它们出售，并以其所得来购买任何商品和劳务。而由这种货币流动性所造成的时滞，以及所含藏的商品选择权的获取、认定、运用和最终取得商品及效用的时间程序，必然造成供给与需求之间的差异和脱节。既然货币的流动性是消费者权力，或者取得任意商品或劳务的权力，那么它必然取决于人们对这种权力的自我心理评估，对自我“商业利益”的自我评估。而这种人类心理因素一旦加入到货币流动性，或货币作为商品交易媒介的功能活动程序中来，便必然影响商品供给与需求之间的均衡形式，使得任何先验的供需均衡只具有临时或暂时的意义。譬如，如果人们决定将货币投入到非直接商品交换的领域，即投入到其他为自身带来“商业利益”的领域，譬如储蓄、金融投资、甚或投机领域，那么商品供给与需求之间的均衡之环就会被打破。

固然，凯恩斯学说在展开这种逻辑推论时不免留下一些难以自圆其说的疑惑：

1. “心理上的流动偏好”，所涉及的资金及相应的资产选择，即人们保留用于日常需要和临时性投机所需要的现金，其数量是否大到足以改变消费和储蓄平衡的基本结构，并导致边际消费倾向和有效需求的降低？而这种降低的状况仅靠调节供给能否寻求均衡？而且，“有效需求不足”是一种具有决定性意义的恒常局面，抑或只是一种暂时或过渡性的局面？

2. “心理上的流动偏好”，因其所涉及的部分现金也会表现为某种形式的银行金融资产，从而它对利息率的影响是否也和通常的储蓄量变动相一致？如果一致，那么它如何参与决定投资的过程？按照该学说的解释，投资变动是由于对未来资产边际收益的预期决定，而非由利息率决定。那么“心理上的流动偏好”因素所造成的资产分离，是通过利息变动，抑或通过对消费倾向的作用，进而通过对供给的间接作用来影响投资？如果是后者，那么“心理上的流动偏好”理论就会重新回到微观经济学经典的均衡分析框架中去。

3. 按照凯恩斯理论上的严格字面意义，“心理上的流动偏好”最终导致的是资本供给的减少，而非投资需求的减少。这和“心理上的流动偏好”最终导致有效需求不足的结论是否矛盾？

4. 如果“心理上的流动偏好”导致的是更为多元化的资产选择，那么储蓄与投资之间关系的铁律就必然会被打破。因为作为某种形式金融资产的“心理上的流动偏好”也必然和储蓄一样影响投资。当然，“心理上的流动偏好”可能就是一种储蓄。但是，如果它表现为某种形式的银行金融资产，那么它就会正向地影响投资，即它会扩大投资量。而这种结果是否又和“心理上的流动偏好”导致投资供给减少的结论相矛盾？

虽然凯恩斯理论中有以上的矛盾之处，却似乎没有引起经济学家的太多关注。他们实在是被凯恩斯理论修正传统经济学理论的大刀阔斧气势震慑住了。这种现象也使得凯恩斯理论从一开始就被经济学家们曲解。其中，最重要的是凯恩斯理论的核心概念之一——“有效需求”概念。按照最普遍的解释，有效需求或总需求（aggregate demand）被认为相等于社会的总购买力（total social puechasing power）。因此，“有效需求不足”自然被理解为“对货品需求或对产品需求的不足”。关于凯恩斯理论的这种迷思至今都在统治着经济学界。按照凯恩斯的原意，“有效需求不足”是产品或货品需求不足与要素需求不足的总和。边际消费倾向的递减，导致的是产品或货品需求的不足；而对资本未来的边际收益预期和“心理上的流动偏好”，所导致的却是资本要素和劳动要素需求的不足。前者引发投资需求不足，后者引发资本供给减少。这意味着，任何经济运动和周转局面都不可避免地伴随着总体性的需求不足。譬如，“充分就业”的定义，容忍了自愿和摩擦性失业并存的局面。这种局面不应该被视为劳动力供给过剩，而应被视作对劳动要素需求不足；而且，充分就业和供需均衡状态之间没有必然的联系，因为产品市场上的均衡状态可能和要素市场的非均衡状态并存。亦即，在产品市场的均衡状态下，要素市场（譬如劳动力市场）仍可能存在需求不足的状况，即包括自愿与非自愿失业在内的供需非均衡状态。

同时，资本要素的需求不足又和资本供给能力的增加同时并存。因为，在投资需求减少的情况下，由于“心理上的流动偏好”导致的储蓄部分增加提高了潜在资本存量。也就是说，在资本预期边际收益递减的情况下，资本存量会随之同步增加。而资本量增加所诱致的利率降低，会遇到边际收益预期递减的“瓶颈”而在某一时点上出现刚性。这意味着，和产品市场上的供需非均衡状况不同，资本要素市场上的“有效需求不足”是一种经常或恒常存在的状况，在任何给定条件下都无法消除。而这一点，应该是理解凯恩斯“有效需求不足”概念的枢纽点。可是如果不把凯恩斯“有效需求不足”理论同时理解为包括产品和要素在内的广义需求不足，就会完全忽视凯恩斯理论体系和现代宏观经济学理论先驱之一——货币数量理论的历史承继性，也会完全忽视凯恩斯理论完整的历史形成轨迹，即凯恩斯作为早期剑桥学派成员所提出的货币理论在凯恩斯整个理论体系中的重要位置。

没有疑问，在费雪的货币数量论占有主流地位的剑桥学派中，凯恩斯货币学说最具有折衷色彩，也最大限度融入了瑞典学派特别是维克赛尔利息理论的内容。凯恩斯在《货币改革论》中就明确认为，货币数量并非价格水平的唯一变量，以货币计量的消费单位、以银行活期存款形式维持的潜在消费额（相当于“心理上的流动偏好”所涉及的那部分现金）、以及银行的准备金比率（这里则涉及利息率或利息水平）等，都同样会影响价格水平。但是，凯恩斯在分析社会总体性的有效需求不足现象时，却不可避免地摆脱了单纯价格水平决定的狭隘范围，而扩展至投资理论的范围内（这也是凯恩斯理论突出的特点之一）。于是，凯恩斯也将单纯的货币理论

（特别是利息理论）转型为与投资相关的资本理论，以及更为动态的资产选择理论。正是这种资产选择理论，成为“有效需求不足”论的基石之一。理论家们公认凯恩斯受惠于维克赛尔甚多，但是他们却着重于凯恩斯强调利息率和收入水平或产量水平之间关系的结论（即利息不可能单独决定投资的理论），却忽视了凯恩斯对储蓄形式多元化所造成的资产选择与投资水平之间关系的论述。在资产多元化选择成为基本的理论假定时，利息虽然不是投资的唯一变量，但也是极其重要的变量。应该说，在资产多元化选择的假设下，凯恩斯更倾向于将利息理论，而非货币数量论，作为基本的分析杠杆。而一旦忽略了凯恩斯理论的这个特征，就很难解释何以凯恩斯一方面强调资产选择多元化会招致有效需求的不足（在逻辑上它仅涉及资本要素市场），而另一方面又将有效需求不足定义为产品市场和要素市场同时（simultaneously）出现的非均衡现象。这样，凯恩斯革命看起来不是对传统的微观均衡理论的修正，而是对维克赛尔等瑞典学派投资—利息理论的修正了。这就不仅将凯恩斯理论和货币理论完全割裂了开来，也把凯恩斯理论同现代宏观经济学的真正渊源割裂了开来。美国经济学家劳伦斯·克莱因曾强调，凯恩斯理论的特点在于它是一个关于投资量的理论，而非一个储蓄和利息的理论。意即它不是一个货币理论。因此，凯恩斯必须摆脱投资源泉和投资决定论的范围，而直接涉及投资—产出的过程。这和传统微观经济学的方法论指向有明显的雷同之处。所不同的仅仅是，它特别注重“量”的因素，如产量和投资量等。而对量的分析又直接来自货币数量论为核心的早期宏观经济学的启示。可见，凯恩斯理论有明显的折衷主义特征。这个折衷主义几乎贯穿凯恩斯的整个方法论体系：凯恩斯将整个经济理论体系转换为经济量的分析，从而转换为宏观学的同时，也保留了许多微观经济学的内容，例如他将有效需求不足解释为一系列个体判断、行为和决策的结果（投资量的变化也多少由个体的行为决策来决定）。只是由于在后来关于凯恩斯理论和现代宏观经济学的解释中，不再着重于投资决定和源泉的问题，而是着重于投资引致产量变化的问题，因此凯恩斯理论中这个极其重要的特征几乎被人遗忘。

凯恩斯革命几乎从一开始就遭到扭曲，现代宏观经济学（特别是教科书上的现代宏观经济学）几乎就是这种扭曲的产物。这种扭曲又和凯恩斯理论本身的折衷主义特性有很密切的关系。造成这种扭曲局面的主要原因有：

1. 凯恩斯理论产生在一个非常特殊的年代，即资本主义生产史上最严重的危机年代。因此他的理论不仅是一个崭新的纯粹经济学理论，而且也必须满足人们对摆脱危机、步入均衡运作之境的殷切文化期待。它不仅给历史局面提出了一个决定性的解释，也提出了一个完整的拯救方案。一旦经济学被提高到这么吓人的地位，它就不复是一个单纯的经济学说，而是具有某种宗教含义在内的文化学说了。这种文化学说的功能不仅在于提出解说，也在于指导人类的社会实践。当时的西方社会和学术界呼唤这种文化革命和文化先知，认为已有的知识体系在社会进程中毫无作用，知识分子必须有这样一个文化学说来重新获得社会的尊重，重新寻找自身在社会进程中的定位。因此，凯恩斯理论从一开始便被急不可耐的经济学家和社会学家们分解成为支离破碎的经济方案，特别是经济政策方案。在一定意义上可以说，凯恩斯理论是西方知识界的一次大反击，或是西方现代史上一次规模最大的“反知识”运动。对现有知识体系加以怀疑和不信任的特殊文化态度，使得一场对知识体系加以革新（或者补充）的努力，被错解为一场从根本上替代现有知识体系的全新的文化革命。凯恩斯主义的出现以及其在经济学甚至整个社会科学领域中所奠立的地位，从一开始就是立足于这种扭曲的历史局面之中的。其最突出的结果之一是，凯恩斯理论不仅被视为一种全新的经济学理论，而且被视为一种可以直接诉诸社会实践的历史性改革方案。凯恩斯革命从一开始就没有建立在准确的历史之基上，它后来所谓的“破产”之说，不是指他的理论的“过时”，而主要是指这种局面所产生的历史张力的逐渐消逝，使得凯恩斯理论必须下降到普通的经济学说的位阶上。在当时，凯恩斯理论可以在纯粹专业经济学理论和具有拯救涵义的广泛社会学说的定位中选择其一。它显然选择了后者。

2. 在这种背景下形成的凯恩斯革命，所导致的另外一个微妙结果是：它迅速形成一个学术文化主流，以致于职业经济学家个人成功与否的关键已不再决定于提出任何新的学说，而是攀附在凯恩斯理论的主干上，变化出一系列的分支。因此，这些经济学家几乎以竞赛的态势来解释、剖析、肢解和拼装凯恩斯的学说，同时将自己的经济学观点和经济学理论掺杂其中。这是他们得以“成功”的唯一途径。

3. 在凯恩斯和传统微观经济学的关系问题上，从一开始就出现了巨大的分歧：大多数人认为凯恩斯理论有“革命”的性质，即认为它是对传统经济学基础，如亚当·斯密学说、萨伊学说、甚至瓦尔拉斯经典学说的彻底背离，在经济学领域内完全独树一帜；但是另有很多人（如希克斯等）却认为凯恩斯学说远远说不上是一场革命，它只是和传统经济学有着密切联系的新的经济学说。这种情况使得凯恩斯经济学从一开始便产生了南辕北辙式的学术分裂：那些认为凯恩斯理论是一场革命的左派人士竭力将其和“前现代”经济学，特别是李嘉图的价值学说相揉合，试图将凯恩斯理论归结为李嘉图主义的价值—收入分配理论体系；而那些否认凯恩斯理论为一场革命的右派人士（从希克斯开始）却一直努力为凯恩斯主义寻找微观基础，或致力于发掘和强调凯恩斯理论中的微观因素。而这种现象（其中两个剑桥之争最具有代表性）成为第二次世界大战后经济学界的主旋律。

这种胶着状态给了凯恩斯理论以新的魔力：它不仅可以恒常地处于和微观经济学藕断丝连的历史比较地位，而且也成为整个经济学说史总体交汇的枢纽点。它不仅反映了过去所有经济学（甚至包括马克思经济学理论）思想内容和方法论总体的轮廓，也成为人们重新审视经济学理论功能和作用的尺度。于是，凯恩斯理论最终是以理论标度、理论旗帜、理论试剂、理论工具的面目，而非它本身的真实面目纵横在经济学领域的。或者说，凯恩斯理论是以“凯恩斯派理论”和“凯恩斯主义理论”的形态“君临”经济学界的。“凯恩斯派理论”和“凯恩斯主义理论”的区别在于，前者将凯恩斯理论变形为广义的收入理论，同时将传统的供给—需求理论转换为投资（函数）—消费（函数）的形态；而后者则将凯恩斯理论全盘概括为政策学说，特别是以国家金融和公共财政政策为中心的政策杠杆学说体系。

凯恩斯理论的“凯恩斯派”化和“凯恩斯主义”化，也意味着凯恩斯理论从它具有救世色彩的总体理论体系的定位，重新复归为解释和描述一系列经济现象的分体学说。这也是它必然复归传统经济学的旧有轨道，并和传统微观经济学相融合的极其重要的因素。但是，凯恩斯理论在发生这种变形后，却融汇成为一个极其庞大、内容含混的理论综合体。在微观经济学体系中，其理论主干始终是围绕着供给和需求的均衡经典假设而展开的。而在凯恩斯理论对这个假定做出巨大修正之后，它就必须寻找另外的理论支点。这个支点既要能够以不同的方式又同样有效地说明经济现象和经济运动，同时也不能完全背离均衡的假定（它是经济学永恒的动力源泉）。这种努力最后归结为一个异常引人注目的结果：动态经济理论的出现。这种理论的特点在于，它注重均衡与非均衡状态之间的往复运动，以及一种形式的经济运动引致另一种形式的经济运动和经济结果的时序性，即非均衡朝着均衡状态的跨时运动，或者非均衡之作为普遍程序而均衡之作为行为目标的动能运动。非均衡是常态运动，只是它的内涵具有永定的均衡指向性。因此，经济运动主体的运作必须“量化”，否则无从说明非均衡向均衡状态跨动的必然性，亦即无法说明“非均衡状态”和“均衡状态”之间的现实差别。而经济活动，一旦需要以“量化”来描述和说明，就必然采取超越纯粹个体活动的范围，而天然地具有“总体”和“总量”或“集量”的本涵。但是，凯恩斯本人倒没有刻意地强调“量化”概念。“总量”概念，换言之，“总需求”和“总供给”（aggregate demand and aggregate supply）是后来在凯恩斯派经济学家课程中出现的。在凯恩斯看来，“有效需求”是指在充分就业条件下的社会需求，因此它不仅取决于供给状况，更取决于收入水平和收入条件所制约的资源配置状况。因此，很难有一个确定的供给源泉或供给量，用来同这种“有效需求”相对应。然而在凯恩斯派学说中，总需求（有效需求的总量状况）是和总供给（一种凯恩斯从未明确表述过的虚拟产出总量状况）相对应，而非和收入水平相对应。从方法论上看，这是脱离凯恩斯的基本假定，而回归微观经济学均衡体系的一个重大步骤。这里产生了两个逻辑难题：(1)“总需求”和“总供给”是单纯的量的状况，不涉及收入条件，只和价格水平有关。但是价格均衡只在个别产品的供需关系架构中才发挥效力，它不大可能形成为涉及社会产品总量的一般的价格均衡机制。(2) 在“总需求”和“总供给”的关系框架下，因为不涉及到收入条件和收入配置的问题，因此也不可能产生现代宏观经济学最重要的议题——经济政策议题。因为需求和供给的均衡不需任何外力介入，仅靠市场价格机制便可达到。

凯恩斯学派为了避免这个逻辑窘况，必须修改“有效需求”本身的含义：有效需求不是边际消费倾向递减，即收入条件变化时的实际需求，而是总需求和总供给无法均衡（即总需求小于总供给）时的实际需求。“有效需求”的假设没有供给范畴相对应，唯一和它相对应的是收入。而收入总是表现为特定投资行为。于是，任何一种重新配置收入的行为就是重新配置资源的行为，也是投资行为；厂商购买机器和消费者购买消费品或进行储蓄，都是重新配置资源的行为或投资行为，其目的都是预期得到适当的回报或报酬；而投资行为必然和利息保持密切互动，利息可以决定投资者如何分割或配置收入。凯恩斯学说也在这里找到了和货币理论相衔接的环节，算是绕了一个大圈子。不过，在凯恩斯那里，投资理论则与收入理论，而非利息理论相结合（在熊彼特和希克斯之后，利息率已不再是投资的唯一函数，投资也取决于货币信用和现金需求）。这是后凯恩斯学派在方法论上极富创意的特点，因为它是动态理论得以成立的关键。投资函数理论和经济增长理论便是在这个基础上形成的。亦即，现代宏观经济学在摆脱了均衡经典假设的桎梏之后所树立的，便是投资和收入两大经济量相互引致作用的理论模式（乘数原理和加速度原理），而这个理论模式构成了现代宏观经济学无可替代的主旨。和要素理论不同，投资理论不是关系到产品，而是关系到收入量的决定。在这个框架中，投资决策也不再基于合理或效率原则，而取决于收入构成的变动。

在现代宏观经济学理论中，消费既是有效需求的最基本形态，也是收入的基本构成单位。消费量和消费倾向所引致的收入结构的变化，以影响储蓄—利息和现金需求（在更现代的假设下，还包括货币信用）的形式，来影响投资和收入水平的决定过程。这显然脱离了需求（或消费倾向）通过价格引导供给的经典（也是僵硬的）假定。

在一定意义上，我们说现代宏观经济学是古典经济学精神的复兴，特别是财富学说（特别是魁奈和斯密的财富学说）的复兴。在这种古典经济学精神中，不可避免地包含了对财富定义（诠释为收入形式）及其分配（配置或分割），以及对国家或政府经济行为的关注。国家和政府的经济行为具有总体性或全体性的特征。在超越了社会成员个体经济行为和经济选择的范围之后，经济本身不再表现为匀称的对应运动，而是表现为一系列经济单位量和这些经济量之间相互作用的关系。在这种相互作用关系中，市场机制无法单独自动发挥矫正作用，而必须依靠外在力，即政府的力量。如果说凯恩斯在树立现代宏观经济学方面做出了什么特别值得称道的贡献，那就是他把最初的现代宏观经济学说（如利息理论和货币数量论等货币理论）中所没有的经济动力假设扩展为政府干预的政策学说。显而易见的是，货币学说仍然是以均衡学说为核心的，和微观均衡学说所不同的只是它不再局限于价格机制下的产品供需均衡，而是着眼于投资形式及其运行得以被操作的诸种因素。但是，在凯恩斯那里，则似乎更缜密地考察了人类本性和人类心理的因素，以及人们因此而不可能完全按照精美设计的机械韵律去行动的特性。他也不再满足于关于一系列经济运动的简单和一劳永逸的解释，而是考察了可能影响特定经济活动的各个因素，并以这些因素之间的无序性的关系特征来解释经济活动本身。由此，凯恩斯也为经济运动导入了一个前所未有的陌生者——政府的经济政策体系。

因为凯恩斯理论体系的这些特征，我们难以对“现代宏观经济学”做一个类似微观经济学那样的精确描述。它不是以一系列的经济学议题在同一范围内反复论证为基础，并以严整的方法论体系为中心架构起来的。换言之，它与微观经济学相区别的重要特征之一，乃是它不以统一的方法论结构为核心，而是以经济活动作为社会整体共有和均质的功能性、及其结果的历史性认定为基础的。它创造了和微观经济学截然不同的研究课题，是因为它从根本上否定了微观经济学的核心假设，使得价格均衡的迷思得以打破，从而使“价格水平”成为“被决定”的经济变量。那些决定“价格水平”的诸总量因素成为宏观经济学的主要研究对象。但是，这些总量因素之间却缺乏微观经济学诸要素之间那种近乎单一绝对的联系（譬如储蓄，利率，投资，货币供应，它们和有效需求之间虽然存在着明显的联动关系，但都不是相互决定的唯一因素）。这样宏观经济学就很难产生一个类似微观经济学的统一的方法论体系。这也是凯恩斯革命一个重要的、却长期被人忽视的特色：它放弃了微观经济学“方法论崇拜”的传统，将经济学重新引回到关注社会“经济局面”的轨道上。

现代宏观经济学的产生，意味着经济学对自身社会历史责任的重新定位。它从一个介乎于自然科学和社会科学之间的“中间型科学”状态，义无反顾地重新回到社会科学的阵线。这也许是在令人痛苦的经济局面压迫之下做出的抉择，但是这种抉择却造成了一个崭新的历史局面：经济学成为最有活力和最具实用性的社会科学学科。一旦经济学不再受限于严格的方法论框架之内，不再为少数经严格训练的经济学家所把持和控制，就大踏步走进了社会生活的每一个细小领域。揭去了面纱的经济学不再高耸于科学的峭壁上让人望而生畏，而是走进喧腾的社会中心甘情愿地成为工具。现代宏观经济学的主要内容之一就是政府经济政策的制订，许多经济学家，特别是美国经济学家甚至认为宏观经济学就等于经济政策。经济学家的这种历史性转变，不仅改变了经济学本身的面貌，也改变了整个社会科学的面貌。社会科学从来没有像现在这样热衷于卷入社会事务之中，热衷于伸张其“社会责任”，也从来没有像现在这样将分析和统计手段看得如此重要。这多少是经济学家重新加盟社会科学之后带来的新现象。当然，改变得最多的还是经济学本身。最近几届诺贝尔经济学奖的获得者，有几位并不是职业经济学家，而是数学家或心理学家，或者金融投资和个人财物管理模式塑造者，他们的主要成就就是教导人们如何鸡生蛋蛋生鸡地多赚钱。经济学变化至此，算是“旧貌换新颜”了。变化得合理吗？这种变化值得歌颂吗？现在还不好说。

2008 年美国经历了大萧条以来最严重的金融危机，不管内行人还是外行人又开始热衷凯恩斯主义、凯恩斯学说或理论、凯恩斯学派，又被搅成一锅粥。此时的凯恩斯主义已经不再是单纯的经济学说了，已经转变成为政府行为，政府和市场力量再次进行历史对决时最可靠稳妥的诠释泉源，甚至成为市场怀疑论的政治自由主义的理论旗帜。市场的非稳定性或非线性运动形态，总是和资本主义总体的历史原罪性和道德黑暗性纠葛在一起，共同承受同一种意识和制度批判。而凯恩斯学说（有时甚或马克思学说）成为这种批判最直接的武器。市场经济任何一次历史性的大危机，都不可避免地会引起针对“资本主义形态和制度”的批判甚至否定。但是，凯恩斯学说能否承担这种批判的大任，是令人怀疑的。我们可以观察到，这种批判最后所引发的思想潮流，在政治行动方案上，无非是导致政府经济职能的不断扩大。这在欧洲国家可以得到很好的证明。2008 年金融大危机也会大致引发这样的结局。而人们，社会，都乐于将这一切归结为凯恩斯理论，将这种现象归结为社会的“凯恩斯化”。

笔者看来，这大概不是凯恩斯本人的学术初衷。不过，一些卓越的经济学说成为特定政治意识形态甚至政治运动形态的旗帜的现象并不罕见，亚当·斯密、马克思、哈耶克的经济学学说，至今都是这类的“政治旗帜”。凯恩斯的经济学学说步它们的后尘，也不令人奇怪。美国政府提出 7000 亿美元的救市方案，甚至以数千亿美元购买美国数家大银行的“优先股”，相当于变相的部分国有化。而欧洲国家则更甚，其救市的积极程度也远超过美国。此时人们自然会想起在大萧条之后“应运而生”的凯恩斯学说。只是，我们感到疑惑的是，凯恩斯学说在这个崭新的年代，究竟是要为政府力量和市场力量直接对撞的历史场景中扮演一个理论裁判的角色，抑或为资本主义自由市场体系的历史运动不断往复发生的危机及其灾难性后果担任冷静和中性的解说者？凯恩斯的学说到底能在多大程度上将政府力量和政府活动的逻辑正当化，同时又能在多大程度上为政府力量和政府活动划下一个明确而不可逾越的界限，也为市场的合理性以及市场的历史提供适度的理论领地？在危机中，在资本主义自由市场体系本身的内在动能所招致的“祸害”面前，市场力量突然成为众矢之的，突然失去了一切“合理”的保护色，承受一切的指责和唾骂。此时，凯恩斯理论或者凯恩斯主义被重新“抬出来”，究竟会发挥什么样的作用，我们当然会关注。

我们可以看到，当跨入“现代宏观经济学”的门槛时，我们是在进入一个前所未有的奇异王国。这是和我们已知的经济学完全不同的生意盎然世界。在这个世界里，我们都是经济学家，我们共享经济学的奇异果实。国家的经济政策和家庭个人的财务规划，都让我们有机会驾驭这个略显疯狂的经济学机车。不管它风驰电掣，也不管它缓滞行驶，我们都有了重新审视和观察大千世界的新角度。只有在经济学里，社会才成为我们温暖的家园。在这个家园里，经济学理论和历史脚步和政治进程纠结在一起，我们在探索纯粹的分析世界时，不停地论断，不停地指摘，不停地指手画脚，不停地以关怀社会的名义扮演着救主和导师的角色。我们如此地入世，如此地把经济学灌注在社会的每一个角落和每一个机理中，为经济学带来了前所未有的凯旋。

但我们也许永远不知道，我们全身心热爱的经济学为此付出了何种代价。

第十三章

宏观经济学的形成：历史的往复抑或平地而起

经济学仅走过数个世纪的历程，却经历了令人目不暇接的转型和变化。现在的经济学和最初的经济学相比，俨然如两个截然不同的学科。我们很难从当代经济学中发现当初经济学的影子。造成这种现象的部分原因之一是，经济学和社会科学的其他学科相比，较少历史的内容，以及对人类行为确切目的性的关切。现代经济学试图将人类的行为简单地模塑为在一种没有明确历史内涵、却具根本性的源泉动力下规则运作的类自然模式，即追求效用和利益的简单动机下按照价格信号来“合理反应”的模式。这和经济学诞生之初悲天悯人，开怀济世，力图引导社会的形象，有如天壤之别。

当然，经济学仍和当初一样，都埋头努力寻找推动人类行为的共同动力源泉，但是却在以下两个方面发生了重大的差别：（1）现代经济学不再认为这种动力源泉有任何特定的历史内容，不再认为这些动力源泉具有任何超越单纯个人满足之上的特定道德目标，而且这些动力源泉已经完全和人类文化精神结构和心理动机因素脱节。这个动力源泉只具有可以数理方式加以描绘和表述的类自然内容。（2）这个动力源泉所导致的是个别经济主体，个人和个别厂商的反应和行为，而非一国或一个特定区域内经济总体的反应和行为。

以重农学派为代表的法国经济学家们重视社会财富的运动。而在此之前，重商主义者们对社会财富的观察主要集中在社会财富和国家之间的相互关系方面。这二者都将经济学设定在社会和国家总体框架内，并在这个总体性的框架内分析社会财富的起源，性质和运动的内容。经济学是以研究社会财富为契机而产生的。社会财富曾是经济学的核心概念。在经济学围绕社会财富的概念建筑起它庞大的架构时，就是以社会总体为它的舞台。社会财富总是具有“社会总体”的属性。或许我们可以说，经济学是以“宏观”的面貌诞生的。在初期，经济学在本质上是“宏观”经济学。

但是从亚当·斯密起，对社会财富的考察便逐渐转向其起源和性质方面。而此时，社会财富（或国民财富）的观念发生了有趣的转型，即从“社会财富”至“产品”或“商品”的转型。经济学家们这种考察实际上不再是意义含混的“社会财富”，而是具体的产品或商品。一直到李嘉图为止，甚至直到现代许多微观经济学家，这一直是经济学研究的主要脉路。从单一产品，而非总体性的“社会财富”入手，经济学家才可能探析社会经济生活最基本单元的性质、内容和构成的问题。正是这种关于性质的研究，将经济学从“宏观”引入到“微观”的领域中。在萨伊和李嘉图那里，经济学又开始发生微妙的变化：萨伊革命性地重塑了价值理论，把价值理论改造成为生产要素决定的费用报酬理论，即把财富积累学说得以成立的单纯的古典劳动价值论，逐渐变换成为经济行为主体决定的生产费用理论。生产费用理论体系的要核就是把经济行为的主体，即生产要素拥有者或直接参与生产费用形成的主体，置于经济学分析的中心位置。而李嘉图（虽然他本人是劳动价值理论最真诚的鼓吹者）又坚决排除了经济格局发生失误和波动的可能性。萨伊—李嘉图理论造成的必然结局之一是，经济学对社会财富性质及其积累过程的关注，转化为对产品的关注，对产品形成要素和过程的关注，以及对与此直接相关的生产要素拥有者行为及其结果的关注。而且，市场无波动性的假说，又降低了对社会经济生活总体加以关注和指引的愿望与迫切性。

后来以欧洲大陆经济学家为主而发起的边际革命，更是彻底改变了经济学的方向。它建立了舍弃社会结构和社会视角取向的传统，转而完全以个人和个体单位“合理”反应式的经济行为为中心的经济学分析结构，并在很长一段时间内都是现代经济学的中心内容。直到现在，这种“微观经济学”依然是经济学，特别是经济学分析方法论体系的核心。当人们笼统地谈论“经济学”时，说的就是这种“微观经济学”。在这个长达一个世纪的经济学纪元里，曾经伴随着经济学诞生的那种对社会命运的急切关怀，对人类福利的深情注视，甚至对社会财富的热诚关注，逐渐消遁无踪。经济学经历着对社会命运和人类集团的福利失去了关怀和眷注的冷漠年代。毫无疑问，经济学在诞生之初是社会科学的一部分，它甚至被称为“政治经济学”。它和任何其他社会人文科学一样，所关注的是社会结构和人类个体之间相互关系的内容，譬如个人如何通过日常的经济或商业决策来和社会总体结构之间维持令人满意的关系，同时也探讨人的文化精神结构或人的理性所导致的社会行为（经济和商业决定等）如何对社会本身造成影响并形成相应后果。然而，在现代经济学（微观经济学）中，社会科学的这种根本特征却已失而不见。它探讨的不是个人和社会体系之间的关系，而是个体和个体之间的关系。人的文化精神结构或者人的理性对个体行为的影响被“假定”不存在，个体的行为不是文化精神结构或者人的理性活动的结果，而是一种技术上必然具有的“合理”的反应。个体行为对社会所造成的后果也被个体之间合理反应所自然导致的价格均衡状态所替代。

经济学本身的这种形态变化和欧洲社会人文史的进程步伐相适应：欧洲社会在这个时期里已经完成最终的民族国家格局，欧洲地区的政治格局和政治秩序也大体趋于稳定，海外扩张和财富积累活动让位于国内市场和欧洲市场体系的成熟，工业革命和科学技术的进步带来社会经济形态的变化，经济增长带来经济部门结构的变化以及居民收入水平的提高。动荡的革命也被以社会成员权利体系为核心的政治格局所替代，欧洲地区特别是西欧地区的宪政政治制度已经确立。在这种历史局面下，社会成员相对于国家整体的人格独立，以及建立在此之上的社会文化价值体系，必然把个体、个体价值、个体社会行为和社会选择等，作为社会运行的主要指标。在这种局面下发生的经济学的变形，说不上是经济学的危机。因为非常明确的是，对社会急切的关怀和眷注并不能使经济学成为“更有效的”科学。经济学也不能只依靠这种关切和眷注来给社会指引方向。不过，问题是，放弃方向，放弃关怀和眷注也同样不能指引社会。而如果经济学不能指引社会，它就会变成一个“没有用”的科学。它也不能成为瓦尔拉斯那种“引导性”的“纯粹科学”，因为它不再能指导人类为了追求福利而采取的任何合理实践。正如，如果物理学不能指导航海术，那么对于航海术来说物理学就是一门“没有用”的科学。一旦经济学丧失了它在广义社会实践中的应有地位，它就很难再称自己是一门“社会科学”。因此经过数十年的自我沉醉之后，经济学面临着重新复活的挑战。现代经济学的产生便是由此而来。

现代宏观经济学最深刻的文化含义在于，经济学重新唤起了关怀和注视社会命运的古典精神。当然现代宏观经济学和最初的经济学不同。它的复活必然有异于它的初生。在经济学初生的日子里，欧洲民族国家格局最终形成的历史进程并未完全结束，社会的财富观念依旧采取城邦和国家本位的视角。同时，社会成员的经济生活在很大程度上依赖国家的活动，特别是在海外的殖民扩张和囤积财富的活动。国家的活动，特别是海外的活动在很大程度上决定着社会成员的经济生活标准，经济生活的内容和经济生活的态度。同时国家的活动也决定着社会生产和社会经济的运行状况和运行方向。这在近代资本主义兴起的当时是一种普遍的历史现象。因此，经济学家们的注意力也就不可避免地集中在社会和国家财富的性质、起源和积累过程的探讨方面，而不是社会成员个体的经济行为及其在市场中的定位方面。

但是，现代宏观经济学的复活，却面临着完全迥异的历史局面：海外殖民和以囤积财富为主要内容的经济活动已经不再是欧洲国家的主要经济活动形式；相对稳定的欧洲政治秩序和政治格局的形成，以及科学技术的进步，使得相对稳定的自律性经济增长模式普遍形成；社会成员的经济生活和经济活动不再过多地受到国家活动的局限；现代市场体系的运作已经极度成熟，市场主体的供给和需求的经济行为，合理反应和相应选择已经成为经济运行的基本动力；而相应的经济学（微观经济学）也成了经济学分析中无可替代的压倒性主流。但是，实际上的社会经济生活局面又往往不能追随和支持市场万能和谐的萨伊假说，而经常出现周期性的波动。一旦这种周期性的波动超过一定的幅度而导致巨大的社会经济后果时，对市场功能的怀疑就会成为一种必然的文化现象，在经济学领域中也会导致经济学固有的关切精神和引导欲望的复活。

其实，现代宏观经济学的开端是在20世纪初，那时欧洲经济学家们开启了一个新的研究篇章：货币均衡条件的分析。从个体经济行为和经济选择模式的分析转为货币分析，意味着对社会经济总量分析的开始。这是现代宏观经济学真正伟大的始端。货币分析一直是被人忽视的领域，一旦这个领域被经济学家所重视，现代宏观经济学的复兴也显得非常自然。因为它不是以否定经济学现有遗产，而是以开发被忽略的研究领域的方式开始的。这也使得现代宏观经济学从一开始就没有采取和传统敌对的姿态，甚或可以说，它本身就是传统的延长，特别是在它坚定地传承传统方法论的核心——均衡分析体系的时候。

一般地说，欧洲大陆的经济学家，特别是瑞典的经济学家侧重于利息率的分析以及其与投资的相关性，而英国的经济学家则重点分析了货币发行量（货币数量）及其与价格水平的关系。瑞典经济学家维克塞尔曾精细地分析了利息率形态、利息率和投资率之间的关系，以及由此引起的经济活动的波动等问题。他的研究又给了后来的瑞典经济学家，如米尔达尔和林达尔等人以诸多的灵感和启发。瑞典经济学家的可贵之处在于，他们首次深入分析了以利息率和储蓄率为核心的货币均衡条件，以及这个均衡条件对投资率的相关作用。他们的研究也使得货币均衡和投资率成为后来现代宏观经济学的核心课题之一。而英国经济学家费雪等人关于货币数量的经典研究，甚至成为传续至今的现代货币分析无可替代的主体（应该说，费雪等英国经济学家的货币数量理论在单纯的货币学说领域方面产生了远比瑞典经济学家更为重要的影响，虽然他们在创立现代宏观经济学的贡献方面不相伯仲）。因此，如果说对社会命运和社会责任的关切构成了现代宏观经济学崛起的主观条件的话，那么英国经济学家和瑞典经济学家对货币均衡条件的研究则为现代宏观经济学奠立了理论的基础。换言之，如果要简略地概括现代宏观经济学产生的理论图景或理论背景的话，那么货币均衡条件和对经济波动（周期性景气循环）性质和原因的分析，是它最初的两个理论基石。

货币均衡条件与微观经济学的分析体系之间最大的差别在于，它改变了以个体经济选择和经济行为及其在市场中的均衡性功能为主的理论导向，转而分析决定经济活动总量的均衡条件，将经济主体行为的分析转化为对经济量的分析。这种转化在一开始并没有和传统分裂的意向，而仅仅是再开辟一个新的研究领地而已。非常重要的是，现代宏观经济学从一开始就没有表现出任何抛弃传统经济学经典分析体系的意图。它分析的依旧是均衡条件，包括利息形态（如市场利息率和自然利息率）之间的均衡，由利息决定的储蓄量和投资量之间的均衡，货币发行量与价格水平之间的均衡，等等。和传统的微观经济学所不同的方法论特征仅在于，它把均衡的破坏也同均衡的形成一道视为正常的局面。而且，这种破坏性局面不仅存在于个体经济行为和选择所造成的孤立或个别的经济结果之中，也体现在涉及社会经济总体的量型结构方面。因此，从纯粹经济学方法论的角度而言，这些英国经济学家和瑞典经济学家们应被视作现代宏观经济学当之无愧的鼻祖。

似乎瑞典经济学家的货币利息理论体系比英国经济学家的货币数量论更具有“宏观经济学”的特征：利息率—储蓄率—投资率之间的相互关系，从一开始便涉及社会经济总量，是纯粹的“量”的分析。与此相比，英国经济学家的货币数量论则重视货币数量与价格水平之间的相互关系，似乎是从与微观经济学不同的角度来分析影响市场价格的另一因素，即纯粹供需关系以外的因素。但他们的共同特征在于，都摆脱了市场在单纯供给与需求的永动机械力下均匀平衡运作的僵硬假说，而分析了影响市场运动的其他要素的作用，以及市场非均衡运动的状况。他们的学说也都有一个共同的特征，通过对利息率与投资率之间的交互作用，以及货币数量与价格水平之间的相互关系形式的分析，来探讨理想供需均衡状况脱序或遭到破坏的原因。

在最初，他们似乎也没有把这种市场非均衡状况作为一种周期性的固有运动形态来加以理解。但是，某总量变动的相关作用引起的其他总量的变动，必然呈现为整体经济局面波动的形式。而这种波动向原有或理想的均衡状态的回归，又必然呈现为与前次非均衡相复合、相继起的周期性或往复性的运动。不过，可以肯定的是，这些早期的经济学家们并没有自觉地将各总量的变动引伸为一种普遍的整体经济局面。他们理论的主要特征之一是，各种相关因素之间的变动都可能含有超越单纯供给和需求定理的意义。譬如，凯恩斯提出的比较复杂的货币数量学说，甚至认为单纯货币（发行）数量不足以引起价格水平的变动，因为以货币计量的社会消费单位，以及银行所维持的货币储蓄额等都会对价格水平产生影响（我们还将谈到，凯恩斯理论的这个特征，使得他有机会将两种货币学说，即货币数量理论和利息—投资理论结合起来，而完成了现代宏观经济学复活和确立的进程）。

与此相比较，对经济波动现象的关切及其分析则具有异常重要的历史含义（而非方法论上的含义）。一是，经济波动引起了对萨伊假说，即资本主义市场永动性自我均衡学说的怀疑。而这个学说不仅是“微观经济学”方法论体系的主要基石，也是经济学家历史信念的主要基石。对这个学说的怀疑，必定自然地引发出对以其为基础的方法论总体的怀疑和扬弃。二是，经济波动使得经济学家们不得不重视经济量，特别是总量的变动状况，不得不重视这个不但引起了个体经济结果和经济定位的变化、也招致了全社会性甚至世界性经济活动状况变化的现象。

但是，对经济波动现象的分析，引起了一系列可能不只是超越方法论含义、甚至超越经济学含义的现象。因为，这种分析都要最终归结为对波动原因的探索，似乎是在寻找与根深蒂固的经济学定理相平行的另一种决定力量。正因为如此，这种探索也更完整地显现出经济学家关切社会命运和社会责任的古老骑士精神。例如，俄国经济学家康德拉季耶夫的长周期理论，将战争和革命也列为原因之一。熊彼特则强调企业家的品质和精神秉赋在推动着浩瀚壮阔的经济波动浪潮。当然，对较短周期，如中周期（杜冈－巴拉诺夫斯基和朱格拉）和短周期（基钦）的原因探索，就较具有纯粹经济学的“技术”特性，例如工业设备投资率的变化始终是最重大和最可能的原因之一。但是，这种理论又使得经济学似乎在承认这些因素和其他被认为颠扑不破的经济学原动力一样，对经济活动和经济局面，特别是总体性的经济局面具有决定性的作用。而一旦出现了这种状况，现代宏观经济学就不能局限在维持方法论体系的完整性、调节分析视野的范围内周旋，如货币均衡学说所作的那样。它必须在一个全新的领域内重新平地而起。

现代宏观经济学就是在这两种推力下形成的。在第一种推力下，它依旧保持传统的均衡分析体系，仅是将分析范围转换至总量方面，即货币分析或货币均衡条件的分析方面。这种方法论体系的特征是将微观经济学的经典方法论几乎直接带进宏观经济学领域。这种几乎完整保持微观经济学世界观的方法论几乎只分析货币现象，而不涉及其他经济领域。有趣的是，这种推力下的宏观经济学分支后来独立地成为和第二种推力下，即凯恩斯宏观经济学相抗衡的力量。而在这所谓第二种推力下，它则在方法论和分析对象范围两方面都发生了根本的变化：在方法论方面，它不采用静态均衡分析体系，而是采用统计分析方法和经济—历史综合分析方法；在研究范围方面，它以非直接货币经济总量，如总投资量和总产出量等为主。这也给现代宏观经济学提供了一个非同凡响的基础：（1）现代宏观经济学既保留了传统的经济学分析方法体系，也创造和运用了新的分析方法体系；（2）现代宏观经济学包括了货币和非货币的社会经济总量（在货币总量分析中保留均衡分析体系，而在非货币总量分析中则运用的新的分析体系），使经济学对行为和选择的分析转化为经济量的分析时，便可立即升级为经济总量的分析。

但是，如果我们进一步缜密地考察现代宏观经济学产生的历史轨迹，便可发现，它实际上也象征着经济学产生伊始就表现出的精神，对社会进程和社会总体利益的关切，以及对决定一系列经济现象的终极根源的探索倾向的复活。而现代宏观经济学的这种性质，也将决定它和最初的经济学一样，对社会以至国家事务的关切转化为一系列国家政策的建言；对社会命运和社会责任的自觉认识转化为对国家利益的追索提供规划和谋略。也就是说，我们通常谈到和观察到的所谓现代"经济政策"，无论它采取何种形态，只要它是在一个市场体系的社会经济框架内发挥功能，那么它的基本理论内涵就是由现代宏观经济学，而非"经济学"所提供的。

这也是现代宏观经济学所带来的后果之一。微观经济学被认为是"科学"，不涉及任何价值判断领域，因此也不涉及"经济政策"的领域。政策是"经济工匠"的领域，而非"经济科学家"的领域。但是现代宏观经济学的发展却最终冲破了这个禁忌。提出政策学说，甚至直接为政府的经济政策出谋划策不仅成了一种时髦，更成为宏观经济学的重要内容。这种情况在美国似乎更引人注目。在凯恩斯革命之前，美国在经济学方面几乎是一片空白，除了约翰·克拉克之外。而实用主义的方法论又极为盛行，因此经济学家可以摆脱欧洲式的书卷气，而探索更为"实用"的领域。瑞典学派和剑桥学派的货币学说滥觞多年却从未走出学院一步，没有转化成任何经济政策，而美国经济学家却率先提出了通过调节财政收支和公共工程来干预经济生活的政策主张。现代宏观经济学的这种"实用"性特征，不仅是它本身对经济学传统经典方法论体系（微观经济学均衡分析体系）进行重立和创新的结果，而且在某种程度上也反映了欧美社会科学进步和社会文化思潮发展的历史进程。进入20世纪以后，科学的进步和工业革命中技术进步和应用，以及由此引发的现代经济增长趋势几乎融为一体，科学的进步应用于社会经济生活的现象也成为日益普遍的现象。这和在此之前科学体系主要集中在学院和少数科学精英内部以及和哲学紧密相结合的现象大相径庭。而这种现象对自我标榜为“科学”的经济学业产生了巨大的影响。经济学走出学院和少数精英圈的象牙塔，而直接进入社会经济生活实践中去的趋势，已经和科学应用于社会生活中的历史趋势一样不可避免。在某种程度上，现代宏观经济学的出现，以及它的几个主要特征，譬如方法论体系中对实证性或非价值性分析体系的拘泥态度的调整，经济统计分析方法的运用等，都可以视作这种科学体系总的历史趋势的一个组成部分。

这使得对现代宏观经济学的历史评价变得真正复杂起来。它在某种程度上反映了科学与技术进步的步伐日益一致和重叠的历史趋势，即科学的原理性和技术的实用性日益合为一体的趋势。在方法论方面，它不再以经济选择和经济行为动力学因素、而是以各社会经济活动总量为研究特点。这就使得它必然要涉及国家经济行为等那些早先微观经济学所排斥的议题。同时，它又必须小心翼翼地不在根本上摆脱均衡分析体系（经济学永恒而不可动摇的分析方法的核心)，必须折衷分析各总量之间的相互均衡关系。一旦保持这种状态，现代宏观经济学必须将各总量之间的互动关系还原为个体经济行为之间相互作用的关系形态，而这样一来，则回到微观经济学的原点。宏观经济学必须保持一块独特领地才能够和微观经济学有所区隔，这就是政策论体系的领域。但是，这个领域与微观经济学的经典方法论体系风马牛不相及。因此，现代宏观经济学的真正崛起，必有赖于方法论体系方面的重大突破。货币学说没有做到这一点。因为它们遇到一个致命的难题：均衡分析方法虽然足以回答经济选择和经济行为的问题，却不能回答经济量的问题。无论利息学说和货币数量学说多么精巧玲珑，无论经济学家们如何热诚地将均衡分析方法引入到这个领域，在经济量的分析中，均衡状态总是显现出非常态的性质，因为它脱离了价格机制的相关性。但是，经济学家们却走不出价格均衡假设的“迷宫”。

只有凯恩斯从“迷宫”中走出来了。一旦走出，便海阔天空。

现代宏观经济学在方法论方面的重要特征是经济量的分析。而这种特征往往会造成容易被忽视却又具有重要意义的现象：微观经济学的重点在于分析价格机制决定供给和需求的各种形态；而宏观经济学则相反，它的重点在于分析各经济量之间的相互对应运动如何决定价格水平（微观经济学不涉及“价格水平”，因为价格始终被假设是给定的）。然而，令人遗憾的是，由于这个特点被忽视，导致了许多理论上的混乱。现在通行的

（尤其在美国各院校教科书中）关于“宏观经济学”的定义，通常限定在研究国民收入，总需求和总供给，货币机制与利息，通货膨胀与就业，经济增长和经济发展，以及国际贸易和国际收支等议题。在技术层面上这并没有错。但是它却忽视了现代宏观经济学的根本内核，即经济量，如货币量和利息率所调动的资源量，在运动中对价格水平的决定过程。这是现代宏观经济学的精髓所在。而以上的议题，有的是这个精髓或中心概念的直接变形，有的是运动形态的具体表征。把这些定义为宏观经济学内容的全部，当然会流于肤浅。

这是今日现代宏观经济学所面临的一个严肃的问题：经济学的变化或者现代宏观经济学的确立，反映了科学原理化向技术实用化转换的历史趋势，但是这是否足以让宏观经济学本身完全脱离“科学原理”的轨道，而彻底转换为国家政策工具手段的“技术”层面？经济学是否准备完全采取这样的自我认定？也许这样的问题已经变得不再紧要，但是严肃的经济学家毕竟要回答这样的问题。笔者在上面强调现代宏观经济学的真髓在于经济量的分析，在于各个经济总量之间相互对应关系对价格水平的决定作用，就是因为认识到将现代宏观经济学继续存留在科学园地里的严肃性。现代宏观经济学更容易回答现实的经济问题，但绝不意味着它纯粹是应付现实经济问题的工具。真正的宏观经济学依旧是科学的真理，依旧只是向现实经济局面提供解释的依据。不管那些技术手段多么认真地自称是“宏观经济学”，实际上它们都不是。

我们注意到，每次大型的经济危机之后，都会产生关于经济学及其方法论体系的争论，有时这些争论可以蔓延到经济学领域之外。经济学及其方法论体系在每次深重的危机中都不可避免地受到严厉的检视和评判。但有趣的是，受到这些检视和批判的是“经典的经济学方法论”体系，亦即微观经济学方法论体系，特别是它关于市场效率性、价格机制自我修正性的一般假定。这种假定体系一方面构成经济学得以立足的最基本的条件，同时也是它被批判、被挑剔、被诟病的主要原因。

笔者一直深感兴趣同时也有些不解的是，这些假定体系如何成为微观经济学方法论体系最重要的表征？严格地来讲，微观经济学所致力于分析的是产品如何在价格机制或价格信号的引导下进行交易的机制，而这些机制有时非常复杂，以至于微观经济学学者们必须不断地以新的理论、新的公式和新的分析方法来使这些机制得以更加完整而准确地表述。但是，微观经济学虽然得出产品的供求之间可以通过价格机制下人们出自本性和理性的选择来达到均衡的结论，但似乎从未——正式或公然地——得出作为一个“整体的市场”在“总体性价格机制及其讯号”的引导下必然可以达到“总体性均衡”的结论。最为令人不解的是，这种微观经济学从未正式公开归纳的结论，却成为大多数经济学家，特别是大多数微观经学家的坚定“信念”，以致于每当出现市场重大失衡的局面时都会暴露在社会严厉的检视和批判之下，甚至在社会看来，任何市场的非均衡，任何的危机，都是（微观）经济学的过错。

在笔者看来，这并非微观经济学的过错。微观经济学方法论体系在逻辑上无法得出“社会总体性”的市场在“总体性价格机制下”达到“总体性自我修正与均衡”的结论。因为这不是微观经济学范畴内的结论，而是宏观经济学的结论。当然，毋庸讳言，许多经济学家都很自然地得出这种结论，将微观经济学个别产品均衡的原理直截了当地扩大到整体说“总体市场”的层阶上。这主要不是因为方法论体系的单纯逻辑使然，而是经济学家在方法论体系的熏陶下所形成的意识性信念使然。我们明显地看出，卢卡斯的“合理预期理论”，实际上是微观经济学方法论体系的内在逻辑在宏观范围内自然推演的结果。此时，卢卡斯应该不是微观经济学家，而是宏观经济学家了。从卢卡斯的学说中我们可以观察到，微观经济学中个体产品市场的均衡假说体系，是如何演变为宏观层面“社会总体性均衡”的。也就是说，任何自然均衡假说，无论其具有微观或宏观性质，其唯一的出发点便是人们的“合理性”（rational）行为，或“理性”思维及行为决策的定式。亦即，人们的个体性经济行为，以及社会成员总体的经济行为，都具有在价格信号引导下“合理”和“理性”地最大限度满足自身需求的特征。这种特征使得市场，无论是个别产品市场抑或市场的社会总体都会自动地修正，达到均衡的局面。而这种特征又使得任何政府的大规模干预成为多此一举。卢卡斯指出，20 世纪 30 年代初的大萧条之所以延续很长时间，是因为很多劳工拒绝接受降低的工资水平，宁愿处于自愿性失业状态。在这种情况下，任何政府的干预都会使情况变得更糟。唯一的途径是，生活的压力使工人们渐渐认识到，他们除了接受降低的工资水准之外别无选择，从而重返劳动市场，使经济重新恢复“充分就业”的局面。

包括卢卡斯在内的芝加哥学派，实际上是以广义的保守主义意识形态为重要背景的学院派别，和里奥·施特劳斯的政治学学说，以及保守法学派等保守主义学院团体维持着紧密的相互影响、相互依存关系。在他们中间普遍存在的共同信念的基础之一是，在民主制度和市场经济体制下的公民社会，社会成员普遍倾向于采取利益导向性的“理性”决策模式。在这个模式中，社会成员普遍地遵守由法律体系、政治制度、社区生活规则、尊重自主选择的文化模式等构成的广义的社会道义体系。而在这种路径上，人们必须作出尽量接近“理性”，“合理”和“适度”的行为决策。这种“理性公民”假设，即民主社会的“自由公民”具有充分的遵循社会法律与道德公则的修养和惯性，在广义社会律法规则范围内最大限度追求自我利益的社会行为模式，是我们理解社会科学范畴内几乎一切“自由主义”学派，包括“自由学派经济学说”的关键切入点之一。宏观经济学亦不能脱离这种假设。宏观经济学各个派别之间的主要分界，长期以来集中在一个问题上：仅仅依赖社会公民“理性”与“合理”的行为及其经济选择，是否足以维系总体市场体系的长期均衡？而现在，这个分界又推移到另一个基点上：人们（即民主社会自由公民）的行为是否总是“合理”或“理性”的？其经济选择行为是否会不理性甚至“盲目”？

这是经济学迄今为止所面临的最大的挑战之一。因为无论是微观经济学或宏观经济学，都是以社会成员（自由公民）的“理性”和“合理”行为模式为基本假设的。这种假设下的问题本书第十一章中也曾特别谈及：（1）人们的经济选择与经济行为是否总是“理性”和“合理”的；（2）在经济学方法论体系的范畴内，经济选择行为的“理性”和“合理”性质如何定义。

在现代社会，基本经济生活程序并不主要是完全的个人的“理性”或“合理”决策的结果，相反，是某种集体性或集团性行为的结果。譬如，一个人在进行消费行为时，他（或她）实际上是一个消费者，即无差别的整体性社会居民同类行为总体中的一部分。这意味着，一个人的消费决策或经济行为，并不单单取决于一个人的“理性”，也取决于这个人和社会总消费群体行为模式之间的相互关系。而这种关系形式也决定了这个人在采取消费行为或做出经济决策时，必然参照该群体中其他成员的模式，必然受到其他成员消费行为和经济决策的影响，并在不同程度上跟随其他人或整个集团的经济行为模式。这决定了“一个人”的经济决策行为不大可能是完全理性或“合理”的。所谓集团性经济行为和经济决策模式，在很大程度上取决于经济制度形式，以及与此深深相关的社会、文化、以及传统的历史因素。也就是说，在不同“经济制度”下，亦即不同社会文化背景和不同的传统因素下，人们所做出的经济决定、及其所表现出来的经济行为模式必然大相径庭，无法设想并简单地假设“所有的人”在单纯的“完全并充分竞争的市场条件下”以“理性”为基础，并完全按照价格信号去做出“合理”和“最佳”的经济决定。这一点连最激进的市场自由主义者都不否认。

芝加哥学派和哈耶克如出一辙，已把对微观经济学方法论体系的认定，转化成为了一种特殊的政治性信念或意识形态。这意味着，人们所做出的“理性”和“合理”的经济行为与经济决策，是特定文化背景和经济制度的产物，是局限在具有充分市场经济体系的区域或国家范围之内的。这在经济学方法论体系演化的历史上具有极为重要的意义：现代微观经济学最根本性的假设条件，即单个社会成员在充分竞争市场范围内，在价格信号引导下根据理性来做出反应，达成“最佳”经济决策，必然导引出超越单纯经济学方法论范畴的文化信念和意识形态。

而这些信念和意识形态也以通过将微观经济学方法论体系加以“神圣化”的途径，使得任何经济学方法论体系范畴之内的学术争论，变质为关于资本主义生产方式下民主政治制度以及广义社会与文化自由的意识形态之争。亦即，弗里德曼以及芝加哥学派和某个凯恩斯学派之间的纯粹学术之争，最终会演变成政治信念甚或意识形态之争，其重点在于，作为广义资本主义生产方式和政治法律制度之牢固基础的“自由市场经济制度”（这显然不是微观经济学的概念），是否与微观经济学所竭力揭示和描述的个别或单体型经济主体之间供需交易的最终均衡型结局那样，也会自然地实现自我修正和自我均衡？

凯恩斯学说和所谓凯恩斯主义，并不是微观经济学的自然衍生物。它们只有在特殊的历史情境，譬如20世纪30年代大萧条那种特殊的历史情境之下才会产生。因为只有此时才会自然地引发对（作为一个总体结构的）自由市场体系实现自我修正和自我均衡的文化信念的怀疑，这种怀疑又导引出对整体性的自由市场体系功能，以及这种功能假说所赖以产生的微观经济学方法论体系的全面检视。可以说，宏观经济学的产生，以及此后形成的经济学内部的对垒，都源自两种并行不悖的文化运动，一种是经济学方法论范畴之内的运动，另一种是经济学之外，即涉及政治学或政治哲学范畴的广义文化观念的运动。

2008年爆发的全球性金融危机（信贷危机）同样也导致了这种现象。凯恩斯主义重新被热捧，凯恩斯的名字又到处被人提起。微观经济学及其经典假设条件再次成为箭靶。源自于亚当·斯密“看不见的手”经济哲学的现代微观经济学基本信条，从来不可能只是“微观”的。因为它不是建立在单纯技术性的逻辑推论基础上，而是来自具有深厚政治含义的历史和文化信念及其结论基础之上的。现代微观经济学在经过具有科学外貌的方法论体系过滤和加工之后，会以科学定理的形式来重新影响现时的政治和文化信念，使其获得以技术定理的支持为外观的“科学”正当性。而这种以类科学信念及其方法论体系为基础的理论，也必然影响到宏观经济的领域，影响到宏观经济领域的当事者行为和思维模式。美国著名经济评论家约翰·卡西迪曾指出，美国联储前主席格林斯潘从弗里德曼那里继承了“私人利益加竞争的经济体制等于涅磐”的简单信念[①]。他指出，这个简单信念严格来讲不是经济学的，而是自18世纪以来几乎一成不变的西方社会标准的文化观念之一。经济学家们只是通过微观经济学的方法论体系，将这种文化观念表述“经济学化”了而已。

这种文化观念的“经济学化”，也有着明晰可辨的哲学含义。“理性”和“合理性”假设都直接来自哲学界。经济学家所做的，是将这种简单而先验的文化信念，变异为社会成员（单个的个人）经济行为的标准模式与实际社会制度形态特征之间先验的一致性。亦即，在经济学中，不仅认为存在某种特定的经济制度，而且生活在这种经济制度下的每个社会成员都根据“理性”和“合理”准则从事经济行为，采取经济决策。这自然是经济学本身数量化和科学化的方法论体系本身所要求的结果：为了便于进行数量分析，必须“假设”所有社会成员都采取纯质和无差别的最合理的经济行为。但是，经济学必须在这种“个人经济行为”与“特定经济制度”之间如何必然产生相容性和共一性的问题上保持含糊，因为它本身的方法论体系不足以全面地解释这个逻辑难题。简言之，经济学难以解释为什么在自由和充分竞争的市场经济制度下人们（或单个的经济主体）必然会采取“理性”和“合理”经济行为和经济决策的悖点。微观经济学本身在其方法论发展和充实的过程中，不断地重新诠释何谓“理性”和

① John Cassidy. Annals of Economics: No Credit. New Yorker, March 15, 2010, p. 30.

"合理"经济行为以及经济决策的难题。也就是说，在微观经济学方法论发展的不同阶段或时期里，"理性"和"合理"经济行为的定义和理解都有所不同。这个问题只是到了帕雷托那里才有了间歇。在帕累托那里，所谓"理性"或"合理性"不能简单地理解为社会成员或经济主体的个体行为模式，而应该理解为在市场体系的交互关系形式架构内，每一个体的反应和行为所导致的"最佳"的社会情境。而这种"社会情境"，大体上等同于文化信念中的"经济制度"。

在宏观经济学领域内凯恩斯主义与非凯恩斯主义之间的争论，其核心内容，也埋藏在微观经济学方法论体系内部的矛盾性假设之中：个人经济行为和经济制度之间存在一种先验的"最佳"共一性或相容性。或者说，这种经济制度使得所有社会成员会采取"合理"或"理性"的经济决策和行为；并且这种决策和行为不仅"必然地"为每个人带来最大的福利，同时也不会减损社会的福利"总量"，亦即，每个人都能够最大限度获得福利，而没有一个人的福利被减损。而宏观经济学与微观经济学之间最大的差异便在于，前者认为个人经济行为和经济制度之间没有必然的和先验的正相关性：(1) 市场经济制度下并不能保证人们都能做出"合理"和"理性"的经济决策。2008 年的金融危机便说明，在美国自由竞争的市场经济体制度下，经济行为主体包括华尔街金融机构和个人也完全可能做出不理性不合理且可能招致严重后果的经济行为与经济决策。(2) 即使是"合理"或"理性"的个人经济决策，也不能自动地导致最佳的社会福利境界。凯恩斯的有效需求理论便试图说明人们的"合理经济决策"，如对未来的心理预期，不仅不能保证，反而可能破坏均衡市场局面。弗里德曼和哈耶克的理论，即使是在单纯经济学方法论的范畴内所努力论述并证明的，也不仅是个人经济行为与市场经济制度之间的共一相容性（单纯的微观经济学只集中在个体经济行为的合理性问题，而基本不涉及整体的经济制度问题），而且还包括对单纯经济现象进行观测和评量的尺度问题。这些经济现象，在某些人（譬如凯恩斯派宏观经济学家）看来是"不合理"的，而在其他一些人（譬如坚持"自由市场经济制度"的芝加哥学派与维也纳学派）看来可能是"合理"的。在 2008 年金融危机爆发之初，就有过这类的学术和政策争论：华尔街金融巨头因所谓"次贷危机"而濒临倒闭的危机，有人认为是这些大型金融机构出于"过度贪婪"和对利润"过度追求"等不理性经济行为而导致的"灾难性后果"，而解决之道是由政府出面干预，制定并实施对银行活动加以严格监督和限制的法律；而有些人则认为这是市场经济制度总的框架中不可避免的“自由竞争”或强者生存市场法则作用的“自然”现象，政府的干预行为基本上是不必要的。

这里的争论涉及一个非常根本性，且时常为人所忽视的理念：“合理性”时常和“效率性”的概念自动地组合在一起，“合理”的即是“有效率”的。这样，人们很容易将通常的个体性经济行为或经济决策所赖以形成的条件，同经济活动的必然结果全盘连接在一起，似乎个体的合理的经济行为或决策一定会带来有效率的经济活动之结果。这就使得人们容易忽略个体领域以外所存在的各种经济条件（因素）的影响。而实际上，这些外在条件和影响会变换个体经济行为与决策的结果，且无关个体行为与决策如何合理或不合理。因此，所谓宏观经济学或微观经济学之间的方法论争论，很容易在这样的问题上转变为超经济学的价值观，甚或政治学领域中的分歧。反凯恩斯学派，如芝加哥学派，必须证明个体合理行为与外存性经济条件之间始终保持“合理”和“效率性”相关性的假设；也必须证明在外存性或系统性的经济条件无法保持其“合理性”和“效率性”时，个体行为仍旧一贯保持合理性的艰难假设。这一点之所以“艰难”，因为这是一个逻辑悖论：如果所有个体的决策与行为是“合理”的，那么如何会产生“不合理”的外存性或系统性经济条件。对反凯恩斯学派来说，坚持个体的行为合理性假设，远比坚持外存性条件合理性假设重要。芝加哥学派重量级经济学家尤金·法马（Eugene Fama）坚持认为2008年的金融危机和华尔街金融集团无关：总体的股市是在危机发生之前就开始大幅下跌的，“股价在人们意识到其下跌之前就开始下跌，而且持续下跌，这一点完全证明市场本身是‘有效率’的。”法马指出，在房贷危机发生之前，整体经济增长已经开始放缓，劳工增长率和个人收入增长率也早在此前开始下降。因此，严格地来说，这场危机不应称为“金融危机”，而应称为“经济危机”。换言之，肇祸的不是个体行为主体譬如华尔街金融机构，而是外在的整体经济条件（环境），特别是政府。

当然，我们迄今尚无法得知这样一个简单的因果关系的答案：如果每一个个体（包括政府）所作出的决策及相应的行为都是合理和有效的，为什么会出现危机，为什么会导致不合理也无效率的总体经济后果？

现代宏观经济学的铺陈和过度放大，并没有产生可直接观察到的坏处。它只是让那个精髓和评量经济现象、经济局面、经济行为的尺度变得模糊不清。最初，许多人认为宏观经济学，特别是自凯恩斯以来的现代宏观经济学的基本特征是“收入”分析。而时至今日，它必须卷入相关的重大争论——关于个体经济行为和经济决策的社会后果，特别是经济制度与人们经济行为之间的相互关联性；以及某一个体经济行为或经济决策之合理性的定义，与整体经济局面之间相互作用、影响、渗透的逻辑脉络。

严格地说，这样的争论已经在经济学领域之外了。我们不大清楚这种将经济学最珍贵的一部分硬拉到经济学园地之外的努力会产生什么结果。但是，经济学古老精神的复活竟然可以导致这种明目张胆的决裂，不能不使我们感到怅然。

第 十 四 章

宏观经济政策：宏观经济学和政府行为的“政治经济学”含义

宏观经济学从来不是象牙塔里等距离游戏的住客，和微观经济学不同，它从一开始便不可避免地拥有两个鲜明的特征：(1) 毋庸置疑的文化批判性。所谓文化批判，便是对主体性或占有主导地位的文化学说提出否定。对在经济学领域中占有主导地位的微观经济学，特别是其方法论体系提出“否定性”的重新诠释，使得宏观经济学具有鲜明的文化批判特征。(2) 宏观经济学对微观经济学的文化批判或“否定性”批判，主要集中在其方法论领域内。在微观经济学看来，这些方法论体系是经济学和社会科学其他学科相区别的根本标志。而对其方法论的否定，必然引起重新塑造经济学的整体性学术框架和方法论体系，重新定义经济学研究客体或研究对象，重新调整经济学在社会科学领域内的定位等重大改变。其结果是，使得经济学更“接近”社会科学体系，更加愿意和社会科学其他学科分享研究客体和方法论，也更加愿意重视社会本身的问题。

宏观经济学的本质是对微观经济学方法论中所谓具有科学性质的均衡理论的否定和怀疑，也就是对经济活动根本动力源泉和动力结构本质学说的怀疑或否定。这就是我们为什么不能把费雪的货币学说，而是把凯恩斯学说作为宏观经济学正式开端的原因——因为前者没有提出对微观经济学价格均衡方法论即经济活动根本动力学说的修正或否定。对所谓经济活动根本动力学说体系，即市场机制所驱动的供需价格均衡的动力学说体系的修正或否定，是通过引进和市场机制相平行或共存的动力系统，即政府力量来实现的。市场价格均衡机制和政府力量机制共同为经济活动提供根本动力的假设，使得经济学本身有机会更接近社会科学的其他学科，也因此而进一步肯定了自身“属于”社会科学领域的事实。因为，政府力量是一种具有历史和社会性质的政治力量，政府所作出的任何经济决策、提出的任何经济政策，在根本上是一种政治行为。在微观经济学中，政府的经济行为或经济政策因素，是被排除在经济学基本假设体系之外的。在宏观经济学中，政府经济行为或政策因素，不仅被正式引入假设体系之内，而且被提升至和市场均衡机制一样重要的位置，并立为经济活动基本的动力源泉之一。这是由宏观经济学本身的特征所决定的：除了国家或政府以外，没有任何一个经济行为主体可以定义、诠释、并在方法论（譬如统计学）上去掌握和监测“宏观经济”或“总体经济”的活动局面。因此，宏观经济学，是用来解释和探讨国家和政府能够掌握和诠释总体性，即宏观经济局面的社会主体的经济行为，以及这种经济行为特定的模式即经济政策的。由于国家或政府的任何经济行为同时也是一种政治行为和社会行为，因此宏观经济学必须适当调整微观经济学中强调自身“科学实证性”和“技术中立性”的态度。宏观经济学必须强调自身是社会科学的一部分，因为此刻我们是在探讨经济活动领域中的“政治”行为。

笔者曾强调，凯恩斯学说及其此后宏观经济学理论体系的滥觞，是一种饶有兴味的“经济学复兴”运动。它回归到现代经济学最初始的历史出发点上，即魁奈的《经济表》中所含纳的总体性经济运动程式与图景的解析，和亚当·斯密《国富论》中所立足其上的整体性财富源泉及其价值含义的探讨这样的学术视角上。经济活动不仅是要素机制在价格条件下相互组合并创造报酬的过程，而且是报酬的总和所形成的总体经济结果，以及其对下一个总体性经济活动格局的影响和制约。和古典宏观经济学所不同的是，凯恩斯学说及其后来的宏观经济学分析体系有了一个强大的分析工具——在微观经济学时期所形成的完整的方法论体系，特别是价格分析方法体系。在古典宏观经济学向微观经济学过渡的中间环节中，萨伊具有举足轻重的地位。他的理论特点是，具有宏观或国民总体性的视角，却提出了在宏观经济活动中无法直接运用的生产要素（费用）论。这种矛盾性使得他提出经济活动可永久保持均衡稳定的幼稚的“萨伊定律”（也是“萨伊陷阱”）。他不仅没有意识到要素理论不能在国民总体性框架内展开，而且更重要的是还未能掌握价格分析（而非要素交换的简单假定）的方法。凯恩斯学说极其重大的方法论变革，便是将古典宏观经济学里国民总体性经济活动视角和微观经济学中价格均衡的方法论结合起来，试图说明如何在价格机制和价格条件下解释国民总体性经济活动局面和程序，从而超越“萨伊陷阱”。许多人，包括后来的新古典经济学派或后凯恩斯学派在内，都忽视了凯恩斯学说中这一重大特征，认为凯恩斯学说是对微观经济学方法论体系的根本性背离，因此在试图中和凯恩斯学说与微观经济学时，形而上地建立一系列有可能形成“均衡”关系的经济活动组合体，譬如总供给与总需求，总收入与总支出，通货膨胀与失业等，将总体经济活动也构想为类似供需均衡关系的一个总体性的均衡体系。

后来的宏观经济学体系主要在这样一个脉络上形成并发展起来，也就是将总体经济局面作为一个假想的均衡体系来把握，沿用价格学说的基本理念来追求使经济局面大体维持均衡的基本模式。总体性经济局面不可避免地要引入“政府”的因素。宏观经济学体系最大的难点之一在于，如何使政府这一在本质上不是经济活动主体，也不可能按照任何既有经济学方法论假设规范来运作的力量，修饰（或假定）成“单纯的经济活动主体”，假设政府的任何经济行为都是在方法论体系看来是“规范”的。而这种假设的最大悖论在于，政府行为和经济生活中个性主体的行为性质完全不同，政府在“不追求任何自身利益”或“追求公共利益”的前提下，为保持总体经济局面和经济活动格局的均衡采取具有决定性影响的行动。和经济生活中个性主体完全不同，政府在理论上不具有任何通过要素交换而“谋求自身利益”的动机，却必须采取在形态和性质上与个性主体完全相同的经济行为，这是宏观经济学体系始终不能完满解释政府行为和政策行为的根本症结之一。这也使得宏观经济学体系无法精细地展示政府行为和政策行为的全部内涵。例如，宏观经济学体系不能触及政府行为的“政治与道德含义”，不能触及政策行为的根本“政治性质”，虽然这是政府行为和政策行为的最本质性的内容。

“在社会和私人企业之间取得成本和利益的平衡”，其实质含义是特定私人企业或部门即个别经济行为主体和“社会”总体利益之间的估量与平衡。个别私人企业与“社会总体利益”之间经常出现相互冲突和矛盾的现象。这取决于如何界定“社会总体利益”的含义。而这种界定是一种复杂而细密的政治操作：譬如企业的污染物排放与环境之间的关系，企业价格操纵和其他寻求垄断的行为与反托拉斯法之间的关系，企业在市场定义范围内设计出许多盈利的形式——如名目繁多的金融衍生产品——与政府金融管制之间的关系等等。政府对特定产业部门特别倾斜式的政策偏向，政府的土地政策或区域性经济布局方面的政策（这二者在许多亚洲国家非常明显），也都无法以市场均衡形式和单纯的价格杠杆来调整并运作，而取决于政府基于政治意识与政治意志之上的政策估量与认定，取决于法律形式和其他形式的政府主权。这种估量、认定、政府主权实施，往往根据各自政治历史和传统，政党结构和政党的意识导向等不同情况而有很大的差别与弹性。因此，宏观经济学所面对的重大课题之一便是：究竟应该拘泥于单纯“宏观经济政策”即政府的财政政策与金融政策范围内，还是将政府所有关于经济活动与经济局面的政策都纳入到宏观经济学的范围里来。现在经济学家们往往习惯于后者，即把政府所有的经济政策都视作“宏观”经济政策，更把政府任何关于关于经济局面的政治操作都视作经济行为，或者都作为经济学研究的对象，这是宏观经济学诞生以来经济学研究领域重新整合的一个重要现象。

在“技术”上，政府没有自身的“利益”，它是代表社会总体的政治局面即“公共利益”的。如果没有“自身”的利益，当然其行为和决策方式就不具有“利益”的目的性、缺乏“经济的”内容。政府的经济政策，和任何其他政策一样，是一种社会主权行为，亦即依据完全独立的政治意志来启动特定的政治程序，采取特定的政治行动。这也意味着其他经济主体（个体性主体）也是一个社会主权体，其所采取的经济决策和经济行为也都是社会主权行为或政治主权行为。譬如，无论货币的性质定义如何，在现代经济社会中政府是发行货币并决定其发行量的唯一主体。这种现状是超经济、超经济学的。政府的货币发行权以及货币发行量决策权是政治主权及其程序行为。

我们已经在本书的第九章中探讨了“市场”的社会学和文化学含义，以及它在经济学假设体系内所发生的重要的概念形态变化。而在宏观经济学产生之后，我们又必须在市场和“政府”的相应关系形式和内容的分析中，去重新定义市场本身。此时，我们可能犯下的最大错误，是将“政府”定义为和市场相伯仲、相平行甚至在很多时候相对抗的“另一种”经济力量，而且在“市场力量”和“政府力量”的相互作用过程中去认识宏观经济学的内容。我们非常容易认为“政府力量”是“市场力量”极点上继起的工具性功用主体，也认为对市场“不完美性”唯一修正力量来自“政府力量”或宏观经济政策。因为，这样使我们容易简单地甚至僵硬地得出微观经济学是关于市场力量的经济学，而宏观经济学是关于政府力量的经济学的可怕结论。宏观经济学在其特定的方法论基础上必须引入“政府”的因素，因为除了“政府”没有任何其他独立的经济力量可以提供总体经济局面的图景、可以解释总体经济运动的实际内容，更没有任何独立力量可以针对这种总体性经济局面和运动，作出相应的、可能会引发总体性结果的决策行为。宏观经济学最令人难以把握的一点，便是不仅要准确厘清市场力量和政府力量之间不同的功能形式，也必须准确地划定二者之间的理论分界，否则，在我们大胆进入宏观经济学特别是宏观经济政策领域时，可能是在不知不觉中走出经济学的领地。

在宏观经济学以及宏观经济政策的领域中“离开”经济学的猜疑，并非空穴来风。宏观经济政策，并非通常的经济学中所理解的经济主体的“决策”，即依据价格机制和信号，在特定供需均衡条件下根据自我最佳利益的判断和预期做出决策。宏观经济政策不具有，或者不主要地具有这种内容。宏观经济政策，无论其具有何种特定的时期性、目的性、针对性的内容，都是以“公共利益”作为基点的，都会具有超经济的道德性和价值性的依据。政府根据“公共利益”作出相应决策行为即制定并实施宏观经济政策的特性，在经济学的角度上具有关键性的方法论意义：在传统经济学或微观经济学里，经济主体的决策都是“个体性”的，亦即个体性经济主体根据价格条件下的供需均衡条件，在符合自身最大利益的预期下作出自主的经济决策；而政府的决策则是根据“公共利益”，亦即社会总体的经济条件现状，而不是根据价格条件与供需状况，也不是根据“利益最大化”预期来作出决策。所谓“公共利益”并不能按照其字面意义来理解，而在经济学方法论范围内，“公共利益”是无法定义的，因为无论社会成员之间，还是社会成员的经济主体之间都无法建立一种超越价格机制和自我利益预期的经济关系，或者经济行为互动关系形式，也无法形成超越价格机制和自我需求与利益条件的“共同”的“社会总体”利益形式。在这个意义上，所谓“公共利益”，乃是政府基于特定主导性意识形态，对社会总体经济局面，以及其与特定社会、与政治秩序之间相互关系形式的自我政治认定。任何一个政府的经济政策，不会没有这种基于主导性意识形态的政治认定的内容，不会没有对总体经济局面和社会政治秩序之间相互关系形式的特别考量，不会没有直接而特定的社会、道德和政治价值指向。因此，没有一个政府的经济政策、没有一个“宏观经济政策”是完全“经济”的。包括宏观经济政策在内的政府经济政策的制定与实施过程，是一种完整的政府行为或政治行为的操作程序。其中没有一个步骤和过程包含明确的“个体性经济主体之经济决策行为”的内容，即按照价格条件和供需均衡机制来作出符合单纯个体最大利益的决定。

政府经济政策的制定和实施，正是使公共、个体这两种不同性质的社会主体在特别的政治程序中相遇，期待能够通过这种政治程序中的交互作用，来达到维存和增扩利益的目的。也就是说，政府的行为或决策（政策）会直接影响到个体性经济主体的利益现状，并影响这些经济个体对经济局面之对自我经济利益的预期，从而改变这些个体的经济决策内容。而这一点，才是宏观经济学之“经济学”内容的枢纽所在：宏观经济学的灵魂不在于单纯分析政府以公共利益的名义所制定和实施的经济政策本身，而在于分析政府的政策，特别是宏观经济政策对个体性经济主体经济行为和经济决策的影响。

并非所有政府的经济行为和经济政策都是“宏观经济政策”。政府作为代表“公共利益”的主体，也有可能作出具有“个体”性质的经济行为和经济决策，譬如政府采购，包括国防订单和采购。这些政府的采购行为，大致采取市场正常的交易程序，即根据价格条件来决定采购的内容。遗憾的是，很多人将政府这些“个体”性质的经济行为也视作宏观经济政策的一部分。这是错误的。

所谓宏观经济政策，必须有以下的特征：（1）它不具有“个体性”，即不具有市场行为特征，不具有在价格条件下进行公开完成市场交易的性质。（2）它依据特定意识形态主导下“公共利益”的认定，即对社会总体经济局面的认定，以特定的政治活动程序来制定并实施经济决策。（3）这些政府决策的实施，足以对个体性经济行为和个体的经济决策模式产生影响并导致相应的变化。政府的经济行为，不管其具有何种浓重的经济内容，在本质上都是政治行为。政策行为在本质上是政治权力体系运用的程序结果。在这个意义上，宏观经济学是研究经济领域中的“政治行为”的。这也是我们可以称宏观经济学实现了经济学分析体系的“再政治经济学化”的重要原因。只是，在宏观经济学分析体系范围内，必须暂时地剔除政治行为的“政治含义”的成分，将其假设为纯粹的经济活动形式，并假设其只产生单纯的经济后果。这就使得宏观经济学必须对政府政策的形式和定义加以严格的限定：并非所有政府关于经济活动的政策或决策都是“宏观”的，即只具备单纯经济意义的；只有那些不具有特定政治倾向，不具有特定道德内容，以及不具有特定意识形态内涵，只单纯以经济活动或经济杠杆形式加以实施，并只产生对全局性经济局面的影响，只产生对全局性经济活动之结果的调节作用的政策，才算是“宏观”经济政策，才是宏观经济学研究的内容。譬如，政府的国有化或私有化政策并不是宏观经济政策，政府的反托拉斯法或其他反对垄断的政策也不是宏观经济政策。因为这些政策并没有使用“经济活动形式”，也没有采用“经济杠杆”，也不对全局性或总体性经济活动的结局产生立即而直接的影响。只有政府采用规范的经济活动形式和经济杠杆的政策才算是宏经济观政策，这包括政府的财政政策（财政预算的编制、税收政策的制定等）和中央银行金融政策（货币发行量和利率的决定）。只有在这两种形式的政策中，政府才采用了“经济活动形式”和“经济杠杆”，政府本身以经济活动主体的身份和姿态，采用政府自身所拥有的要素或资源来介入到“总体性”经济局面中，并直接改变整个经济活动的结局或者经济产出。

政府的经济政策固然是一种政治主权行为，但我们总是假设在现代市场条件下任何经济行为主体，如厂商和消费者都是社会权利主体，他们的所有经济选择或经济决策都是出于自由意志，这又使得政策体系不能具有政治主权的任意性，亦即它不能够触及到经济主体譬如厂商和消费者基于社会权利之上的自由意志领域。这样的政策体系必然要基于对经济主体做出选择的集体性或整体性后果进行评估，并努力将这些后果调整为符合自身政治意识导向的状态。也就是说，政府通过自身独有的政策工具，对社会经济行为主体自由的经济选择之总体结果进行特定政治导向的调整。而这种调整的结果不仅影响社会经济行为主体的总体经济结果的原初格局，也会影响下一阶段社会经济主体经济选择或经济决策的内容。理查德·吉尔将现代政府的政策功能归结为三个形态：（1）稳定经济；（2）在社会和私人企业之间取得成本与利益的平衡；（3）收入的再分配。这三个形态其实代表三种相互关联、相互衔接的政策功能体系。

“稳定经济”，是政府对“有组织的社会”秩序结构追求的一部分。政府通过对“充分就业”，“适度通货膨胀率”与“适度经济增长率”的追求，试图寻求具有特定秩序内容的经济活动架构，达到其“有组织社会”的政策目标。“稳定经济”的根本含义在于，为总体经济运行局面设置一个政治性的或政治秩序性的目标。“稳定经济”不是为了追求最大的“利益”，或者基于总体价格均衡上的供需均衡，而在于使经济运行整体局面中的不同主体之间保持政府（政治性）的假想秩序平衡。这种“稳定经济”的政策目标标榜为“总供给”与“总需求”之间的“均衡”。但是这种“均衡”不是建立在供给与需求之间在价格信号机制下达成的“均衡”，而是在经济主体譬如部门之间和主要经济指标之间，在政府的假想范围内达成不至于使某单一经济主体或经济部门陷于过低增长的“平衡性”或“理想性”局面。这种“平衡性”或“理想性”局面的设定，并没有特别的经典经济学意义上的“均衡”考量，而主要是为了追求广义的经济局面运行“秩序”，而这种“秩序”符合并支托政府依照特定政治意识形态来设定与追求的政治秩序形式，符合特定政治制度模式和政治社会生活模式所赖以正常维系的需要。政府通过“稳定经济”即重塑秩序性总体平衡局面的努力，来稳定自身的政治权力基础，譬如保证社会不致因经济停滞或发生经济危机而出现危及政治权力秩序的暴乱或暴动，或者选民的不满等等。在现实生活中，所谓“宏观经济政策”大多也是这类政府政治操作和政治运作程序的一部分，只是它的“政治”特征较之其他形式的政府经济政策形式而言不大明显，因为“宏观经济政策”是通过完整的经济杠杆即财政和金融杠杆来实施，而且它的作用和效果可以通过通常的经济指标形式来衡量。一般来讲，我们在分析“政策”、“宏观政策”或者“稳定经济”的措施时，不会联想到政治层面的含义。我们只注意它的经济内容：运用经济甚或市场杠杆的工具形式，它所引发的经济领域或部门领域中的经济效应，在这些政策下个体经济部门所受到的影响，这种影响对其决策的作用，以及其对这些经济部门的经济行为之结果的作用等等。当然，更包括在这些政策下总体经济运行局面、行为与决策模式的改变，以及这种改变对总体经济活动或经济产出结果的影响。但是，人们，包括经济学家通常都不会去思考“稳定经济”政策之根本的政治内涵和根本的政治指向性。而这正是人们特别是经济学家们在分析政府政策模式时所必要的。宏观经济学，为我们观察和剖析政府经济政策模式提供了新的视角和方法论工具。它的历史性假设便是：政府在特定的政策形式领域内，其内涵是经济性的，因为这些特定经济政策是以完全的经济杠杆或经济活动形式来实施，而且其结果可以用经济指标或数量形式来衡量，其作用可以对社会的总产出产生直接的推动。

这就是为什么凯恩斯以后的宏观经济学理念体系，总是引起超越经济学领域和内容本身的广泛争论，包括具有明确道德和价值内容的政治争论。因为，任何一种政府的政策形式，不管其政治内涵性多么模糊或淡薄，都会引发关于政策形式、政府角色、政策目的性的争论，引发关于政府政策是否“正确”，其产生的后果是否“公平”的争论。政府的经济政策，包括宏观经济政策，都会含有重新分配社会总收入的内容，都会含有在经济利益层面上有利或不利于特定要素拥有者（在政治学意义上可以理解为阶层或阶级）的内容。政府的任何经济政策，包括宏观经济政策必须受到多方面的检视和评价。经济学可以分析其单纯的经济内容和经济结果，但是其他人包括政治学家和社会学家却会去分析和评估政府政策的其他层面或含义。这种现象，使得经济学家严格地在经济学方法论范围内单纯分析政府政策的“经济内容”变得困难。凯恩斯的“直系后裔”，“两个剑桥之争”，就含有明确的超越严格经济学领域的内容。而凯恩斯学派和反凯恩斯派，如哈耶克和弗里德曼之间的理论争论，最后也脱出单纯经济学方法论的范围，而扩义为关于“经济自由主义”，“自由市场体系”，“政府控制”，甚至“社会主义”和“资本主义”之间具有浓厚政治及意识形态意味的争论。人们往往将凯恩斯主义与西方的“自由派”或“左翼”，“社会民主主义”甚至“社会主义”等量齐观，而哈耶克和弗里德曼则被视作坚定捍卫资本主义自由市场体系的卫道士。

哈耶克和弗里德曼这两位正统经济学家最后将经济学的争论引申到政治学的领域，就是因凯恩斯宏观经济学中对政府角色的定位所引起的。在宏观经济学中，政府的活动形式完全可以（至少暂时地）摆脱政治内涵，而作为一个纯粹经济活动主体的身份来运作。亦即政府的活动，尤其宏观经济政策，可以是完全不涉及“政治”和价值内容的，可以完全是“经济”的。政府的经济行为和政府的性质以及政府的历史特征无关。而哈耶克和弗里德曼却坚定地否认这一点。哈耶克认为，以政府为集中代表的任何集体力量都是某种程度上的“集权”，因为其根本含义是由“某些人”制定和采取足以影响社会大多数人的计划与决定。社会资源也因为这“某些人”的计划而发生足以影响大多数人的重新配置。而其直接的结果是或多或少地局限和压制个人权利，因为这些“个人”除了被动地接受“某些人”基于政治权力体系而作出的计划或决定并承受其结果而没有其他选择。哈耶克认为，基于政治权力体系的“某些人”作出的计划或决定，并不一定带有先验的道德不正当性；它之所以是“集权”的，是因为它一定是根据不充分的信息来制定的。政治权力体系即政府永远不可能掌握和其政治权力的作用范围“相配”、和其可能重新配置社会资源的广泛性相符合的“充足甚至完整”的信息。即使是完全以经济活动和经济杠杆形式来运作的宏观经济政策，也不可能摆脱这一魔咒。他甚至以法西斯主义和共产主义制度为例，来说明政府控制经济的“可怕景象”。最初曾为凯恩斯主义者的弗里德曼则有不同的视角：他认为，政府的干预（宏观经济政策特别是财政政策）会造成经济活动的扭曲。这里包含“信息不充分”的因素，但更重要的是，政府的干预会使宏观经济活动和其最根本的因子即货币供应量之间的相互关系形式被阻断，而政府必须使用“另类”的政策工具如利率和财政政策来对经济活动施加影响。而这些政策工具最终的结果是导致财政赤字和通货膨胀。在哈耶克和弗里德曼看来，政府的“干预”，无论其是否采取宏观经济政策的形式，在道德依据和经济活动自身的根本含义上都是站不住脚的。后来，弗里德曼也和哈耶克一样，从纯粹学术的领域跳到政治批判的领域中去反对“凯恩斯主义”或政府“对经济活动的干预”，认为政府干预所造成的经济活动正常程序的扭曲本身，就是足以谴责的政治道德的沦丧。他也公然声称自己信奉古典自由主义的哲学，是一个“大写”的共和党人。

这是宏观经济学诞生以来其方法论假设体系和方法论特征所导致的符合逻辑的结果。现代宏观经济学的诞生不仅是为经济学领域提供了崭新的方法论体系，更是为经济学学科崭新的历史性演变提供了空前的契机。和典型的微观经济学方法论体系相比，在现代宏观经济学中，引进了一个新的经济活动主体——政府，而这个经济活动主体在性质上不是单纯“经济”的，即不是单纯按照市场规则和价格信号运作的经济主体。现代宏观经济学“假设”在其方法论体系中，政府是单纯的经济活动主体，暂时地将政府的“其他性质”舍弃。因此，它为这个主体即政府搭建了相应的经济活动框架和活动平台，譬如总收入，总产出，甚至社会总需求和总供给等。这一系列的方法论平台，实际上多半是为了尽量地掩饰政府并非单纯经济活动主体的性质，赋予政府经济行为（包括宏观政策在内的经济政策）以单纯的经济内涵。然而，宏观经济学这一方法论体系无异于打开了一个“潘多拉之盒”，最终导致了完全意想不到的局面：使得经济学完全改换了自己的面貌，重新回归到古典政治经济学的轨道。经济学不再拘泥于单纯市场功能形式的探索，而且重新思考市场的“性质”与“历史性限界”。经济学不再坚持其“科学中性”的学术特征，而是逐渐地和社会科学中其他学科一道，在不计较方法论分域的前提下，试图对经济问题做出“终极”的回答。

宏观经济学的主要功能之一，是解释政府的角色及其内容。凯恩斯主义者和非凯恩斯主义者在有关宏观经济政策领域内，也不可避免地围绕政府角色是否“合理”或是否“罪恶”的道德议题展开争论。这使得所有经济学家不可避免地同时也是政治学家或政治历史学家。和 20 世纪 30 年代初大萧条一样，2008 年的世界性金融大风暴不仅会引发大面积的广泛研究，也必将在此后几代的经济学家中引发充满道义情绪和政治倾向性的激烈争论。但是，这次的争论和 30 年代大萧条相反，所引发的将是资本主义自由市场经济体系是否在道德上合理的问题。宏观经济学的出发点在于，市场经济体系中其基本杠杆的先天缺失必须由政府功能来弥补，这样一个理论假设。但是正如笔者一再反复指出的，这个问题决无法仅仅在经济学理论范围内加以解答。这不仅是因为政府并非单纯的经济活动主体，也因为“市场”本身也不是单纯的经济学范畴。除了市场基本功能杠杆如供求均衡和价格信号等因素之外，它也是特定地域、特定社会、特定文化下的历史结构体，并不断受到这些非经济因素的影响和制衡。我们在“市场”和“政府”这两个各具政治和文化含义的历史结构体的相互融合与动作中，寻求一个没有政治文化内容的经济活动结果，而且这个结果必须符合特定的社会甚至政治预期，譬如“稳定”，“增长”，“低通货膨胀率”，“低失业率”等。而“市场”和“政府”这两者在面对违反特定预期的经济局面或经济活动结果时，会互相指责，认为对方具有导致这些负面后果的道德、价值、结构缺陷。即使是经济学家也不可避免地要卷入到这种相互指责当中，并非因为经济学家都是必定具有特定政治价值观的社会成员，而是因为从微观经济学到宏观经济学的形成这一经济学方法论体系的变型或转型过程中，在经济学中性和科学的外表下，必然地、先验地包括了“市场”和“政府”相互对立性的互动形式。

导致2008年金融风暴的主要因素，譬如美国次级贷款的泛滥，各种金融衍生产品对所谓杠杆原理的过度使用，以及由此反映出的市场中人们或经济主体追求利益时的“贪婪”，大体上是“市场”的正常功能或运动形式。在单纯经济学的范围里无法对之加以具有批判和贬斥性的道德判断。在经济学的“市场”体系里，经济主体追求“最大限度”的利润，使“资本要素”取得“最大限度的报酬”，是一个正常的也不含有任何道德含义的过程。但是，在单纯而狭窄的经济学方法论体系之外，这个过程必然遭到严格的道德检判。而且，客观地看，这个过程也造成直接而“严重”的“经济后果”，这个后果无论从哪个角度（包括经济学角度）上都是不受欢迎的和“负面”的：华尔街几个最大的投资银行和券商几乎一夜之间轰然倒地、关门大吉，政府紧急推出7000亿美元的救市基金；但似乎杯水车薪，银根大紧缩，房产市场遍地哀鸿，失业率骤然升高，汽车业几乎破产，经济出现负增长。理论经济学家对这种局面的解释已不再重要，任何将这种局面正当化，即认为它是自由市场体系必然性功能运动“自然”结果的解释，都必然遭到严厉的政治和道德责难。这种现象已经不需要“经济学理论”的解释，因为它看来是“多余”的。

现在需要的是一种具有道德和政治判断内容的“技术性”解释：华尔街的金融“大鳄”们出于“狂热追逐”利润的“贪婪”，而设计并制造出许多令人眼花缭乱、匪夷所思的所谓“金融衍生产品”，利用所谓“杠杆”原理，来施展并推动一切可能获取利润和回报的市场活动。而在某一个时点、某一个环节中，这些追逐利润游戏的“完美环节”出现阻滞甚或阻断，由金融衍生产品的空前技术连带性所导致的引致效应会蔓延至全球性金融市场的各个层面、各个角落。按照古典的要素理论，在资本主义生产方式下，任何生产要素都不可能单独地投入生产过程，任何生产要素都必须和其他生产要素相结合，譬如资本要素必须和劳动要素或土地要素相结合，才能够完成资本主义生产过程，形成物质或劳务产品。而在华尔街，却出现了资本要素单独地、不与其他生产要素相结合、不进入（产品与劳务的）生产过程，而通过所谓“金融衍生产品”，在资本要素自身的领地内实现自我“增值”或“增殖”。这是一种全新而空前的历史现象，对经济学理论来说，当然也是全新的现象。虽然很多人仍将华尔街金融证券业界的行为定义为“市场性质”的资本追逐高额利润回报的行为，但是人们却忘记了所谓“市场行为”必须是各要素之间的相互结合，譬如资本要素和劳动要素之间的相互结合，在实质性生产程序中形成产品，并使这种产品和直接的消费者之间在价格信号和机制下实现交换的过程。而华尔街式的资本要素在实质生产过程之外单独地实现自我增值或自我增殖的现象，是否也应该理解为“市场行为”？如果这不是单纯的市场行为，那么美国政府针对它所提出的政策措施是否属于“宏观经济政策”的范畴？如果这在本质上属于“宏观经济政策”的范畴，那么这个范畴内含有何种在经济学理论上不可定义甚至不可考察的社会道德学或政治学的含义？

宏观经济学是在微观经济学理论方法论的平台上树立起来的，这毋庸置疑。它的核心含义在于，以诸种生产要素在价格杠杆作用下相互组合，从而在生产过程中形成特定产品，而产品本身亦通过价格信号指引而在社会各部门（包括社会成员）之间分配的市场机制，会经常地失去微观经济学所设想并假定均衡性和永续性，而导致全局性的经济局面变换，唯有通过政府力量的介入，才能够恢复到市场的均衡性局面。这个含义意味着，宏观经济学所必需面对的，是“典型”的市场失衡局面，而非其他。所谓“市场失衡”必定建立在诸种生产要素无法“完满”地相互组合，因而无法“正常”地持续现有生产过程这样一个局面之上。当华尔街金融危机发生时，我们也一定会以这种理论含义的标准去加以检视。当我们发现华尔街式的危机并不符合这种含义的理论标准，却呈现完全相同的“严重”全局性经济失衡局面时，便有必要对“宏观经济学”和“宏观经济政策”的方法论体系和整个理论框架的“合理性”进行更为深入的审视。此时，我们必须警觉到，宏观经济学其实完全可以在超越微观经济学理论限定范围的条件下展开，它完全可以离开市场功能及其合理性这样一个简单的设定。这意味着，宏观经济学从一开始，便是“古典政治经济学”的复兴，它必定将经济学弃而不用的方法论，如历史和政治分析，社会价值与公众伦理判断，法学的适度原则，以及财政和金融的技术技法等，重新纳入到经济学的领地中来。

此时的“宏观经济政策”具有非常明确的目标：如何“走出”这个金融风暴。这个简单明确的目标既是经济的，也是社会的和历史的。如何“回到”经济增长的“正常轨道”，这才是纯粹经济学的问题。社会要求经济学同时回答这两个问题。虽然基本的答案已经由凯恩斯在 70 多年前给出，但是回答这个问题时不仅要求经济学提出一系列实用的政策方案或治理的药方，也必然伴随着大量的政治学和文化批判的内容，譬如自由市场的资本主义经济体系在根本的历史意义上是否具有“合理性”这样一个尖锐的问题。在一系列可能提出的政策方案中必然包括对金融衍生产品和银行活动加强限制和监管的内容。这种政策内容明确包含了对自由市场基本的动力源泉，即人类追逐利益的心理本能进行抑制和控管的政治涵义。宏观经济学或宏观经济政策不会直接地表述这个涵义，但是在它一开始将政府作为经济活动的主体引入到经济学分析框架中时，便决定了它不可避免地在自己独有的分析体系中附着这种价值指向性的政治内容。我们始终注意到，任何政府功能的引入，都是对市场功能的相应替代。政府功能包括政策体系在内，都和市场功能体系之间存在这种正相关性的相互替代关系。奥巴马政府上台不久便宣布所有华尔街接受美国政府紧急资金援助的金融机构主管的年薪不得超过 50 万美元。当华尔街在金融危机深化的情况下仍然发出超过 184 亿美元的年底分红，奥巴马总统愤怒地斥其“可耻”。每一个由政府来实施的经济政策，包括宏观经济政策，都必然会渗透这一类政治判断和道义情绪的内容。

总之，我们在讨论所谓“宏观经济政策”或“政府经济政策”这类问题时，必须谨慎地回到宏观经济学理论框架的内部去寻求其真正的脉络。我们很自然地将“宏观经济学”和“宏观经济政策”直接地联系起来，甚至在理论上将二者等同起来。很多经济学家甚至直截了当地断定宏观经济学的核心内涵便是宏观经济政策。这是极大的理论谬误。按照凯恩斯学说的推论，只有那些完全和微观经济学中个体经济行为主体一样在经济活动中做出决策并行动的政府经济行为，才是宏观经济行为或宏观政策行为。它的主要理论界定是，只有在政府运用其掌握的资源或生产要素，特别是资本要素（资金）来介入经济行为，而其目标在于补充个体经济行为主体所造成的“有效需求不足”时，或追求总体经济的所谓“供需均衡”时，才是宏观经济政策或宏观经济行为。这就是理论界倾向于认定所谓政府的财政政策和金融政策才算得上是“宏观政策”的原因。因为，只有这两种政府行为直接运用资本要素或资金来施行；只有这两种行为不针对任何特定个体的经济主体，也不是出于个别性或局部性的经济目标。

所谓宏观经济政策体系，不仅具有方法论的意义，更重要的是它具有非常隐含却关键性的文化学意义。通常，政府的任何举措包括经济政策或措施，都是纯粹的政治行为或政治活动程序。宏观经济政策论的产生，说明了经济学既指明和确认自身固有方法论中僵硬假设体系的局限性，也小心翼翼地使政府行为尽量减少政治色彩，和单纯的政治行为产生一定的区隔。其关键，就是使政府政策避免直接介入到任何微观的市场行为中，而仅仅发挥“独立”或“平行”的经济行为主体的作用：即政府以市场行为方式投放其行为，以生产要素形式投入到现有特定秩序的市场活动中，以作为市场功能的补充。只有这样，宏观经济学才能够在根本重新树立方法论体系的的情况下，仍然坚定标明它没有“离开”经济学，它所提出的任何理论部分，包括关于政府政策的部分，都是纯粹经济学的。这是许多欧美国家特别是美国政府制定经济政策的一贯特色。在 2008 年金融风暴中政府推出的救市方案（或应对经济危机的政策），不管其多么不完整甚至加深了这次的金融危机，都必须尽量地显现出“非政治”的色彩，显现出尊重市场功能体系的姿态。美国政府尽量地使用“标准”的宏观杠杆，如加强政府支出，通过政府的财政支出来增加就业，降低利息并向银行业注入资金以活络贷款市场等。不仅宏观经济学要申明它依旧是纯粹的经济学，政府也必须申明其政策行为并非单纯的“政策行为”，而更多的是“经济行为”。

在这里，我们不仅看到宏观经济学如何展开在经济学的学术领域之外，也看到宏观经济学如何重新定义政府行为，因此也重新定义政治学原理。在宏观经济政策里（在进一步的假设中，也在宏观经济学里），政府的政治行为如果产生和作用于经济领域，便是经济学的研究对象，不管其是否是经典的“宏观经济政策”。“宏观经济政策”和“非宏观”的经济政策之间的分际开始逐渐模糊，在大多数情况下政府所推出的经济政策，特别是在“有效需求不足”的时期（亦即“经济危机”的时期）所推出的经济政策便同时包含了单纯的“宏观经济政策”和非宏观的经济政策，即针对个别性或局部性经济目标的政策，以及单纯运用国家政治权力的举措。2008 年和 2009 年之交的“金融风暴”期间美国两届政府（布什和奥巴马政府）推出的对策便混合了宏观和非宏观的经济政策，既有降低利率和减税的“宏观”措施，也包括向各银行提供政府融资和向陷入危机的三大汽车公司提供紧急贷款的“非宏观”措施。在分析这些经济政策时，不能仅仅简单地拘泥于“宏观政策”的概念中。宏观经济学以及由此衍生的宏观经济政策概念的推出，建立在凯恩斯理论试图对微观经济学中完美市场均衡假设提出修正的理论和历史出发点上。这里之所以强调“历史出发点”，也是在特别申明西方社会中形成的“市场”观念的文化历史学内涵。在这种内涵里，“市场”作为普遍和基本的的社会经济活动形式，被认为和特定的政治结构以及政治局面保持相对的独立和超然性。政治结构、政治力量、政治局面应该和“市场”本体保持恒定的文化与历史区隔，它们直接介入市场功能乃是社会甚至政治的禁忌。

在资本主义生产方式存续数个世纪之后，特别是古典微观经济学兴起的数十年之后，宏观经济学体系也必须从根本上尊重这样一个历史性禁忌，因此它在试图修正微观经济学完美而僵硬的市场均衡体系时，只是假设政府应该且能够补正市场自身运行特性所必然产生的均衡运作被破坏的局面，政府也必须以市场均衡的“补正力量”的角色，而非任何其他的面目出现在经济活动程序中。因此，政府对个别和单独的经济环节、个别和局部性经济主体正常活动程序的介入，与政府对价格均衡程序的干预行动一样，成为严格而深刻的禁忌。因此，综观“西方的经济政策史”，很少观察到所谓“产业政策”，亦即政府对个别或局部性企业和经济部门的活动程序进行直接介入的现象。这和许多东方国家，如中国，日本，韩国等国家大为殊异。

由于这些国家没有现代经济学长期存在、演变和熏陶的历史过程，政府在其政策行为和决策思考上，也少有关于“市场独立性”的文化禁忌，政府对市场的直接政治干预也没有来自文化观念方面的阻力，而且管制性、统制性和中央计划性经济体制构成国家经济生活主导性和主流的形态。在东方国家，即使是在现代市场体系下，其经济政策体系，也往往超出单纯“宏观经济政策”的范围，往往体现出明显的政治特色，而且浓重地表现出对微观经济行为或者对厂商行为与决策的直接的政治介入或干预。这些政府的“经济政策”，多不具有“总体性”或“全局性”的特点。许多的政府经济政策都是国家政治权力杠杆（如立法权，行政权甚或司法权）的直接运用。譬如国有化或私有化，反垄断法，出于环境保护目的的政策法规，通过非资金的其他资源譬如土地资源等对经济活动进行调节，对特定产业的“优惠”或“不优惠”的措施等，都不是“宏观经济政策”。针对特定企业的规章制度，即使这些直接运用国家权力的政府经济政策中伴之以资金的运用，也不是“宏观经济政策”。同样的财政政策中，政府的采购属于宏观政策的范畴，但是对农产品的补贴却不是。调整利率和货币发行量是宏观政策，但向各个银行提供贷款或购买其股票却不是。其中最明显的是所谓的“产业政策”：政府往往直接对各个生产部门，或生产行业进行政治指导或政治引导，这些指导或引导措施不仅包括直接的资金注入，更包含一系列直接的政府措施，如：政治纲领性或政府法规方面的鼓励或不鼓励，对部门或行业产量提出半强制性的规划，对部门或行业之间的市场交易进行直接的政府指导或干预；对产业部门的行为或产出结果进行政策限制或放宽限制如提高或减少税率，出口补贴或出口退税等等。必须指出的是，这些国家的产业政策，往往都具有促进这些部门或行业“高速增长”的政策目的，很少用于对部门或行业的产能或增长速度的限制。欧美国家特别是美国并非完全不存在这类“产业政策”，但大多是间接的，而且大都不以促进部门或行业的“增长”为目的。譬如通过对汽车排气量的限制，强迫汽车行业对其产品进行具有某种政策指向性的改造。

对资本主义生产方式，包括其市场功能体系的道德批判，一向是现代社会科学思潮，包括政治经济学在内的文化意识基石。因为只有这个生产方式和功能体系能够承载现代文化思想批判的内容，因为这个生产方式和功能形式是现代社会生活无可替代的主流，对主流文化价值的质疑和批判是现代社会科学思潮的主要内容。“政治经济学”在一开始便具有这种文化批判的强烈色彩。但是，后来的经济学却走上了放弃批判和引进科学体系中中性分析为主的所谓“实证性”和“科学性”的道路。这也具有某种必然性地铺设了“政治经济学”复苏的道路。当然，我们不能肯定，现代经济学是会逐渐转变或回归为“政治经济学”，还是在现代经济学的领地之外，“政治经济学”以崭新而独立的形态平地而起。

经济学不是最佳的批判利器。但是它若批判，我们会看到事物最隐蔽的内层。因为经济学这个利器毕竟犀利。

第十五章

总供给和总需求的疏离：收入分析下的真实图景

我们很难为宏观经济学规定一个统一的方法论模式，也很难定义它的方法论特征。但可以肯定的是，和以价格理论为核心的微观经济学不同，宏观经济学不是以价格均衡假设为基础的。经济学一旦超越价格均衡条件的框架，那么其方法论特征和理论内核就很难予以把握。

因此，后来的经济学家们的主要工作，就是要给凯恩斯革命所引致的这种纷乱的后果加以整理，使与凯恩斯革命紧密相连的现代宏观经济学得以有一个统一方法论的外貌。这种努力一方面大大拓展了宏观经济学的领地，另一方面也导致了经济学说史上空前的、又有些令人尴尬的学术分裂。这个学术分裂的主要内容是：一些经济学家试图将宏观经济学和传统的微观经济学重新连接起来，并以微观经济学的方法论体系来分析宏观经济学的议题；而另一些经济学家则试图进一步割断凯恩斯革命的成果与传统微观经济学的联系，并将宏观经济学推回到古典的价值—收入论轨道。然而，有趣的是，可能正是由于这种分裂，现代宏观经济学才得以在涵盖如此广泛的议题的同时仍然可以声称自己是“经济学”。

其实，学院派的凯恩斯经济学家并没有直接论及现在被奉为圭臬的那些总量性宏观概念。凯恩斯革命的真义在于它指出了：价格均衡机制只是严格限定的个别交换活动的基础，而不是决定整个社会经济局面及其运行的唯一动力。而这个整体性的经济局面，虽然不再单独由供给和需求的对应布局及各方的行为定则所决定，但也不是完全由单纯的总量概念构成的。

和微观经济学一样，凯恩斯的学说仍然没有脱出“决定论”的窠臼，即它仍然企图说明一些最通常的经济现象和经济活动样式——这些经济现象和经济活动样式也往往是微观经济学的议题——是由何种因素决定的。譬如凯恩斯就努力证明社会个体成员的行为方式（如在心理因素驱动下的收入配置举措）的原因，以及这些活动对一系列经济局面的决定作用。当然，在宏观经济学中出现了一些完全不同于微观经济学的概念，譬如储蓄，利率，投资等。但是这些概念并非由凯恩斯本人首次提出和论及，而且它们本身也都直接来自微观经济学概念的延伸。如储蓄是个人收入的组成部分，只是在微观经济学过分严密的假设条件下被忽略了而已；投资是生产理论中要素投入的行为，只是在宏观经济学里它不再和要素划分相关，而是和收入配置的选择相关。如果我们说，宏观经济学是从微观经济学的收入学说的尽头继起的，应该不算过分。

因此我们几乎可以断定，那些将宏观经济学片面地与单纯总量因素和总量概念相联系的做法，都是后来的事情。这些努力最后是将所有微观经济学中的概念加以总量化，如总供给和总需求等，接着将收入元素加以总量化，如总储蓄和总投资等。但是，这些总量化又遇到几乎不可解脱的难题：它们之间是如何对应运作的？“总供给”和“总需求”之间是和微观经济学的供给和需求那样按照价格均衡机制运作的吗？社会产品之间的千差万别允许这种统一的“总供给”和“总需求”概念成立吗？另外，“总储蓄”和“总投资”之间的关系形式与个别储蓄和个别投资之间的关系形式的差异在哪里？“总投资”和“总储蓄”之间不仅是由“资本的价格”即利息水平来调节的，“心理上的流动偏好”导致的货币运动变形和货币发行量也都影响它们之间的相互关系。因此，在这种难题下，必然会着手改变这些总量概念字面下的真实含义：“总供给”便被诠释成社会整体产品与劳务的总产出；而“总需求”便被诠释为社会整体对这些产品劳务的总的接受。这种接受并不是市场自发的实际需求的总和，而是市场自发需求加上政府货币与财政政策来补充的需求。“总供给”和“总需求”

之间也无法由一个可以清晰方式来界定的“总价格”均衡来调节，这不仅是因为“总供给”部分包含了太多不同的产品内容和劳务内容，或者“总需求”方面包含了太多具有不同动机和需求内容的主体，因此这二者之间无法有一个统一的价格均衡杠杆发挥作用；而且还因为在“总量”概念框架下，“供给”和“需求”的概念内涵会发生与微观经济学内容相比“易位”性的变化。某些“总供给”的成分，在微观经济学范围里应该被直接或间接地定义为“需求”，譬如证券市场和其他资本市场产品，在微观经济学看来应该属于“需求”的范畴，金融产品实际上反映的是对资金的“需求”。而某些“总需求”的成分在微观经济学看来则属于“供给”的范畴，譬如政府采购和政府需求，实际上是对企业的资金“供给”。

这里产生了一对互不衔接的概念矛盾：“总供给”是社会市场自发供给力的总合，但是“总需求”却包含了市场自发需求和政府需求两部分。因此，“总需求”中单纯由市场自发需求构成的部分在理论上就小于“总供给”。这就是现代经济学解释“有效需求不足”的根据所在。但是，“总需求”的政府部分却又容易引起理解上的混乱。因为政府货币和财政政策构成的需求中，有很大一部分是采取公共工程投资和资本供给（如政府信贷等）的形式。这一部分实际上应被理解为广义“总供给”，而非“总需求”的组成部分。在微观经济学中，一般可分为产品需求与供给以及要素需求与供给等不同的两部分，而往往产品供给的主体又是要素供给的主体，要素需求的主体也是产品供给的主体。但是，在宏观经济学的“总供给”中，则包含了产品的供给和要素的供给，而在“总需求”的概念中，则包含了产品的供给和要素的需求。这就产生了非常令人困窘的局面：（1）那些试图以微观经济学中的供需均衡概念来解释宏观经济学中“总供给”和“总需求”概念的经济学家们，往往不能令人满意地解释为什么在这两者之间不能合理地存在一个价格机制，即不能解释为什么价格机制不足以使“总供给”和“总需求”中的社会市场自发力量之间保持均衡，而必须依靠政府力量补充；（2）在价格力量不足以保持二者之间均衡的条件之下，“总价格水平”（aggregate price level）的意义何在。宏观经济学在经过这种含义变动之后，所谓“总供给”和“总需求”就只有社会统计学的意义了。这种变化正导致了后来宏观经济学内容的确立。这时的宏观经济学力图不依靠或超越单纯价格分析来确立经济局面相互决定论的体系，即“总供给”和“总需求”之间并不存在相互（借助价格条件）依赖的必然性，“总供给”和“总需求”的任何不足和过大，都可以不通过价格机制的自动调节，而是依靠第三种力量即政府的力量来加以是正。

美国经济学家查尔斯·舒尔茨（Charles Shultze）曾把“有效需求”的不足解释为消费需求的不足（在这里应理解为产品需求的不足，这一点非常接近凯恩斯本人的解释），而非广义“总需求”的不足[①]（包括产品需求和要素需求等两方面）。凯恩斯将其原因解释为“心理上的灵活偏好”的因素，而非收入中越来越多的部分用于储蓄。但是，实际上收入中储蓄部分的增加和“灵活偏好”导致的资金分流（二者的原因也很相仿，都出于对未来的悲观预期）都会发挥类似的功能，即资本供给的增加。资本供给增加的结果是资本要素价格下降，生产成本降低。但是按照凯恩斯的解释，即使这种情况也不至引起消费需求的增加，因为人类的悲观预期是建立在人类心理结构和人类本性的基础之上的（这种假设说和人类追求利益的假设相矛盾）。故而必须借助第三种力量即政府的力量，来将需求提高到合理的水平上。那么，这意味着，所谓政府力量只要集中在消费产品需求的增加方面就已足够。这种结论即使不庸俗，也太简单了。这里的矛盾是：（1）人类心理结构所导致的悲观预期对收入配置的主导作用，需要更加细密而具有说服力的解释。必须证明，这些总体收入配置行为所导致的需求（譬如消费需求）缺口可以恰好等于供给的多余部分，即没有消化于“有效需求”的部分，而且也必须证明，这些资金分流所导致的资本供给量的增加再导致最终产品（消费品）供给的进一步增加，是否会导致“更大”的有效需求不足。（2）政府力量的引入，如何会恰好弥补“有效需求”的不足。首先“有效需求”不足常被狭义地定义为消费品的不足，而政府力量的介入基本无法弥补，因为政府无法“购买”消费品，或者政府所购买的大多都不是消费品；再者，即使政府购买集中在消费领域中，是否能够弥补“有效需求不足”的全部领域，因为这种不足会包括全部产品（消费品）的领域，而政府购买不可能涵盖这样广阔的产品领域。这种推论必然导致一个令人困窘的结论，所谓“有效需求不足”在逻辑上不可解释。

因此，迄今为止仍然没有关于“总供给”，“总需求”，甚至“有效需求”概念的合理而经得起推敲的解释。现代宏观经济学必然试图超越这个迷魂阵，为自己寻找一个完全不同的立足点。舒尔茨将宏观经济学和微观

---

① Charles Schultze. National Income Analysis. Prentice - Hall, Inc. New Jersey, 1964, II, p. 19.

经济学比喻为“整体”（total）和“个体”（parts）或“组成部分”之间的关系。“整体”是由一系列的“个体”组成的。但是每个个体都有自身特殊的动力机制（如劳工问题与工业组织的问题之间就有截然不同的动力机制，尽管它们都属于微观经济学范畴），而这个动力机制与“整体”运动的动力机制是大为迥异的。这些不同的动力机制之间有时可以保持相谐性，而有时却会出现剧烈的摩擦。一旦出现这种摩擦，整体经济就会出现两种形式的动态局面，即增长和动荡。舒尔茨的这种观点，可能恰好说明了后来的经济学家们试图在宏观经济学和微观经济学之间划定一个清晰的界限和寻找一个新立足点的努力。但是这种说明却反而使结果变得更加混沌。“个体”或“个体群”结合成为一个“整体”，就必然要求这些个体与整体的功能方式之间具有某种相容性（至少不能相互冲突）。而经论证的结果一旦是：这些功能方式之间不具相容性，但也并不相互冲突，那么问题就变得非常明显，这里所存在的就不是“整体”与“个体”之间单纯功能方式之间的差别，而是各自属性之间根本定义的差别了。也就是说，宏观经济学与微观经济学所探讨的是各自完全不同的领域，它们的议题之间的共性如此之少、如此微弱，以致所谓的功能方式之间的差别就几乎没有相比较的必要了。

的确，许多宏观经济学家都企图通过修正经济学的基本定义的做法来为微观经济学和宏观经济学划定一个清晰的界线：按照传统的定义，经济学是用以研究社会如何以稀缺资源如人力、物质材料、资本等来满足社会成员的需求，并研究生产成果如何在社会成员之间分配的过程。现在宏观经济学家们坚持，这种关于经济学的定义是不完整的，因为它没有反映现代经济生活中的两个主要现象：经济的增长；经济的不稳定性（instability）。这意味着，宏观经济学与微观经济学的区别，主要取决于前者侧重于研究经济的动态性，而后者则侧重于其静态性。这种区别，使人很难相信二者之间的区别是基于基本定义的歧义之上的。“经济增长”本身也不一定是宏观经济学的专属课题。它指在在生产要素投入增长的条件下，一定时间内单位经济活动主体产出量的增加，而这个“经济单位”虽不是个别厂商，但也不一定是“整体”或“总体”，即国家或国民性的生产总体，而可能是指个别的经济部门。

这就使我们产生了严重的疑惑：宏观经济学与微观经济学的差异或区别究竟在哪里？是在“价格水平”决定方面，抑或在经济活动主体规模甚至数量的区别方面？如果是后者，那么我们就必须假定宏观经济学是严格地局限在“国家”或“国民”经济活动的层次之上的。亦即，宏观经济学与微观经济学的主要区别在于，它是以分析“国家”或“国民”经济活动为主，而非以分析“总供给”或“总需求”为主的。总供给和总需求是复合的供给和需求，即任何水平上的个别供给和需求现象及其活动的总和或复加。它不一定以国家为基础单位。总供给和总需求在宏观经济学中仅只具有假定方法论的意义，它用以体现宏观经济学试图在方法论的内容方面和微观经济学相鼎立的意愿。“总”（aggragate）在英文中具有“复合”，“集中或集成”，“总的或全体性”等含义。但是，“总供给”和“总需求”在现代宏观经济学中却明显附着于“国家”或“国民”的定义范畴。其结果是，宏观经济学和微观经济学在方法论上的差别已不重要，重要的是研究的客体，即“个体”与“总体”即国家经济行为之间的差别及其对比。这是我们今天理解并解释微观经济学与宏观经济学之间相互关系定位及其性质的关键。宏观经济学是观念化的国家经济学或国民经济学。它和微观经济学的区别在于，它从一开始就是以“国家”或“国民”为单位、为范围。在这个定义限制下，所谓微观经济学也不再仅是研究个别厂商或个体经济行为，而是研究任何非“国家”或非“国民”层次的经济单位在给定价格条件下的经济行为。所谓“总供给”和“总需求”只是一种方便的表达形式，以简便地说明国家或国民单位的经济活动如何大致地划分为和价格条件相对应的形式。而实际上“国家”或“国民”的经济活动不再像微观经济学中的个体性活动主体那样，表现为特定价格条件下直接的交易或交换，而是发生许多根本的变化。这些变化包括，在“国家”这个经济活动的平台上，各经济活动的主体不是按照特定价格条件，而是按照各自“收入”份额和“收入”形态进行相互交易或交换。国家或国民的经济活动已经发生超越单纯价格水平或价格条件的层次的形态变化，其经济目标和微观经济学中单纯追求个体利益的目标形态之间也有着根本的区别。因此，从方法论角度上看，收入分析或“国民收入”分析，是宏观经济学的关键枢纽所在。

其实这种方法论有一个非常古老的基础，即法国重农主义经济学家弗朗索瓦·魁奈的《经济表》中所描述的部门性经济主体之间相互“交换”关系，及其对整体经济运动局面所产生的影响。收入学说，特别是“国民收入”学说假定，所有个体经济主体（厂商和个人等）之间在特定价格条件下的相互交换行为，产生一种链环型的效应：厂商出售货品或劳务所得构成其收入，而厂商或个人所取得之产品和劳务是以付出其收入为代价。这些交换行为，在价格杠杆和价格条件的外形下，实际上是个体之间相互重新配置其收入的过程。整个经济活动呈现为生产—收入—支出—生产的循环或链环的过程。这个学说特别强调，整个经济活动是由一系列交换活动联系或连接起来的各个经济主体（厂商，个人和部门）之间的相互依赖关系所构成。而这种相互依赖关系是以“收入”的支出或配置为支点的。虽然这些收入之间的配置必须遵循价格条件或价格杠杆的调节作用，但它本身就方法论主体的意义上看却是和单纯的价格机制相区别和独立的。在这些收入配置条件下，我们观察到的是和在价格条件下完全不同的经济运动景象：经济主体不仅根据价格条件或价格水平，也根据自身的“收入水平”作出相关的经济决定。而这种经济决定又对价格水平产生影响。这种基于“收入水平”而作出的经济决定，不仅决定供给和需求之间的相互对应运动，也决定资源在不同经济部门、经济领域、甚至经济集团之间的配置。现在我们所重视的不是价格水平下供需运动的均衡性，而是再收入水平因素驱动下，社会整体范围内资源配置或重新配置的“均衡性”。换言之，现代宏观经济学主要考察“国民收入”水平，亦即在国家或国民的平台上，资源如何在各经济主体，经济部门，经济领域，经济集团之间配置或再配置。

因此，在特定收入格局下和收入配置的驱动力模式下，必须回答生产是否达到最大的问题，亦即产出量是否达到其潜在的最大的生产能力（potential productive capacity）的问题。社会生产能力总是有其技术和现实的限界。在理论上这个限界也是社会合理需求的限界。现在，这二者之间的“均衡”，不是通过价格条件，而是通过收入水平的杠杆来达到的。如果社会生产能力在技术和现实的限界上与社会实际需求相符合，那么“总供给”和“总需求”便达到均衡。这意味着，在“收入水平”杠杆下，社会资源也得到了最合理和最佳的配置或再配置。但是，事实往往是，实质的社会生产能力与潜在的社会生产能力之间总是存在着差异。亦即，实质社会生产能力总是小于潜在的社会生产能力。这一点也是理解“有效需求不足”理论的关键。所谓的“有效需求不足”，实质上是实际社会生产能力与潜在社会生产能力之间的差异，也就是实际生产能力总是小于潜在社会生产能力的状况。在任何条件下，即使在实际需求增长的条件下，实际社会生产力也总是小于潜在的社会生产能力这种现象即社会生产能力的“过剩”的现象，是资本主义生产方式的固有特征。从而，实际的产出量和潜在的产出量之间差异，应该如何给与解释？宏观经济学从一开始便说明，在收入杠杆条件下，生产总是无法完成实际产量和潜在产量之间的一致，因为实际产量往往低于潜在产量。潜在产量是根据生产—收入—支出—生产的循环链设定的。这意味着，潜在产量假定这种循环持久地延续且不被打断。但实际情况是，这种循环链经常被打断或者被干扰，而无法顺畅地永久持续。而这种干扰不是来自生产过程中，而是来自收入和支出的过程或环节中。在前一章中，也曾谈及关于货币分析的介入及由此引起的“流动性”的问题，即任何收入水平和支出形态的变化，都会对生产造成影响。所谓收入水平，乃是人们以收入的形式所形成的对商品和劳务的购买力或购买权，而这种权力并非实质性地和完整地转化为实际的商品或劳务购买行动，一部分“权力”会转化为其他的经济选择如投资、储蓄、投机等。这个过程的直接作用结果就是潜在产量和实质产量的背离，即出现实质产量低于潜在产量局面。收入水平和支出形态为何会发生变化呢？是因为收入主体即居民的收入来源变得不稳定。

国民收入（GNI）包括工资，利润，利息，租金等，系不同的生产要素各自在生产过程中所获得的报酬。这几个组成部分会不停地发生变化，有时同向地、有时反向地变化。而这种变化不仅在统计数字上表现为特定阶层或经济集团的“收入”图景，更是反应为不同生产要素报酬率的变化。这些在生产过程中衍生的生产要素的报酬，并非全部用来交换生产过程中的产品。其中有一部分会转化为和直接生产过程相脱节的形式，例如金融产品。凯恩斯在提出有效需求理论时，便首先论及到这个现象，即居民收入不可能全部转化为直接的产品（加劳务）需求，而有一部分会转入现金形式或其他的金融资产形式。然而，总体的社会生产即“总供给”是按照所有生产过程衍生的收入转化为需求的假定而“设定”的。

这当然不意味着，生产体系在产出量的“设定”方面一定比照收入水平的实际算数比例，而是说生产体系的实际潜在产出能力一定大于其实际产出量，因为生产的潜在产出量是依据收入水平下可能的最大需求的假设预期设定的：在实际总需求反映给总供给体系即生产体系时，其预期是按照这种需求程度的最大限度来想定的。生产体系的惯性总是假设这种需求恒定或长久地保持在“最大”状态。在所谓总供给和总需求的宏观框架中，二者之间根据价格条件互动的关系模式，被“收入”这一环节阻断，或者被收入主体社会心理现象衍生的经济决定及其所导致的结果所阻断。但是，在这里我们必须明白一个最深刻的潜在条件：这种现象只能发生在所谓充分的自由市场经济条件下，亦即资本主义生产体系下。只有在这个生产体系下，供给能够在特定价格条件下完全有能力对任何水平上的需求作出回应。我们设想在埃塞俄比亚、索马里和其他一些非洲国家，经常发生大饥荒，致使数以万计的人饿死。在这些国家，显然不存在“供给对需求作出充分回应”的机制，即资本主义的生产体系，因此也不存在“有效需求不足”的条件。如果我们设想在充分发达资本主义生产条件下突然发生类似的大饥荒，食品严重短缺，而此时民众可能以任何代价来取得食物。在这种情况下，“心理上的流动偏好”显然不会起作用，而“有效需求不足”的情况也不会存在。

我们看到，所谓现代宏观经济学最隐蔽的观念假设，即宏观经济学中任何重要的概念及其前提，只能在“资本主义生产体系”或“资本主义自由市场体系”的框架内存在。这种假设之下，现代宏观经济学基本概念需要更深入地加以审视。“心理上的流动偏好”以及由此产生的“有效需求不足”，不仅是因为有部分收入以现金形式储存起来，而且也表现出需求对供给方面“依据最大需求的假设预期来设定产量”惯性的接受。需求主体确定地预期供给主体会持续地沿循这个惯性，而不会发生重大的改变。如果需求主体没有这种确定的预期，它就不会有“心理上的流动偏好”所导致的有效需求不足的行为，它如果预期供给主体不按照依据最大需求的假设预期来设定产量，便会采取另一种行动，譬如大量的囤积，也就是出现“过量”的需求。这是它极其有趣的一个两难点：一方面，需求主体对未来的预期趋于悲观，因此部分收入以现金形式流出直接的供需程序；而另一方面，这种行为又建立在对供给主体行为方式及其惯性的主观确认或信任之上。

这种供给主体按照“最大需求假设设定产量”的现象，亦即潜在产量恒常地大于实际产量的现象，是宏观经济学中均衡学说的重要观念前提。而这种现象又产生于宏观经济学中“收入”分析方法的引进。在“收入”分析框架下，即使价格条件一定，收入主体也不会将全部收入用于直接供需交换的程序。这也是为什么现代宏观经济学的分析体系必须置于“收入分析”方法论之上的重要缘由。各社会生产要素在生产过程中，以“收入”的形式获取报酬。在这个形式下，供给和需求之间的相互对应或互动形态也会发生改变，收入分析使价格条件下供需均衡的假设延展为生产要素主体通过收入杠杆来相互对应与互动的假设。但是，有趣的是，在宏观经济学必然来到的“收入分析”的领域中，其实并没有明确的、以“价格条件”杠杆来泾渭分明地划分“总供给”与“总需求”。在收入分析杠杆下，二者的界限非常模糊甚至混淆。某种需求，在这个分析体系下的另一个角度，可能是供给，反之亦然。譬如，如果笔者花钱使用或取得某种劳务，在“我”看来自己是需求者，而在服务业者看来“我”可能是供给者，因为服务业者期待“我”提供一笔用于改善其设施的资金。如果笔者购买通用电气公司（GE）的股票，在笔者看来是“投资”，即供给，但是在股票经纪人看来，笔者却是在购买一个金融产品。而对 GE 来说，笔者的行为既不是购买，也不是供给，因为笔者没有购买 GE 的任何物质产品，也没有提供任何原料和服务。如果笔者购买房屋特别是二手房，那么笔者是需求者，而卖方者是供给者。然而，从另一个角度来说，笔者是投资者，即资金供给者，而卖者则是需求者，因为他是“负投资者”，将投资机会让渡给了笔者。如果笔者是租房者，则笔者是需求者，而房东是供给者。但是房东则同时有两个身份，一是房屋提供者，二是投资者，通过房屋出租，他收取租金。在收入分析框架下，笔者的购房行为则很难定义，因为这种行为只是交换了房屋产权而已，即没有产生任何附加收入，因此也算不得是什么投资。在国民收入分析看来，所谓投资必须引致产出的增量。这样，许多在微观经济学中可以简单地被定义为“供给”或“需求”的商业或经济行为，在宏观经济学的国民收入分析体系下，就会面临完全不同的定义。价格条件下的供需均衡型互动模式在这里已经失去意义。

总之，我们在宏观经济学的两个重要假设条件中，即“心理上的流动偏好”所导致的“有效需求不足”、实际产量总是低于潜在产量的假设中，按图索骥，探求整个宏观经济学体系中的真实结构。应该如何在超越价格条件分析框架的基础上，描绘出另一种真实的经济运动图景？很多人简单地假设宏观经济学是一种全格局化或总体化的微观经济学，是微观经济学主体行为在国家和国民总体性平台上共性运作的规律探讨。所谓“总供给”或“总需求”的概念就是这样提出来的。最初宏观经济学未必不是从这样的想定出发的，这就是为什么我们看到关于货币量和利息论为主的“价格条件—均衡分析”成为宏观经济学的最初原型。凯恩斯最大的贡献就在于（有意无意地）突破这种价格条件分析和均衡假设的魔咒，从一开始就大胆假设，在真正宏观的社会经济运动层面上，均衡条件不是先验的存在，也不是经济活动主体运动的本源，而是在特定外在推动力下可以达成的观念式的社会目标。因此这个均衡局面不是通过价格条件的调节，而是通过收入杠杆的调节和重组来达成的。这使得我们必须正视在微观经济学中属于禁忌的的一个因素，即国家或政府的因素。在国家或政府的平台上展开的宏观经济学收入分析体系下，重视并引进国家或政府的因素似乎是顺理成章。但更重要的原因在于，宏观经济学有一个几乎秘而不宣的观念假定，即宏观经济运动，是一种社会运动。我们必须将微观经济学中被过度简单化的供需主体的经济行为和经济反应模式，重新还原为具有特定社会性质，在社会结构范畴内展开的社会行为模式。这些行为不仅是简单的追逐利益和效用的游戏，而是在特定社会结构中，在特定社会文化心理形态下所展开的生产要素之间的功能交换行为。而国家或政府力量的引入则不仅是为了使整体经济活动有一个均衡的最终结果，更是为了赋予整个社会经济活动以特别的社会标识、社会内容和社会目的性。一旦国家或政府介入经济运动，并在其中处于主导环节的位置，那么它必然给经济运动带来许多原来微观经济学中所完全没有的社会道德的内容。国家或政府的许多行为，尽管其本质涵义是追求整体社会经济运动的大致均衡，但又不可避免地具有社会道德的内容。而一旦如此，整个社会经济运动或宏观经济运动，也就必然地变质。这也是我们在评价任何经济运动或经济活动现象和形式（哪怕是个体的）时，都必须审慎地估价其社会道德内容的原因。

也为此，我们总是感谢凯恩斯为我们开辟的新视野。在这个视野里，社会重新成为经济学的家园。如果我们投资股票，结果股市惨跌，那么即使我们损失惨重，伤痕累累，都会被人说成是贪婪的投资客。我们背其道而行之，不去追逐股市，结果错过发财盈利的机会，就会被人讥笑为“胆怯”。我们无法像在微观经济学中那样潇洒而毫无顾忌地从事交换。在宏观经济学的天地里，我们必须被评判，被人评头论足。

在这里不仅经济学辛苦，我们也颇为辛苦。

第十六章

投资与预期：宏观经济学的心理倾向所展开的动态画面

应该指出的是，在现代宏观经济学中有多个没有明确阐述却非常重要的观念假设。其中之一就是“预期”。这是宏观经济学中非常重要的一个观念假设，它甚至可以多少说明宏观经济学和微观经济学之间的关键区别之所在。在微观经济学里，没有“预期”的观念假设，一切都合理地，在特定的时刻，在给定的价格条件之下完成供需之间的互动。人们不必“预期”，一切都取决于对价格条件的合理反应。不必预期，意味着价格条件是经济行为的唯一决定性变量，因为人们对现实的经济局面与条件不提出任何质疑，因此不会对价格杠杆做出任何不理性或不合理的反应。而在宏观经济学中，这一模式发生巨大的改变。凯恩斯提出的“预期”概念，比如心理上对资产收益的预期，实际上是宏观经济学最重要也最关键性的概念之一。在这个概念之下，人们的经济行为不再完全取决于对价格条件的态度和反应，而是在现实价格条件和供需状况下对未来资产收益的心理考量。

人们在做出“合理”和“理性”反应的同时，也会思考，现时在价格条件下所做出的经济决定，无论它多么合理，会对我“今后”的福利会产生何种影响？它会如何改变我“今后”的福利和收益？为了这种对未来福利和收益的预期，我是否应该调整目前的合理反应行为（微观经济行为）？如何调整？而人们一旦采取“调整行动”，就会产生极其重大的后果——对微观经济行为的修正：人们不会因为价格条件“合理”而采取相应的行动。我们甚至可以说，人们的微观经济行为的基本前提是不对未来做任何预期。仅就这一点而言，微观经济学的立足点就显得非常薄弱。人们在认可价格条件合理的心理下，对未来采取不同的预期。他们可能对未来采取悲观的预期，其结果是人们将本来用于消费的资金储蓄起来，也就是说，即使“现时”的价格条件是合理的，只要人们对自己未来的经济状态产生任何形式的悲观预期，就会有一部分资金退出供需活动，而不追随“现时”的合理价格条件。

2008 年 2 月 12 日的《旧金山观察家报》（San Francisco Chronicle）发表了一篇旧金山地区居民在“次贷危机”（sub－prime home mortgage crisis）后可能出现经济衰退预期下的各种态度：

> 由于担心经济衰退，旧金山地区居民开始勒紧腰带过日子。
>
> 旧金山诺尔谷 21 岁的居民伊凡·加纳减少外出，以便存钱偿还债务。
>
> 德利市 20 岁的雷纳德·伍兹不再吃快餐，以帮助母亲偿还房贷。
>
> 圣利安德罗市 69 岁居民贝拉·柯美罗以前每年购置衣物的开支约 4500 美元，如今担心经济衰退影响家庭财务状况而不再添置新衣物。她说：“我知道就要进入衰退了，必须比以往更谨慎。”
>
> 从摩根山到莫拉加，从圣塔罗莎到圣塔克鲁兹，大旧金山地区居民纷纷开始未雨绸缪。预期经济衰退即将出现的诸多报道，使得各阶层的居民纷纷开始重新考虑开支计划，减少铺张，并为不时之需做好准备。然而，全国消费者的节俭不仅将影响不景气的经济，也是造成不景气的主要原因之一，并可能将全国或区域的经济支柱产业挤出市场。
>
> 理发，购买汽水、汽车、电视等普通人的日常购物占据全国经济活动的三分之二。如今问题在于消费者将如何节省，又会对经济造成多大影响。
>
> 专家表示应该关注就业率与人均收入的指标。如今的现状已令人不安。失业率在攀升，收入在缩水。莫迪投资服务公司经济学家约翰·兰斯基说：“这些都预示着消费者前景不妙。”
>
> 在居住和消费成本都异常昂贵的旧金山地区，居民已经囊中羞涩。如

今随着失业率的上升、房价的下跌和市场疲软，越来越多的人面临困境。

旧金山东部核桃溪市的58岁失业技术承包商拉里维斯特说："牛奶和汽油价格猛涨，我现在坐吃山空，可能快活不下去了。我已降低生活品质。连我平常喜欢的乳酪都已经省掉了。"

旧金山南部地区桑尼维尔51岁的园艺工人比尔希尔布兰德原计划使用6万美元重新装修住宅，但现在担心不景气影响到园艺业，而将预算降至3.5万美元。

红木城的亚特冈本是一家软件公司的产品经理，他和妻子尽可能地划出一笔基金供给退休账户，日常最大的开支便是公寓的每月按揭和汽车贷款。

旧金山个人金融博客的拥有者拉米特赛提在1072名读者间作了一个调查，发现担心经济衰退的男女比例为26:41。85%的人表示将减少外出就餐，75%的人表示将减少休闲活动，36%的人表示将减少驾驶。

也许我们在这里看到的是美国这种高度发达的商业社会中，充分而完整的商业信息传播与流通如何影响人们对现实经济态势，未来可能的经济局面，以及在这些前提下自我经济条件和经济状态所可能发生的任何变化的心理预期，以及根据这种预期所采取的相应的经济行动和商业决定。我们必须谈到的是，充分的商业信息与经济资料的传播对社会成员的经济行为和商业决定之"合理性"发挥着难以估量的重要影响。

如果商业信息不充分，其传播与流通渠道被妨碍和隔阻，或者商业信息因各种原因包括人为的操作而发生扭曲，则会导致社会成员做出"不合理"的经济行动与商业决定，从而对经济局面和经济活动状态产生重大的负面影响。当然，我们也不能必然地假设在充分的商业信息流传中，人们都会做出"正确而合理的"经济行为和商业决定。因为人们的经济条件以及对经济格局、经济状态的知识解读和理解能力各不相同，因此其经济行为的幅度与商业决策的内容都有所不同。但是在同一个关于经济格局与经济状态的信息体系下，人们的理解和反应，以及对这些信息所包含的内容所产生的心理感受，却是基本趋向于一致的。我们看到在"经济危机"的信息压倒性地传播和流通时，人们都相同地表现出对未来（经济格局和经济状态以及对自我经济条件的）的预期都趋于悲观，做出相仿或相近的经济决定，即减少消费，尽可能地增加储蓄。这和凯恩斯的"心理上的流动偏好”显然若符若契。但是凯恩斯的流动偏好理论却不是建立在经济和商业信息充分流通和传播的假设之上，而是指人们在现代经济体系下所可能产生的一般的心理现象。

然而，人们之所以具有这样的心理现象并对未来抱有悲观的预期，都是建立在对特定现实经济状态（包括数据和信息）的解读之上的。也就是说，人们都是根据现有的经济信息及其解读来做出经济行为与商业决定的。然而，不管是在信息流通和传播大为落后的凯恩斯时代，抑或商业信息流通与传播高度发达的今天，人们对未来的预期都相同地趋于悲观，其根本原因在于人们对经济信息所反映的经济局面和经济状态的实质内容并不确定，人们的绝大多数经济决定都是在这种不确定性下所做出的。这里涉及到人类社会心理学一些根本的定律问题。人们既接受大量的经济信息并给予自我解读，同时对信息内容和解读的准确性并不确定，而经济行为和商业决定则必须即刻做出。在这种情况下，人的心理倾向必定会驱使他们朝着尽量“减少损失”的方向，而非“尽量扩大利益”的方向去做选择，也就是次佳而非最佳的假定条件之下做出决定。

如果人们对未来采取乐观的预期，那么就会出现另一种形式的经济选择，即投资。投资，在本质上就是对未来的乐观预期。所以，一旦我们开展投资分析，就是在论及预期这种特殊的人类经济心理形式，在走出微观经济分析的窠臼。厂商在购买设备、扩建厂房、雇用更多的工人时，是因为他对未来的获益前景有乐观的预期。人们在购买房屋、股票和基金，也是因为他们对未来资产收益预期有一个更乐观的预期。这种乐观预期的心理现象，使得他们将这部分资金投入到“投资”，而非任何其他领域，譬如分红和消费。但是，我们在这里必须充分认识到一个很容易被忽视的内在逻辑矛盾：人们之所以减少消费，而将部分收入储存起来，是出于对未来的“悲观预期”。那么它如何和投资行为出自“乐观预期”的假说相协调呢？现代宏观经济学其实从未彻底地解释过这种逻辑矛盾。社会成员（个人）对未来的悲观预期，和企业（投资主体）对未来的乐观预期同时存在，并导致了几乎相同的经济决定。关于它们反映了何种文化态度的问题，已经超出经济学的范围，因此我们必须时时超越文化心理的层面。然而，我们必须认识到，即使是社会成员在对未来悲观预期下将一部分收入投入储蓄，其中也逻辑地含有另外一种形式的“乐观预期”因素，即他们相信这种投入储蓄（或能取得更稳定安全回报的投资领域）的行为会带来更多的收益。而这种对经济局面的乐观预期和他们对自身经济境遇的悲观预期（譬如可能出现的收入减少）是并行不悖的。因此，人们在消费、储蓄和投资等领域中所做出的经济决策，都必须同时兼有两种看似相互矛盾的态度：对自身经济境遇的悲观预期和对整体经济局面的乐观预期。即使人们对整体性经济局面采取悲观预期，他们也总会找到一种投放自身收入的管道，譬如购买债券或购买黄金等，而在这种投入中就包含着特定的"乐观预期"，因为他们确信会因此得到回报。因此，我们必须首先确认"投资"最基本和最隐含的人类心理动机——对未来的乐观预期。这一点非常重要，因为通过对这种隐含人类心理预期的理解，我们可以探知在现代宏观经济条件下社会成员采取经济决定或经济行动的动机，以及整体经济局面（宏观经济局面）和个体经济主体之间在特定收入条件下交互动作的基本框架。也能使我们对"投资"行为在现代宏观经济学内所占有的作用和地位有更深刻的了解。

在谈到"投资"时，我们首先关注的是厂商的投资行为，而非其他经济主体，如居民或政府的投资行为。因为厂商投资和其他经济主体的"投资"行为具有完全不同的结果：厂商投资直接增加产品和劳务供应总量，而且直接调整和配置生产要素。与此相比，其他投资主体（如居民和政府）的投资行为可以引致"社会资源"或"收入"的重新配置，但是，通常不会直接引致生产要素的直接重新配置。而且必须指出的是，和其他投资主体不同，厂商投资虽然也同样出于对"未来的乐观预期"，但这种预期则基于"今日"实际生产过程的技术条件，投资行为是建立在现时的生产技术条件之上的，是这种生产技术条件的合理延伸。厂商购买新的设备装置，雇用新员工，采用新技术，建设新厂房，都是在现有的生产技术条件的基础上发生的。这些基于"对未来的乐观预期"的投资行为，有两个重要的内容：一是它必须以特定的生产技术条件作为基础；二是必须以特别的技术进步和生产率提升作为"乐观预期"的基础。厂商进行投资，通常是期望采用更新的技术，购买更有效的技术设备，录用更有技能的人员，以达到更高产出率和更高生产率的目的。也就是说，厂商对未来的乐观预期总是包含着对技术进步和生产率的期待与追求。这一点也具有重要的方法论意义，它可以部分地说明为什么在现代经济社会，技术进步和生产率的提高成为经济生活的常规，以及经济增长这种现代经济社会最重要的现象建立在何种心理基础之上。

我们必须认识到，在不同的经济社会形态中，社会成员对未来的经济局面总是采取不同的预期。现代社会成员对未来经济局面的预期总是动态的，即他们普遍地倾向于认为未来的经济局面和现时经济局面会有所不同。他们要么悲观，要么乐观。因为他们能够确定经济局面总是趋于动态变化的，却无法确定自身和这种变化的经济局面之间是否会保持和目前相同的相互关系和定位形式。譬如，他们无法肯定能否维持目前的收入，无法确定物价是否会上涨，无法确定自身的健康状况是否能够维持目前的工作能力，等等。而传统经济社会的经济成员则通常对未来经济局面采取“静态”的预期，他们可以确定未来经济局面和现时经济局面相比不会有什么不同，自身和经济局面之间的相互关系形式也不会发生变化。重要的是，这种不同的心理态度和心理倾向，会导致不同的经济或商业决定。现代社会成员会将一部分收入用作储蓄，或者投入能够带来更高收益的领域，譬如投资领域；而传统社会成员则不会采取这一类经济决定。厂商的投资行为和社会成员的这种行为所内含的心理倾向具有深刻的联系：厂商对未来的乐观预期，是基于社会成员对未来的悲观预期或不确定性预期，因为这种预期假设今后的经济局面会有所不同，是因为未来的社会生产形式及其结果总是和现时不同，而厂商必须去满足和迎合社会成员的这种预期，必须通过投资的方式来制造和目前有所不同的产品，制造和目前有所不同的经济局面，使得社会成员的不确定性预期得到证实。

譬如厂商投资设计和生产新产品，是因为社会成员都对产品未来的形态变化抱有动态的预期，他们确定不同的或更新的产品会出现，而且等待着这种新产品的出现，以便重新划定自身和以新产品为象征的“未来”经济局面之间的新的关系形式。如果一个厂商不采取这种行动，其他厂商就会采取。厂商对未来的“乐观预期”是建立在他们自身对社会成员对未来经济局面的“悲观预期”或“不确定性预期”之上的。这种社会成员（个人）和厂商之间的交互性预期其实是现代宏观经济学具有重要意义的内容之一：预期使得在微观经济学中“合理”或“理性”并完全遵循价格信号与价格条件的个人经济决定产生变形；而且厂商在并没有获得真确现时收益的情况下仅仅依据“乐观”预期便采取投资行为。因为厂商预测到了消费者的预期及其可能做出的经济决定。

在更深入的现代宏观经济学分析的展开中，这种“预期”理论获得更为广阔的审视与延伸，以致“预期”和其他重要的宏观经济学概念一样，成为现代经济社会重要的行为方式之一。所有的经济活动和经济决定是基于“预期”之上的。一个人对收入的配置，取决于对自身未来经济状况，以及自身和总体经济局面之间的相互关系定位的预期。一个刚从大学毕业的年轻人不大可能将大部分收入用于储蓄，因为他或她认为自己还有很长的工作年龄，以及今后收入会不断提高，因此可以将现时的大部分收入用于享乐性的消费。而年纪较大接近退休的人则相反，他们认为自己工作年龄已剩下不多，今后提高收入的机会也越来越小，所以他们将很大一部分收入用于储蓄，而消费态度则比年轻人保守很多。这种预期只有在现代经济体系下才会变得普遍，从而成为影响社会成员做出经济和商业决定的主要心理动机。他们不是静态地、而是习惯于从动态的角度来做出预期，根据给定的客观条件，做出“逻辑上”合理的经济和商业决定。而厂商也是根据对未来（乐观）预期做出调整生产程序的决定即投资的决定。他们预期社会成员对产品、劳务和其他资源采取和现时不同的展望，从而通过任何可能的手段，包括技术革新、新工艺的使用、产品功能的变化等途径，生产出与现时“不同”的产品，来满足人们的这种展望，以证实人们的展望是合理和必然的。同时，厂商在这种预期中估算着自身的生产要素投入会得到何种程度或幅度的收益，采取的新技术、新设备、新工艺、新的生产管理方式，会如何提高单位资本的产出率。笔者曾一再强调，这种对未来进行预期的特殊文化心理现象，几乎只存在于现代而非传统的经济体系（经济社会），对未来进行预期已经成为现代经济社会极其重要的现象，也是经济活动中强有力的动力因素之一。

实际上，现代经济体系或经济社会的动态性，现代经济增长，都是以经济主体对未来的预期这种心理动因为关键性媒介的。人们对未来预期的内容和形式的展示，厂商对这种预期的解读和把握，都决定了下一步经济活动的内容。如果没有预期，人们就不会采取和现时不同的经济决定。而一旦预期，便意味着所有经济主体，个人，厂商，组织和政府，都必须采取或准备采取和现时不同的经济决定。因而有不同的经济局面，不同的经济结果，也有不同的经济活动形式，即经济增长。

对未来的预期是现代宏观经济的一个重要内容，也是现代经济社会具有主导性的经济文化心理现象，因此，“预期”本身必然转化为单纯的经济行为的形式。亦即，“预期”本身和任何其他普通的经济行为一样，也是一种经济行为形式。而一旦预期从经济社会的文化心理形态转换为实在的经济行为形态，那么它本身的含义和形式也会随之发生变化：它从暗含地推动经济行为和经济决定，从而推动和改变经济活动内含的动力性因素，转换为经济主体之间直接审视相互经济关系形式和直接量度经济活动内容的经济行为方式。并且，这种转换因为国民收入统计和其他的经济统计手段的出现和完善化而得到进一步的增强。所有经济主体，厂商和个人，政府和银行，生产者和消费者，公然地做出“预期”。这时的“预期”已经不复是“现代经济社会普遍的文化心理现象”，而是一种正式的经济活动形式。或者，经济主体将文化心理现象正式而完整地经济活动形式化。以“预期”为特征的经济活动形式，在现时经济生活中发挥着不容忽视的重要作用：本来预期只是一种心理现象，没有特别的外在表述形式；而现在，预期不仅有明确的形式，而且以数量统计学形式明确地表述。它为现时的经济活动，为现时总体的经济局面设定了一个目标式的尺度，为现时经济活动中的主体提供了明确数量型的指标。这是现代宏观经济局面非常重要的一个内容。经济活动的所有主体，通过这种形式化、指标化或目标化的“预期”，来设定自身和其他经济主体之间的关系，设定自身和经济运行与活动局面之间的关系。而这种设定本身，不仅决定了他们可能采取的经济决定的内容，也决定了他们的经济决定和经济行为实际的数量幅度。其结果，大多数经济主体的经济行为，便有了相当明了的“可预见性”，也为其他经济主体采取下一步的经济决定提供了明确的数量统计学的依据。现代宏观经济活动，在很大程度上是由这种完整且系统的“预期”或“预测”系统所推动的，所调节的。

美国商务部在20世纪30年代初推出国民收入统计系统，是上述现象最明确的佐证。国民收入统计系统，不仅是对过去经济活动的数量统计，它更是一个预期或预测系统。通过对过去经济活动及其结果的数据统计，所有经济活动主体都有了一个明确的数量形式，全盘说明过去特定时期内经济活动的状况，以及经济主体之间、生产要素投入与产出之间、产量和收入之间的交互对流与活动的形式及其结果。而它又恰恰为未来可能的经济活动形式及其结果提供了一个最完整而精确的框架，各经济主体便在这个框架范围内对自身经济活动及其结果，自身与整体经济局面之间可能的定位关系等作出预期。厂商根据统计数据预估可能的投资—产出结果，以及可能的市场销售（消费者可能的态度对产品销售的影响）。如果厂商认为经济继续增长，居民收入持续提高，政府会采取特定的税收优惠政策，中央银行会采取减息的行动等，消费者的购买能力因此而可能提高，那么他们会认为必须提高产量或推出新产品而迎合这种即将到来的需求局面，便会增加投资，购买新的设备，雇用新的劳工，设计新的产品，并将产量扩大到一个特定水平上；如果厂商做出相反的预估，则采取的行动会完全相反。政府根据统计数据预估可能的总产量，以及由此产生的要素收入总量，对税收与政府财政收支的影响。如果政府认为经济会继续增长，居民收入持续提高，厂商收益持续增加，股市会继续上涨，从而税收也会增加，那么会采取提高政府开支，增加更多福利，增加政府采购，扩大对外援助，甚至扩大军费预算等政策。消费者个人可能根据统计数据对未来经济活动状况对自身利益，譬如工资收入，消费，储蓄和资产状况的影响，从而对自身目前的经济状况进行实际的调整，譬如寻找新工作机会，增加或减少消费，增加或减少储蓄，做出特定投资和纳税方面的财务安排，购买或出售房屋，购买或出售汽车，增加或取消旅游休假等。所谓统计数据如果仅限于对过去经济活动做出数量统计，便没有很大的意义。它们更主要的作用是为各个经济主体对未来进行尽可能准确和具有充分依据的预期，并据此采取尽可能“合理”的经济决定。

现代经济统计从一开始就有“宏观”的基础与含义：首先，进行经济统计的并非特定的经济主体，而是政府或专业的统计机构。它们的经济统计并非只涵盖单个经济主体或经济部门，而是所有经济主体和经济部门。它的目的也不仅限于对特定经济主体或经济部门的过去经济活动及其结果进行数量统计，还试图对经济部门之间，经济主体之间，经济部门和经济主体内各组成部分之间经济活动及其结果的差异进行比较，并通过这种比较来显示各经济部门和经济主体之间复杂多样，多重和多层次的相互动作、相互引致、相互影响的关系及其形式。而现代经济统计的宏观基础和含义，又决定了它的主要功能指向是“预期”，即对未来经济活动，经济局面及其结果进行合理或符合逻辑和“科学”的预期。这也是我们一再强调“预期”在现代宏观经济运动中极端重要的位置与作用。现代宏观经济生活中许多的组成部分都是和这种“预期”息息相关的：经济的“动态”概念，即经济活动的时态性，就是一种未来预期指向的概念；所谓经济政策也是完全未来指向和预期性的政府行为；现代社会任何单个经济主体包括经济部门的所谓经济或商业决定，也是未来预期主导性的。如果没有“预期”的概念，现代宏观经济学体系本身几乎就没有立足之基。

我们在重新审视凯恩斯以来的现代宏观经济学理论沿革史时，必须承认我们曾大大忽视了凯恩斯为宏观经济学设置的几乎是隐形的重要支柱——对“未来”的预期。而这正是宏观经济学能够从微观经济学“脱颖而出”，且能在微观经济学缜密而科学的方法论基础上独树一帜的根本动力之一。正是因为包括消费者在内的各个经济主体对未来做出“预期”，才使得他们对现有价格均衡条件的反应有所不同，有所保留，或者做出在微观经济学看来非“合理”的反应。在宏观经济学里，人们所采取的唯一“合理”且“理性”的经济行为不仅包括对价格条件的反应，也包括对未来经济条件和经济局面的合理预期。而这种“复合式”的经济行为方式，不仅造成不同的经济行为形式，不同的经济决定与经济结果，而且也因此而造成不同的经济局面。在宏观经济学范畴中，各个经济主体对对方可能预期的思考及其内容的判断，以及对这些预期所可能招致的经济结果的解读，使得经济主体之间在现实和未来经济局面中维持合理和适度的相互对应关系，也决定了他们各自做出经济和商业决策与行为的内容。“预期”在经济学方法论范围内，是对纯粹价格条件以外经济变量的思考和关注。这种经济变量不一定会对特定经济主体（消费者个人，厂商，部门和政府等）的收益水平产生直接作用，而是通过形成各个经济主体所身置其中的经济局面的主要条件，对经济主体所采取的未来经济决定及其经济结果产生潜在的影响，从而影响经济主体未来的收益水平。也就是说，在宏观经济学框架内，所有经济活动的主体，都不仅在单纯的产品价格条件范围内，而是在以价格条件为基础的各经济主体各自可能形成的交互关系，亦即生产要素及其报酬在这种交互关系形式下可能发生的流动性范围内，做出经济决定。在宏观经济学中，对其他经济主体之行为及其内容的预期和解读，是经济行为形式的主要组成部分。厂商的任何经济决定，都不会不包含对消费者行为及其结果的预期与解读，不会不包含对政府行为和银行等金融机构的行为，以及其他经济参数的预期和解读。同样，消费者的任何经济决定，也必然包括对自身未来经济条件和经济处境的预期或估量，对厂商产品价格与产品内容变化的预期或估量，对银行和金融机构以及其他经济主体行为内容的预期与估量。当然，政府的经济政策（经济决定）也必然包括对所有社会经济主体，居民，厂商，部门等的经济行为及其内容的预期与估量。而所有这些“预期”和“估量”，之所以在方法论上是“合理”的，是因为这些“预期”和“估量”并非通常的心理想象，而是根据过去和目前已经明了的经济活动的结果进行“合理”的推测，也就是说根据所能掌握的最充分的经济统计数据，进行逻辑和数量统计上合理的推测或推算。在这个意义上，“心理上的预期”不是通常意义上的单纯人类心理活动形式，而是经济活动形式。

对未来经济活动及其结果的预期，是包括政府，厂商与居民在内的所有经济活动主体共同的行为。这些行为包含着交互性的预期，比如政府对厂商行为和居民行为的预期，厂商对政府和居民行为的预期，以及消费者对政府和厂商行为的预期。而这种预期在政府宏观政策范围内以及相应的规范形式下大体上制度化。然而，这种制度化的结果，会使这些主体的经济行为模式与内容发生根本性的改变：经济活动的内容和结果和这些预期本身保持制度式的相关性，经济预期的制度化本身成为一种杠杆和工具。2008年爆发的世界性金融大危机，在某种程度上便是经济预期行为制度化或体制化的结果。金融机构不仅追求高额利润，同样重要的是，也在尽力避免经济行为中可能发生的未来风险。所谓“金融衍生产品”便是这种避险行为的产物。避免未来风险，是一种典型的经济预期制度化的产物。对完全不确定的未来风险进行制度化的估计，并在现时采取相应的“预防”未来风险的行动与措施。亦即，所有经济主体特别是金融机构根据制度化的“预期”体系来采取即刻的经济行动和经济决策。据说，“金融衍生产品”最初雏形生成于1981年。当时，国际商业机器公司（IBM）需要将其盈余中的瑞士法郎和德国马克来兑换其存于世界银行的美元。最后二者达成协议，与其实际兑换货币，不如交换双方债券盈利交割期权，以避免各种货币汇率浮动不确定性所招致的损失，于是形成这种双方不需实际交换货币的影子式期权交易。这次交易被公认为是全新的一种金融产品或金融活动形式的产生，也开启了所谓“金融衍生产品”之先河。1989年，埃克森石油公司需要从JP摩根银行取得信用额度来弥补当年在阿拉斯加海岸泄漏原油所造成的损失。JP摩根无法拒绝埃克森石油这个近一个世纪的老主顾，同时也担心这笔信用额度会有无法偿还的风险，因此决定将这个“风险”转移给其他的金融机构——欧洲复兴与开发银行（EBRD）：如果埃克森石油公司将来无法偿还这笔信用贷款，EBRD必须代为偿还，其代价是JP摩根银行向EBRD支付保险费用。JP摩根既维持了与埃克森石油公司的良好商业关系，同时也将风险转移出去，可称“两全其美”。此后，所谓“金融衍生产品”虽名目繁多，但究其实质内容不外乎是将未来的风险转移给其他的金融机构。而最后，金融机构将这类风险包装成类似债券的金融产品，和品质良好且无风险或风险较小的金融产品相捆绑，出售给其他经济组织甚至居民。我们看到，经济预期的制度化与常态化，使得人们采取了即刻的经济行动，即通过这类复杂多样化的金融杠杆操作，将自身必须承担的经济活动风险分散化、社会化，将未来的不确定状况或未来的风险即刻化。而一旦风险真正出现，其冲击会通过这种链性关系，迅速传播至世界各地。

我们必须指出，所谓经济预期的制度化是一种现时的、即刻和当前的经济行为，通过经济预期的制度，经济主体实际上预先制造了一切可能的经济结果，而这也正是宏观经济学产生以及随之而来的宏观经济政策体系的滥觞所招致的必然结果：宏观经济政策及其政策工具体系的运用和普遍社会化，使得任何经济主体，包括厂商和居民对未来的经济局面或经济活动的结果进行技术性评估，进行心理性预期，同时各个经济主体也必须对他方的经济行动和经济决策进行预期与评估，并以这种预期为基础采取即刻和当前的经济决策。其结果是，不仅是宏观经济政策的主体即政府，而且厂商譬如金融机构以及居民的经济决策和经济行为，都可能产生总体性或宏观性的后果。换言之，宏观经济学以及宏观经济政策体系的出现与进展所导致的最惊人的后果之一是，微观经济活动之主体的行为与决策，都可能通过经济预期制度性模式而宏观化。

我们来到这样的分水岭：在现代宏观经济政策体制下，微观经济活动宏观化，而宏观经济政策体系的主体即政府的职能，并不是补正和完善价格信号下市场活动所产生的非均衡，而是补正微观经济主体之行为结果的宏观化所造成的总体性的经济局面。

我们所能享受的经济结果不仅取决于收入水准，经济增长，就业水平，物价水平，经济局面和经济状态，也不仅取决于我们所采取的经济行动和商业决定，而且取决于我们的心理预期。

我们为了预期而预期，预期的制度化使得预期失去了目的，我们在预期的假面具下采取眼下的经济行为，做出即刻的经济决定，然后让未来去遭受其后果甚至灾难。

我们在预期的旗帜下，践踏着未来。当我们想到这是经济学本身的产物之一时，觉得不寒而栗。

第十七章

经济增长的内涵：现代经济在历史框架内存续的明证

经济活动在人类历史的各个阶段都有不同的特点，以及与此相关的动力源泉和形式表征。“经济增长”是现代社会，或者毋宁说现代资本主义生产形态特殊的活动形式，而不是历史上共同的经济活动形式。首先，这是由统计学的性质来决定的。在现代资本主义生产的历史形态之前，虽然都有关于自身社会经济活动的零星和个别的统计，譬如某特定地区和特定年份的谷物产量，手工业产品的产量，有限的商业活动包括商品和货币流通量，地区性和年份性的人口统计，以及其他个别性的经济活动方面的统计，但是从来没有过关于自身民族国家范围内社会总体经济活动的“目的性和专业性”的观测和统计，全民族社会总体性产品产出和总体性商业活动和货币流通方面的统计。历史上各个生产形态一定创造各种形式和不同量级的经济扩张和产品扩增。但是，我们无法单纯在经济学专业范围内，以现有的经济学统计方式和统计概念，对其进行“总体性”的明确考察。我们对过去所有历史性生产形态之经济活动方面的总体性和精密的考察与分析，必须与历史学手段相结合，不能单纯在经济学方法论（特别是现代经济统计学）框式内进行。这是我们在论及“经济增长”时必须深切认识到的。我们必须体认，在逻辑概念上，“经济增长”是现代资本主义生产历史形态所特有或独有的经济活动形式。“经济增长”是现代统计学的必然衍生概念，没有现代统计学对经济活动总体性、全面性和专业性的观测，进行数据收集和汇总，对经济活动的精密的量型考察，就没有“经济增长”本身。其他所有历史性生产形态不会没有过经济总量的增长，产品和劳务总量的增长，但是我们无法“专业”地、“精密”地、纯粹“统计学”地进行考察和数量观测，就必须在逻辑上认定它们没有过“经济增长”。

现代经济增长普遍的定义是：自律性的、相对规则的以及相对快速的真实国民产值的增长，特别是人均国民产值的增长。“现代经济增长”是18世纪末英国工业革命之后开始出现的历史现象。当然，诚如我们在上面强调，在此之前人类历史上并非没有经济活动的扩张，社会产品数量的扩增，以及潜在和可能的人均社会总产品的增长。但是，第一，我们不可能以精确经济统计学，并按照民族国家总体为单位，在技术上来观测并衡量这些扩增或增长；第二，即使经济活动出现过扩增，社会产品出现过增加，但并非是自律性的、相对规则的，亦即，经济活动的扩增或社会产品的增加不是常态，在大多数情况下，经济活动未有扩增，社会产品没有增加，相反，经济活动进程因各种因素而持续被阻断和扭曲；第三，即使在这些历史阶段中出现过经济活动的扩增和社会产品的增加，其速率不是“快速”或“相对快速”的。经济增长的国民统计性（或宏观统计性），自律性或规律性（周期性），相对快速性或高速性，是理解现代经济增长运动根本性质的关键。这些特性，不仅在技术特征上、理论规范上，也在历史性质上与任何其他社会形态的经济活动或经济运动性质相区别。“经济增长”的现代社会经济运动形式之所如此重要，就是因为它使得现代社会，现代资本主义市场经济体系不仅在其运动形式本身方面是“动态”的，而且在社会生活方式，社会结构内容，社会文化系统性，甚至社会成员的心理认知内涵方面也是“动态”的。而这一点，应该成为我们理解“经济增长”之纯粹经济学方法论内涵之外深刻历史和文化意义的关键。

我们必须深刻地体认，虽然“经济增长”在目前是经济学方法论体系中纯粹技术性的研究课题，但从一开始便是一种历史现象。它是从18世纪末的英国工业革命中出现的：英国工业革命的深远历史影响在于，它一方面推动了崭新工业技术体系和工业设备的出现和发展（纺织技术，炼铁技术特别是蒸汽机的出现与发展），另一方面促进了现代经济活动中枢性生产方式即大工厂生产方式和相应的现代经济组织和管理方式的出现和发展。这两方面的发展，又导致了一个重大的社会历史成果：社会产能即社会产量的急剧扩大，以及人均产量和国民产值的迅速提高。这意味着，居民生活质量的迅速提高，以及居民在社会和文化活动内容和领域方面，具有越来越广泛多样的选择。而这种局面，又导致社会结构，社会生活方式，社会文化意识总体，社会组织形式等都发生相应重大的变化和整型。英国工业革命以来所形成的"经济增长"的这种多样化和复合化的历史特征，也确立了现代社会经济活动或经济运动的根本模式。"经济增长"之这一系列经济学方法论课题——经济社会与历史性质之间相互交织和相互作用的特殊性质，使得"经济增长"的分析具有几乎无限的外延性，也使得单纯的经济学技术分析变得狭窄起来。

在所谓"单纯的经济学技术分析"范围内，我们必须首先区分"经济增长理论"和"经济增长模型"之间的方法论基础的区别：经济增长理论实际上是宏观经济理论体系中所有涉及总体性或国民性经济活动动态的部分，而这些理论必须包括经济活动的动态形式所涉及的全部条件，包括社会和历史性的条件。经济增长模型则与之相反，它不涉及任何"社会"、"历史"或任何"非经济"的条件，而是既定经济条件下有限和单纯的经济序列活动现象的分析以及纯粹的理论推断。在哈罗德—多马经济增长模型中，考察四个主要假定（社会产品只有一种，只存在劳动和资本两种生产要素，产品规模效益或边际效益不变，不存在技术进步）条件下特定经济变量之间的相互对应关系（储蓄率，资本存量和国民收入之间的关系）。这个模型的经典性在于，假定储蓄率全部转化为资本存量或投资量：

模型内涵之一：$\Delta Y/Y = s \times \Delta Y/\Delta K$

式中：Y 代表产量，ΔY 代表产量增量，s 代表储蓄率，K 代表资本，ΔK 代表资本增量。

模型内涵之一是，产量增量 ΔY 和资本增量 ΔK 之间呈正比关系，即每单位资本存量的增加所引致的产量增加和储蓄率呈正相关关系。也就是说，经济增长和储蓄率成正比。这里假设储蓄率是产量增加即经济增长的唯一主要变量。这和我们所理解的经济增长的"现实条件"相差甚远。但是，我们在这里必须理解哈罗德—多马模型的理论始点：它和所有纯粹经济理论模型一样，不启动于现成的历史现实给定条件之上，而是这些现实给定条件所提供的理论平台上。它不讨论“储蓄”所可能形成的历史和现实条件和进程，而只是将剔除了这些历史和现实条件因素的单纯的“储蓄”本身作为理论平台。而“储蓄”本身如果获得这种单纯的“理论平台”的特性，它便和其他一些历史概念如“资本”一样，就只发挥它特定的技术性功能，亦即整体性地转换为资本存量的功能。因此，模型可以更简便地标示为：

$$G = s/v \qquad (G = \Delta Y/Y,\ v = \Delta Y/\Delta K)$$

式中：G代表增长率，s代表储蓄率，v代表资本—产出比。

增长率随储蓄率增加而提高，却和资本系数即投资和产出比率成反比，而资本系数能够和增长率成正相关关系的条件是人口增长率的稳定性，因此经济增长有可能因为人口增长率的变化而出现变化。哈罗德—多马经济增长模型因此而提出了两种增长率：取决于人口增长率的“自然增长率”Gn和“实质增长率”Gw。有些人将“自然增长率”理解为人口变动和技术变动所导致的增长率，不尽正确，因为哈罗德—多马模型中假设技术条件是不变的。这个模型中之所以提出“自然增长率”的概念，是因为资本系数的因素。资本系数下资本存量的边际效益作用使得增长率降低，此时必须以劳动要素来“弥补”资本系数的作用，从而保持经济增长的稳定。这个模型中，就是通过资本—劳动要素之间相互替代的关系，而暂时舍弃了技术进步或技术变动的因素。当然，这个假设只具有理论的意义，而不大可能是现实经济生活中的实际景象：生产要素之间任何水平、任何形式上的相互组合，都是特定的技术关系，都意味着特定技术条件发生了相应的变化。因此，在关于经济增长的任何分析中，无法将技术进步或技术变动因素彻底剔除。

索洛的经济增长模型维持了哈罗德—多马模型的主要假设，即储蓄率完全转化为投资，其转化系数为1。索洛模型的最大特色乃是使用柯布—道格拉斯生产函数，来暗含地假设资本要素和劳动要素之间的相互替代，是一种技术变动，从而在经济增长模型中加入了哈罗德—多马模型所一直排除的技术变动和技术进步因素。

$$Y = A \times F(L,K) = K^{\partial} \times (AL)^{1-\partial}$$

式中：Y代表产出量，A代表生产技术水平，L代表劳动要素量，K代表资本要素量，AL代表有效劳动量，∂代表介于0与1之间的数，即

$0<\partial<1$。

这个公式的基础条件：

$$sf(k)=(\delta+n+g)k$$

式中：s 代表储蓄率，K 代表资本—劳动率，sf（k）为平均每单位有效劳动的储蓄额或实际投资额；δ 代表折旧率，n 代表人口增长率，g 代表技术进步率，（$\delta+n+g$）k 是维持现有单位有效劳动的资本量所必要的投资额，简称为持平的投资额（break - eveninvestment）。

这个公式表示，在储蓄/投资量的稳定关系中，人口增长率 n 和技术进步率 g 具有同等的作用。它的重要意义在于，不仅肯定资本要素和劳动要素之间的相互替代是一种包含技术变动因素在内的动态现象，而且通过技术进步来保证本来正资本系数（资本要素边际效益）条件下不稳定的经济增长率维持稳定。索洛模型的意义在于它创立了经济增长模型嬗变的新里程碑——它完成了所谓外生型经济增长模型即储蓄/资本系数和人口增长率等外生型因素决定的理论，到内生型经济增长模型即资本积累的内生性因素，譬如生产要素相互替代的技术程序和技术特征等内在因素来决定的理论。索洛模型最令人印象最深刻之处，在于引入新的变量 k，即资本—劳动比率，并将其表述为“人均资本量”。所谓“人均资本量”便是某单位的劳动（力）在特定时间内可推动或可驱动的资本量。而这种比率的变动必须由技术进步来决定。

$$k=\frac{K}{L}\text{或 }K=kL$$

在“充分就业”假设下，则有：

$$k\ =sf(k,1)-nk$$

式中：s 代表储蓄率，k 代表资本—劳动率（即人均资本拥有量），n 代表人口增长率；nk 表示新增人口的人均资本量（即按原有人均资本为新增人口配备设备）。

亦即，以“人均资本存量”概念，可以推出“人均产出”或“人均产量”概念。在这里我们可以考察在既定人均资本拥有量和充分就业假设下，人均产出函数 $f(k,\ 1)$ 的变化。换言之，通过这个模型，我们可以考察“人均资本拥有量”和“人均产出量”之间直接的函数关系。而理解这一点的关键便在于，假设技术进步作为一种恒常的因子存在。

在 $sf(k,\ 1)$ 的条件下，资本边际生产力递减，这意味着资本产出的增长慢于劳动力增长，也就是说，产出的增长速度总是“介于劳动力和资本增长速度之间”。索洛曾强调，当产量在比率稳定却（资本和劳动）报酬不变的古典假设条件之中，自然增长率和“有保证的增长率”之间的协调可以通过调节劳动力增长率的途径进行。而这个途径的核心便是“人均资本量的增加”，亦即人均资本装备量的增加。而这一点必须通过社会储蓄量即社会资本总供给量的途径才能达成。索洛通过这一模型巧妙地完成了基本坚持哈罗德—多马模型基本条件的情况下，将“技术进步”和“劳动力”因素进一步引申为“人力资本”概念的革命性转化。也就是说，在现代经济增长基本模型中，技术进步和劳动力质量提高的作用大于单纯资本存量增加的作用。

经济增长模型中最困难之处，就是精确估计人口增长率和生产要素相互替代的技术程序之间的相互作用，如何维持“理想的增长率”，即，在广泛地提高产出量的同时又可以稳定的维持实质经济增长，即人均产量的稳定增加。它的“困难”在于既要需要说明人口增长如何直接地影响经济增长（通过对资本要素的替代），又需要说明经济增长的程序如何影响人口增长率。因为，在单纯的古典经济增长模型范畴内，无法精确地分析并说明“人口增长”这一概念的全部含义：“人口增长”不仅改变生产要素替代的力度和样式，也改变经济增长动力机制内部的动力结构。“人口增长”本身丰富多样而且不易把握的活跃特性，又会使它本身对经济增长的经典理论作用发生意想不到的变形，而且，它本身的真正原因也会变得模糊不清。拉姆西模型中假定，一个社会不断增加的储蓄意愿和技术进步，会增加资本和劳动要素的产出水平，但是不会引起人口增长率的变化。亦即，在反向的意义上，人口增长率实际上和经济增长是“无关”的。因此我们必须同时关注经济增长中其他因素对人口增长因素的替代作用，譬如科学和技术的进步因素。

已有的科学技术体系是一种公平地为全人类共享的知识体系，不需要为取得它而付出特殊的成本。但是在现代社会中，这种科学体系为全人类无差别公平享有的局面发生扭曲：某些人或某些机构由于种种原因，譬如自身的秉赋以及以更大的努力来追求知识体系等，会较之他人能够取得更大的应用性成果，并抢先地将这些成果投入到生产和其他经济生活程序中。这些应用性技术成果可以转让，但必须取得一定的报酬，受让者必须付出一定的成本。这样新技术体系的拥有者会处于某种优先的垄断地位，转让技术的报酬或为取得技术而付出的成本，成为对这种垄断的奖赏。这种科学技术或知识体系占有的不均匀性使得经济增长无法实现帕累托最优。经济增长会在很大程度上取决于技术体系或知识体系在经济部门或经济行为主体之间传播的顺畅和普及程度。然而，技术体系或知识体系的传播与更新，无论它的顺畅程度和速率如何，都会导致一个正面的结果，即提高劳动要素的质量。通过所谓提高技能等人力资本的投资，所有劳动力都存在提高素质和技能，从而提高产出的正面前景。因此，从长期来看，技术开发与进步或知识体系的进步，不是通过它自身的传播，而是通过提高劳动力素质、提高劳动要素产出的途径来实现长期经济增长率为正数。换言之，人力资本的提高，实际上是评价技术和知识体系创新与进步的最重要标准，也是决定长期经济增长的主要因素。在这里，我们依然遭遇到在本书的前边所论及的一个重要问题，即概念转换的问题。人口概念之向资源概念的转换，资源概念之向要素概念的转换，以及劳动要素概念之向人力资本概念的变异，都使得我们的纯粹分析充满了难以察觉的变数，也使得整体经济增长分析体系显得非常零碎，充满不确定性。

经济增长，一定是一系列动力因素或单独、或交互影响并作用的结果。而经济增长分析，当然是探讨这一系列动力因素并厘清相互之间关系的形式。但是，在经济增长的纯粹理论分析框架里，这些因素只能以数量形式，以数学形式发挥作用。而从事这种数量分析时，必然假设这些因素的内涵已经给定，不可变更，并进一步被排除。这是我们在分析经济增长分析时最令人困惑的。因为，经济增长因素概念的定义和意义本身一定会不断地发生变化，就如人口—资源—劳动要素—人力资本概念内涵的转换，而一旦发生这类转换，它作为经济增长变量的地位和函数作用在公式中也会相应地发生变化。正是这种概念转换的内在定式，使得经济增长的模式或公式必须一再地重写，一再地补充。我们可以看到，它的作用形式及其内容，都发生了巨大的变化。而发生这种变化的主要原因，是因为这些因素本身概念的含义及其相应的形式都发生了转换。基本上，“技术进步”和“人口增长”这两个因素，最初在经济增长模型分析中“风马牛不相及”，都单独地分别地以各自独特功能形式作用于经济增长的过程中。但是，这两种因素最后逐渐地合流，成为非常相似，更相互融合，并共同发挥作用的共性因素。因为，技术进步最终端意义必然显现在其主体自身的“升扬”中，这便是“人力资本”概念产生的隐含基础。“人力资本”

概念的出现，在经济增长分析模型中具有极其关键的意义：它终于导致支撑经济增长两个原来相互孤立或相互独立并各自发挥作用的主要因素，合流成为共同或同时作用的合成性因素。

“人力资本”概念的神奇之处也在于，它甚至模糊了“劳动要素”和“资本要素”之间的界限。在“人力资本”概念形成之后，资本要素和劳动要素之间的定义已经互相渗透或交叉，而经济增长模型的概念含义也必须随之发生变化：劳动要素不仅在“人口”增长的区间内，也在“储蓄率”和“投资”的区间内发生作用。这样，经济增长的自然增长率 *Gn* 和实质增长率 *Gw* 在定义上基本是没有区别的。人口增长率对经济增长率的影响，实际上取决于人口亦即劳动要素向“人力资本”转换的程度。拉姆西模型中关于人口增长率实际上和经济增长率无关的结论就隐含着两方面的含义：（1）自然人口增长率和经济增长率无关，只有人口或劳动要素之转向人力资本的程度才和经济增长相关，这在某种程度上又回到了哈罗德—多马模型中关于储蓄率和投资率的假设条件，因为人力资本的形成完全有赖于储蓄率条件和由此形成的投资倾向。这在现实条件中也可以得到证明，人们动用自己的储蓄去接受更多的教育或更多的技能训练，而企业也愿意投资去培训自己的员工。（2）拉姆西模型中的这个假设条件又在某种程度上否定了自己的第二个结论，技术和知识体系占有的不均性导致经济增长无法实现帕累托最优。“人力资本”概念的形成表明技术和知识占有具有均匀和传播性：技术和知识不仅只是限定在某种文化框式和特定机构里的理论体系，也不是附加在投资条件上的物质和机械禀赋，而是和“人”或劳动要素紧密相结合的精神和心理状态。在市场机制下人员的自由流动本身，就意味着技术和知识体系或“产品”的流动。任何限定这些技术和知识体系流动的法律条件，如专利权、版权或其他法律手段，都不能在本质上限制技术和知识体系或产品本身作为一种精神和心理结构程式的本质，更不能限制它的流动。

我们在“经济增长”本身的现实运动中发现了被加在其上的一系列理论假设条件缺乏坚实的依据，因此必须不断地调整。而调整理论假设条件的途径并非改变、增加或取消这些假设本身，而是通过赋予假设中关键概念以新的定义或含义的形式，来变换假设条件和公式之间的相互关系和位置。这样，经济增长公式的基本结论本身不需要大幅度的改变，却可以提供不同的解释。但是，经济增长的途径和基本的动力结构却是既定，也几乎一目了然的。在很多时候，我们不需通过晦涩难懂的理论公式，就可以迅速而直接地理解经济增长的“面目”。换言之，我们必须在经历理论的洗礼之后，将“经济增长”理解为现实的，甚至可以用最简约的观察手段去把握、统计和观测的社会运动。我们在实际的和历史形态的社会运动中，即经济增长的现实运动形式中，可以考察到许多无法在理论模式中计量和运算的因素，甚至许多历史的、社会的和文化的因素。但是，作为一个经济学家，没有资格也没有立场去考察并估测经济增长运动中的非经济性因素，而只能尽量广阔、细密并力求准确地考察经济性的因素，有时甚至可以通过考察已有经济增长之现实结果或后果的形式，来反向地考察并估计经济增长运动中各种“因素”的作用。

经济增长到底是纯粹的理论现象，还是具有历史性质的现实社会运行或运动形式？在一些人看来，它是前者，在另一些人如罗斯托等人看来它是后者。我们有必要在这二者之间找出一个平衡的视角，既充分尊重经济增长之作为纯粹经济学议题的理论性和实证性，也承认经济增长实际上是发生在现实社会生活和历史阶段中的实际运动，或历史社会性的经济运动。它的萌芽、发生、启动、形成，运作并创造可以计算或计量的历史成效，都是建立在特定历史条件和历史前提之上的。关于这种经济增长得以萌芽的历史条件和历史前提，通常都有多种多样的学院性和意识形态性的争论，也可以通过多种多样的方式去分析和探究。罗斯托曾试图为“经济增长”假设一个非常独特的历史框架，陈述一个别有新意的历史条件。他在历史学的边缘去间接地探讨“经济增长”这一近代社会独特的经济活动形式得以产生和发展的基础和原因。罗斯托经济增长理论的研究显然是“非经济学”的，具有浓厚历史学特征的，其主要特征是将经济增长划分为一种类似历史学分析的时间序列，也就是“阶段论”。他明确地假设经济增长是一种具有历史性质的动态运动，和社会结构及其动力学结构的动态性演变保持着密切的联动相关性。因此，罗斯托的经济增长理论是这个领域无法绕过的重要里程碑。在和纯粹经济增长理论模式的对比或比照中，罗斯托的分析显然为我们开拓了崭新的视野。

罗斯托提出了“牛顿主义”为分水岭的经济增长形成论：牛顿学说的出现，意味着人们相信外部物理世界是以若干可认知和掌握的规律或法则来运行，而人们对这些规律或法则的认识和操作，可以产生非常不同的物质成果。而在“传统社会”里，或“前牛顿主义”，或“前资本主义”社会里，人们并非完全与新的知识隔绝，只是人们对新知识的掌握并不系统、完整，也不普及，社会整体也无法通过掌握、运用、操纵这些新知识的途径来增加社会产出，从而提高社会的人均产值。社会成员在社会的价值定位不再取决于他的阶级归属和既定的社会身分，而是取决于他将特定新知识体系运用和转换于生产功能性活动的能力及其成果。在传统社会中，社会成员缺乏探索新知识体系的条件，缺乏学习和掌握新知识体系的能力与意愿，更重要的，这些有限的新知识体系无法转换为勇于提高社会产出的特定体系化的社会功能。在这种历史条件下，社会产出能力不仅“低下”而且长期沉滞不变。由传统社会转换（transition）到现代社会的过程不是一个单纯的经济活动过程，而是交织了社会结构演化，文化模式和社会意识的演进，资本的历史积累，甚至政治革命的推动等诸多“非经济”的因素。在这个过程中，文化和社会意识的演进，使得人们探讨外部世界的努力不再受到过多的压制；探讨外部世界所获得的成果亦即现代科学的进步，迅速在社会得到传播，从而重新模塑社会成员的世界观以及普遍的文化态度；这些新知识体系通过现代教育体系的传播固定为社会主导性的意识形态；社会成员在这些新知识体系的程式性（教育）启发之下，自动地将其转化为具有现实功能性的生产手段（现代工业技术体系的形成）；而这些手段通过和资本积累的结合，大大提高社会整体的物质产出，提高人均的社会产量，从而提高社会成员的生活水准；而这种现象为下一波更广阔的知识运用，技术开发，生产功能革新，社会产出量提高，社会成员生活品质提高奠定基础。罗斯托将这种由传统社会向现代社会转化过程中出现的经济活动样式称为“起飞”（take - off），也就是经济增长最初雏形，或者经济增长历史动力的形成。这种经济起飞最初出现在 18 世纪的西欧国家，后来又接着出现在北美、日本、苏联，当然后来也出现在包括中国在内的很多国家（罗斯托的《经济增长的阶段》一书出版于 1960 年）。

罗斯托认为，经济增长需要其前期的条件，才能够形成最初的动力，并成为自律性运转的社会经济活动的基本机制。无论经济增长理论分析模型如何将其归结为和这种社会历史条件和动力不相关的纯粹计量型的技术运动，但经济增长本身在实质上是一种历史和社会的现象，历史的和社会运动演变的结果。他指出，首先，特定历史条件下所形成的资本积累或生产型投资行为机制的形成，对经济增长动力具有关键性的意义。他甚至认为，要形成初步的经济增长动力，投资占国民产值的比率应至少在5%～10%。其次，大规模的工业部门特别是制造业部门的形成也具有特别重大的意义。因为只有在制造业中，“新知识体系大规模且普遍地应用于生产活动，从而创造最大社会产出”的活动达到它的极致。最后，罗斯托强调，特定政治性和社会性的变革，对现代经济增长机制的正常运作及其可持续性提供重要的制度性框架支撑。他列举了1819年至1848年英国完成工业化时期整个政治体制和社会条件，譬如议会民主制度运作形成资本积累和自由竞争的环境，英帝国在全球的大肆殖民化扩张所带来的空前贸易机会，英国资本在全球流通所带来的巨额利益等。

经济增长分析之所以在整个经济学体系内具有非常特殊的位置，就是因为它具有两种非常不同的特性：它作为纯粹经济分析模型的理论客体的特性；它作为真实的社会历史运动形式和现实的经济活动形式的特性。最令人懊恼，当然也最饶有兴味的是，这两种特性几乎无法在某种分析体系下融合为一体，它们必须分别以不同的分析方法去对待，从而成为两种“不同”的经济运动形式。哈罗德—多马模型和罗斯托的理论实际上是在讨论同一个“课题”，但是却分别具有不同的形貌甚至不同的性质与内涵。因为罗斯托的理论是在纯粹经济分析以外，采用社会学、历史学和政治学的方法，将经济增长作为一种特殊的历史现象、特殊的社会运动形式来分析的。而这种分析方法却不为“正统”经济学家们所接受。在这些经济学家们（当然也包括建立一系列经济增长模型的理论经济学家们）都坚持，以概括方法分析经济增长“现象”，将其视作历史性或社会性人类活动的形式之一，在历史学和社会学框架内研究经济增长现象，无法准确地分析经济增长的真正内核——它的计量性。经济增长固然是一种历史阶段性的社会现象，但在科学分析体系范畴内，首先是一种具有技术相关性质的统计学现象和计量现象。

库兹涅茨不赞同罗斯托的“经济增长阶段论”和“起飞论”的分析。他认为，在特定经济增长阶段中任何历史或社会现象的解释，必须具有可验证（testable）的数据性，否则现代经济增长的“认定”和“辨识”性不足，关于经济增长现象的分析就必须代之以具有“猜测”性质的演绎推理，这就是罗斯托分析方法的不足之处①。经济学家们必须通过这些数据

① Simon Kuznets. Readings in Economics. MaGraw-Hill Book Co. , 1973, Part 6, p. 262.

来辨认当时历史条件下经济增长运动的独特性，特别是在具体经济部门和具体经济领域中的独有或独特性质，而恰恰是这些独特性所引发的变动才能在技术上形成经济增长及其自律性的稳定动力。所谓经济增长阶段不仅由一系列可直观考察的“现象”组成，更是由无数具有数量特征和数量结果的具体活动所组成，而这些数量活动之间相互交错、相互作用、相互组合的关系，决定了经济增长现象背后的具体机制内，存在着一系列复杂多样的相互依存甚至相互抵消的数量关系。经济增长的阶段抑或其现象，都必须具有数量上的可验证性，以及统计学的说服性。否则，如果按照罗斯托的经济增长历史阶段论看，“传统经济”或“前现代社会经济”与“现代社会经济”之间的差别就会隐而不见：如果按照历史阶段论的假设，经济增长最初级阶段的条件必须在传统经济的历史阶段内就孕育成熟，那么二者之间的历史性区别在哪里呢？按照罗斯托的假设，经济增长和起飞阶段的来临必须以投资率在5%～10%之间，那么在传统社会低于5%的投资条件下，如何形成经济增长的条件，如何进入经济起飞的阶段？

现代社会经济增长一个突出的特征便是，各个社会生产部门之间的增长率出现差别，某一部门的经济增长率会高出其他部门。问题是我们如何看待这一特征：它是由经济增长历史阶段性中出现的社会资金流入的不同动机或幅度所决定，抑或是对特定生产要素组合的技术条件的反应？库兹涅茨反对罗斯托的经济增长“领导性部门”论（theory of leading sectors），因为所谓“领导性部门”既无法单单从增长率来断定，也无法从国民经济总体角度上来界定。我们既不能断定增长率最快最高的便是“领导性产业部门”，也无法将国民经济中份额最大的产业定义为“领导性产业部门”。经济增长是一个宏观的程序，这意味着所有可能的社会产业部门都无例外地加入到并作用于这个程序之中，而它们之间保持着可以考察、收集、集合并计算的数量型的互动关系或相互作用关系。某些部门的增长率高于其他部门的现象，并非单纯的、可以从“历史阶段”的角度上界定的经济运动总体框架变换现象（领导性经济部门的出现），而是一种立足于部门之间数量型运动的经济统计现象，它表明这种较高的特定产业部门增长率获得了其他部门数量型技术相关条件的支持。也就是说，经济增长不仅是一系列可以用历史归纳法来界定的形态（patterns），而是一种必须以长期和总体性的统计考察来厘清的经济运动关系。

“经济增长”概念之令人疑惑，令经济学家们争论不休或者为之“竞折腰”，就是因为它总是会游走于经济学纯粹分析体系和“社会科学”方法论譬如历史学和社会学的归纳体系之间。它既是理论经济分析体系的对象，也是历史分析的客体。我们实在无法固定于某特定分析领域中，也不能在这些分析领域之外去精确而成功地分析经济增长现象。为什么“经济增长”只出现在一些特定的国家和地区？为什么经济增长大约出现于英国工业革命之后的历史时期？为什么在具有稳定经济结构、完善法律体系、私有财产和经济活动受到保护或不被政治社会因素干扰的社会，其经济增长的特征比其他社会要明显？为什么社会资金能够更顺利地投入到生产领域，投资机制和框架较为充分发达的国家和地区能够获得更快速的经济增长？为什么教育体系的形成和充分发育，从而使社会成员能够将更多的时间投入到取得生产技能过程中去的社会，比社会成员将时间投入到其他内容社会生活中去的社会，有更高的经济增长率？所有这些和“经济增长”相关的重大问题，必须在社会历史阶段的框式内进行解答。这也使得“经济增长”不可能仅仅是一种单纯的数量统计现象，或由一系列数量关系形式链接起来的技术条件的作用现象。但是，经济增长和人口增长之间的相关性，资本积累（储蓄）对经济增长的动力机制，技术进步与经济增长之间的函数关系，部门增长之间的统计分布与相互牵动关系，部门产出和总量产出与人均产出的增长及其相互之间数量关系的分析，都是一种纯粹分析的技术性客体，无法将其放置在社会历史框架内衡量与解析。库兹涅茨的研究，就是将经济增长概念内部蕴含的双重结构性含义给予中性解释的努力。他是否成功地做到这一点，是见仁见智的问题了。不过，他对罗斯托的批评总有些牵强之嫌，因为他始终不能具有说服力地解释，经济增长作为一种“现象”和一种“形式性机制”之间的微妙差别中，所包含的理论依据的巨大差异。经济增长同时是这二者，而这二者又不能同时在狭义的同类分析体系内给予恰当的解明，它只能分别地得到解释：一个在历史和社会的平台上，另一个是在经济学纯粹分析的体系内。

人口增长率本身是一种既定历史和社会经济条件的结果：人口增长率的提高说明了特定社会能够提供足够的粮食供给和起码的居住条件，以及（非常重要的）从事生产活动的条件。在稳定的传统社会里，劳动力是最重要的甚至决定性的生产要素，更多的人口往往意味着更多的劳动力或生产能力。因此在考察人口增长率与经济增长之间的相互关系时，我们必须回到罗斯托的框架中，亦即经济增长阶段论中的“历史条件”框架之中。

现代经济即资本主义经济一定起源于相对稳定和人口增长率稳定提高的社会里，而不是相反。这就可以部分地说明为什么工业革命产生于农业生产和粮食产量相对稳定增长、人口增长率也稳定提高的英国，而不是产生于农业生产条件相对恶劣、粮食产量非常不稳定、经常发生大规模饥荒的爱尔兰。即使现代，在世界的大部分地区，引发人口增长率提高的也大体上是这些因素：农业生产和粮食供应的相对稳定，大部分劳动力使用于农业生产中。一个不能保障农业生产稳定和粮食供应稳定的社会通常不会有较高的人口增长率。人口增长率的提高，是包括食品供给在内的广义生活资料的稳定供给所决定的。而“经济增长”，就其历史性条件来说，取决于这种由农业生产和食品供给的稳定性所支持的人口增长率、并且由这种局面所决定的资本积累的结果相互结合。这也是所有经济增长理论模式的根本立足点。经济增长的最根本意涵在于，如何将“人口增长”和“资本积累”之间的组合形式转换为提高产出和人均产值，并提高生活水准的实质活动。经济增长模型的假设条件变化，实际上是在探讨劳动要素和资本要素之间组合机制的结构和形式问题。这就使得经济学家们最后必须将“技术进步”正式地排列为经济增长模型的主要假设条件之一。也就是说，劳动要素和资本要素之间相互组合的基础条件，不仅是由一种实在而特定的技术比例关系或由技术体系来支撑的，而且是由不断“上升”和“提高”的技术进步程序所支撑的。只有这种不断“上升”和“提高”的技术进步程序，才能保证劳动要素和资本要素之间的组合，或“人口增长”和“资本积累”这两种因素会产生“人均产出”或“人均产值”不断提高，从而提高生活水准的效果。

而“技术进步”本身也使得“劳动要素”和“资本要素”或者“人口增长”和“资本积累”因素本身的内容相应地发生变化。我们在前边已经提到从单纯的“人口”或“劳动力”概念向“人力资本”概念转换所产生的经济增长模型内涵的变换。这意味着，在经济增长的现实程序中，两种要素或两种因素的相互组合会产生奇异的相互概念渗透：所谓“人力资本”就是组合了“劳动要素”和“资本要素”的新的生产要素主体。一个劳动要素所有者不但只是一个拥有基本生产技能的人，而且是同时具有资本要素功能的主体。这个主体通过教育和训练，将许多原先可能被定义为资本要素功能集中在自身，如具有高度的生产操作技能，具有通过现有科学知识体系的平台开发新产品，迅速延伸新的技术功能领域的能力。而这些能力在现代市场条件下，以所谓技术专利或知识产权的形式为厂商所“专有”。亦即，这些既存和可能迅速被发掘的技术领域只是通过技能的形式“依附”在劳动者身上。所有这些以知识或技能形式“依附”在劳动者身上的科学知识体系，其根本的经济学功能便是，使得劳动要素和资本要素之间的任何组合都产生提高边际产量，从而提高厂商边际收益和人均产出的目的，亦即自律性经济增长的目的。这些科学知识体系的内容非常广泛，从电脑软件程式到复杂金融衍生产品公式的设计等。“人力资本”现象的出现，意味着个别生产要素边际产出递减的规律，必然要求由其他生产要素的功能来“弥补”，而在生产要素之间相互组合的过程中，会出现由组合程序和性质所决定的新形态的“要素”。这种“要素”兼具两种或多种生产要素的功能，而且其目的是在克服个别生产要素边际产出递减规律的条件下，提高社会的人均产出。

美国经济学家丹尼森曾致力于通过统计分析方法研究多种生产要素（他称之为“总生产要素”（total factor）），即劳动要素和资本要素的组合对经济增长的贡献。在他看来，所谓“技术进步”，便是让特定量的劳动要素（雇员）掌握并推动更大量资本要素（固定设备）的技术体系的出现和普及。他认为通过教育和技术培训等途径，在 1929～1982 年之间，美国工人可以掌握和推动的资本要素量由 0.3% 增加到 0.65%。在很长一段时间内，所谓总体要素产出增长和“人力资本”的概念都定义为，特定量的劳动要素（雇员）推动更大量的资本要素（固定设备等）方面。而这种总体要素产出增长（总体要素生产率），是经济增长或人均社会产出增加的不二法门。这种经济增长程序的关键枢纽是，通过教育和技术培训等途径而掌握更高生产技术技能的员工（高素质的劳动要素）。而现在，这种“人力资本”概念的内涵又发生了重大变化：它不仅意味着特定劳动要素对更大量资本要素的掌握和推动，而且意味着劳动要素通过其他形式对生产过程进行干预和调节，从而提高产出率。譬如调整生产程序和过程管理，调整生产组织及其功能，调节生产过程之间的环节，调节产品销售和物品流通过程，特别是在现代条件下通过电脑软件系统和互联网网络对生产过程及其相应环节进行能动性的管理和调节等。所有这些并不一定直接表现为“特定劳动要素推动更大量资本要素”的结果，甚至，劳动要素所推动的资本要素就纯粹“量”的意义上可能有所下降，但却提高了总的产出和人均社会产出。在现代条件下，“人力资本”的概念应该从这个角度上去探讨和定义。

“经济增长”作为历史现象，并非凭空产生的。它产生于一定的历史条件和社会环境下。在历史上，人类的生产活动和社会经济活动一定经历过“增长”，只是，我们不能将它定义为“经济增长”。经济增长产生在特定的历史条件和社会环境下，然后便“摇身一变”，成为仅仅属于当下、属于现代、与过去和历史相隔绝的时代现象。这也是为什么我们在分析“经济增长”现象时必须小心翼翼，不能再踏足到历史学的领地里。罗斯托曾试图另辟蹊径，在历史学领地内诠释经济增长现象，却被职业经济学家们奚落到现在。

“经济增长”真的不属于历史吗？这是我们的疑惑。我们不会将脚步踏在历史学里，但是会一直地这样疑惑。

因此也会一直地发问。

第十八章

经济发展理论：“经典”含义和阶段的超然性

“经济发展”是一个非常宽泛笼统的概念。经济发展理论或发展经济学与经济学分析体系之间的关系，也很难明确地定义。它具有不容忽视的历史内容，以及时间区段的性质。换言之，经济发展在很大程度上也是经济史的研究对象。发展经济学或经济发展理论在现代经济学体系中的位置非常特殊，它是一个实务型的和几乎社会实验型的经济学分域。今天，我们必须将“经济发展”这个宽泛的概念加以比较清楚的区分，即“广义经济发展”和“狭义经济发展”。“广义经济发展”是指前资本主义各历史时期经济生活变化的历史时序形态，基本属于经济史（历史学）的研究范畴。“狭义经济发展”的核心内容，则在于探讨一个国家如何进行原始的资本积累（譬如储蓄率的提高，外汇储备增加，外国投资的引入等），以何种形式完成资本或资金在经济部门之间的“合理”与“有效”的配置，这种资本配置的结果又如何导致经济部门结构的转换，这种转换中现代经济增长形式如何形成等。有时人们必须时刻注意经济增长理论和经济发展理论之间的区别，区分“经济增长”和“经济发展”这两个概念之间的含义差别。

经济发展理论（“狭义”经济发展理论）之所以在整个经济学体系中具有极为特殊的地位，因为它组合了经典经济理论特别是经济增长理论和具有超经济学内容的制度学说的内容。经济发展理论考察某一经济体如何从“传统”的经济活动模式向“现代”经济活动模式转换，而且产生这种转换的内在（共同或共有的）动力由哪些因子所构成。

——它考察传统经济部门中，哪些部分会以超过其他经济部门的速率成长，并在整个经济产出中占据越来越大和越来越主导性的比率；

——它考察这种特有经济部门的成长，如何导致居民储蓄率的提高，并导致资本要素及其所有者阶层的形成；

——它考察这些新兴的资本要素和其他生产要素之间的组合，会以何种形式呈现，并招致何种更为显著（或快速）的经济部门及其产出率的成长；

——它考察这种成长以及部门成长率之间的差异，会如何进一步导致经济部门结构的转变，如何引致“现代经济部门”的形成；

——它考察在这种经济（部门）成长和结构转换的过程中，如何导致贸易的扩大以及外汇的积累和外资的流入如何实现完全自律性的现代经济增长；

——它考察这种部门和产出率成长会如何波及到其他部门，而且导致一个国家或地区的城市化，如何影响（提高）居民整体的收入水准。

实际上，经济发展理论多少是在经济增长理论的基础上形成的。换言之，经济发展理论（或发展经济学理论）是凯恩斯学说以来宏观经济学分析体系的衍生物。它本身尚无法直接地括纳在宏观经济学分析体系中，因为所谓“经济发展理论”仍缺乏公认和教科书化的“标准”分析体系，它仍是多位经济学家各自独立提出的理论之间宽泛的组合。严格地来讲，经济发展理论，乃是以资本主义生产方式的历史形态来定义并衡量现代世界各国得以向资本主义市场经济体系演化的各种学说的总和。它试图说明，现代世界中后进的各国如何脱离“传统”的经济活动模式，以类似或近似资本主义生产方式历史阶段的形态，来实现以市场体系为基础的长期自律性经济增长，以及经济部门结构和经济产出结构的转换。

经济发展理论在第二次世界大战后“方兴未艾”，也是一种饶有兴味的历史现象。战前形成的西方殖民体系以及以此为中心的世界性政治秩序，面临着战后各大政治力量重新组合以及新的政治秩序形式出现的挑战。殖民地地区或政治从属地区，追求自身政治独立、重新确立自身历史性民族和国家认同的努力，形成具有代表性的世界政治现象。其结果，殖民地区和政治从属地区纷纷成立独立的民族国家，并试图塑造与此相适应的经济结构与经济生活模式。这也使得战前殖民地和政治从属地区作为单纯工业原料供应者和商品输出地的角色形态发生变化。包括这些相对独立的经济体系的所谓世界市场体系，以全然不同于战前资本主义市场体系的面目与结构出现。因此，以分析包括厂商行为在内的个体经济主体在特定价格条件下合理反应行为的微观经济学体系，必须重新面对三个新的问题：(1)"前完全厂商"行为型市场机制问题。即不完全和不成熟的市场结构下，经济主体是如何反应并采取相应行为的；(2)这种"前完全厂商"市场型经济机制是如何向完全厂商市场型经济机制演化的；(3)这种"前完全厂商"型市场经济机制和完全市场型经济机制，亦即发达国家和不发达国家，或西方工业化国家和广大发展中国家之间保持何种的经济关系形式，这种经济关系的历史和道德"合理性"，以及这种经济关系在新的经济活动因素的作用下不断变换的特点。这三个问题代表了发展经济学理论最根本的特征及其理论基点。从第一个问题中，引申出发展经济学最具有关键意义的储蓄理论或资本积累理论；从第二个问题中，引申出经济增长理论的基本雏形；从第三个问题中，又引伸出国际贸易理论或国际经济学理论。可以说，发展经济学理论为近50年来经济学领域的横向扩展、许多经济学分支领域的出现，提供了初始动力。

如前所述，发展经济学理论最关键的枢纽在于，储蓄或资本的积累，或者资本动力机制的形成。一般来讲，在"前完全厂商"市场型经济中，并不"缺乏"其他生产要素，即劳动和土地要素，却"缺乏"资本要素。资本要素不是天然形成或自然存在的，它必须通过一系列历史运动形态来逐渐地积累，形成特定的资本动力和运动机制。换言之，发展经济学理论的实质，在于分析前厂商市场经济体系向完全厂商市场经济体系转换，或前资本主义经济体系向大工业资本主义市场经济体系转换或过渡的内在机制，而这种所谓"机制转换"的核心便在于"资本积累"。"资本积累"，是指在市场条件下得以和其他要素结合的资本要素，通过特定历史运动形式来达致某种特定规模的过程。这些"历史运动"形式在各国或各不同地区，都具有不同的形式和内容。马克思在其不朽的《资本论》中曾深刻分析了资本积累（包括"资本原始积累"）的一般历史机制，也生动描绘了英国“资本主义积累时期”的各种历史现状。在这个意义上，《资本论》第一卷同时也应该是世界上第一部正式的发展经济学理论。英国历史上的资本积累过程具有典型性，却不一定具有广泛的代表性。世界其他国家的资本积累过程不一定是通过“英国之历史活动的形式”完成的。但是各国的资本积累都有一个共同的特征，便是资本的积累都表现为资金在特定阶层（金融资本家和工业资本家等）手中积累起来，而这些积累起来的资金通过现有或不断创新的市场机制和其他生产要素相结合。在历史学和政治学角度上，这个特定的过程始终交织着血腥的暴力、阶级和社会冲突甚至革命，从而这个过程成为资本主义生产方式或市场形态始终无法在道德学意义上完全正当化的主要因素。但是在经济学分析体系里，这是一个虽至关重要却单纯的技术性过程。它表现为资金通过一系列技术性市场杠杆形式在特定阶层中累计起来，并在市场框架和体系内，以追求利益的动力为基础，与其他生产要素如劳动要素、土地要素结合起来，共同投入到生产过程中。而这些“技术性市场杠杆形式”中，最具有代表性的是储蓄。因此，发展经济学甚至经济增长理论第一个关键性理论基石，便是储蓄和储蓄分析。

对现代资本主义经济体系进行任何认真地纵向或历史性“动力机制”探讨，都完全无法避免“资本积累”这个中心环节。古典的微观经济学分析体系是立足于完全成熟的资本主义厂商市场型经济机制之上，资本要素和资本动力机制也完全成熟并自律地在市场体系内发挥功能。但是在前厂商市场型经济机制中，资本要素不仅在数量上匮乏，而且资本要素或资本动力机制亦尚未成熟，资本要素即使具有一定的数量规模，也无法在市场体系范围内和市场功能调节下合理地配置，与其他生产要素进行合理的结合。因此，我们不能不强调投资理论以及由此衍生的经济增长理论对于经济发展理论或发展经济学的重要先启作用。投资和产出之间的相关性放在动态的框架里，便产生投资源泉或投资来源的探讨。这样，自然会导致储蓄和增长之间正相关性的分析。在假设生产系数固定的条件下（或假设其他生产要素供给一定的条件下），增长便主要取决于投资规模，在一般的假定下又取决于储蓄规模。在这个一般假定下，其他生产要素如劳动和土地要素只发挥辅助的作用。也就是说，经济发展理论本身最关键的核心因素便是资本或资本要素的积累。在这一点上，马克思在《资本论》中已经进行了充分的论述。当然，现代经济发展理论通常不涉及资本积累过程中一系列历史现象所包含的道德因素，而仅仅在方法论范围内重视并评价资本积累的结果，也就是储蓄率的提高。据杰拉尔德·迈耶尔（Gerald Meier）的分析，20世纪80年代东南亚国家85%的国内投资来源于居民储蓄。经济发展理论在论及"储蓄率"时并没有深入和细致地分析储蓄的阶层结构，即没有深入谈及社会各阶层之间储蓄率的差异，使得"储蓄率"一词看起来似乎是社会居民平均的储蓄率的提高。实际上，即使在资本积累的历史进程非常正常化地发生的国家与地区，储蓄率也并非"均匀地"发生在各个社会阶层，而是因社会阶层而产生非常大的差异：某些阶层的储蓄率会大大高于其他阶层的储蓄率。

即使在常识上这也是非常正常的，如果储蓄率"均匀地"发生在各个阶层，那么各个阶层就会同时成为无差别的"资本要素持有者"。这些拥有较高储蓄率的阶层在理论上成为"资本要素持有者"，而一旦这种资本要素持有者阶层形成，便不仅形成资本注入社会经济活动领域的崭新机制，也形成生产要素持有者阶层之间崭新的社会关系形式，以及由此引起的生产要素崭新的配置模式。这种生产要素配置模式稳定地形成之后，资本要素本身的构成和配置模式，以及与其他生产要素之间相互结合的形态也会发生根本性的改变。一旦稳定进入这个阶段，储蓄不再成为资本的唯一源泉，甚至不再构成资本的主要源泉。而一旦居民储蓄不再构成资本唯一或主要源泉的形态稳定地形成，那么经济发展阶段便开始进入所谓的"自律性经济增长阶段"。进入自律性经济增长阶段后，资本源泉便主要取决于"资本再生产过程"的自我积累（资本存量的增加抑或资本要素报酬率的提高），不但居民储蓄率完全地成为一种辅助性的资本源泉，而且通过提高储蓄来成为资本要素所有者的途径越来越狭窄化，社会阶层结构，或生产要素持有者结构，也会呈现完全稳态化局面。这意味着，在经济发展阶段进入到自律的经济增长阶段，或资本主义工业经济阶段后，特定生产要素所有者的身份状态会相对"固定"下来，某社会成员虽很可能同时"拥有"一种以上的生产要素，但很少有可能全面地向生产要素所有者身份"转换"，譬如从"劳动要素所有者"向"资本要素"所有者的转换。在自律经济增长阶段，生产要素报酬率大体相等，而且资本要素已经具备稳态化的自我生成机制，其他要素报酬难以被引入到转化为资本要素的轨道。这也可以部分说明，为什么发达工业国家的居民储蓄率大大低于正在经历经济发展阶段的国家。

经济发展理论的经典涵义不仅在于一个国家或社会如何通过提高储蓄率来达成最初的规模性资本动力，而且在于考察一个国家和社会在提高储蓄率和形成最初资本动力的同时，如何通过贸易来进口原材料、出口产品特别是农业和工业产品来实现自身工业化，或工业部门的扩展。贸易的意义在于：一个国家或地区的经济发展必须通过赚取外汇来进行进一步的资本积累，通过出口来建立能够引致稳定和自律增长的产业部门，即主导性的工业部门；而且工业部门的建立和扩大也要求以外汇来进口工业化所需要的原料。因此，经济发展理论非常重视“工业化”在经济发展历史过程中的作用与功能。“工业化”是经济发展阶段的核心内容。虽然在经济发展理论的“经典论述”里并未刻意强调“工业化”的重要意义，但是毫无疑问，经济发展的最深刻的含义就在于“工业化”。“工业化”最重要的意义在于它建立一个经济增长的动态活动模式，也产生各个生产要素得以“最大限度”和“最集中”地加以结合的园地。在工业化中，资本要素得以追求最高的报酬率，劳动要素可以达成最高产出的层阶（工业化所需要的劳动力必须具有相当的技艺和熟练的操作技巧，而这些技艺与技巧必须通过相应的教育和训练达成），土地要素也能够得到最有效率的运用（土地单位面积的产出大大高于传统农业生产领域）。而且非常重要的是，如果没有工业化，一国的贸易条件会恶化，因为农产品和初级产品的收入弹性远低于工业产品，后续的资本积累强度会不断弱化。基于这种重要而急切的理论意识，经济学家们甚至大力研究社会主义国家计划经济制度下工业化进程的经验。不过有些讽刺的是，通常社会主义国家计划经济体制下的工业化不会促进国际贸易，因此也不会导致资本积累累加的效果。

经济学家们认为，一个成功的经济发展模式通常是以初期成功的“农业革命”为始端的。“传统农业”社会的典型特征为：一个国家或社会居民中的大多数居住在农村，从事农业生产，而且其社会产值的大部分也由农业部门构成。因此，在这个部门中通常也不会自发地出现经济发展的因子。据美国经济史学家乔伊斯·阿波尔比（Joyce Appleby）研究，在16世纪的欧洲，农村人口约占总人口的80%左右，和罗马时代没有很大差别。但是到了1800年，英国的农村人口减少到50%以下。这也意味着，在特定地区内，资本主义生产方式的历史阶段已经开始起动。农村人口的减少，一方面是由于城市化和工业化对农业劳动人口的需求，另一方面是因为在城市化和工业化过程中农业部门的生产率得到提高，以致农业部门和农村地区出现大量的过剩人口。

农业生产率的提高而导致产出量的大幅增加，生产者的收入也随之提高，从而可以将相当比例的收入转化为储蓄，这些储蓄又通过既有的资本渠道而投入到收益率更高的部门中去。这种经济发展因子的出现必须通过两种根本的途径来推动：第一，发展和普及农业技术体系，包括提高农产品产量的种植技术和提高农业生产率的机械设备的普及率；第二，对农业生产的结构，包括生产组织管理结构和农村传统村社组织，进行适当的改革，其中包括农村居民教育水准的提高。当然，很少有国家或社会完整而充分地实现了这两种变革，最多的是完成了其中的一种。譬如东南亚国家主要是完成了第一种变革，即提高农业产量的所谓"绿色革命"，而东北亚国家如日本、韩国、中国台湾地区和中国大陆，则主要通过第二种途径，即通过对农村社会和农业生产组织结构，以及土地资源（土地要素）的所有制与配置形态进行改革。而这两种变革，都引致了相同的经济结果：通过提高农业生产率而提高农产品产量、提高农民收入，使得农民一方面（有限地）进行储蓄，以便提高进一步的农业生产投入，另一方面又导致农村人口的过剩，为城市或城镇地区的工业部门和其他经济部门提供所需的劳动力。

刘易斯侧重于从劳动要素角度发掘经济发展理论的深度含义：在非工业化条件下劳动要素只能和土地要素、而没有机会和资本要素相组合，一直形成"劳动力无限过剩"的局面。在这个局面下，劳动生产率甚至有可能降低至零甚至负数，亦即劳动要素收入和劳动力人数呈反比，以致一个国家或社会长期处于贫困状态。劳动力必须和资本要素相组合才能迅速提高劳动要素报酬率即提高劳动生产力，这意味着"传统部门"的劳动力必须向在"资本主义部门"也就是工业部门和其他新兴部门流动，或在地理区域上由农村地区向城市地区流动。没有疑问，在现代史中，劳动要素寻求和资本要素相结合以提高自身报酬率，是一种具有强大内在推动力的自然式的运动，这也是世界各国普遍会出现的农村人口向城市地区的流动。即使在城市地区完全无法吸收过多农村劳动力时，这种流动现象也不会降低，反而不断增加。这意味着，在农村出现可能打破"劳动力无限过剩"历史循环的契机时，相应的"资本主义部门"必须已经存在并发生功能："资本主义部门"有能力向农村提供农业生产"绿色革命"所需的手段和技术，提供农村社会进行社会组织结构和文化意识变革的压力，提供可供模仿并参照的模式与启发，向农村展示关于劳动力的需求。而这种理论的悖点是，如何有充分说服力地阐示农业和农村社会的变革可以构成单独而最初的经济发展的动力源泉。一般的经济发展模式，无论是欧美模式、东南亚模式或东北亚模式都现实地证明，传统的农业生产部门和农业社会组织自身很难自发地产生自我变革的动能，也无法形成现代经济发展的自发性和持久性的动力源泉。所有农业生产和农业社会组织结构的变革，都有待于“资本主义部门”或者城市现代工业部门的推动、压力和启示。

自然，现代经济发展理论必须从农业部门的变革，居民储蓄与资本积累，国际贸易和资本积累形式的变异和多样化，劳动要素寻求和资本要素相结合以寻求更高报酬率的历史运动（包括农村劳动力向城市地区的流动以及由此引发的历史性的城市化运动），这几个基本面上去把握。但是和其他经济学学科一样，发展经济学也有一些共通却没有完全诉诸于外部叙述的内蕴性假设。比如，农业生产结构如何发生转变并如何导致农业生产率和产出率的提高，农民收入增加如何导致储蓄率提高并引致投资动力的形成；政治和社会秩序结构如何形成吸引外国资本的条件并引发进出口贸易的增加，使得外汇储备量提高进一步扩大投资的动能；在这些局面的动态演化中如何出现人力资本的充分供给，使得经济部门的增长、结构转换、技术革新如何成为可能，等等。换言之，如果没有这些内蕴假设条件的形成，便不会出现任何足以称道的经济发展现象。一般地来说，这种具有发展经济学经典内蕴假设意义的经济发展模式，只在少数国家内出现过，譬如历史上的欧美国家和日本，20 世纪 60 年代至 80 年代的亚洲四小龙，20 世纪 90 年代以后的中国和印度，以及巴西等少数几个国家。其中绝大部分都集中在亚洲地区。虽然发展经济学没有也无法直接地论及，但是这些亚洲国家特殊的文化传统与社会结构对资本积累（特别是储蓄率）和劳动工作伦理（包括对教育的重视所产生的人力资源）的推动等，都是一并在广义发展经济学范畴内加以含括的假设条件之一。

在发展经济学理论结构内，资本积累及其配置模型都具有关键性的方法论意义。如何形成储蓄动力，如何通过金融和信用机制将储蓄资金注入和引导（channeling）到投资领域中，而且投资机制和投资结构如何形成资本自律性扩张并致使自身存量不断增加的结果等，都是发展经济学的核心内容。但是在其内蕴性假设条件的隐约却有力的束缚之下，许多其他类型的实质发展模式便被忽略。譬如，具有特殊资源禀赋的国家普遍具有何种经济发展模式，而这种经济模式和所谓经典经济发展模式之间的差异，能否在深刻动力学结构中找出可以相互比照的因子？或者，特殊资源禀赋国家的发展模式是否也可能在一定的条件之下转换为"标准型"或"经典式"的经济发展模式？一般的结论是，大多数实现"标准型"或"经典式"经济发展模式的国家都不是特殊资源禀赋型国家。所谓"特殊资源禀赋"型国家有两个含义：一是综合或个别的资源赋存极为丰富，具有突出的统计学意义，而且在现时的经济产出或国民经济中具有极为重要的比率或含量；二是人口相对稀少，以致其人均占有资源量特别高，从而使得人均经济产出或人均国民产值在很大意义上决定于斯。在这种定义之下，美国和中国都不是"特殊资源禀赋国"，而加拿大或澳大利亚却可能是。许多这类"特殊资源禀赋国"都集中在非洲，譬如南非和刚果等。刚果（前称扎伊尔）没有出现"经典经济发展模式"现象似乎无法作为"特殊资源禀赋国"难以实现"经典经济发展模式"的范例：这个国家自1962年独立以来，经历过多次政变，大规模流血内战持续至今，其基本政治秩序濒于彻底瓦解，使得正常经济活动难以展开，经济发展的基础条件也无从形成。

若单单从"资源禀赋国"的简明而清晰的形式入手，对经济发展模式内在条件之间的相关性进行直接探讨，最好的办法就是研究石油生产国或石油输出国经济发展的模式。和其他金属矿藏相比，石油是极其特殊的"资源"形式：它是现代经济社会运动主要的物质动能源泉；它的产品形式（如石化产品）对现代经济社会生活的影响与作用异常突出。它既是包括车辆在内的工业机械最通用的燃料，发电等工业动力所需的主要能源，也是基本工业材料如塑料和其他石化产品的主要原料。其他任何形式的原料或"资源"（如煤炭和金属原料等）都无法在实际经济生活中和石油一较高下。在绝大多数石油输出国，石油是主要的出口产品，其数额与其他出口品相比具有压倒性，而且也是该国主要的外汇源泉。石油问题上又往往纠结着敏感的地缘政治学的因素，对各国经济发展和经济增长的现状投放出难以估量的影响。故而，石油生产国（或输出国）的经济发展模式，值得我们和发展经济学家予以特殊的关注。

美国经济学家特里·林恩·卡尔（Terry Lynn Karl）曾提出过"充裕之谜"（paradox of plenty）理论，即充裕石油资源及由此产生的充裕资金如何会导致令人失望的经济发展结果：1965～1998年，石油输出国的年平均经济增长率是-1.3%，同时主要社会发展指标，如婴儿成活率、营养程度、平均寿命、居民识字率等，也远远落后于其他国家。发展经济学家在这个统计数字面前所立即提出的问题是，石油输出国有着其他国家所不能相比拟的原始资本源泉（石油外汇收入）优势，为什么这些原始资本未能有效地转化为产业投资，没有导致单一石油输出的经济结构产生“向上型”的转换，没有出现最终的现代经济增长的动能？这当然牵涉到资本（积累）或资金如何通过合理有效的金融机制与信用体系，引入到投资领域中去这样一个发展经济学的命题。可是，发展经济学却无法精确和逻辑连贯性地解释金融和信用机制究竟怎样才能达到所谓“合理有效”的标准，从而能将资金准确地导入到投资领域。石油输出国不乏成型的金融和信用机制，虽可能缺乏“效率”，但却无法断言它就是不合理或完全无效的，也没有统计数字表明这些资金完全流入非投资领域中。所以我们有时必须跳出发展经济学理论的框架去考察“充裕之谜”现象。

卡尔认为，石油资金未能导致这些国家形成有效发展动能的主要原因在于，充裕资金无法引发“效率性的生产活动”（effective and productive activity）[1]。这一点有些类似于古老的比较利益理论，如果一国某种生产要素相对或绝对充足，便会交换他国生产且在本国没有比较优势的产品。问题是，这里不是涉及某种或某类的产品之间的比较利益优势，而是资金和所有“物质”产品之间的利益优势比较问题。相对过分充足的资金而言，“所有产品”都具有比较利益优势。如果你有钱买东西，为什么自己造？如果你有钱买粮食，为什么去发展农业？如果你有钱买消费品和其他工业品，为什么去建立和发展制造业？这是林恩“充裕之谜”假说的核心：过分充裕的资金使得该国缺乏建立和发展制造业的动力，因而无法步入经济发展的经典坦途。此说显然不无道理：沙特阿拉伯、科威特、海湾国家和文莱等国，都是这种发展模式的典型。它们有充裕的石油收入，人均收入几乎和发达国家相等，拥有令人称羡的福利制度，却没有足以称道的农业与工业部门，所有这些产品都必须依赖进口。这种现象却又暴露出发展经济学理论关于经典发展模式的一个深刻的内在缺陷，即它缺乏普遍性，它只能发生在相对罕见甚至在偶然因素的作用下，出现在特定地理区域的少数几个国度里，因此这种发展模式缺乏“经典性”。这个模式最主要、却

① Terry Lynn Karl. The paradox of Plenty. University of California Press, Berkeley, 1997, V, p. 93.

没有刻意强调的环节之一是，资金积累的有效投资，实际指的是向工业部门或制造业部门的资金注入。经典发展模式中必须出现工业或制造业的主要环节，否则称不上是"经典发展模式"。

如果我们普遍地考察世界大多数国家的实际经济结构及其可能的发展条件，就会得出明确的结论：上述现象几乎永远不可能出现。世界绝大多数国家不可能出现工业化的阶段和工业化或制造业为主导的发展阶段。在将比较利益理论与经济发展结合起来考察这些国家的经济发展现象时，就会发现这些国家在现有既定国际贸易结构和贸易秩序下，永远不可能获得任何工业产品制造方面的比较利益优势。当然这个结论需要大幅的解释。然而，石油输出国无法出现经典经济发展局面的现象，却值得我们特别地注意。因为类似现象，或者资金无法顺畅有效地注入投资领域，特别是制造业领域中去的现象，也有可能出现在已经或正在经历经典发展模式的国家。

如果仅以资金过度充裕（或资本要素的比较利益优势过于鲜明）的因素来解释石油输出国无法出现经典经济发展模式的现象，就过于简单。实际上还有许多其他原因在发挥着作用，而这些原因可能还要在单纯的经济领域之外去寻找。大多数石油输出国和其他国家一样，存在着前现代化的农业社会和农业生产结构。这种结构很难在"充裕资金"条件下获得"提升性"的转换，因为"充裕资金"按照比较利益原则，会用来购买外国农产品，造成和本国农业的竞争。除非石油输出国采取特别农产品贸易保护措施，或者在农业领域中投入大量资金，以提高农业生产效率和农产品产出率，否则本国农业的"衰落"，将是不可避免的趋势。这一点在经济发展理论的基本框架中有着非常重要的意义：经济发展理论假设农村人口向城市地区的运动，大体上以农村地区的绿色革命或农村社会组织结构产生变革所引发的农业生产效率和农村居民的收入和储蓄率的提高存在正相关性，因为提高的农业生产率会产生"剩余"的农村人口，而这些人口为提高收入水准而向城市地区移动。

然而，实际的历史局面是，除了少数经历了所谓"经典性"经济发展阶段的国家和地区以外，在大多数国家中，农村人口向城市地区的流动，是在农村地区的社会组织结构和农业生产率毫无变化、农村人口收入水准没有增加甚至下降的情况下发生的。换言之，无论农村地区是否出现经济发展理论中所强调的变革，都会出现农村人口向城市地区的流动。只是在石油输出国里这种流动更为引人注目，其规模也更大，因为充裕的石油资金可以大量购买国外农产品，和本国农业生产领域形成更为激烈的竞争，导致本来便是低生产率的本国农业生产的要素报酬率迅速下降，农民不得不退出农业生产领域，到城市地区去寻求新的收入和生存机会。我们甚至可以得出结论，在石油输出国或资源禀赋丰富国家和地区中，作为经济发展表征之一的农村人口向城市地区的流动，不是在农村地区的变革和生产率提高的奇迹之下，而是在相反的情形下，即农村地区社会结构毫无变化、农业生产率毫无提升的情形下发生的。

而有趣甚至讽刺的是，石油输出国的“丰裕资金”不仅购买大量农产品，也购买大量“工业产品”，使得这些国家难以形成工业化的历史动力。这就出现了经典经济发展理论所难以解释的悖论现象：某国具备经济发展的重要因素，即大量的初期积累资金，进行频繁的贸易活动（出口石油或自然资源）从而积累大量初期资金，也出现一定程度的城市化；但同时又具备一些严重抑制经济发展的因素，即农业社会组织和农业生产率都没有实现足以增加农业产出的变革，而且城市地区也没有出现利用初期积累资金并足以吸收大量农村过剩人口的产业部门，特别是工业部门。其结果是，农业人口在农业生产领域产出没有增加、城市地区也无法吸收足够农业过剩人口的情况下，大量流入城市，以致城市地区的人口膨胀和经济发展相脱节，使得所谓城市化演化为大量贫穷人口即城市贫民的形成。这是20世纪后半叶世界上一些国家主要的或具有代表性的历史现象，我们在诸如印度，巴西，墨西哥和其他许多国家便可观察到。

因此，我们可以考察到非常饶有兴味的现象：所谓经济发展的经典假设并没有广泛代表性，亦即经济发展阶段以完整的农村社会组织结构的改革与农业生产率提高为基本契机的，只发生在极少数的国家；而且，工业化的进程，很多情况下可以与农村社会组织变革和农业生产率提高相脱节而独立出现。工业化的进程主要取决于“储蓄率”的提高和资本的积累，而“储蓄率”的提高，很可能单只依靠城市居民便可实现。这在中国极为明显。中国的“高储蓄率”主要是由城市地区（或城镇地区）居民所推动的，而农业地区，除了提供劳动力外，似乎没有在“农村社会组织改革”与“农业生产率大幅提升”这两个层面上提供很大的动力。当然，不可否认的是，20世纪70年代和80年代中国农村地区非常有限的农村地区社会组织和农业生产方式的改革，保障了农业生产和农产品产量的相对稳定性，以及农业生产率缓慢却持续的上升，使得农村地区向城镇地区释放劳动力成为可能。不过，就资本或资金动力机制而言，中国的经济发展主要是依赖城市地区居民的高储蓄率和后来的自律性资本积累，包括外国资本的大量涌入和工业部门和其他经济部本身的快速资金积累。

"农村社会组织改革"或"农业生产率的大幅提升"，以及农业部门遭遇外来农产品的激烈竞争而导致农业部门的衰落，都会（虽然不同程度地）导致相同的结果，即农村人口向城市或城镇地区流动。农村人口向城市城镇地区的流动，虽然在根本上是以寻求更高收入为动机的，但同时也是农业生产部门无法持续接纳现有农村劳动人口所导致。从这一点考察，农村社会组织改革或农业生产率的大幅提升，实际上和经济发展阶段本身并不存在理论家们所想象的重要相关性。而且，从世界历史范围内考察，绝大多数完成工业化经济发展阶段的国家，以储蓄率的提高为基本契机的最初资本积累运动，多不是发生在单纯的农村社区或农业生产领域内，而是发生在工业化推进过程中不断演变的城市或城市地区，亦即城镇居民是储蓄率得以提高而且资本积累得以完成的主要角色。农村地区在经济发展阶段中的主要作用，似乎多半集中在向城市地区和工业部门提供劳动力的范围内。我们几乎可以肯定，所谓"农业社会组织的改革"或"农业生产率的大幅度提升"，其实不是以工业化为核心的经济发展阶段的始初动力或必要前提条件，相反，它是工业化、城市化经济发展阶段不断深入并完成的结果。农村社会组织的改革和农业生产率的提升，只有在受到工业化和城市化的压力，受到工业化和城市化所产生的新型生产方式和生活方式的启发和典范的影响，以及工业化和城市化所提供的物质条件支持下才有可能。其中，工业化比城市化具有远为重大的意义：工业化能够吸收大量农村的劳动力，而且这些劳动力多半将具备相当的劳动和工业操作技能，而这种技能使得农村人口可以相对长久地居住在城市地区并保持相当的生活水准（因为他们可以较容易找到工作），使得城市化的历史进程可以固定化、持续化。

很多国家，特别是盛产石油的国家所呈现的是另外一种历史局面：缺乏工业化动力和内容的城市化运动。在这些国家，由于充裕的石油资金注入，许多居民的收入水平迅速提高，而"过多"的石油资金可以同时进口大量的工业产品和农产品，抑制了建立工业部门和提高农业部门生产率的动力。于是城市化和工业化进程便相互分离，城市化在完全撇开工业化进程的局面下出现并完成。在大量进口农产品的竞争下，衰落的农业部门大量释放过多劳动人口，这些劳动人口向因缺乏工业部门而无法大量接受劳动人口的城镇地区流动，会导致一种非常重要的现象：农业社会组织无法得到历史性的改革，农业生产部门的生产率也无法得到提升，农业部门几乎永远无法“现代化”，无法顺利完成农业社会结构的溶解和重组，从而造成异常僵硬的城市—农村两极化社会结构。这种现象在石油输出国非常普遍而且明显。

笔者多年来一直强调，农村地区社会组织结构的改革同时也是农业生产结构本身的改革，农业社会组织改革和农业生产率及农业产出量的提高是互为因果的一体两面。没有任何一个国家能够在不进行传统农村社会组织结构的改革、并由此提高农业生产率和农业产出率的情况下，实现实质的和完整的经济发展的历史运动。而真正实现或完成这些历史运动的国家和地区寥寥无几，除欧美工业化国家之外，只有日本、韩国、中国大陆和中国台湾地区。

然而，我们更为关注的是所谓“石油资金”的定义与内容，以及它与投资活动之间先验的经济相关性。所谓“石油资金”主要是以租借金(royalty)，即各大石油公司为开采石油向各国政府缴纳的租金（通常为年开采量的1%到16%不等），石油公司税，本国国有石油公司的利润等，其中租金是最重要的收入。这些资金收入都是“国家”或政府收入，这种资金收入和私人资金收入相比，在性质、收益预期与追求、经济活动中的流向等方面均有非常明显的差别：通常，国家和政府资金大都不会直接流入投资（特别是制造业投资）领域，其收益报酬率预期和追求也远低于私人资金，而且在特定的政治文化、政治结构和政治活动模式下，会更容易产生贪污腐败甚至被特定政治集团或统治家族所侵占和瓜分的后果。换言之，在现代化进程开展之前所产生的充裕资金收入，无法按照收益报酬率原则配置和运用，无法以“资本”形式或者以资本要素形式，在投资领域中追求收益报酬的最大化。

这就是所谓经济发展的经典模型所平静描述却始终未能讲清楚的一个重要内容，即为什么“储蓄率”是重要的：因为，储蓄率的提高是一种社会性现象，意味着社会成员普遍将储蓄做为日常经济决定的一部分，而且形成普遍追求更高收益报酬率的意识与经济动机。而这种意识与动机会刺激银行金融体系与信用制度的发展，从而形成更有效的投资管道，推动制造业的发展以及经济结构的灵活性转换。

较高储蓄率的形成，或者储蓄作为日常生活方式一部分的普遍社会现象的形成也是现代化过程中广泛经济活动及其结果的指标：

1. 工业部门生产率的提升及其在各经济部门之间的传播，使得居民可以将多余资金用来储蓄。

2. 居民收入得到提升，意味着他们可以通过参与其他形式的经济活动（或者在生产部门之间的转移），来获取更高的收入；

3. 按照凯恩斯"心理上的流动偏好"理论，人们出于对未来的"悲观预期"而将本来可能用来消费的资金储存起来。这意味着，对"未来的悲观预期"是现代化或工业化社会成员针对动态经济局面所采取的普遍的心理态度，如果没有这种"悲观预期"，人们就不会储蓄。一个静态社会中，在那些民众普遍感到"快乐"的国家里，人们不预期经济局面发生任何重大变化，便不会采取储存资金即储蓄的经济决定。如果我们注意到几乎所有石油输出国的储蓄率普遍低下的现象，便自然会得出这些国家尚不具备，或者很难具备这种"储蓄"外表下经济结构的现代化条件的结论。石油输出国的农民既无法提高农业生产率，也无法在农业部门以外寻找增加收入的源泉。另外，在某些特殊条件下，特别是在人口相对稀少的石油输出国（如沙特阿拉伯、科威特和文莱等），大量石油收入资金用来提供全民性福利（甚至包括大量的现金补贴），使得这些国家居民缺乏储蓄和追求更高资金报酬的心理动机。

4. 生产率的提高，居民收入水平的提高，以及由此带来的储蓄率的提高，产生政府赋税和财政收入增加的效果。而政府财政收入增加的结果，又会在技术和逻辑上提高一个国家或社会公共基础设施的日益完善，从而吸引更多的资金注入或投入，导致新一轮的经济高速增长。

固然，石油输出国家很难作为考察石油与发展之间相关性模式考察的典型范例。因为它们大都人口相对稀少，对农业部门及农产品的依赖程度也相对较低，而且劳动要素在供给数量上的不足，是先天性的常态。不过令人瞩目的委内瑞拉的例子则与此相反，它和大多数石油输出国不同，人口相对众多（约2600万人），而且有一个成熟稳定但停滞的农业生产结构（其农业人口占总人口的13%，而农业产值占GDP的4%左右），因此足可作为石油（或者资源禀赋性）国家和经典发展模式之间相关性的例子（另外一个例子是印尼，但是其石油在国民产值中所占比例要远低于该国)。委内瑞拉发展阶段所面临的景况是，农村人口已经低于20%，和大多数亚洲国家发展阶段所处的境况相反。这说明该国在人口结构上已经不是“农业国家”。但是，其农业产值率与农业人口的比率，却和亚洲国家前发展阶段时期相仿。农业人口在农业部门生产率没有提高的情况下大量减少，这种情况说明该国经济发展出现了一些突如其来的局面，使得农业部门生产率和农民的收入水准未能获得提升的机会，因此也未能获得居民储蓄率大幅提高的机会。20世纪80年代至2000年的统计数据显示，这个时期委内瑞拉农产品进口率以每年两位数增长，而同期经济增长率不到2%。这说明，大量石油资金收入用于购买农产品，从而对本国农业部门形成“恶性”竞争，以致农业生产急剧萎缩，农民收入大幅减少、不得不流入城市地区。而此时的城市地区和其他经济部门譬如制造业部门，根本无法吸纳这些“过剩”农业人口，因此形成大量农业人口变为城市贫民，失业率始终保持在高水平的现象。这些经济局面，都和石油生产及石油资金收入有着很强的相关性。委内瑞拉石油出口占出口总额的90%，占GDP的30%，而且国家财政收入的一半以上也来自于此，国民经济形成过度依赖石油资金收入的畸形模式。这种模式在人口稀少的石油生产国中所造成的后果并不明显，但是在委内瑞拉这样人口相对较多的国家却会造成阻碍经济发展朝成熟阶段顺畅演化的进程。委内瑞拉的经济就是石油经济。在油价相对稳定的20多年里（至2003年为止），委内瑞拉的平均经济增长率为-9%；而国际石油市场的油价开始大幅上涨以来，该国的经济增长率竟高达18%，2006年私人汽车的销售居然增长了70%。然而，在这种完全由石油收入带动的“经济增长”下，委内瑞拉却有高达38%的居民生活在贫困线以下。

委内瑞拉并非不想面对和解决这个问题。特别是1999年上台的查韦斯奉行所谓“玻利瓦尔式社会主义”（Bolivian socialism），将大量石油资金用于“消灭贫穷”、消除贫富差距和提高居民的教育水准。在国内，“委内瑞拉国营石油公司”（PDVSA）几乎是政府的现金出纳机。据说查韦斯给石油部长拉米雷斯打一通电话，一个小时后就会拿到2亿美元的现金。仅2006年一年，这家公司向国家上缴350亿美元的利润，其中至少14亿美元直接归查韦斯调配。查韦斯当然将这些资金运用在最崇高不过的领域：救济低收入者，建立大量卫生保健站，建立学校，使大量成年居民得到免费中等教育等。据OPEC组织统计，委内瑞拉相当于1/3的石油产量是赠送或以大大低于市场价格的"友谊价"半送给其他友好国家。但是，我们在这里要提出的问题是，这些石油资金的运用，和"资金能够顺畅而有效地流入到投资领域中"的经典发展模式，究竟呈现何种相关性？为什么这家石油公司的钻井台大部分都因为缺乏维修能力而闲置起来？为什么在实行彻底国有化之后公司管理效率大大下降，而大量裁减有经验的工程人员和技术人员（因为他们对查韦斯的忠诚度有问题）使得公司的日常运作都难以为继？我们在这里看到的完全是同经典发展模式背道而驰的景象：石油资金既无法有效率地流入到投资领域中，也无法使产业领域的投资活动（包括劳动要素在内的各种生产要素的投资）能够顺畅而有效地进行。

很多美国学者将其归之于查韦斯个人激烈的社会主义思想和过激的经济政策。其实，这里反映的恰恰是石油输出国，或者特殊资源禀赋国家无法走入经典发展模式的悲剧性困境：大量石油资金收入必然地起到为农业部门生产率提高"釜底抽薪"的作用，而农业部门过早地衰滞、农民收入水平的冻结，使得资本和劳动要素顺利而有效地流入"投资领域"中去的管道过早被堵塞，进而经济结构提升性转换的可能性也过早被消解。石油资金为政府或特殊政治集团垄断性控制的局面，也极有可能产生资金不会（或基本不会）流入投资领域，而被运用于极端无效率甚至不正当的政治和社会目的的后果。不管是在何种意识形态导引下发生这种现象，都具有足可让我们顺藤摸瓜的清晰脉路。查韦斯的意识形态只是问题的表象。委内瑞拉和其他石油生产国都有一个共同的核心症结：石油资金收入先天地不可能运用于足以引致经济结构转换和引发现代经济增长的投资领域。石油资金充裕的海湾国家，譬如迪拜，像着了魔一般兴建世界最高的塔，世界最大购物中心，最大主题公园，世界第一个水下豪华饭店，以及可以从太空看得到的椰子树状和世界地图状的人工岛。拜油价大涨之赐，2007年石油输出国组织成员的石油收益达到6880亿美元。他们为"如何处置平均每天50亿美元的卖油钱而头痛"。这种现象正在"蔓延"，很多分析家认为哈萨克斯坦甚至赤道几内亚都可能步其"后尘"。这些满坑满谷的钞票当然能做很多事情，却无法改变自身国家的经济结构，也无法在自身国家引发现代经济增长的进程。除了大兴土木，他们只有投资欧美国家，譬如阿拉伯联合酋长国投资局注资花旗银行、成为其最大股东，迪拜试图购买美国港口的经营权（最后未成功），然后就是王室和特权人士的花天酒地，挥金如土。

相对而言，中国的经济发展具有明显的经典特征：农业生产部门体制改革和农业生产率的提高，使得农村劳动力相对过剩，而城市地区（工业部门为主）的经济增长可以吸纳这些农村劳动力；居民的高储蓄率不仅“有效”地流入投资领域，而且与居民寻求更高资金报酬率的普遍动机相呼应的银行金融体系与信用体系的改革，也为资金的有效运用提供基础；与农业部门生产率提高和整体经济高速成长相伴的教育水平的提高，也为各经济部门提供更高素质的劳动力；而这些现象也吸引外国资本的大量流入，形成投资呼唤投资的加速度效应。其结果是，从而20世纪90年代起，中国便形成现代经济增长的固定趋势。所有这些，都是石油生产国无法望其项背的。

但是，我们却有必要质疑，与其他的经典经济发展模式，特别是和战后日本和韩国相比，中国是否做得更好？中国经济已拥有了较为持久的高速增长，但是在其他衡量现代经济增长更深刻内容的领域中是否达到真正“有效”的境界？这些现代经济增长中所谓“更深刻的内容”却往往为人忽视，譬如：

——在同样经历了约15年至20年左右的“高速经济增长”之后，与日本和韩国相比，中国的农业部门生产率提高了多少？农村地区社会结构的变化有多大？农民收入提高的幅度有多大？

——工业部门劳动—资本—技术密集率程度和要素生产率与日本韩国相比有何不同？工业部门的技术革新、技术专利和发明、技术引进，以及由此产生的工业部门总体生产率是否令人满意？高速经济增长所引发的各种后果，譬如城市问题和环境污染等，在多大程度上又成为限制经济增长的因素？社会总体的资金利用是否符合“最佳”的定义？经济结构的转换，包括要素密集度和部门结构方面的转换，是否顺利而有序地进行？在经济增长的同一或相似阶段，中国经济的总体投入—产出形态是否更具有成熟和发达的内涵？从具体的事例而言，房地产业和城镇地区的房地产价格水平与经济产出以及居民收入之间的相对比率，与日本、韩国相比（就“同期”而言），是“更高”抑或“更低”或者“更合理”？奢侈产品豪华产品的销售率和在社会的接受程度，与日本和南韩相比（也是就“同期”而言）是否过高？庞大的外汇储备能否避免步上“充裕石油资金收入”的后尘，即避免其运用或运作形式完全缺乏“有效”性质，无法精确引入到支持自律性经济增长的管道中去？

所谓"经济发展的典型模式"或者"经济发展的最佳模式"，实际上只发生在一些少数国家。欧美国家和中国的经济发展模式，似乎都不应该被理解为"典型"或"最佳"模式。前者始终融合在资本主义生产方式的全部历史进程中，其本身并非严格意义上的"经济发展"；而后者的经济发展虽然具有大多数"典型发展"的特征，但却缺乏"最佳"发展的内涵。

简而言之，考察中国的经济发展进程，不仅在整体模式的选择和成形方面，而且在具体到各个部门独自的功能性结构方面，都严重地缺乏效率（当然，"缺乏效率"最简捷的定义便是资源的持续性错误或不当配置），整个社会为历史性经济发展进程付出过大的社会成本。这种社会成本在很大意义上是一种"制度性成本"：在经济发展进程中，较之其他国家，中国必须面对更为严峻和复杂的制度抉择和转换的问题。和其他国家相比，中国不仅要完成从传统社会向现代经济发展模式的过渡和转变，还要完成计划经济社会主义经济模式向现代经济发展模式的转变，必须同时克服传统社会和计划经济模式的双重制度性（以及意识性）约束。传统社会的家庭型生产方式和计划经济体制下非市场导向性大工厂生产方式向市场主导型工业化社会的转变中，资源配置模式的双重性全盘调转，必须付出相对重大的初期转换和调置成本。对中国来说，现代经济发展阶段整体性"非效率"特征，其主要原因在于巨大的制度成本或制度转换成本。严格地来讲，中国的经济发展模式和世界上大多数国家的经济发展模式不同，它并不是单单从"传统"模式向现代发展模式的过渡，还有"计划模式"向现代发展模式即市场主导型发展模式的过渡。它不仅仅是发展模式的历史阶段性转换，更多地是模式的制度性转换。这意味着中国的现代经济发展必须同时完成这两项内容，当然也意味着支付两种成本。而中国特有的经济发展阶段中必须支付制度性成本的历史性特点，是正确考察中国现代经济发展阶段最重要的切入点之一。

中国的经济发展进程却又具备了其他国家所没有的历史性优势：在计划经济体制下形成的工业生产体系，为历史性经济发展阶段提供了现成的起飞基础，特别是以工业体系为中心而形成的初步城市化，工业体系所具备的大量设施和产品加工能力，工业体系所具备的大量技术性人力资源等。而在大多数经历经济发展的国家，在其初步阶段，都不具备类似中国的这种成型的工业基础。这使得中国的经济发展较之其他国家如印度和巴西，更具有“典型性”，即经济发展阶段始终以充沛的工业部门及其产出量增长为主要内容。中国成为当之无愧的“世界工厂”。这种工业体系也迫使中国在向经济发展阶段的转型过程中，必须付出由基础制度（或经济体制）结构所导致的初期的制度成本，即资源再配置成本。

资源配置总体（或宏观）模式的转换所付出的重大制度性成本，造成整个经济发展阶段中始终伴随着深刻的整体性无效率或低效率。制度性转换成本之所以存在，主要由于资源配置模式转换过程中，某些人、某些组织或机构、或某一阶层凭借其先前的制度优势，而在资源重新配置的程序中可以获得垄断性的利益。比如，在中国国有企业经营模式的屡次转换过程中、中国财政税收制度的数次改革过程中、房地产业高速膨胀时期土地资源的转让或者拍卖过程中，某些人或组织机构如各级地方政府、或者某些企业如房地产商，会占有高度垄断性优势，并占有资源配置转换过程所带来的巨大收益。而通常制度性垄断下的垄断收入，无法得到最佳的分配。例如，煤矿矿主获取巨额收入后，去购买数十辆甚至数百辆的豪华汽车、去购买大城市里的豪华住宅，却没有用于煤矿生产的安全设施，或者提高产能的技术革新；房地产商的巨额收入，地方政府因土地拍卖而获取的巨额财政收入，通常也都不会“最佳”地投入到生产领域中去。资源配置模式的制度性转换过程中，会出现社会生产过程无效率，包括资本要素的重复性投入等现象。资源的过度耗损与浪费，环境的过度破坏及由此导致的巨大隐性社会成本，所有制或产权转型过程中出现的结构断层所导致的资源错置以及危害公共利益的投机行为等，和异常持久而高速的经济增长相伴而行。这一切，都是现代经济发展阶段中资源配置总体模式转换时期特有的制度性成本现象。

我们终于理解到，“经济发展”不仅是特定的经济运动形式，更是一种在特定历史机制和历史时期里发生的社会运动形式；它所引发的，不仅是经济运动形式和经济运作机制的转换，也包含着社会结构甚至文化意识形态结构的转换。经济发展的每一个主要构成要素，无一不是在社会结构转换和文化意识结构裂解与变动中产生的。具有重大意义的是，“经济发展”实际上是崭新的社会经济运动机制和结构体得以形成和建立的过程、是从传统经济结构和经济运动形式转换到现代型自律经济增长阶段的过程，其中关键性的杠杆是工业化，或者工业经济部门的建立及其在整体经济活动中逐渐具有主导性地位的过程。在本章中笔者反复强调，经济发展的所有动力因素，如农村社会组织改革与农业部门生产率的提高、储蓄以及资本要素的功能化、国际贸易的发展以及国际资本的注入等，最终都会导引到工业部门得以形成并在社会经济总体中具有主导性地位的过程之中。这是所谓"典型经济发展"模式最根本的涵义所在。虽然在经济学分析层面上这一点表现为"经济部门结构"的转变，但其核心内容是工业部门的建立和其在社会经济活动中主导性地位的建立。所谓"现代经济增长阶段"或"后经济发展阶段"中产生的社会经济结构的动态化现象，或者"经济结构或经济部门结构的转化"现象，实际上体现为不同的工业部门之间的相互交替和消长。即使工业部门在整个社会经济活动中的比例下降，例如在成熟经济增长阶段第三产业亦即服务业部门会出现异军突起式的成长，工业部门（特别是制造业）都构成整个现代资本主义经济增长阶段中无可替代的核心。当然，它也构成现代国际经济活动（特别是国际贸易活动）的核心。因此，我们把整个经济发展运动的历史内容，归结为"工业化"和"城市化"二者之间的交互运动，是不为过的。没有任何一个真正的经济发展模式可以绕过工业化阶段。

到此，我们发现经济发展的内核非常地简单，以致我们轻易地忽略它极为丰富的细节，以及细节之间的纽带。因此，在"经济发展"面前，我们都不是智者。

第 十 九 章

经济活动与人口算术：人与人力之间的时空对峙

意大利中部城市拉维亚诺市（Laviano）56 岁的市长罗科·法利维纳（Rocco Falivena）面临着棘手的难题：过去 20 年来，这个城市的人口从 3000 多人减少到目前的 1600 多人，而且在持续减少。1980 年的一次地震导致这个城市 300 人死亡，包括法利维纳市长的父母。地震后来自各地，特别是美国意大利后裔的资金援助曾导致该城市出现难得一见的经济复兴局面。但是好景不长，资金注入结束，经济便开始衰退，人们纷纷移居外地。法利维纳于 2002 年当选市长后，有个“触目惊心”的数据令他寝食难安：2001 年这个城市只有 4 个婴儿出生，5 名儿童入学。他宣布了一个“育婴奖金”计划：向每位怀孕女性（无论是本地居民还是外国移民，亦不分已婚未婚）提供 1 万欧元的奖励；婴儿生下来当天开始另有 1500 欧元，这个“年度奖金”一直到 4 岁生日为止。小孩入小学还会拿到一笔 2500 欧元奖金。他骑着自行车在市区内向每位看起来还有“性能力”的人宣传他的计划。这个奇特做法不仅在媒体上广为报道，而且还“初见成效”，2008 年入小学儿童人数达到 17 人。法利维纳欣慰之余也不免发愁，因为他不知道这个奖励计划能支撑多久。

从20世纪90年代初开始，人口统计学家便注意到一个长期趋势，欧洲人口数目逐渐降低。大多数学者们同意，人口数量稳定系数应至少保持在2.1以上，也就是说，平均每个母亲必须生育2.1个孩子，才能保证这个社会人口数目维持不变。在历史上这个系数经常随着政治动荡、战争、饥荒、经济增长局面等因素而变化。从长期角度看，直到80年代为止，欧洲的人口数量稳定系数是逐渐增大的。但是，欧洲学者们发现，目前南欧地区的系数是1.3，远远低于稳定社会人口数量的标准。他们称之为“至低生育率”（lowest - low fertility）。60年代意大利平均每个家庭有两个孩子，现在只有1.3个，有的城市甚至少于一个。据统计，德国每年平均人口总数量减少10万人左右。60年代出生的德国女子，有28%是单身，有37%没有生育孩子。欧洲人口占全球人口总数的比率曾一直保持在12.5% ~14%之间，但现在只有7.2%。而到了2025年，这个比率可能会降低到5%以下，以致很多学者惊呼“欧洲老店”终于要“关门”（out of business）了。

其实这种现象不仅局限于欧洲，人口数量增长率减缓似乎已成为全球性的趋势：1972年全球平均人口数量稳定系数是6.1，现在降低到不足3.0。在日本，14岁以下人口比率是1908年以来最低的；泰国人口稳定系数在1.5左右，大大低于2.1的水平；而韩国的人口稳定系数更是低到1.1。在经合组织（OECD）国家中，只有美国的人口稳定系数勉强达到2.1标准。盛行一时的“人口爆炸”论看来可以歇一口气了。虽然目前世界仍存在围绕“人口过多”和“粮食危机”的马尔萨斯主义命题的争论，但中长期的命题大概会是如何维持全球性“合理”的人口稳定系数。

这个问题有两个方面，一是造成这种低出生率的经济动因；二是这种现象和长期趋势所可能造成的经济后果。然而，一旦我们认真地进入到这个领域中时，却发现它既缺乏明晰而可以把握的单纯“经济”动因，也无法真切而清楚地描绘单纯的“经济”后果。在这个领域里，“经济”因素非常奇妙地和社会、文化、政治、历史因素纠结缠绕在一起。经济学方法论的缺陷或局限性之一是，它无法将这些非“经济”因素置放在其分析体系的框架之中，无法在不“剔除”非“经济”因素的前提下展开本身的专业分析。经济学对生育率下降或人口数量减少的可能解释包括两个：因粮食产量不足而导致的食品供给减少；经济增长停滞而导致的居民收入水平和生活水平的下降，使得居民难以养育更多的孩子。换言之，经济学只能在经济增长局面及其条件的“恶化”这样的假设内，对生育率下降和人口数量减少提供解释。然而，这些解释显然和欧洲地区的现状完全不符合：欧洲既没有农业生产率下降所导致的食品供给不足的问题，也没有经济增长停滞所导致的居民收入与生活水平下降的问题。欧洲地区，特别是南欧地区如西班牙、意大利等国，近年来经济增长率在欧洲地区高出平均水平，都有相对发达的农业体系而且农产品的供给一直保持稳定。这些地区的生育率与人口数量的减少，其原因都是现成的理论模式所不易解释的。譬如，在意大利，年轻人和父母在一起生活的时间越来越长，这意味着他们的结婚年龄越来越大，而且结婚成家的动机也越来越弱，年过40岁以后初次做父母的人口比率也越来越高。而结婚和生育越晚，也意味着孩子越来越少，因为年龄偏大的父母通常不倾向要第二个孩子或第三个孩子。根据米兰公立学校的统计数据，在20世纪80年代，有73%的长子或长女学生的父母平均年龄为26.6岁，而现在超过半数的父母年龄超过40岁。

我们首先假设“其他条件不存在”，也就是说暂时不考虑人们如此晚婚晚育的社会学或文化学因素，而只注视其经济条件的内容。可能的因素之一是，意大利的初始工资即刚参加工作者的起点工资水平是欧洲最低的，这使得人们必须延长和父母一起居住的时间，以节省日常生活开支，意大利人也必须用更长的时间来储蓄，以准备成立家庭，进而导致集体性结婚欲望的降低。而且，意大利女人结婚生子后继续工作的比率在欧洲也属于最低，这就限制了家庭的收入水平，也是导致人们不愿生更多孩子的可能原因之一。

然而，在人口学领域中，显然涉及到许多非经济的因素，包括男女关系形式的社会性，家庭结构的性质和功能方式，人们对待家庭、家族繁衍、婚姻和性的基本态度模式，以及宗教和其他主流文化体系对家庭婚姻和生育问题的解释等，都会对生育过程以致人口数量产生重大影响。但是，很多非经济学专业学者如社会学家和文化学家则从另外的角度提出解释：譬如，荷兰与意大利相比，有相对较高的生育率，1.7对1.33。意大利人口文化学家勒奇娅·蒙卡里尼（Letzia Mencarini）认为，和意大利男子相比，荷兰男子更愿意为孩子换尿片，更愿意接孩子上下学，更愿意打扫房间，更愿意和妻子或女友分担其他家务。她提出了“75%”的论点：如果女子承担的家务超过75%，她们就不愿再生育更多的孩子。男女之间社会平等地位和观念的普及程度，男女在家务方面分担的普遍状况，是决定一国生育率的重要因素。荷兰女子就业率远高于意大利（75%对不足50%），这也可能使得男子必须承担更多的家务。她还因此得出结论说，一个为妇女提供更多就业机会的社会必然导致男子分担更多家务，因而也提高妇女的生育意愿（或“提高养孩子的积极性”）。意大利、希腊、西班牙等社会更为“传统”，社会和教会不鼓励女性参加工作，而全职在家里做家务带孩子；其结果是女性不愿生育更多的孩子，因为在她们看来多生一个孩子不仅会增加经济负担，而且会增加自己的家务负担，而家务负担在技术上是没有回报的。蒙卡里尼因此总结出更广泛的结论：生育率趋于降低的社会都是那些具有更为强大传统社会文化影响的国家，这些国家在现代化和经济增长及经济结构转换过程中，妇女地位迅速提高，能够得到和男子平等的教育机会，但是普遍的文化观念仍有“重男轻女”的倾向，社会和教会不鼓励女子工作，而是留在家庭照顾孩子和丈夫，女子就业领域中也存在许多无形的障碍。而女性在不断提升的女性自主独立意识和实际的妇女地位，与无法克服的现实条件的障碍之间挣扎，以拒绝生育或少生育来作为“抗争”的标志。她指出类似的现象也存在于诸如泰国、日本、韩国、中国台湾地区[①]。

社会学家也分析政府在人口与生育问题上所扮演的角色及其所发挥的作用，但是这种分析多少有“经济”的因素。以挪威为例，每个妇女可以享受54周的产假（在此期间孕妇可以领取80%的薪水）和6周的哺乳假，每个新生儿可以得到政府4000欧元的现金补贴，托儿所和幼儿园完全由国家补贴，是免费的。在荷兰，政府对每个新生儿提供每年1300欧元的津贴，直到孩子13岁为止。这些因素都使得妇女生育意愿提高。而在意大利，除了社会不鼓励女子婚后继续工作，也很少国家补贴的托儿所。年轻新婚夫妇大多选择居住在离父母较近的地方，以便在生孩子时得到父母的帮助。由于养育孩子的初期成本较高，意大利人选择较晚结婚和生育，以便增加储蓄。而较晚结婚和生育的结果是人们不愿要更多的孩子。美国没有北欧国家这种令人羡慕的鼓励生育政策，也没有任何针对孕妇和新生儿的政府津贴制度，但是却保持着比北欧国家还高的生育率。其原因是，美国的就业市场具有高度的灵活性，因生养子女而暂时退出就业

① Letzia Mencarini. see New York Times Magazine, Sep 12, 2010, p. 33.

市场的女性，在任何时候都可以“卷土重来”重新找到工作。这种没有国家支持却完全依靠就业市场的灵活弹性来维持的女性高就业机会，也使得女性在决定生育问题上较少顾虑。

在人口和生育领域内，我们观察到非常有趣的现象：经济因素和社会文化因素交错盘绕在一起，交互地影响，共同地发挥作用，使得问题的每一个侧面都包含多重的动力因素。看上去是单纯经济因素所导致的问题，实际上包含着社会和文化学的因子，和经济因素一道发挥作用；看上去是社会和文化因素所引发的问题，实际上也隐藏着经济的动机。实际上，从19世纪开始，“控制人口”便成为一种意识形态专制。自马尔萨斯伊始，在“人口”与资源的历史天平上，“人口”往往是输掉的那一方。美国著名人口学家威廉·沃格特（William Vogt）在1948年出版的《生存之路》（Road to Survival）一书中就称热带嗜睡症是一种“有力武器”，因为它有助于遏止人口的增长。另一个美国学者玛格丽特·桑格尔（Margaret Sanger）曾大力提倡节育措施，以阻止“穷困潦倒的贫民、丛林人和其他可以忽略的人群数量的膨胀”。1974年，当时的世界银行行长罗伯特·麦克纳马拉（Robert McNamara，也曾担任过肯尼迪和约翰逊政府的国防部长）便反对向经济欠发达国家提供医疗援助，除非“这个（医疗援助）计划有助于控制人口。否则过度的医疗援助会降低死亡率，导致日后的人口爆炸。”在很长一段时间里，政治家和科学家们曾普遍倾向于认为高生育率是一种“病态”。这种意识形态曾强有力地铸造了至今仍在发挥功能的广义文化规范，控制人口或节育已经融合成为和现代经济增长框式、现代都会生活观念总体、现代政府广泛政策导向等交织在一起的自律性因子，成为现代社会广义成本—效益生活形态根本而牢固的观念基石之一。因此，单纯经济学的分析，显然地，无法全面和有说服力地揭示人口和生育问题的根本性质和动力学问题。现在，人口问题、生育率问题，已经在由这种意识形态作为表征的世界性节育文化中变得模糊不清。有趣的是，通过经济学的视角和窗口，我们才能窥视世界现代文化史中人道主义体系内含的隐形蜕变：在大多数的文化审视中，“人”并无独立而特殊的内容，“它”是“人口”即经济学或统计学意义上数字，“它”是资源的一部分，“它”可以割舍和抛弃，也可以被忽略和忘却。如果“它”被重视，是因为“它”是一组数据。

我们知道从经济学窗口望出去的景色常常不会赏心悦目，但可能不会料到我们自身，我们之为“人”的价值内涵会发生如此无情的歪曲：我们只是资源的一部分，我们可有可无。

当然，同样地，社会学和文化学的分析也会产生无法全面涵盖问题内容与实质的问题，因为在现代社会里所有社会成员的决定都多少含有经济动机的因素，以及由人性本质所决定的利益考量的因素。亦即，在人们特别是女性采取生育或不生育的决定时，必然考虑多种经济因素，包括可能得到的经济奖赏（如政府的现金给付）或可能付出的财务代价，可能导致的自我利益因素，如更少或更多的家务劳动、更少或更多的余暇时间等。特别是那些妇女平等地位只有“半吊子”的国家（妇女在法律上享有完全平等的权利，有机会接受平等的教育，也享有形式上平等的就业环境，但同时面临强大的传统的家庭、心理、文化压力，以及对女性不大友好的就业环境的国家），妇女生育欲望低于那些实质妇女平等程度较高的国家，其原因主要还是出于经济和利益的考量。避孕技术的普及，避孕和堕胎自由化程度的提高，显然对妇女生育孩子的意愿产生影响。但是在妇女实际上采取避孕或堕胎决定时，也多半是出于经济和利益考量。在这里，妇女在多少矛盾并相互冲突的社会条件下，在妇女的社会境遇不断变化的现实条件下，所可能采取的决定（生育或不生育）之经济动机和利益的理由，会以非经济的形态表现出来，如妇女对男子更多从事家务劳动现状的满意，对社会传统文化压力的不满，对女性就业缺乏弹性现实条件的无奈和厌倦，以及通过生育或不生育来表达特定的文化态度等。

这些问题，在很大程度上不是“所有人”的问题，而是女性的问题。也就是说，至少就欧洲、东亚和东南亚地区而言，在是否生育的问题上，女子远比男子更有决定权，在很大程度上是女性单方面作出的。也就是说，生育率下降趋势，无论男人要承担多大的责任，但是“不生育”或“少生育”的决定大多是由女性做出的，男子通常会被动地追随女性的见解与决定。这个过程中，集中反映了女性对生育过程经济利益的判断。而女性对经济利益的判断，譬如短期和长期利益判断，经济成本考量和自身利益之间关系的判断，均与男性有明显的差别：女性厌恶自我余暇时间的牺牲和更多的家务劳动付出的程度远超过男性，以致她们认为任何经济利益的牺牲（和获得）都没有保护自我余暇时间与减少家务劳动付出更重要。男性显然可能有不同的判断，因为他们本身较少从事家务劳动，因此对余暇时间的重视和对家务劳动的厌恶程度显然和女性有别。但是，他们在这个问题上通常会同意和追随女性的见解与决定。这就使得这样重要的有关人口和社会生育率的决定，主要地取决于女性，而不是男女在内的全体社会成员共同的经济与利益判断。

当然，在人们特别是女性在生育问题上做出判断与决定时，除了经济和利益考量外，尚有其他文化学和行为学的因素，譬如有人可能对任何可能因生育孩子而获得的经济利益毫不在意，却把余暇时间与自我发展如参加更多的社会活动并得到更多的教育训练看得非常重要。在东亚和东南亚地区，越来越多受到高等教育的女性因各种因素，譬如工作压力过大或很难寻找到条件相等的男性等因素而长期保持单身，这使得一定数目的所谓“老姑娘”被排除在生育过程之外。女权运动的兴起，女性政治和社会权利意识的高涨等，也对生育率的降低产生一定的影响。

但是，除了人口与生育问题的“经济”因素之外，就经济学本身来说，还是要回到它最基本的分析体系（假设条件体系）的框架上来：在经济学看来，“人口”这个名词实际上没有独立的含义。“人”或“人口”，在经济学分析体系内，应该被转义为特定的“生产要素”即劳动力，因此，经济学首先要考察的是“人口”与其他形式的生产要素（如土地和资本）之间的相互关系和作用形式，亦即各生产要素之间的组合或配置的形式。一般来说，人口的增长会增加社会劳动力供给，因此人口的增长在理论上会提高社会总产量。但是增长的人口必须与一定量的其他生产要素如土地和资本相结合，才能够实际上发挥提高产量的作用，因此，人口的增长也必须和其他资源或生产要素的增长之间保持一定的比率。如果这个比率失去均衡，则会发生非常不同的后果：如果资源和生产要素的增长超过人口的增长，则社会总产量的增长也会高于人口的增长。如果人口的增长超过资源和生产要素的增长，则社会产量的增长会低于人口增长，这便是所谓“报酬增长递减律”，亦即一定量的人口增长只能与更少的生产要素量相结合，因此也会导致更低的报酬增长率。换言之，报酬会持续增长，但是其增长速度会越来越缓慢。

在经济学中，一般倾向于将“报酬增长递减律”视为更为普遍和常见的规律。因为，与人口增长相比，生产要素特别是自然资源是一定的，无法更快地增加；因此增加的人口必然会与日益递减的资源相结合，从而导致越来越低的报酬增长率。我们可以把它看做是马尔萨斯理论的翻版。这个理论却相对忽视了另外一个普遍的趋势：人们发现利用和变换物质资源的技术能力也不断进步，使得在经济增长阶段的很长一个时期内，可供与“劳动力”相结合的生产要素特别是自然资源是不断增加的，使得报酬增长率一直会高于人口增长率。而报酬增长率更快的增长，意味着资本要素（资本积累）更大幅度的增加，这主要通过居民更高的储蓄率，更高的生产要素结合比率导致生产率的提高而使资本要素报酬增加，即资本存量增加的途径来实现。这意味着，人口的增长会与更高的生产要素增长以及更高的资本存量增长相结合，而导致总体（要素）报酬率的更高增长。当然，我们必须更加严格限制一些假设条件，即必须假设科学和技术的进步成为社会常态，劳动要素与更多的资源或生产要素相结合必然导致更高的生产要素报酬增长率。如果一个社会缺乏科学技术进步的常态性条件，当然就不会出现“更高的要素报酬增长率”，相反，会出现要素报酬增长率下降的局面。这在许多经济欠发达的国家中并非罕见。增长的人口与现有资源条件、生产要素供给条件之间的平衡，必须通过动态的经济增长、资本积累、技术进步，以及由此带来的开发和利用资源的能力大幅度提高的途径来实现。一旦这些环节中出现任何迟滞或障碍，就会出现包括收入在内的生产要素报酬急剧下降的局面。在这种局面下，首先，增长的人口无法转换为劳动力，亦即增长的人口无法与资源及其他生产要素产生正常的结合，从而增加社会总产量；其次，在资源无法持续增加，生产要素也无法增加其报酬率的情况下，增长的人口对自然资源的需求却不断增加，导致严重的社会与经济后果。在很多贫穷国家出现的高失业率和粮食短缺等现象，就说明了这个问题。

有趣的是，我们在这里讨论的并非一般的世界性人口增长和生育率的问题，而是在讨论能够实现“劳动要素与更多的资源或生产要素相结合”，进而导致生产要素报酬增长率超过人口增长率的社会人口问题与生育率现象。而这些现象主要集中在欧美国家和在第二次世界大战后能够进入经济发展和起飞阶段的国家，如东亚国家和地区以及东南亚地区。现在，这些国家和地区又面临着崭新的现象，即人口增长率（生育率）的下降。问题在于，这些现象难以用现成的经济学理论来分析。换言之，我们很难用劳动力—资源/生产要素相互组合的模型、要素报酬增长递减率等理论来分析这种现象，然而这种现象又必不可免地带来非常明确的经济后果，如劳动力供给减少的长期趋向。这种现象缺乏明显的经济动因，却产生明确的经济后果。

人们采取减少生育的决定，不仅有经济上的考量，如收入水平和养育儿女的长期成本等，更有其他方面的考量，有如：对生活质量和自我余暇与娱乐生活的注重，对养育儿女的艰辛和家务劳动的畏惧，缺乏稳定的家庭关系和配偶之间的承诺，单纯的女权主义意识的抬头等等。甚至不要孩子的个人决定缺乏明确的动机与理由，例如很多女人们就是不想要孩子。但是这种经济内容不明确的决定却产生直接而明确的经济后果，即是劳动力的“短缺”。欧洲国家显然都存在劳动力相对短缺的问题，西欧国家的劳动力短缺自然和生育率逐年下降有关，而东欧国家的劳动力下降则和生育率下降，以及许多劳动力移民西欧国家以寻求就业机会有关。荷兰学者斯丁·胡伦斯（Stijn Hoorens）认为，到 2050 年，欧洲将流失 3000 万个劳动力，而随着生活品质提高和寿命的延长，80 岁到 90 岁老年人口将有惊人的增加。这意味着越来越少的纳税劳动力要支持越来越多依靠税收及政府福利过活的老人，将会导致这些国家沉重的财政负担①。到 2025 年，印度总人口中年龄在 24 岁以下的年轻人将能达到 42%，而在西班牙这个比率将只有 22%。而欧洲国家盛行的提前退休的风潮，可能使得过多养老人群的局面来得更早：目前在法国，在 50 岁到 60 岁的人口中，只有 60% 还在继续工作；而在美国这一比例为 86%，在印度更高达 94%。

这里最大的问题是，如何合理地评价缺乏精确经济动机或动因的个人决定所导致的动态社会趋势。很多社会学家和文化学家认为，欧洲出现的这种现象和战后欧洲的文化意识革命相关：稳定经济增长和收入水平的提高导致人们更注重生活质量，追求更多的消费和休闲活动以及更少的劳动时间，而少要孩子或不要孩子，是这种大众消费主义导致的享乐文化的一部分。另外，欧洲大陆宗教文化的影响力式微，也使得教会历来提倡的注重家庭和生育的文化道德理念愈趋淡漠，其结果之一便是生育率的降低。在生育率降低所招致的经济后果已经直接而明确时，社会学家和文化学家又考察了另外一种后果：西方文化和西方价值体系的逐渐消失。欧洲日益降低的生育率及由此产生的劳动力短缺，必须以大量引进外来劳动力来填充。这些外来劳动力（其中大部分是来自中东地区且没有人口节制传统的穆斯林）的进入以及其人口的快速增加，不仅引起人口学与人种学意义上

① Stijn Hoorens & others. Gender Equality in the Workforce. Rand Corp., Published Research, Chapter V, 2014.

的变化，也会导致深远的文化总体与文化认同上的变化。

但是经济学所探讨的问题，除了人口减少和生育率下降现象所赖以出现和持续的广泛动机和结果之外，更重要的，应该是经济学中一个永恒命题中心切入点：人类生活和广义资源之间的社会联系形式，以及资源概念在转换为生产要素诸形态之后，它们相互之间结合与互动的运作形式。首先，人类对自然（资源）驾驭和转换能力的不断进步，大体上促进了人口的增长和生育率的提高。在既有因素一定的情况下，人类所能掌控和拥有的资源量的增加，譬如农业生产的发展所导致的农作物产量的增加，使得养育更多的孩子成为可能，而养育更多的孩子也意味着劳动力的增加，而劳动力的增加又意味着人类掌控和拥有资源能力的增加。这种循环性的关系使得在人类历史上，就长期的趋势来说，人口数量和人类掌控资源能力之间相互促进地交替性增加。但是，在现代资本主义生产形态下，这种长期固定的历史趋势发生了令人瞩目的变化：一方面，因为人们掌控和变换资源的能力空前提高，也使得资源的自然禀赋性质达到特定的临界点，譬如过度开发和利用导致资源的枯竭，对资源的加工引发生态和环境问题；另一方面，因为劳动力需要更多的教育和训练才能提高其掌控并变换资源的能力，使得劳动力的内在成本大为提高。这两种因素的作用所导致的直接社会结果，是高度的城市化。在城市化的社会中，人们利用自然资源的欲望和能力不断增进，与此同时，人类和自然及其规律之间的自我疏离会达到最高点。这又会导致人类社会和文化行为的变化。其最大的特征是，人们不断就自身生存环境、这种生存环境所给出的条件、以及这种条件与自我利益期许之间的相关性做出判断和决策，这就是所谓“生活品质”观念的中心内容。“生活品质”就是社会成员在外在生存条件中，如自然和资源约束、生活费用或成本约束条件，对自我利益进行权衡并采取决策，导致新的生活条件的组合。其中，不管出于什么原因，包括文化因素或生活成本过于高昂等经济因素而采取节育的决策，都是其后果之一。如果人们认为追求“更高的生活品质”比进行生育的人类自然义务更为重要，认为更多的孩子成为“更多劳动力”的事实没有养育孩子必须付出更高的收入支出并压低生活品质的事实更为紧迫，那么人们就完全有可能采取少生孩子或不生孩子的“经济决定”。

中国自 20 世纪 70 年代以来实行的“计划生育”政策，恐怕是人类有史以来最完整的、以公共（政治）权力来全面推行的人口节制政策。从数十年的实践中所造成的人口增长局面和结果来看，也应该是最“成功”的人类节育政策。目前很难判断这种政策及其施行过程所依赖的意识与观念基础。不过，马尔萨斯定理是其潜在却重要的意识基础之一。这个定理倾向于对人口数量增长和资源（譬如粮食）之间长期的算术比例关系采取悲观的态度。实际上这也是世界上任何一个国家制定类似节育政策的意识基础。中国的计划生育政策无疑取得了很大的“成效”：据官方统计，到2000年为止，一共减少了2.5亿名孩子的出生。但是，这个被定义为现代中国“国策”的计划生育措施所造成的经济后果却非常复杂，很难予以评价。计划生育所导致的中国整体性资源配置状况的变化，人口和资源之间长期算数比例关系的变化，以及由这种变化所导致的长期经济增长模式的变化等，都非常难以评价或统计。但非常有趣的是，计划生育措施正式开始施行的1979年，也正是中国现代经济增长开始的年份。此后的30余年中，中国的经济经历了世界经济史上前所未有的高速增长。虽然难以直接计量高速经济增长和计划生育之间的明确正相关性，但是仅从经济高速增长和计划生育同时展开这样一个简单的历史时序，便可以初步得出二者（经济高速增长和计划生育）之间具有正相关性的结论。潜在人口的减少实际上在数学上提高了人均产值，这是最直观的结论。但是这二者之间的实际相关性，则必须从计划生育所导致的人口结构的变化以及人口经济行为模式的变化，与经济得以高速增长的实际动力及结构之间的微妙互动形态中去考察。

毫无疑问，中国的节育政策降低了总体的生育率，但是这些减少的人口大多集中在城镇地区特别是城市地区。也就是说，在整个中国节育政策持续的时期内，下降的主要是城市地区的生育率，表现为城市地区人口增加的相对缓慢，而农村地区特别是边远地区的节育政策效果远远不如城市地区，很多农村地区的节育政策甚至无法施行，使得农村地区人口的增加相对快于城市地区。这和经济发展阶段城市人口增加更快的一般现象是大为不同的。在实行节育政策的前15年，即1979年到1994年间，城市和农村地区之间的人口流动处于相对的“冰封”状态，都市地区人口增加的相对缓慢和农村地区人口增加的相对快速，是没有交流或交集的状态下相对独立地发生的。在资源相对集中、经济基础设施更为良好、包括医疗和教育条件等生活环境更为优良的城市地区，家庭人口数目的减少，使得人均（或家庭平均）收入增加，生活水平、相对健康水平和教育水平更显提高。而在农村地区则出现相反的局面。收入水平特别是教育水平的提高，使得城市地区的劳动人口逐渐转向许多新的经济部门，特别是商业、金融服务业等第三产业部门，而相对教育水平要求不高的许多“蓝领工作”，如一般制造业、建筑业和一些城市服务部门，出现劳动力空缺，而这又吸引了大量的农村人口。农村人口的大量涌入，导致了城市（城镇）地区的人口增加和城市化进程的加速。

现代中国的节育史和前边论述的西方国家的社会性节育现象大为不同，它是由政府系统自上而下地施行，以政府权力或行政强制力形式贯彻的。这意味着中国缺乏实质性或自律性人口增长率逐渐趋于降低的动力，亦即，在过去30年的中国计划生育或节育史中，始终存在必须以强大国家行政机器去加以抑制的人口增长动力。在这个计划生育或生育政策实施过程中，中国的人口增长率下降，但没有降低到绝对人口数目会趋于降低的水平。以中国大多数城市家庭只生育一个孩子的假设出发，中国的人口特别是城市地区人口到了人口数目趋于绝对降低的水平，即低于2.1∶1的水平。但实际上，中国的人口绝对数（包括城市地区的人口绝对数）在这个过程中始终保持增加，说明了两个有趣的现象：（1）人口绝对数目增加的主要动力来自农村地区，计划生育或节育政策在农村地区并未有效地实施，致使农村地区始终维持较高的人口增长率；（2）此时中国城市地区的人口绝对数目也始终保持增加，这必须用农村地区人口向城市地区大量移动这个因素来解释。因为在严格施行节育、大多数家庭只有一个孩子的情况下，城市地区的生育率降低到无法维持人口绝对增加的水平，此时出现人口数目的绝对增加，必须以外来人口大量流入这样一个因素来解释。2009年深圳的总人口为1400万人，其中有深圳本地户口者只有200万人，其余全部是所谓“流动人口”，大部分为来自内地的农民工。中国的其他沿海地区大城市都有这种现象（虽然没有深圳这样突出）。这使得中国地区的城市化（或城镇化）和世界性、历史性城市化趋势殊途同归，表现为农村人口的大量引入。而高速增长的中国经济为这些流入城市的农民提供了充足的就业机会，中国经济发展于是实现了“经典性发展”的最佳模式。所以，我们不能不讲，30年来中国经济发展的出色和成功，也有计划生育政策的功劳。

如果我们考察近代世界各国经济发展的一般历史，可以发现，没有任何一个国家能够在人口增长率大幅下降甚至绝对人口数量趋于降低的条件下完成经济发展阶段，因为这会导致劳动力的不足和劳动要素的枯竭。稳定的人口数量增长，是维持经济发展与经济增长动力的必要条件之一。可以大胆地预测，中国人口增长率的大幅度降低，甚至人口绝对数量的减少，会在中国经济增长近乎停滞的阶段出现。我们了解，经济增长及其诸条件并非人口增长率的唯一正相关因素，很多其他非经济性的因素，如社会和文化的因素也会影响人口增长率。但这些社会和文化因素都直接或间接地与经济增长及其历史的阶段性相关，都可以视作经济增长及其条件的结果。妇女们对生育问题的社会和文化式的态度，其实都是经济增长及其条件的反应。经济增长的阶段性条件会塑造社会成员特定的社会生活模式，从而塑造特定的社会与经济选择的态度。

我们必须将人口增长率的变化，置于人口—资源的相对算数关系与人口—经济增长率的实质关系以及经济部门结构的转换等多重性平台上去考察。通常的情况下，人口增长率和人口绝对数量的变化本身便可以直接导致经济（部门）结构的变化：人口的增减及其食物需求量的变化，会直接导致农业部门生产规模的变化。人口增减所引起的食品或农产品需求内容的变化，会直接导致农业部门生产要素配置的变化和生产率的变化。人口绝对数量的变化以及由此引起的区域性人口结构的变化（如年龄，性别，职业等的变化）和由此引起的日常生活方式的变化，会引起社会资源和要素结构、经济部门结构以及经济增长的内容及其速率的变化。

人口绝对数量的减少，以及生育率的急剧下降，通常都起因于一些重大的社会经济因素，譬如长期的经济衰退，经济结构的解体，长期政治动荡所导致的经济增长条件的流失，大规模瘟疫甚至饥荒等也可能导致人口数量以及生育率的降低。但是，生育率逐渐下降的历史趋势，特别是在欧美工业国所出现的生育率下降的现象，则主要是由现代资本主义经济增长结构下，人类作为劳动要素的性质，以及劳动要素和其他生产要素特别是资本要素之间相互结合形态的历史性变化所导致的普遍社会经济后果决定的。换言之，生育率逐渐下降甚至人口数量的停滞甚至减少，就其长期的历史趋势性而言，是现代经济增长以及由此引发的经济结构转换过程中，人们所必须做出的相关经济决策的集体性结果。

这样，所有影响人口数量和生育率的因素，包括那些乍看起来是非经济学的因素，最后都可以归结到经济学的范围内，并将其转换成“经济的因素”：人们不愿意生孩子或少生孩子，是因为人们对孩子长大后成为增加家庭收入的“劳动力”的前景失去兴趣，这说明的是现代经济增长结构下劳动要素和其他生产要素如资本要素以及资源之间相互结合的功能形态已经发生根本性变化，以致家庭收入的增长不再取决于未来劳动力的人数；人们少生孩子，是出于对提高生活质量，以及对可能的家务劳动量增加的畏惧，则说明了人们在现有经济增长结构下，在现有经济条件范围内必须采取重新分配自身收入的经济决定；人们推迟结婚，或者年轻人延长和父母一起居住的时间（国内称之为“啃老族”），是出于人们如何极力将收入效益最大化（亦即如何节省开支）的经济决定。在经济学中所有产生经济后果的现象和决定，都是“经济决定”，都有着深刻的“经济的动因”。因此，人口数量的变化和生育率的变化，在根本上是经济现象。

可是，世界上有很多事情不是经济的，无法也不需要以经济学来解释，或者只需要经济学部分地解释。只能参与对世界事务“部分”的解释，这使经济学感到困窘。因为在经济学看来，所有人类事务都可以由经济学来提供完整的解释。

经济学如何应对或走出这种窘境呢？真是令人好奇。

第二十章

贸易的论证：要素禀赋、要素组合，以及贸易活动的差异与矛盾

贸易的重要性如此显而易见，几乎李嘉图之后的任何重要经济学家都曾专门探讨过贸易理论。可以说，它是微观分析体系创立以来最重要的经济学领域之一。它是微观分析体系走向实用的最重要一步，不仅是国际经济学体系的核心，也是经济发展理论或发展经济学得以成型的主要推动力。其重要性在于，生产要素学说只有在它的范围内才能全面地加以论证和解明。它不仅展示生产要素之间的相互组合、以及供求之间均衡的程序，更重要的是展示生产要素之真实禀赋如何影响生产要素的供给并影响产品的价格，产品之间的交换为何表现为生产要素供给状态之间的交换，而且这种交换会采取何种形式。在这里，生产要素的供给本身并不直接地决定生产过程和产品的走向，真正决定性的原因是生产要素禀赋的差异，以及这种差异所造成的生产成本的“相对”优势。李嘉图的比较利益理论没有采用“生产要素”的假设，但他关于“劳动时间”或“劳动成本”的概念，与生产要素学说在整个贸易理论的框架内没有本质的区别。自李嘉图以来所有的贸易理论，其根本性的特质在于，探讨由于地理区间或区域的天然性所导致的生产要素禀赋的差异，如何产生贸易的动力，以及这

些贸易为何与如何给各自区域及社会带来利益。

贸易理论之所以能够成为一个明晰的独立研究领域，之所以能够和微观经济学方法论之间保持显而易见的区别，是因其具有“主体”性特色：即和微观经济学方法论的分析客体不同，它不是分析某个人或某个体的经济市场行为，而是分析国家与国家之间的经济市场行为。即使贸易行为是发生在一国的某个体与另一国的某个体之间，它在本质上依然是国家与国家之间的经济市场行为。这两种经济市场行为之间有截然不同的动力：个体与个体之间的市场行为是生产要素之间的交换，譬如资本和劳动要素之间、资本和土地要素之间、土地和劳动要素之间的交换。通过这种交换，生产要素主体各自寻求最大的报酬率，同时也完成生产要素之间的最佳组合。而国家与国家之间的贸易行为，则大体上是生产要素之间的比较。通过这种比较，以及由此产生的成本收益计算，生产要素去寻求本身最大的报酬率。引发生产要素之间比较的进一步动力来自区域性或国家性。生产要素禀赋的密集度所导致的相对成本优势，是根据区域或国家的地理位置来决定的。区域或国家地理位置之间的差异，同时也意味着生产要素禀赋程度之间的差异（包括天然差异）以及生产要素价格之间的差异。而这些差异构成了贸易的直接基础。

在国际贸易实践中，国际贸易活动和单纯国内的市场活动或微观经济学所注重的经济主体的运动形式会发生很大的差别。在一国政府看来，生产要素禀赋的理论涵义必须转化为实际贸易活动中的外汇的赚取或贸易盈余的取得。因此，政府往往将参与国际贸易的各商家视作是统一的“贸易部门”，而且政府会按照这种认定来采取一系列超市场的支持和扶植措施，譬如关税和非关税的优惠甚至财政补贴等。而对来自外国的产品则采取一系列限制的政策。因此，在实际的国际贸易实践中，国际贸易与正常的国内市场活动之间的差异是显而易见的。对我们来说，最大的难点在于如何将这种实际经济生活领域中的差异，在贸易理论的整体框架内加以解释。

区域之间相互比较中的相对成本优势（可广义地表述为比较利益优势），是一切贸易的出发点。相对成本优势使得任何国家和区域之间都可能进行贸易，只是各国之间贸易利益的取得有所不同。在最缺乏效率、不具备任何生产要素禀赋优势的国家，都可以找到足以进行贸易的领域。但是，这种成本优势是否会转化为同类产品之间的绝对价格差，是现代贸易理论中非常难以解释的难点之一，也是现代贸易理论和古典贸易理论的主要区别之一。在古典贸易理论看来，只要一国或地区某产品的成本优势大于另一种产品的成本优势，那么和后者相比前者即具有了进行贸易进而带来贸易利益的可能性。美国经济学家金德伯格称之为贸易的机会成本，即甲产品与乙产品的成本相比，必须放弃其中一种产品而专事生产另一种产品之机会成本。这又可以表述为生产可能性或产品替代曲线。譬如，巴西在亚马逊河流域大量砍伐热带雨林，而开垦出大片土地，专门用来种植黄豆以出口。

通常，一国的生产要素会朝具有“相对优势的贸易条件”，即可能产生更多贸易利益的部门流动或重新配置。但是，这种基于贸易利益的重新配置和他国同样部门的“成本优势”无关，而只和本国其他部门之间的“成本优势”相关。任何具有国内相对成本优势的产品，都会带来贸易利益的潜能，因此也都可能进行贸易。亦即，和本国其他产品相比具有成本优势，那么即使和他国的同类产品相比没有绝对成本优势的产品，也可以进行贸易以赚取贸易利益。这就是为什么我们在国际市场上看到来自意大利的高质量纺织品，看到来自中国的质量稍差的纺织品，也可以看到来自印度和巴基斯坦的质量更差的纺织品。因为这些产品，特别是中国和印度、巴基斯坦的产品，和本国其他产品相比，譬如和中国的汽车以及印度、巴基斯坦的农产品相比，更具有生产要素禀赋即贸易利益方面的优势。即使在最缺乏效率、不具备任何生产要素禀赋的国家，只要是在产品序列中具有相对成本优势的产品，便可进行贸易。这是古典贸易理论非常有趣的一个内容。墨西哥香蕉的贸易利益优势远不如哥斯达黎加，但仍然可以大量出口，因为和本国其他产品譬如蔬菜相比，它更具有“生产要素禀赋优势”。

我们看到，在李嘉图的比较利益理论中，贸易利益必须基于不同国家的同等产品之间的价格比较，因为这里假设在贸易中只有一种生产要素即劳动要素投入生产过程中。但李嘉图之后的古典贸易理论，则暗含假设一国某产品的贸易利益基于生产该产品之部门与本国其他部门之间成本优势的比较，而非与他国同等产品之间直接的成本优势比较。因为，在这里投入生产过程的不仅是劳动要素，还有资本要素和土地要素。产品的成本优势取决于诸生产要素投入的结构。和其他部门相比，劳动要素禀赋较高（劳动密集型）的产品，可以向那些以资本密集型方式生产同等产品的国家出口；和其他部门相比资本要素禀赋较高（资本密集型）的产品，可以向那些以劳动密集型方式生产同等产品的国家出口。譬如，日本向美国出口由富士通公司的无人（机器人）车间生产的电子产品，因为和日本车床生产部门相比，富士通电子产品的资本密集度（资本成本优势）较高；而美国向墨西哥和阿根廷出口电冰箱和洗碗机，因为和美国的苹果相比，电冰箱和洗碗机部门的成本优势更高。同样，委内瑞拉向美国出口原油（劳动密集型），同时又从美国进口精炼汽油（资本密集型）。通常委内瑞拉不会进口美国德州的原油，而美国不会进口委内瑞拉的汽油。

但是，现代贸易理论的假设却与此大为不同。赫克歇尔—俄林模型的主要假设：同类产品的价格绝对差便是各国进行交易的直接基础。亦即，甲国某产品价格（或任何产品价格）比乙国某产品价格（或任何产品价格）便宜，就具有了出口（贸易）的基础。形成这种价格差的原因在于要素禀赋（或者要素供给的丰富度）的差异，这种禀赋差异导致要素价格的差异。古典贸易理论中的“成本优势”和现代贸易理论中的“生产要素价格差异”之间的区别在于，前者的比较成本优势实际上并非和外国某产品成本相比的优势，而是和本国其他部门的产品相比的成本优势。而在现代贸易理论中，则是一国和他国之间同类产品相比，比较其成本之间的直接的差异。斯托伯—萨缪尔逊模型也倾向于这一点：价格趋于上升的部门中密集运用的生产要素的报酬率，要高于价格趋于下降的部门中密集运用的生产要素的报酬率。亦即，和愈趋稀缺的生产要素相比，较不稀缺的生产要素的报酬率会趋于降低。

严格地来讲，赫克歇尔—俄林模型，以及斯托伯—萨缪尔逊模型等现代贸易理论，是微观经济学方法论的直接沿用或延伸。即它首先必须将假设条件极度地简约化和抽象化：假设两个国家，两种产品和两种生产要素，两国有完全相同的生产函数，都会密集地使用相对优势或廉价的生产要素进行生产，假设生产要素在区域内自由流动，而且一切贸易限制均不存在，货币自由兑换，两国均为完全竞争市场等等。在这种情况下，生产要素之间的区域或国际间流动，都完全通过贸易行为来完成。贸易活动完全可以视作趋向生产要素价格均衡的微观经济学活动。

产生古典贸易理论和现代贸易理论之间主要差别的最根本性原因在于，前者假定所有贸易产品的成本都只有一种生产要素（譬如劳动）构成，而后者则认为产品成本由多种生产要素构成。因此，前者假定，在国内所有产品中，那些具有比较成本优势的产品便可用于贸易；而后者假定，无论和国内所有产品相比是否具有这种比较成本优势，只要和国外同类产品相比具有要素成本优势，便可进行贸易。假设甲国的资本要素禀赋高于乙国，而乙国又高于丙国，那么严格地来讲甲国资本要素密集产品向乙国出口，而乙国的资本要素密集产品也可向丙国出口。但是，用于贸易的产品或劳务的要素禀赋并非由单一的生产要素价格（譬如资本的价格）来决定，而是由综合生产要素禀赋度所构成的产品或劳务成本价格所决定。这就使得产品的国际间流动并非如古典贸易理论的假设般那样简单，而是会出现复杂多样化的局面：美国可能从德国进口高度资本和技术密集的精密机床和化工产品，同时可能向墨西哥出口比较普通的数控机床和化工产品。瑞士可能从美国进口玉米和大豆等大宗谷物，却向美国出口饼干、罐装咖啡和炼乳。墨西哥可能向美国出口蔬菜和热带水果，向瑞士出口咖啡和可可豆，却从美国进口饼干和罐头食品。出现这种现象，是因为生产要素禀赋度是由多种或综合生产要素价格的水平所决定的，某单一生产要素禀赋度，在国际贸易格局中只能具有“相对的优势”。其“真实”的禀赋成本，只能在和其他生产要素组合的过程中才能显现。非洲地区的劳动要素价格“非常低廉”，在理论上具有很大的“优势”，但这并不意味着非洲地区能够大量出口劳动要素密集型产品，因为非洲的劳动要素缺乏和资本要素相结合或相组合的条件，譬如劳动者受教育程度低，缺乏基本的生产技艺和技术训练，无法操作各种生产设备等，从而无法在生产要素相组合的过程中呈现本要素的贸易优势。

但是，这一点在赫克歇尔—俄林模型的假设中并不明显，这也是该模型的局限性之一。也就是说，这个模型假设要素禀赋度由各个生产要素的构成及其成本价格水平决定，同时又假设一个国家会专门生产自身要素禀赋具有相对优势的产品，例如，如果劳动要素禀赋丰富，便会集中生产劳动要素密集型产品。而这个假设却和要素禀赋由多种生产要素成本价格所决定的理论相矛盾。由于要素禀赋度由多种生产要素的相对成本价格所决定，因此一个国家无法专门生产某种生产要素禀赋丰富的产品，因为这个生产要素必须和其他生产要素相结合，才能够进行生产。譬如，墨西哥的劳动要素禀赋度高于美国，其农产品价格水平也低于美国，却无法向美国和瑞士出口大量农产品。因为墨西哥农业部门中劳动要素和资本要素禀赋相互组合的难度较高，致使农业生产规模受到限制，向瑞士出口农产品，可能导致国内粮食价格上涨并引发通货膨胀。中国的谷物价格也比美国低，其要素禀赋度（无论是劳动或资本要素成本价格）比较美国都具有相对优势，但是中国谷物不会大量向美国出口，而是相反，中国从美国进口大量的谷物。因为中国农业生产部门中的劳动要素和资本要素之间的相互组合难度很高，或者生产要素之间相互组合机制的制度性成本很高，从而限制了其基本的产出能力，使得谷物产出只能用于国内消费，而无法大量出口。

生产要素禀赋理论的另一个难点之一是：它必须保持“一种产品”和“一个部门”的假设。但是在实际的贸易活动中这个假设很难持续。非洲的科特迪瓦，可可豆的出口量占其总出口的九成，澳大利亚的矿产品出口量也具有举足轻重的地位，美国、加拿大和阿根廷的小麦出口在国际小麦市场上占有压倒性的份额。这似乎很合乎这类“一种产品”和“一个部门”的简单抽象假设。但是，在许多国家，生产要素禀赋度的“优势”实际上分布在非常广泛的产品领域中。生产要素禀赋度并非特定的部门现象，而是国家或地区性现象。譬如我们可以通常表述为，中国是劳动要素禀赋度较高（或劳动要素密集度较高）的国家，而美国是资本要素禀赋度较高（或资本要素密集度较高）的国家。这意味着，中国大部分部门是劳动密集型的，而美国大部分部门是资本密集型的，因此中国的贸易产品多数是劳动要素禀赋度较高，而美国的贸易产品多数是资本要素禀赋度较高。譬如中国沿海地区出口加工企业涉及数十种产品，几乎涵盖了所有日常生活用品和基本工业产品的领域，而它们几乎全部可以定义为“劳动要素禀赋度较高”或“劳动要素密集型”产品。所不同的是这些产品的生产所需要的实际生产要素禀赋度及其相互组合度。而这种情况并不意味着只有中国和美国这样生产要素禀赋度（密集度）相差巨大的国家之间才能进行贸易，其密集的生产要素才能够获得贸易利益。而生产要素禀赋度（密集度）相近或相仿的国家之间也能够进行贸易，不同国家或地区非常相近或相仿的生产要素禀赋度（密集度）也会为各自带来贸易利益。这是因为，这些生产要素与其他要素之间特别是资本要素之间的相互组合的差别（尽管非常细微）都会带来不同的贸易利益。中国的鞋子、服装和越南的稻米之间，美国的通用汽车和德国的奔驰汽车之间，都存在这种生产要素禀赋度相近，而资本要素与劳动要素之间的相互组合度有所区别的特征。这一点正是贸易和贸易利益的基础。

我们时常忽视了这样一个重大现象：无论是李嘉图的古典贸易理论模

型，抑或后来的赫克歇尔—俄林和斯托伯—萨缪尔逊的现代贸易模型都有一个共同的特点：这些模型不仅都有两个部门或两种商品的简化假设，而且他们都试图采用在日常生活中最常见和普遍的产品，譬如小麦和布等商品来作为例子。而这两种产品都有一个共同的特点，就是它们分别是土地要素和劳动要素高度密集的产品（林德尔也曾指出赫克歇尔—俄林模型只能解释初级产品，而无法解释高加工度工业产品的贸易）。换言之，这些贸易理论模型都或多或少、有意或无意地回避了“资本”这一生产要素在贸易活动中的作用。避免资本要素的引入，会大大简化或纯化分析的假设体系以及分析的过程，但是它又使得整个贸易分析理论体系非常不完整，越来越不适合现代国际贸易活动的现实。在现代贸易活动中，资本要素发挥着极其重要甚至关键性的作用，与之相比，其他生产要素特别是土地要素的作用则越来越式微。资本要素的引入，基本要素密集的生产部门的引入，会使贸易理论和分析体系的领域出现大为不同的面貌。因为资本要素和其他生产要素相比，有一个极其特别的功能便是提高生产率。通常，土地要素和劳动要素都不具备单独或自我提高生产率（或产出水平）的能力。这些生产要素只能在和资本要素相结合之后，才能引致生产率提高的结果。这导致了一个非常有趣，却在以往的古典或现代贸易理论中被忽视的现象：和其他国家，甚或本国的其他生产部门相比，那些和资本要素相结合的生产要素部门的生产率较高，因此更具有价格优势，更能够取得贸易利益。这就使得“两个部门和两种商品”论述，以及其立于之上的“两种生产要素”的假设，越来越显得缺乏牢固根基，也越来越不能解释现代贸易活动。

生产要素密集度假设往往忽视了生产要素之间的组合，特别是资本要素和其他生产要素之间的相互组合所导致的生产率乘数作用，以及由此引发的重大的理论变形。的确，资本要素的组合，资本要素和其他生产要素的组合，会使生产要素及其密集度在贸易活中所起的作用发生重大的变形：和土地要素与劳动要素追求单位（实物）报酬率的倾向不同，资本要素具有更强烈的追求利润的内在动力，具有尽力使利润（报酬率）最大化的扩张性和进取性倾向。这就使得任何与资本相结合的生产要素具有更突出更显著的追求利润的动能，因此也具有更强烈的通过生产率来扩大产出率，进而追求贸易利益的倾向。非洲国家的手工艺品甚至中东国家的手织地毯，和美国的福特汽车及最新苹果手机相比，不仅在于其生产要素内含禀赋度不同，而更在于其自觉追求贸易利益（利润）的内在驱动力不同，因为和前者相比，后者是高度资本要素密集型的。任何与资本相结合的生产要素，与不和或者少和资本相结合的同类生产要素相比，更倾向于采取新技术、新的生产设备与手段、新的生产管理和生产组织方式，并以此来提高生产率，提高产出率，扩大贸易利益。扩大资本要素的引入及与其他生产要素之间的组合，使得生产要素本身在贸易活动中的作用更加动态化、活性化。资本要素的引入，资本要素与其他生产要素之间的组合，以及它所带来的生产率的提高，成为贸易利益的主要源泉之一。这可以说明，何以不同国家之间的同等产品会具有不同的报酬率，具有不同的贸易利益。或者，它也可以说明，为何发达工业国往往比发展中国家具有更大更广泛的贸易利益。

这也意味着，某生产部门的生产要素禀赋内容或配置内容，在这种整体性格局——生产要素之间的相互组合，特别是劳动等生产要素和资本要素之间的相互组合格局——下进行了重新调整。生产要素禀赋（或密集）在各个贸易理论模型中被简化为某生产要素的单一作用，譬如小麦是土地要素密集型产品，而布是劳动密集型产品等。在这种贸易理论模型的框架内，密集的生产要素虽然会和其他要素相互组合，但没有方法论上的意义。在这些理论中，所谓密集型要素，可以理解为该部门中唯一考量的要素。因此，理解并解释现代贸易现象就必须在方法论意义上将“生产要素之间的相互组合”，特别是各生产要素和资本要素之间的相互组合，作为必要甚至主要的前提（假设）之一。在通常意义上，任何与资本相结合的生产要素，都比不与资本要素相结合的同类生产要素有更高的生产率，会取得更多的贸易利益。譬如，在劳动要素密集型的服装产品大量出口时，本来资本要素密集型的机电产品也调整为劳动要素密集型的模式，以取得贸易利益。但是，这并不意味着与资本要素的结合程度愈高愈重，其生产率和贸易利益就愈高。我们在讨论“生产要素之间的相互组合”这一命题时，实际上是在谈论“生产要素之间，特别是生产要素与资本要素之间”的最佳组合，以及由此决定的边际生产力。中国的手机专用电池的生产方式和欧美或日本等国的生产方式截然不同，它大量使用人力，而较少使用设备，而这些电池的世界市场占有量超过90%。这并不意味着中国的劳动要素较欧美国家与日本等的资本要素“更具有成本优势”。这种现象不符合生产要素禀赋理论，因为二者之间的生产要素禀赋度无法检测，即中国劳动要素和欧美国家与日本的资本要素之间不能直接比较。这只是在说明，在中国的手机电池生产部门可能实现了更佳的劳动要素与资本要素之间的组合，以致可以取得更多的贸易利益。二者之间的贸易利益或者成本优势不能在单一生产要素禀赋范围内，而是要在“生产要素之间的相互组合”的范围内去考察。亦即，中国的手机电池生产部门的生产要素之间的组合（譬如劳动要素和资本要素之间的组合）结构，要比欧美国家与日本的同类结构更具有贸易利益。

所以，我们在这里自然地推演出“贸易利益或成本优势”中诸“生产要素之间的相互组合”（其内容与结构）具有更重大意义这样一个结论。

在现代贸易理论框架中我们必须时刻警觉，时刻把握产品的要素禀赋度由多种生产要素之相对价格水平所决定，某“具有相对优势”的生产要素无法单独决定产品价格和贸易优势，而必须由该生产要素与其他生产要素之间的相互组合及由此构成的综合要素禀赋优势（或价格优势）来决定的核心意涵。现代贸易理论承继古典微观经济学的假设，认为各生产要素只存在相互替代的关系，而没有集中论及诸生产要素之间“相互组合”的关系，而这一点可能才是解释现代贸易的根本基点。而赫克歇尔—俄林模型恰恰未能解释这个关键性的基点：这个模型假定生产同一产品的技术水平相等，国际贸易便取决于生产要素的禀赋。因此，这个模型虽然认定贸易条件由“诸”生产要素的禀赋决定，但由于假设技术条件“一定”，故而无法引申生产要素之间相互组合的问题，因为生产要素之间的组合取决于一国的“技术水平”。所谓“技术水平”本身就是“生产要素禀赋”的一个重要内容。譬如资本要素禀赋优势，对产品来说，并不仅意味着资金供给的充裕，也意味着较高的“技术水平”，以致生产一种产品可以只需较少的劳动要素参与，而更多地依靠以技术手段来推动的资本要素的参与。也就是说，各个生产要素之间的组合，便是先天地由“技术水平”来决定的。“生产要素禀赋优势”本身，就已经含有“技术水平”的内容，因此后者不应该成为前者的假设条件。

任何一个贸易产品不仅是某生产要素禀赋度的产物，同时也是各种生产要素相互组合的产物。现在很少有完全由单一的生产要素禀赋度来决定的贸易产品，前面提到的科特迪瓦的可可豆，以及哥斯达黎加和危地马拉的香蕉种植园，恐怕是少有的几乎完全由劳动要素来构成的贸易产品（暂时将土地要素除外）。几乎任何一种贸易产品都必须经由不同程度的诸生产要素的组合，特别是劳动要素和资本要素的组合。中国沿海地区大量出口的纺织品、玩具、鞋子等产品，大致上被归类为劳动密集型产品，但它们也必须经由和资本要素相组合的过程。我们注意到一种现象，由大量工人和较少量机器设备组成的中国织袜厂向美国大量出口袜子。而同时中国也从美国进口由少数工人和较大量的机器设备组成的美国织袜厂的袜子。那么，就“袜子”这一特定的产品而言，中国和美国之间哪一方才享有贸易利益呢？中国向欧洲出口大量的“劳动密集型”的鞋子，而中国也从欧洲进口同样“劳动密集型”的鞋子。同样，中国向欧洲大量出口“劳动密集型”的箱包，同时也从欧洲进口同样“劳动密集型”（奢侈豪华）的箱包。就具有相似生产要素禀赋度的中国鞋子和欧洲鞋子、中国箱包和欧洲箱包之间，哪一方才享有更多的贸易利益呢？常识性的结论是中国享有更多的贸易利益，因为无论是鞋子还是袜子，其出口的规模都远远大于美国和欧洲。但是，就每单位的鞋子和袜子而言，美国和欧洲的产品能够赚取更高的利润。而所有这些现实问题，都说明即使在同样的产品领域中，在具有同等的要素禀赋投入下，诸生产要素之间不同形式和不同技术水平上的组合也会带来不同的贸易利益。

过于简约化的生产要素禀赋理论不能解释生产要素相互组合的问题。在现代贸易理论看来，生产要素禀赋假说本身就先天地包含了生产要素之间相互组合的内容，从而生产要素的相互组合成为它的先决假设条件之一。这种假设忽略了一个重大的事实：生产要素之间的相互结合不是一个先验或自然的过程，它本身不应该成为贸易理论的假设条件。生产要素之间的相互组合，毋宁说，是一系列的社会组织和决策过程，亦即，涉及贸易活动的生产要素的相互组合过程，是在特定目标（促进出口等）下一系列社会组织与决策的结果。这些社会组织或决策活动，直接导致殊异于常规的生产要素流动和重新配置管道，关税减免，经济特区，自由贸易区或免税区的设立，直接的出口补贴，针对出口的贷款优惠和特别融资，旨在促进出口的政府行政法律措施的简化，促进和保护贸易领域的政府行为和政府谈判等，都直接影响或调整了生产要素流动、配置和相互组合的过程与节奏，会影响贸易活动领域中生产要素相互组合的内容和结构。这不仅使得生产要素之间的组合过程发生很大差异，也使得生产要素本身的内容产生了同样的差异：中国的鞋子与箱包，和欧洲的鞋子与箱包，表面上都是“劳动密集型”，但是欧洲的劳工却受到过更好的教育和训练，具有更熟练和精纯的技艺，能够更熟练更精确地操作机器和工具。也就是说即使是同样的生产要素之间也会有非常不同的技术内涵，而这一点也是各生产要素之间的相互组合之过程导致不同贸易利益水平的原因。

在二战后的世界经济发展史上，这些现象可以说俯拾即是。日本、韩国、中国台湾省、东盟国家以至中国大陆，都长期实行推动出口的所谓“倾斜性”政策。而这些政策对贸易活动中生产要素相互组合活动过程及其内容的影响是不容低估的：同等单位的生产要素具有完全不同的产出率，或不同的生产率，乃是因为这些生产要素和其他生产要素之间的相互组合的技术内容是完全不同的。

美国经济学家保罗·克鲁格曼曾试图解答现代贸易理论中的这个难题。他在其提出的所谓“新国际贸易理论”中认为，比较利益或生产要素禀赋（在现实贸易活动中可以表述为“生产率”或“效率”）无法全面地解释现代贸易现象：为什么许多国家之间相互贸易的产品在要素禀赋度上相仿或相近？为什么德国向瑞典出口宝马车，又从瑞典进口富豪（又称沃尔沃）车？为什么美国向英国出口通用电气的发动机，又从英国进口劳斯莱斯的发动机？为什么美国从中国进口鸡肉，又向中国出口鸡肉？为什么日本向德国出口尼康照相机，又从德国进口莱卡照相机？当然还有在上边提到的中国和欧美国家之间相互贸易袜子、鞋子和箱包的例子。现代贸易理论也许可以解释工业国和农业国之间，或者发达国家与发展中国家之间的贸易结构问题，却都无法全面和有说服力地解释经济和部门结构相仿的国家之间的贸易结构问题。克鲁格曼认为，所有产品都具有与其他同类产品不同的“专业”内容，而这些“专业”内容是其生产国在长时期内所积累的技术专业内涵所逐渐形成，而他国在短期内是难以企及的。而这种差别或造成产品生产的“规模”及其效率之间的差别。生产规模决定其贸易的方向：富豪车并非为世界上所有国家的所有人生产，像美国的福特车或日本的丰田车那样。它是为特定国家与区域内特定人群而生产的，它这种生产规模恰好符合其贸易的方向。欧洲的箱包也不是为世界所有地区的所有人而设计生产，而是为特定地区的特定消费者群譬如中国的城市富裕居民而设计生产的。换言之，这种生产规模相关的消费者偏好倾向，是现代贸易的基础。消费者需要选择，需要产品符合自身特定的需求与选择偏好，如品牌、外观和功能等。

克鲁格曼还认为，这些具有显著贸易利益的企业多半具有优越的地域或地理位置，譬如集中在沿海地区特别是靠近大型港口的地方，或者非常接近特定资源如水、矿产和农牧产品的产地等等。这种优势会引发其他的间接贸易利益，譬如周边系列企业和大量技术工人的集中会提高其技术工艺水平，以及政府的财政支持包括直接的补贴等，而使得他国不具有这些地理优势的企业很难与之竞争。这种现象在二战后的新兴国家或地区中非常明显，如日本、韩国、中国、中国台湾地区、新加坡以及巴西等。

克鲁格曼的这个理论试图弥补李嘉图比较利益学说和现代贸易理论一个共同缺陷：生产要素禀赋的定义过于狭窄，以致不能充分解释“两个产品，两个部门，两个国家”的极端简约化假设以外的贸易现象，也就是说，不能解释现实贸易活动中任何超越这个假设的多元现象，不能解释为什么生产要素禀赋相同和相近的国家与部门之间也可以进行贸易。但是，克鲁格曼的理论本身最终还是和李嘉图与现代贸易理论殊途同归：他将贸易动力归结为以“技术先驱性积累”所形成的“规模效益”，而这种“规模效益”在某种程度上仍然可以解释为“生产要素的禀赋”。虽然他也带进了消费者选择的因素，但在方法论角度上并没有和现代贸易理论划出一个泾渭分明的界线。

这是因为，他也忽视了贸易领域中“生产要素相互组合”及其所具有的深刻而多方面的涵义，忽视了在贸易领域中诸生产要素将以非常不同的形式、途径和动力机制相互组合的问题。我们必须理解，贸易活动之所以和常规的国内或区域内的市场经济活动不同，是因为它是国家性质的行为，在这种性质规定下，“贸易”应被视作一个单独的经济活动部门。贸易不仅是产品与产品、市场与市场之间的交换行为，它也是国家与国家之间的经济交换行为，除了市场和单纯的生产要素因素之外，它也必然带有“国家”所包含的各种超市场甚至超经济的因素。由于“贸易”成为一个单独的部门，因此，即使是生产同类产品的厂家之间也会具有不同的生产要素禀赋和贸易利益优势：中国浙江省的鞋厂和甘肃省的鞋厂，具有不同的生产要素禀赋度和贸易利益优势。各类生产要素在这两个省的厂子里得到不同程度不同形式的相互组合。而生产要素的流动由于政府的行为而得到阻滞，甘肃省的鞋厂不会像浙江省的鞋厂那样得到政府的退税优惠、进口材料和设备方面的优惠、贷款方面的优惠、商业信息方面的优势地位。由于这种政府行为，生产要素的流动会朝着促进浙江省鞋厂贸易利益的方向进行。浙江省和甘肃省鞋厂之间的生产要素禀赋度和贸易利益优势会产生越来越大的差异。即使在欧美国家也有相似的现象：同种或同类产品之间因出口与否而具有不同的生产要素禀赋度，生产要素之间的组合也不尽相同。很多用于出口的产品可以得到财政补贴和税负优惠以及进出口信贷优惠，而不用于出口的产品则没有这些“有利的”外在条件。这些外在条件就决定了同类产品之间非常不同的生产要素禀赋度和生产要素之间相互组合状态的差别。而这些现象以现代贸易理论则无法解释，因为它恰恰将这些重要因素都舍弃在其纯粹分析体系的框架之外，假设其不存在。

我们在以微观经济学方法论的基本框架来构筑国际贸易理论时，总是会遇到这一类的难题：我们必须首先假设某些基础假定条件为一定，或完全相同。但是，在国与国之间这一类抽象的基础性假定条件都难以成立。我们假定技术水平为一定或相同，而技术水平的差异而非相同性，恰恰是国与国之间经济基本条件的特征之一。我们假设贸易条件为一定，但各个国家的贸易政策会随着一国的政治社会条件的变化而经常变化，很难“一定”。我们假设汇率条件为一定甚至暂时排除汇率的因素，而在现实贸易活动中，汇率条件发挥着极其重要的作用，难以舍除。现代贸易理论另一个重要内含性假定条件之一是，通过贸易活动，使各国的要素价格和要素禀赋度趋于均衡，使得各国最终的贸易条件趋于近乎完全的一致。但是在实际的国际贸易活动中鲜少见到这种局面的出现。笔者一再指出，在贸易理论的首要方法论框架内，必须坚持微观经济学的一些基本假设，生产要素的禀赋与流动完全以市场机制来进行。但是，在实际的现代贸易活动领域中生产要素的流动并非以完全市场机制来进行，而是依靠一系列超市场政策杠杆来完成：一系列推进出口的优惠措施和财政补贴，有利于贸易出口导向的财政和金融货币政策等，对进口产品的各种贸易壁垒特别是政府强制的反倾销措施等，在现代国际贸易活动中司空见惯。所有这些现象和因素都无法从贸易理论分析体系中全盘地舍除或者假设其不存在。

以亚洲“四小龙”（韩国、中国台湾地区、中国香港和新加坡）为例，在早期阶段，它们都采取了大力促进当地轻工业生产（譬如纺织品、服装加工和其他生活日用品），以减少进口依赖的政策，后来逐渐转型为促进这些劳动要素密集型产品出口的政策。这和缅甸与印度等国家的对外贸易模式恰成对照：这两个国家坚持轻工业产品的“自给自足”，并以进口产品来弥补“缺口”的政策。显然，前者的模式更为“成功”：促进出口的政策使得前者能够积累大量的外汇，能够取得更多的外资注入，能够取得更多的外国技术，能够更多更快地提高本国劳工的技术成熟度，以便为贸易产品和贸易部门的结构转换提供坚实的基础。“四小龙”的所谓成功，正在于通过这样的贸易模式不断地转换自身生产贸易部门的结构，完成劳动要素和资本要素之间不同的“合理”组合度，实现由劳动要素密集型出口部门至资本密集型出口部门以致“知识密集型”出口部门的转换。这种“成功”的模式轨迹也出现在中国大陆经济发展和贸易发展的过程中。当然，中国大陆和“四小龙”之间的区别在于，它是一个幅员辽阔资源丰富的经济贸易体。这意味着中国的贸易活动有很大一部分必须集中在对自身的资源进行加工并再行出口的基础上。这和马来西亚和泰国早期的贸易模式有些相同之处：马来西亚对其棕榈油、橡胶的初级加工，以及泰国对其大米、热带水果和渔业产品的初级加工，曾在其初期阶段的贸易活动中占有压倒性比重。而这种贸易模式在实现贸易利益的获得，贸易产品和部门结构的转换提升，对长期自律性经济增长的促进方面，显然不及自然资源相对缺乏的“四小龙”。

这使得必须思考贸易理论中关于“生产要素禀赋度”或“生产要素禀赋优势”的基础概念中一个非常重要却往往为人所忽视的议题，即这里的所谓生产要素实际上指劳动和资本两个要素，而不包括土地要素。土地要素的作用假设不存在而且被分解在劳动和资本要素之中。譬如，“自然资源”特别是地下矿产品，在经典贸易理论中如何定位或定义，就是一个貌似简单却很棘手的难题。一国自然资源或地下矿产品应该理解为哪一种生产要素的禀赋，或者视为哪一种生产要素的贸易利益优势呢？在经典贸易理论的理解中没有人会把地下矿产品等自然资源视为土地要素，而是根据对其进行开采加工的生产程序来决定它们是劳动要素密集产品或者是资本密集产品。在加拿大和澳大利亚，矿产品是资本要素密集产品，因为这里更多地使用大型开采设备而较少使用工人。而在印度和中国则是劳动要素密集产品，因为在这些国家的矿区使用大量的人力而较少使用大型采矿设备。科特迪瓦生产世界上70%的可可豆，几乎全部使用人工甚至大量的童工，会被视作典型的劳动要素密集型产品，巴西的咖啡豆、厄瓜多尔的香蕉、危地马拉的芒果、越南的大米以及利比里亚的橡胶等，也都会被归类为劳动要素密集型产品。但是这些产品在根本上是当地气候、纬度、雨量特别是土质土壤自然条件的产物。使用再多再密集的劳动要素也无法在俄罗斯和挪威生产可可豆，在阿拉斯加和冰岛种植咖啡。也就是说，无论我们如何设立贸易理论体系中的假设条件，土地要素必然会介入到贸易产品和贸易部门的生产过程中，而且成为其内在要素结构的组成部分。贸易理论中关于生产要素的既有设定，乃是为了简化并纯化假设条件，但是在实际的贸易活动中却不符合生产过程的真实内容。土地要素毫无疑问是贸易部门生产过程中重要的组成部分，也是“生产要素禀赋度”或“生产要素禀赋优势”的重要组成部分。在贸易理论分析中也不应该将土地要素及其作用全然加以排除，我们有必要将土地要素作为贸易活动中单独或独立的生产要素部分，即使这样做会使现有的贸易理论发生根本性的改观。

笔者认为，有必要将“土地要素”引入到贸易理论生产要素禀赋度前提的整体结构中，将其视作其中独立作用的生产要素的一部分。然而，在现有的时代和国际经济总体背景下，所谓“土地要素”不能加以狭义的理解，亦即它不能仅仅视作“土地”，而是将其理解为广义的“自然条件”和“地理区域条件”：

——应该考察土地（地质）自然条件对贸易产品实质生产程序的影响以及价格条件的影响，并将其作为贸易理论分析中一个单独的变量，看土地自然条件是否使得某种贸易产品中劳动要素和资本要素的投入产生变化。譬如埋藏很浅甚至可以露天开采的矿产品和其他自然条件下的矿产品之对其他生产要素投入结构和投入量之间的差别，以及对贸易产品生产及其产品价格的影响。

——应该考察与土地（地质）条件一同构成生产过程之必要外在自然条件的自然因素（这些因素在很大程度上和区域性或地域性相关）对生产过程的影响，以及对其他生产要素之投入结构与投入量的影响。譬如，频繁发生的自然灾害对地区的贸易部门之产品成本与价格的影响。

——应该考察包括土地（地质）等在内的总体自然条件对贸易部门长期生产率和价格条件的影响。譬如，“优越”的自然条件使得某地的贸易部门延迟或推迟追求以改变生产要素投入比率为主要内容的生产率的增长，从而长期地影响其包括价格在内的贸易条件。譬如，在阿拉斯加鱼类加工业可以利用室外“天然冰窟”的条件，那么在理论上就不会开发和引进人工冷冻设备。如果某地区可以一年四季种植蔬菜，便不会开发或引进暖棚技术和设施。

——应该考察总体生产部门的生产过程与生产方式对包括土地（地

质）在内的自然条件与自然环境的影响；考察这种影响所引发的经济后果譬如环境污染的清理所需要的企业支出成本以及社会整体的财政支出成本，以及这些成本对贸易部门现有产品成本结构的影响以及长期的生产率影响；考察这种影响的广泛化和世界化譬如全球气候暖化效应如何直接或间接地影响贸易部门的成本结构以及长期的生产率。譬如欧盟征收碳排放税和各国征收环境税等措施对其他国家各贸易部门产业及其产品成本结构的影响。

如上所述，几乎所有贸易产品都不会归之为“土地要素密集型”产品，无论它们和土地要素及相关自然条件的关系有多么密切。在现有贸易理论的框架范围内，我们基本排除了土地要素，假设只有两个生产要素——劳动要素和资本要素。这使得我们可以基本肯定，一旦在贸易理论中引入土地要素，它的基本内涵和架构有可能发生根本性变化。当然，近20年来，国土辽阔且自然资源特别是矿产资源丰富的加拿大、澳大利亚以及巴西等国的总体贸易利益的成长以及对经济增长的贡献非常令人瞩目。这就使得我们在解释贸易理论和贸易现象时，必须超越特定的理论框架，而更多地在更为宏观的历史背景下以及世界经济形势或结构历史性变迁的总格局下进行综合的考察与评议。也就是说，在贸易领域里，我们必然会走出理论体系所提供给我们的特定路径，而成为一个实务的观察者。这是贸易理论的终点，又是另一种新型贸易理论的起点。

贸易理论非常独特，我们经常在纯粹理论模型和贸易实务或实况的世界中徘徊，且往往不知所措。我们面对并考察很多似是而非，相互之间没有很大差别，又深具门户之见的各家贸易理论。贸易理论的纯粹理论模型和贸易部门的实际运作的直接冲突和矛盾，使得我们对贸易理论特别是那些精致的贸易模型心生疑窦。我们怀疑这些理论能够真正精确地解释贸易实务活动的全部内容与实质。

“贸易”的多元解释，以及它的不可解释性，以及它必然带给我们的深刻迷惑，正是它的魅力所在。

第二十一章

所有制陷阱和制度性交易
——以中国为重点

“所有制”是政治经济学的议题，而非现代经济学的议题。现代经济学通常不涉及“所有制”范畴的争论。在现代经济学看来，“所有制”（ownership）是关于生产要素和财产属有的法律制度形式，而非经济学方法论框架内的经济活动形式。这种政治经济学意义上的“所有制”通常指的是生产要素或“生产资料”的所有制，而不是像现代经济学一样也包括“财产”或“经济物品”的所有制。“生产要素”中包括劳动力，而“生产资料”却不包括，这种基础概念之间的落差和非交叉性，也使得政治经济学和现代经济学之间出现几乎不可弥合的鸿沟。

所有制理论概念和久来的争议，使得法律意义上的命题转置于经济活动的命题中，使得经济活动的基本形式必须在法律命题的框架内得到诠解。这也是在现代经济学大滥觞的今天政治经济学仍然不会退出历史舞台的主要原因。也就是说，只要“所有制”的命题继续存在，“所有制”议题上法律命题和现代经济学命题上的概念差异和不可弥合性继续存在，政治经济学就不会退出历史舞台。没有疑问，在现代经济条件下，所有制本身最大的焦点不在于经济学概念体系中的定位，而是它的法律制度性本意。它通过法律制度性的或政治性的宣言，将特定生产要素（如土地和资本）财产的所有形态固定化和社会主体化，并由此决定生产要素相互组合并投入生产过程的具体形式。现代生产过程，不仅是各个生产要素相互组合的过程，也是生产要素的所有者或拥有者在特定的法律框架结构下相互缔结契约的过程，以及这种缔结契约过程之“历史合理性”或“价值合理性”的意识设想。

没有任何一个生产资料或生产要素所有制形态（包括最彻底的公有制）能够单独地全盘完成生产要素之间的组合。不同生产要素在不同所有者（所有制）的利益导向性操纵下，完成相互之间的组合。而不同生产要素的所有者则在特定的法律框架结构下来完成各生产要素之间的特别组合。政治经济学中的“所有制”并不包含非生产要素性质的其他经济物品譬如财产和财物的所有形式。它只指“生产资料”部分，即资本和土地。除此之外的任何经济物品（财产或财物）都不会列入“所有制”范畴内。然而一旦政治经济学的“所有制”概念必须转换为在社会生活中可以实践的具体法律形式，就必须将这类经济物品（财产和财物）包括进来。而一旦包括了“经济物品”的概念，政治经济学和现代经济学之间就会出现不可避免的理论切割。这也是我们在分析现代中国问题时经常会遇到的一个难题。

很多中国经济问题与经济现象，都不能单纯以现代（西方）经济学理论概念加以分析，其主要原因就在于我们经常会遭遇和“所有制”相关的议题，以及和“所有制”议题相关的具有高度文化价值内容，且涉及许多法律的特定分析内容。而最令人瞩目的是，政治经济学的“所有制”范畴中虽不包括“经济物品”，而只涉及“生产资料”，但是在现实法律框架下，这二者之间的差别会变得模糊，二者之间的概念差别也往往会产生混淆。譬如，在中国“大跃进”时期将居民家庭的铁锅铁钉或其他钢铁质地的家庭用品收集起来“大炼钢铁”，“经济物品”或居民的财产财物就转换为“生产要素”或“生产资料”。而这种情形即使在西方国家也可能出现，譬如战时政府对民间经济物品的征用，特别是无偿的征用。

所有制，大体是指某国或某地理区域内占有主导性甚至独占性的生产要素法律性或制度性所有权，以及这种所有权和其他非主导性或非主流性生产所有制形式之间进行要素和生产功能的制度性交换的制度性局面的总和。譬如，在国有制占主导性的国家或地区内，它本身和私有制部门之间生产活动关系的制度特征；或者私有制占主导性的国家和地区，其与国有制部门之间所维系的要素交换或生产功能交换的制度形态等，都可归结为"所有制"范畴。所谓"公有制"，是指生产要素（或者劳动力之外的生产资料）非私有制形态占有主导性或独占性地位的经济制度形式。我们以前还曾将公有制区分为"国有制"和"集体所有制"两种，但是，在目前所谓公有制实际上是指"国有制"，即通过国家本身作为生产要素法定占有者，从而按照这种特定资源配置格局来安排社会经济活动的制度。"集体所有制"是指特定形态的社区或共同体所有制，是国有制和私有制之间的某种中间性或过渡性制度。这种制度在特定的时期或阶段中，可以经常性地转化为实质性的国有制形式或私有制形式。这是因为所谓"集体所有制"既缺乏"国有制"形态所特有的生产要素占有丰沛度以及政治权力杠杆的支托，也缺乏私有制所特有的效率性，使得它必须在特定时期或特定社会经济条件下在两种所有制之间寻找依托。

"生产资料"和"生产要素"之间的主要内涵差别在于关于"劳动力"的定义。"生产资料"中不包括劳动力，而"生产要素"却包括。在生产资料"公有制"和"私有制"之间，劳动力本身不会发生定义性变化。换言之，在这两种截然不同的所有制下，劳动力都是"相同"的，都是由劳动力持有者主体即劳动者本人所拥有的。在这两种所有制下，劳动力都独立地和其他生产要素或生产资料相结合，进入社会生产过程。即使在改革开放前的中国，国营企业中的职工（劳动要素），也不是"公有"的。因此，在现代中国新的历史条件和语境之下，又出现了"产权"的观念。所谓"产权"乃是现代中国社会成员（私人或法人）对除了劳动力以外的生产要素或经济物品的局部性法律据有权。之所以是"局部性"，乃是因为在中国特有的法律体制下，社会成员对一些重大生产要素或"经济产品"的所有权是局部性的，譬如居民的房屋，其土地是国家所有，而不属于房屋所有者。中国农村地区农民的土地严格地来讲，除由法律规定属于国家所有的以外，是属于"集体所有"。但是农民却有权获取、享有并支配这些土地上的物质产出。相较"所有权"概念，"产权"的概念比较中性，只是法律范畴内的概念，而非"所有制"概念那样是一种具有清晰价值内容的意识形态概念。也就是说，在中国，意识形态上的"所有制"概念和法律范畴内的"产权"概念之间的相互组合或融合，多少反映了中国自20世纪80年代初以来所进行的经济体制改革的一些主要内容。公有制和私有制之间的相互融合，社会成员在现存的“所有制”框架内获取更多福利（利益）的现状（譬如中国农民通过家庭承包经营的形式可以获得较大份额的农产品产出或利益，而这时“所有制”的基本形式并没有发生变化），通过法律范畴之内的“产权”概念形式来达成。通过“产权”形式，社会成员（私人经济主体）可以在公有制的意识框架之内达成对某些生产要素和经济物品的法律占有。

在政治经济学中，“所有制”形式成为鉴别一个国家或地区社会“政治性质”和法律制度性质的主要依据。换言之，“所有制”是政治经济学的概念，它很难完全在经济学范围内加以全盘把握。现代经济学倾向于将“所有制”视作不同形态的经济行为主体或部门，如私有部门或国家部门等。而且，现代经济学也倾向于认为所有这些部门也会大体按照市场机制（价格信号）来进行生产要素的组合。“所有制”问题之所以极端重要，是因为它是现代社会经济活动（经济增长和经济发展活动）极其重大的一个因素，在现代经济学范围内也无法全然地避开所有制问题：

1. 它决定一个国家或社会资源配置，生产要素组合活动的总体模式和制度特征。

2. 它决定资源配置合理性和生产要素配置效率的总体结果。现代经济学大体上假设生产要素在市场机制内追随价格信号而进行组合。然而，在很多情况下，生产要素是在非市场机制下或非价格信号指导下组合的。而出现这种现象的主要原因便是多种所有制（或混合经济）的存在。譬如国有制经济主体很可能不会按照市场机制或价格信号来进行生产要素组合，因为国有经济部门的很多活动都是跟从政府的政策举措，而不是利润导向的。很多私人经济部门也会出现同样的现象：如果私人部门以“长期预期”或“长期增长”目标为主，那么其短期经营或短期经济决策中也很可能没有或缺乏按市场机制进行生产要素组合的内容。而现代经济学又倾向于认为，任何不按照市场价格信号杠杆而进行的生产要素配置活动都相对地缺乏“效率性”，或具有“不合理性”。

“所有制”完全可以脱离实际经济活动本身而独立地、无经济相关性地发生法律与政治层面上的变化。很多社会主义国家中的个体经济或私营经济的出现，资本主义国家中某些产业的国营化或政府所有制化（譬如2008年金融危机爆发后美国政府将诸多银行机构暂时政府主导化或“所有制化”）等现象，虽可能是当时的现实性经济局面的产物，却和基本经济活动的法则性动力因素无关。在特定现实经济局面下，所有制（以及由此派生的法律制度性所有权）必须与“私有”和“私营”等生产要素所有者之间进行特定利益或利润主导性的产权交易。这种商业性交易通常贯彻着利润至上或利益最大化的原则。

任何“公有制”形式都不会自动实现最大效率化。公有制实现和追求效率化的唯一途径，便是和私有部门进行生产要素的组合，并借此实现二者之间的经济活动功能交换。中国各级地方政府以“参股”形式参与市场经济活动，譬如拥有一些高速公路或铁路公路桥梁的收费经营；在2008年的金融危机中，美国财政部大量购入陷入困境的花旗银行和通用汽车公司的股票，并在这些股票上涨时再行抛售，赚取利益。这些都显示了在“所有制”的意识形态框架下，非市场性或非利益主导性的“公共目标”与真实的政府行为之间可能产生的冲突，以及这种冲突对现实社会经济活动局面所产生的影响。

在中国改革开放的初期，允许私营个体经济的存在并鼓励其发展，可以看做是“公有制”与“私有制”之间特定的制度性要素交换，以前者的制度性政治权力的松绑作为价码，以可能推进经济增长和提高财政收入之利益回报的预期为基点，来换取私有或私营经济的效率以及更高的产出率。此后每一次制度性政治权力上的松绑，实际上都向“私有”和“私营”一方释放出与“公有制”相粘附在一起的资源。这种自上而下的制度性政治权力松绑（向“下一级”让渡更多的占有并配置资源的权力与机会），也可以在各层级政府之间进行。这种法律制度性的产权交易，当然都毫无例外地以更有效率的经济活动预期以及由此带来的利益展望为基点。这实际上是改革开放三十多年来中国所有制模式转型过程中最原初的动力。

如何从一个全新的角度去思考“所有制”，特别是现代中国土地所有制的问题？这是一个极为复杂的问题。在中国，“所有制”问题涉及主导性意识形态观念总体的核心内涵，任何涉及这方面的议题都会引发全然超越纯粹经济学范围的、充满道德情绪的争论，甚至引发非常严重的政治性后果。这和其他国家特别是欧美国家的情形大相径庭。在欧美，所有制问题几乎不涉及意识形态特别是政治生活的层面，它仅是社会经济制度总体法律框架的一部分，或者社会总体性资源配置模式的一部分。政府机构根据长期社会福利目标，根据资源配置效率性和公平性原则均衡的需要，并在执政党特定意识形态主导和政策模式下，而对所有制结构进行法律体系范围内的技术性的调整。而在现代中国，尚未进入将“所有制”及其相关议题全盘技术化，非意识形态化、非政治议题化的阶段。社会资源配置的总体格局因此必然会受到某些非经济性因素的影响，譬如具有强烈政治情绪的争议，各个政府部门之间因为资源配置格局的转换及其利益走向方面的差异所导致的争执等等，会妨碍社会资源配置的全盘效率性或公平性。

我们不难得出结论，在中国现实条件下，“所有制”实质上更多地是一种理论声称或意识设想。这个“公有制”，既不是在实际经济活动（包括在生产要素配置和收入分配过程）中自然发挥功能的明确和可以把握的经济制度形式，也不是在调节社会经济活动的法律程序过程中可以明确依据的法源。它是一种用特别的理论声称和意识标帜，一种旨在提供方便的公共解释的观念宣示，一种劝诫性的意识条目。通过这些，在中国具有主导性的所有制形态即“公有制”形态便取得一种全然的社会与道德正当性。

我们的早期政治经济学的理论重心曾悄悄潜移到“所有制”上，两种不同所有制在我们的经济学教科书里相互怒目而视不共戴天。在经济学的小道上一路走来，我们必须小心翼翼地绕开“所有制”观念的陷阱，否则便无法企及经济学真理的更深邃篇章。如前所述，在现代经济学领域里“所有制”的本质涵义发生了重大变形。“生产要素”概念的采用也改变了“所有制”的涵义。资本和劳动要素不采取物质形态，采取物质形态的只有土地。而在现代资本主义生产过程中（或现代经济增长过程中），恰恰是土地要素的作用越来越式微，以致在很多情况下可以略而不计。在任何一个“所有制”下，资本要素都不可能只有单一的所有者。即使在“公有制”下，资本要素也必须依靠大量的居民私人储蓄，劳动要素亦是由劳动者本人自主所有或“私有”。在任何所有制形式下，很大一部分社会产品（包括将再次进入生产过程的要素性产品以及非物质产品）都会是“私有”的。在现代经济学看来这很简单，如果社会产品不能私有，便在一开始就不会有正常的生产要素投入。如果人们在经过包括“生命成本”在内的付出之后一无所得，不能将任何社会产品或生产成果据为己有，他（或她）在一开始就不会付出这种生命成本，因此也不会有生产过程。即使在“公有制”下，如果居民的储蓄不能以利息作为报酬，就不会有人把自己的钱存到银行；如果劳动力持有者无法取得工资的报酬，也不会去将自己的劳动力付出在生产过程中。

这一点，对我们来说具有关键性的涵义：世界上抑或历史上不会有完全的“公有制”。在完全“公有制”条件前提下，无法组织任何“合理的”社会生产过程，也无法取得足够的社会生产动力，因为在“完全公有制”条件下社会成员没有追求财富以及由此产生的更高报酬（利润）的动能。为什么新中国成立后至20世纪70年代末期改革开放开始之前的历史期间，无论工业部门还是农业部门或者科学技术部门的生产率和创新力非常之低？为什么农村实行集体化（人民公社化）期间的农业部门生产率和农产品产出率大大低于实行包产到户的农村改革之后？这虽然是一个貌似“老生常谈”式的“古老”话题，但仍旧具有重大的经济学方法论意义。

最令我们感兴趣的是，在中国的市场经济体系中所有制特别是“公有制”的形态演变以及由此引申出的行为方式的演变，如何向我们展示经济学方法论中这样一个重大的和具有关键性的涵义。在市场经济体系不断发展和完善的总体环境中，中国的公有制及其所统辖的资源或生产要素必然越来越多地和“私营”、“私有”等单独的社会生产要素主体打交道，寻求和他们之间的组合，以进入社会生产过程。也就是说，“公有制”必须不断地向“私有”、“私营”部门靠拢，以获得更高的效率，获取更大的要素报酬。20世纪七八十年代风行一时的倒卖各类生产物资，八九十年代很热火的出售国有资产，通过承包制形式将国有或公有企业变相地公私合营化或私营化等，都是这类在市场经济条件下公有制不得不寻求和其他类型的生产要素主体寻求利益主导性组合的活例。在这里，公有制具有大量占有资源的垄断性“优势”，而私营或私有者具备效率以及利润乘数化能力的“优势”。资源和生产要素之间的相互组合，其实也是这两种“优势”之间的相互组合，资源或生产要素垄断性占有的政治权力体系和私营或私有者集团之间既追求生产效率，也追求利润乘数化效应。

“公有制”和“私营或私有体系”之间这种不可避免的要素与制度功能交换，笔者暂且称之为“制度性交易”（institutional exchange）。因为如前所述，“公有制”在中国是一种意识设想或理论声称，同时也是国家政治制度与政治权力结构的重要甚至主要的成分。“公有制”在中国意味着对重要资源或生产要素的政治权力控制，以及由此产生的重要社会生产过程的社会经济活动过程的政治权力性操控。“制度性交易”不仅意味着公有制部门或涉及资源与社会生产过程的公共政治权力寻求与“私有”、“私营”部门之间的要素交换与组合，以获取更高的生产率和要素报酬率，同时也意味着私有部门主动地接近公有制部门（或政治权力部门），并将其作为生产过程中以最低成本获取生产过程所需资源或生产要素的重要途径甚至主要途径。而这种现象又导致中国公有制部门和私有制部门双边经济活动模式的重大转换和扭曲：公有制部门以利益回报和要素报酬而非以“公共利益”作为经济活动及其决策的主要基础；而私有制部门则将对公有制部门的权力攀附与追随作为其经济活动和市场竞争活动的主要内容。这也是改革开放之后中国总体经济活动形式（宏观决策依据与微观经济个体决策模式）的重要和具有历史性意义的特征。

这一点当然也深刻地影响着中国“经济复合体”的矛盾的行为方式与特征：（1）寻求效率至上的经济活动程序。公有制和私营私有者之间的生产要素组合，可以避免很多公共辩论和政治商议程序。效率—利润至上的经济决策模式追求最快速的利益回报，使得任何生产活动的决策周期大大缩短。（2）这种效率至上的经济决策与活动模式同时也要求付出在其他模式下不多见的（或者隐性的）制度成本（institutional cost）。这种组合过程往往纠结着贪污腐败受贿等现象。因为生产要素之间的组合在社会行为的层次上表现为生产要素（政治权力）统辖和实质管理者（政府部门）与私有或私营部门之间的互动，而这种管理者之间的互动势必要求和实质生产要素的组合数量相应的利益回报。在政治权力者或政府部门看来，他们的非法不当收入也是公有制部门在这种组合中所获取的合理报酬的一部分。而在私有或私营部门看来，他们对政治权力者或政府部门的非法不当支付，是他们生产过程中要素成本的一部分。这在道德上值得争议，但是在经济学逻辑上却无可厚非。而这种深刻的内在矛盾性（即道德上的争议性和逻辑上的合理性），使得中国的大部分经济活动方面的决策，资源配置方面任何一个大的举动，都会引发非常强烈的超经济性争议。

在经济行为主体进行这类制度性交易时，交易的一方譬如私有或私营的一方会抱有更为强烈的效率、利益和利润回报预期，会将制度性政治权力路径上释放的资源占有机会加以最高限度的放大，使之产生最高的利益回报。因为，私有部门深知，这种制度性政治权力产权交易下的资源释放，不同于通常的私有者之间商业性产权交易。它并非常有，是偶然的或随机性的，政策“初一十五不一样”。因此，必须使其在短期内衍生出最大的利益。同时，由于私有或私营体系在交易过程中向公有一方支付了制度成本，使得他们误以为购买了其企业行为的社会保险，这使得私人企业往往忽略自身的社会责任与义务（譬如劳动者权益和环境保护等），对其企业行为可能造成的负面社会经济效应麻木不仁。同时，私有经济主体的这种认定又往往为政治权力体系所接受：因为私有者的此类认定不能得到政治权力体系的肯定，私有者便可能另外寻找“更好”和“更安全”的生产地点，政治权力体系便会失去税赋和其他形式的财政回报，以及彰显自身地区性产值优势的机会。

在经过多次的经济体制改革后，中国的公有制体系内涵已发生了很大变化。首先，它从总量性地统御资源或生产要素，并在自身框架内完成生产要素之间的组合，完成整个生产过程（计划经济体制）的模式，逐渐地转换至在自身框架之外寻求生产要素之间的制度性交易和组合，同时大幅度退出直接生产过程（市场体系）的模式。公有制也逐渐地转换为对资源和特定生产要素（如国家资本和土地）的制度性（垄断性）持有权。因此，公有制下资源或生产要素寻求和私有性生产要素相互组合以追求更高回报的动力，表现为公有制的生产要素持有权和私有体系的潜在性效率与盈利能力之间相互交易的形态。最具有代表性的，恐怕非土地问题莫属。

在中国，“理论上”没有一寸土地在制度上是私有的。这种由国家全盘性地掌握所有土地要素的现象，在世界上非常罕见。这是分析中国特色社会主义市场经济体系根本性特征的主要切入口之一。在中国，私有部门至少在任何涉及土地要素的经济项目选择上，必须和国家进行制度性交易，换得一定期限内（譬如 70 年）的土地“使用权”。虽然这一点没有明确的法律依据，但实际上这可以理解为一定期限内土地“使用权”的转移。国家通过这种定期土地“使用权”转移来获取巨大的财政收益，而私营体系则在取得土地“使用权”的期限内争取获得最大的利润回报。

两个所有制部门进行土地的制度性交易的结果是：

1. 私营部门初期的资本要素投入和初期制度性成本极为巨大（而国家往往又是其资本要素的主要提供者）。因为私营部门除了支付土地“使用权”的直接成本（如土地的拍卖费）外，还要支付很多税费。这类税费既和土地自然禀赋条件（如地块的位置、自然条件和矿产资源埋藏量等）有关，同时也和国家意在显示其“不可让渡”之土地所有权的主权性宣示有关，譬如政府通过征收土地增值税，一方面持续享受土地实际产出的可能的增量性收益，另一方面将国家的土地所有权通过时序性收费来加以固定化。私营部门将尽量通过初期生产过程的高利润回报率来支付初期巨大的制度性成本，也保证这种不稳定的短期土地“使用权”可能发生的负利益变动（譬如因国家政策的变动，土地使用权被中止或取消的可能）不至于影响其总收益。这使得私营部门生产活动初期的产出往往会表现出极高的利润率。2009年国内各大城市房价水平飞涨就反映了这一制度性交易的特征。

2. 政府在这种制度性交易中获得巨大的初期财政收益。这种巨大的初期财政收益会产生非常复杂的效应。首先，制度性土地交易有巨大财政收益。截至2009年11月23日，全国最大的20个城市“土地出让金”金额高达6210亿元。其中上海以821亿元独居鳌头，北京以639亿元居次，杭州以523亿元居第三。而“土地出让金”金额的多寡，几乎恰好和城市房价水平呈正相关性。这种情况使得政府主管机构或主管人员“尝到甜头”，认为这是进一步扩大财政收益的不二法门。通过金融信贷的管道进一步支持私有部门从政府部门换取土地，形成财政收益—房地产投资—财政收益的循环。这也会诱导国家总体宏观经济体系发生向房地产部门的不自觉倾斜，以及整个国民经济活动的跟随性倾斜，房地产部门由此成为整个国民经济活动的主要的动力来源。其次，这种制度性交易虽然产生巨大的初期财政收益，但却使国家长期财政收入的前景不明朗化。制度性交易使得财政收入产生“预支性”效应。换言之，国土制度性交易期限（譬如70年）的财政收益（土地拍卖收入和高房价时期的高税收）主要集中在最初几年，因为私营部门的高利率回报也集中在这几年。此后，不仅国家的财政收益预期随着私营部门利率递减的预期而不断弱化，而且国家手中可以用来进行制度性交易的筹码如可使用国土总存量在不断减少，以致国家的财政收入开始大幅度减少，国家的宏观经济调节能力也开始大幅度衰减。在政府没有多少可供进行制度性交易的筹码的情况下，私有部门将会逐渐形成不跟从甚至无视国家宏观经济政策杠杆的惯性。

在市场经济体系下，对“所有制”问题认真不得，这是我们必须接受的结论。因为所有与生产要素相关的主体包括制度性主体，都必须卷入到市场活动的程序中来，和其他部门特别是私有部门进行制度性交易，以换取只有市场体系才能提供的效率和利润乘数化效应。这是我们在今天，在土地问题上层出不穷的“地王”新闻面前，在飞涨的房价面前不得不承认的事实。卷入并完成制度性交易后的“所有权”，和我们通常理论上理解的“所有权”之间会发生很大的变异。

从我们原先所熟悉的理论角度来考察，公有制大体上等同于“国有制”。虽然在字面意义上它的大概涵义是公共所有制，为特定规格单位的公共（团体）所有，所有物之功能平等而无差别地为所有这些公共（团体）成员开放，但可能不会对这些特定规格公共（团体）之外的社会成员开放。这有点像西方国家的“社区所有制”或中国的“集体所有制”，所有制之客体也大体集中在娱乐和公共设施等小型客体方面。但这种情形在公民社区尚未完全成形的中国却很少见。在中国，“公有制”便相当于“国有制”，就是任何具有规模的资源禀赋与生产要素都为国家所有。在理论上，这并非归国家权力机构所有，但是特定国家权力机构的排他性管理功能，使得它在这些资源禀赋和生产要素的配置上具有压倒性或决定性的发言权和决定权。这使得“公有制”或“国有制”的理论本涵和其实质的运作方式产生很大的脱节。公有制或国有制，在市场经济体系下会逐渐转型为“产权”（ownership），即法定的财产（生产要素和特定资源）所有权，资源或生产要素垄断性和排他性的占有权，它在市场体系和相应法律格局下可以而且必须经常转让或让渡，以产生商业利益。

在中国的“社会主义市场经济”体系下，所面临的主要问题集中在以下四个方面：

1. 社会主义的公有制（包括国有制和集体所有制）具有超越单纯法律制度性的意识性内涵，这个内涵决定了这种公有制并非以商业机制来配置资源或生产要素，并非以市场利润指向性作为运转的动力。因此，社会主义公有制和市场经济体系之间的结合，不仅包含了两种所有制之间的单纯制度性交易，也含括了意识性内涵之间的社会性和制度性折衷。这种制度性折衷是为“混合型”制度性交易提供根本法律基础的主要因素。这种制度性折衷使得私有部门能够在资源或生产要素的配置过程中取得被法律制度所保障的平等机会，同时也必须为了维持这种平等机会，而必须在生产要素配置和生产要素组合的整个过程中跟从公有制部门的制度性或政策性导向。

2. 此类公有制和私有部门之间进行的制度性交易，使得双方必须时常面对一系列衍生于意识性内涵和法律制度不契合性所导致的道德抉择难题。而解决这种难题的过程中所花费的制度性成本，成为制度性交易生产方式的代表性特征。这些制度性成本和正常的生产成本不同，会产生强烈的伦理争议：譬如公有资源和生产要素的特定职能管理部门（包括管理人员）较之其他部门所沾取的优先性的利益应如何划定？私人部门和公有管理机构（管理人员）之间必然产生的利益互动，在伦理和制度性层面上如何向公众解释并如何解决？有如下案例：广东省佛山市建设局一个官员在被逮捕后，"其妻主动还款 230 万元"，故法院判定其贪污受贿 83 万元。检察机构认为余下的款项是"违纪所得"，而非贪污受贿。这就是制度性交易所必然产生的道德抉择与判定难题的写照。我们必须竭力向公众解释这类制度性利益互动，如何在伦理甚至法律条目内加以甄别，如何对之进行制度性解读。"贪污受贿"和"违纪所得"之间的伦理差别和法律制度性差异到底在哪里？这很难说得清楚，但我们又不能不说，因为制度性交易所包含的意识内涵之间的冲突必须通过公共解释来加以缓解。

3. 在制度性交易条件下，公有制已经无法直接地而必须通过私有部门、通过商业机制来配置资源和生产要素。公有制（理论上和伦理上）为社会公民全体提供的为社会公民全体所享受的资源和生产要素，必须通过私有部门的效率性生产活动才能够倍数化，而私有部门通过这个过程而获取重大的利益回报，使得公有制的社会公民整体属有性质可能被弱化并不断被质疑。

4. 土地所有权和土地使用权相分离在制度性交易条件下，最大的难点恐怕在于公有土地所有权和土地使用权，以及和社会产品之间的相互分离。制度性交易的特点便是国家定期地让渡土地使用权来换取当前的巨额财政收益。但是，在法律制度的具体操作方面很难分辨这到底是所有权的实质性让渡，还是单纯的土地租赁契约。而这二者之间的模糊和不可解释性，则为私有部门的行为方式以及制度性交易提供了绝大的灰色空间，同时也为屡见不鲜的社会冲突埋下导火线。在农民看来，"我的地"就是我的地。他们不理解土地在法律上不为他们所有，他们只是长期的土地承包者的事实。在城镇地区的拆迁过程中出现的许多钉子户也是这样，他们坚持这是"我的房子"，而不理解房屋下面的土地归国家所有，国家有权决定地块之上社会产品的"生死"。土地所有权和土地上附着的社会产品之间始终是分离的。这使得政府凭借土地所有权来取得长期和持续的财政收益，但却不断造成社会生活中的剧烈摩擦。私有部门也必须持续地支付这种制度成本，同时将这些制度成本打入房价，购房者为之买单。最后，这个所有权和使用权的分离制造了一种长期的“制度性交易税赋”，社会民众成为制度性交易成本的支付者。

土地具有不需外力驱动，独立于人类经济和商业决策之外的特定而先赋的自然产殖力。而任何最精密的法律体系都无法完整地解释土地所有权和这种自然产殖力之间的关系，譬如所有权是否包括这些先赋性自然产殖力的问题：地下资源和地下文物到底归谁？土地的独特位置具有多少经济价值？等等。日本经济高速成长时期，曾产生过“地上所有权”和“地下所有权”相分离的主张。在东京地区的一些县市甚至曾规定土地所有权不能超过地下十米。在制度性交易过程中，土地的这种自然禀赋性也会引起很大的争议，造成很大的困扰：已经租出或拍卖的地块下边有一座藏满宝物的古墓怎么办？政府以此为由将土地收回而引起的法律问题和社会矛盾如何摆平？地下矿藏如煤矿的租用如何定价？煤矿出了事故，作为土地所有者的政府和租用者的煤老板之间的责任如何区分？如何看待国进民退，整顿并转措施所引起的关于政府违反制度性交易协约的争论？如何看待这种措施所造成的足以影响区域（如山西省）经济增长的后果？如何处理这些问题所引发的更大层面的问题，譬如浙江和山西两省围绕温州商人的煤矿产权所引发的前所未有的争论？

在经过经济管理体制和资产制度方面的改革之后，中国经济及其改革的深化面临着一个全新的问题：如何解决公有制和私有部门在市场体系格局下进行必要的制度性交易时产生的生产要素配置过程的不均衡，即公有制属有的生产要素必须通过私有部门才能发生利益倍数化效应的条件下，其利益回报的公共目标化与实质要素报酬的倾斜结构之间的不均衡现象。也就是说，私有部门在市场经济体系下获取了平等的生产机会之后，它借助公有制的资源与生产要素所不断增大的利益回报率，如何确实保障公有制的公共目标化不致被腐蚀，而且收入的再分配状况不致引起激烈的社会和伦理争议。

其中，最突出的还是土地问题。

在中国土地是公有的，任何私有部门和私营经济活动主体都没有法律上土地所有权。因此，私有部门和私营经济活动主体都必须和公有制部门进行权宜的制度性交易，以取得土地的租用权。这在其他主要的市场经济体系中是绝无仅有的。在一般的市场经济体系中，土地所有权的主体大体是私人，土地使用权的租用权转移大体也发生在私人或私有部门之间。然而在中国，私有部门的土地租用必须和政府缔约，必须使用公共土地。在经济管理体制和资产制度改革之后，土地便成为中国特色制度性交易的主要枢纽点（或症结点）。中国经济增长活动中的许多问题都是从这个枢纽点派生的。而这些问题，更是和中国土地公有制的复杂特性有着紧密的联系。在“公有制”的泛泛框架下，中国的土地实际上是由各级政府所有，而且这种所有形式和实质管理权限在法律上难以分辨。政府的国土管理部门（土地所有权）、住房建设部门（土地社会产品管理权）和财政部门（财政收益管理权）之间围绕权限的争议难以协调。这使得制度性交易的程序显得混乱，缺乏法律明晰性，也增加了操作难度。私有部门必须为此支付更多的制度交易成本，而这些成本又会反映在房价上。

更令人注目的是，这种在法律制度和意识伦理层面上都含混不清的制度交易形式，会导致非常特殊的利益形成与乘数化机制：（1）法律和制度上的不明晰性和含混性使得私有部门必须在法律的边沿进行利润最大化操作，而这中间通常会有巨大的法律和政治风险。于是私有部门必须在最短的时间内完成利益最大化程序，这就造成私有部门在和土地相关的经济行动上具有“短期化”特征。（2）私有部门通过任何可能的手段（包括非法手段）来将这种法律和政治风险减至最低，同时竭力通过价格杠杆来使利润最大化，以弥补这种旨在减少风险的制度性成本，防范在制度风险下可能遭受的巨大损失。近十多年来中国房地产业的异军突起，在很大程度上便是中国特色土地资源制度性交易的产物。通过将原本几乎没有任何利益回报的土地资源有限度地转租给私有部门，政府创造了巨大的财政收入，并产生“财政收入呼唤财政收入”的效应。政府作为土地资源所有者、法律制度最终解说者和执行者的三重身份，以及由此形成的独特的垄断地位，几乎能够随心所欲地将自身收入最大化。而这种垄断特性，一方面造成私有部门巨大的租用成本，另一方面又迫使私有部门付出基于风险意识之上的制度成本（如行贿和其他灰色的桌下交易）。私有部门必须最大限度地、立体性地使用在制度性交易中所获得的租用权，包括政府部门在制度性交易中暗含地转让的政策引导的解释权（私有部门朝着对自己最为有利的方向解说政府的政策），而且维持公然的价格卡特尔，在任何一种市场局面下都顽强地维持价格的向上型刚性。而政府必须支持私有部门的这种动作，因为唯有如此政府才能够保证最大的财政收入和持续的高额租金收入。持续性向上型房地产价格刚性，造成对产品和劳务的巨大需求

（有时是虚假的需求），并逐渐成为经济增长活动的主要发动机。此时，制度性交易双方便别无选择，必须竭尽全力维持这种局面。

科学的简单定义往往能解答最复杂的问题，经济学亦是如此。诸生产要素在市场价格机制下进行“最佳”的组合，进入生产过程并产出。这是现代市场经济最基本的路线图。一旦这个过程产生异变，生产要素不按照市场机制和价格信号进行“最佳”而均衡的组合，社会生产过程进而整个经济增长程序便会遭到阻挠和破坏，造成经济活动的动荡。在“大跃进”的全民炼钢和群众运动时期，市场机制和价格信号功能失去作用，整个经济活动中出现了劳动要素压倒性投入，却根本无法和资本与土地要素进行最佳均衡组合，其后果的严重性是不言而喻的。我们在朝鲜仍可以看到这种现象：大量城市居民和国家机关工作人员在周末下乡支援农业生产，浪费了大量的劳动力和劳动时间，却几乎没有任何有意义的产出。始于2007年秋季的全球金融危机起源于美国的次贷问题以及华尔街花样百出的金融衍生产品的泛滥。金融衍生产品，归根结底就是资本要素自我玩弄的游戏。大量的金融资产不必和其他生产要素相组合，也不必实质性进入社会生产过程，却能通过令人眼花缭乱的复杂通道和流动管线，在自我玩弄中产生巨额的“利润”。英国经济学家特纳爵士曾指出，华尔街这些令人眼花缭乱的金融产品，甚至投资银行的存在本身，对社会来说都是“毫无用处”的。

在中国，由于土地要素的高度集中和垄断性（在“公有制”名义下归政府部门所有），以及所有私有部门必须在土地相关的所有经济活动程序中被迫与政府进行制度性交易的特点，使得土地要素取得一种完全有别于其他生产要素的独特性，而这种独特性也使得土地要素有可能在不与其他生产要素相结合的情况下，完全独自地产生巨额利润。

在2009年，京沪两地“地王”迭出，土地拍卖价不断创下纪录。上海黄浦区163号街坊地块，创下每平方米4万元以上的拍卖价。为什么会有如此令人咂舌的天价呢？因为它是“二次出让”。它的第一次出让所创造的高价，产生了这块地“特别值钱”、“特别有潜力”的乐观预期，使得它在没有加以任何利用，没有和其他生产要素相组合并进入生产活动程序之前，就有了“二次出让”，而且其价格远远超出第一次。这种现象非常普遍。而归根结底，这是土地资源独占性所有，以及所有制之间制度性交易的特性所自然促成的：政府部门获取不断递增的巨额财政利益，私有部门也在将其投入实质生产活动程序之前便可获得巨额的利润。为了这种制度性交易的“双赢”结果，政府也将其暗含的垄断杠杆转移给私有部门，譬如允许私有部门对这块土地的“价值”以及政府在这个地块内的政策倾向进行有利于提高自身利润率的诠释，造成这个地块“特别值钱”、“特别有前景”的公众印象。即使这些地块最终会和其他生产要素相组合并进入生产活动程序，其真正市值也已经被过分放大，造成最终产出即房价，特别是沿海大城市地区房价偏高并不断上涨的局面。很简单地说，这是因为土地要素的制度性交易特性，使得其报酬率与其他生产要素的报酬率出现越来越大的鸿沟，任何与土地要素相关的产品如房屋的价格也产生短期内只涨不跌的向上刚性。无论房屋实际销售率和成交率如何，甚至在房屋成交率大幅下降的情况下房价仍能够保持坚硬刚性而不向下浮动，就是因为私有部门（房地产商）坚信政府不会允许房地产市场崩溃，政府部门一定会维持针对土地要素及其相关产品的政策倾斜，会履行制度性交易所暗含的政策承诺。私有部门从一系列政府政策导向中获取明确的信号：国有企业部门大规模地涉足房地产业，政府主导的金融机构针对土地和房地产的资金供给重组并持续软约束化，政府部门对土地要素的重视和政策倾斜依旧不变。征地制度和农村土地管理制度的改革，城市用地审批制度的改革，土地出让制度的完善，农村土地整治的制度化，城乡建设用地增减挂钩政策的调整等，都是旨在完善和提升政府与私有部门之间制度性交易效率的措施。只要这些政策导向性大体上保持不变，则私有部门（房地产商）可以大胆地维持房价的向上刚性，以等待新的制度性交易机会。

笔者曾多次呼吁经济学界和有关人士关注在现代经济增长中容易出现的个别生产要素脱离和其他生产要素之间合理的价格均衡性而“异军突起”，自我玩弄和自我放大的现象。这种现象通常都会导致灾难性的社会经济局面。如果我们对“地王”迭出、地价屡创纪录的现象熟视无睹，任由土地要素在制度性交易格局中自得其乐地膨胀，便有可能最终承受突如其来的灾难。

葛来哲（Edward L. Glasser）被认为是美国最出色的研究城市经济和房地产问题的经济学家，他曾提出过在经济学界非常具有争议性的结论：2007 年之前美国房地产业的高速增长和城市地区房屋价格大幅上涨，在很大程度上是政府行为的结果，而并非单单是金融机构推波助澜的结果。他认为，在任何一个国家，房地产业超过平均幅度的成长和房屋价格上升都直接和政府行为有关。他以他居住的波士顿为例，波士顿在过去 10 年中是全美房屋价格上涨幅度最高的城市，这是因为波士顿地区各级地方政府推出了一系列限制住房建设和城区规划的法律和法规，林林总总，不一而足，有的甚至达到匪夷所思的程度。在马萨诸塞州，后园的形状不能是正方型的，前门到马路的通道上不能设置高于 3 英尺的灯柱。在德州的达拉斯和休斯敦地区，前院必须全部铺上草坪。在加州的旧金山地区，后院栅栏离房屋的距离不能少于 13 英尺。这一系列的强制性法规大大地提高了建房成本，提高了房屋价格。葛来哲说到，美国房屋总面积不及国土面积的 5%，总共也没有四分之一个德克萨斯州大，可是为什么房屋价格上涨如此之快？这显然不是土地资源短缺的问题，而是政府行为的问题。美国地方政府通过这些法规来维持较高的住房价格，以保证较高的房地产税收入。他认为使美国房屋价格回归到正常市场供需范围的途径就是减少这种政府强加的“区块税”（zoning tax）。在次贷危机爆发后，葛来哲仍然坚持他的观点，认为政府行为对美国房市泡沫起了重大作用。这个观点现在恐怕没有多少人会在意。但是，社会舆论将金融灾难的责任一古脑推向华尔街时，美国的各地政府恐怕在偷笑。很难说在土地基本私有的美国，政府会和私有部门进行制度性交易。政府既没有土地所有和管理权，无法通过土地交易收取巨额财政收入，也不向私有部门提供倾向性的政策杠杆。但是，通过政府权力仍然有可能为制度性交易制造空间。对私有部门及其产品的市场功能加以任何程度的行政与法律限制，都会为自身财政收益以及迫使私有部门进行制度性交易提供路径。私有部门必须为这种制度性交易付出成本，而这些成本必然会转移到房价中，使房价水平提高。

中国的制度性交易路径和美国大为不同，但却同样是明确而显性的。中国的政府（主要是地方政府）几乎全面地转型为追求经济增长的“政治”机构，逐渐地以商业和市场体系的准绳与标度来衡量政府活动的意义。而政企分开的改革使得政府对直接社会生产的干预大为减少，政府对资源的直接控制最后只集中在土地（及其附属资源）上，因此土地成为政府以全新方式参与经济活动，以利益形式塑造政府活动的结果与意义的主要舞台。这就形成政府与房地产开发商之间制度性交易互动关系的特殊且有趣的模式：政府在类似竞拍的过程中最终选择房地产建设商（其过程当然意味深长），同时给予这个建设商大大超越经济范围的政策优惠，提供畅通的资金管道，以及对政府行为及其政策倾向的任意解释权。政府对建设商的实际操作，包括房屋建设的整个过程、质量监督和制订价格的过程提供有意软化的行政约束环境；而建设商制订价格的基础又和政府行为有千丝万缕的联系，譬如政府对某一地区特殊的政策（“特区”或“开发区”的政策），就可以成为建设商提高房屋价格的口实。地方政府对房地产建设的干预，以及政府行为对房地产价格的影响，不是通过显性的约束，而是通过允许建设商肢解和扭曲解释政策，或者允许房地产商朝着最大限度提高房屋价格的方向解释政府政策及其意图等有意的“不约束”来达到的。如前所述，在这个特殊的制度性交易过程中，私有部门除了从公有部门（政府）购得土地租权（也可以理解为定期的土地所有权）之外，还必须向政府（管理部门和管理人员）支付相应的制度成本。而这个制度成本会直接反映在房价上。原昆明市委书记仇和曾在一次市人大会议发表讲话时指出：“昆明的土地价格比周边（省会）城市都低，但是房价不低，为什么？原因是钱到了老板包里。这是巨大的贪污腐败！为什么？因为部分官员当了老板的保护神。”仇书记还表示，政府已经掌握了一些线索，下一步会对这些官员进行查处。

这实际上是中国特色的制度性交易所衍生出的伦理和法律难题。但我们却无法全盘地否定这种制度性交易本身。这种制度交易成本在任何一个市场经济体系下都不可避免，关键在于如何防止这些成本变作政府管理人员的直接个人收益。制度性交易是近年来中国高速经济增长的主要动力源泉之一：“公有制”和私有经济之间相互进行制度融合，形成一种特殊的生产要素和运动功能的交换格局。公有制只有在这种制度融合中以释出独占性生产要素为代价，换取巨大的公共利益即财政收益，同时又引入私有部门所独有的效率和产出乘数化功能。私有部门将政府的独占性生产要素巧妙地转化为自身的垄断，获取最高的利润。这当然不是西方经济学家所说的“混合经济”。但它到底是什么呢？笔者心里也没有答案。

中国的任何一个新的和“划时代”的经济改革，都必然以缩小甚至消除“制度性交易”以及“制度交易成本”为主要内容，这也是从根本上消除“腐败”现象的主要路径。但是，这种改革涉及根本性的法律甚至制度性的变更。例如，如何消除大型国有企业部门的高度垄断现象？在中国的现实条件下，这无法从局部性变换生产要素配置格局范围内完成，而必须借助于一些重要的法律措施的落实。现代中国大型国有企业是一种非常独特的现象：它具有非对称性生产要素禀赋度（资源配置方面）的优越地位，而且从事市场形式的经营活动并追求最大利润，这种“制度性不公平”局面使得这些大型国有企业具有两方面的突出特征：（1）在近乎独占性（垄断性）资源配置格局内优势的条件下，可以长期追求高额企业收益，并进行持续的规模扩张；（2）在独占性（垄断性）资源配置格局内优势的条件下，这些国有企业相对缺乏追求动态性变革，譬如结构和管理模式的改革，以追求长期生产率的动机。也就是说，以外在规模扩张而非生产率的提高为其经营模式的主要特征。因为这些大型国有企业在资源配置格局中占有压倒性优势并占据极大的比率，因此又使得中国整体经济部门的生产率或边际收益率，与自身的规模及其增长率相比，显得相对迟缓得多。在任何一个国家，包括欧美国家，“国有企业”或“公营部门”都无一例外地存在类似的问题，即相对资源配置格局中的优势地位导致生产率、企业边际收益率的相对低下的局面。这也是在发达经济体系中不能保持过大国有或公营经济部门的原因，因为它会降低整个社会的生产率和企业部门的收益率。

我们的民族有着捷足先登的敏锐历史意识与独特的历史生存技能。借助它来改革任何不合时宜的事物，不仅是我们的责任，也是我们的禀赋。我们为此而骄傲。

第二十二章

收入差距或贫富差距：经济学与历史共同的痛楚

在某种意义上，收入差距或者对收入差距的共同关注，是经济学最原初也是最隐秘的动力。经济学的核心文化理念结构的中枢是“收入”，探讨“收入”如何形成，“收入”的源泉如何界定，形成“收入”的资源结构如何在经济学范围内转型为“要素”，从而“收入”及其源泉譬如资源或要素之间的相互关系如何决定并衍生相应的经济活动。

一般地来说，“收入”概念由初期的“价值”形态扩延为“要素收入”形态，是经济学说发展史的主要脉络。由“收入”与“收入差距”所引发的经济学争议向其他学科领域，譬如向政治学、文化学、历史学、社会学和道德伦理学领域的蔓延，也是19世纪以来现代世界史最基本最广泛的社会议题之一。这种超经济学的“收入差距”或“贫富差距”争论的政治与文化含义，它所产生的复杂多样且深刻的社会与历史性影响，以及其在现代社会生活中所发挥的重要作用，无论如何强调亦不过分。“收入差距”或“贫富差距”的议题，自单纯经济学专业领域中的收入分析体系膨溢出来，而转化为极具道义情绪性的政治或社会议题，本是一种无可避免的宿命。这也决定了，一旦论及“收入差距”，从而言及“贫富差距”，我们必然不可避免地离开经济学领域，而来到社会人文科学的领域。这也是为什么我们必须时刻客观地认识经济学本身的有限性，而必须谦卑地将经济学和其他社会人文科学部门连接起来。我们必须承认，单单以经济学的现成技术概念工具，无法全面和整体性地阐解“收入差距”或“贫富差距”的问题。“收入差距”或“贫富差距”在根本上是经济现象，也是经济学领域的基本课题，或是离开经济学便根本无法解释的议题，却不是单纯的经济学现象，这就是经济学的诡秘之处，也是我们严肃地从事经济学分析时倍感神奇诡秘也感无奈无力之处。

在今天，试图揭示“收入差距”或“贫富差距”的根源，或者提出应对并解决这个问题的根本性方案，已全然没有意义。“收入差距”是经济学概念，但“贫富差距”却是社会统计学概念。前者没有价值涵义，而后者却有。对经济学家来说最为尴尬的是，“收入差距”与“贫富差距”虽有显而易见的跨学科的差异，但往往被等同视之。在绝大多数人看来，“收入差距”和“贫富差距”是同一现象的不同表述。然而，经济学本身既无法整体性地探究这两种事物的“同种根源”，更不能以一己之力提出全盘的解决方案。其他社会人文学科更是无法做到。

历史上，任何以经济学分析的名义论及并探究这个问题者，都不可避免地飘逸出经济学领域，而得出非经济学的结论。换言之，如果一个经济学家孜孜不倦地探究并试图一劳永逸地终极回答并解释“收入差距”或“贫富差距”问题，他或她便不再是单纯的经济学家，而同时是道德学家或政治活动家。经济学家只能分析“收入差距”现象，却无法根本性地探讨“贫富差距”现象。如同科学家分析铁因氧化而生锈的原因，工程师则必须发明防锈和除锈的方法。如果我们坚持以经济学家的身份与资格，在单纯的经济学领域中以严格的经济学分析工具来解释这一现象，并试图架构一个加以解决的方案，那么我们最终会很失望地发现，我们根本做不到这一点。我们所能做的，便是在经济学领域内给予这个问题尽量完满的解释，描绘一个尽量全面的图景，并设想（而并非大胆地设计或提出）一个应对解决的方案。

经济学试图根本性地对“贫富差距”或“收入不平等”这样的议题提出解释时所面临的最大困境在于，单纯经济学分析工具是不允许含有道德情绪内容的，必须是“中性”的和“实证”的。在经济学看来，收入差距进而由此带来的贫富差距，在根本上是生产要素报酬率的差异，而这种要素的差异不含有道德内容。但是，一旦离开经济学领地，收入差距问题就必然转换为“贫富差距”或“收入不平等”的问题，而这一问题必然包含浓厚的道德内容。在经济学里，收入差距是一种技术性数理现象，而在其他社会科学领域里，却是关乎人类基本正义的重大的道德议题。在经济学里，年收入100万美元和年收入1亿美元之间也存在着100倍的收入差（在美国，“百万富翁”和“亿万富翁”之间的收入差距，和“富人”与“穷人”的收入差距一样大）。但是，在社会学和其他社会科学领域里，或者在绝大多数社会成员看来，这种差异似乎没有意义。有意义的是年收入2万美元和年收入1亿美元之间究竟有何种关联性，以及如何解释和如何“解决”这样的问题。通俗地说，在经济学中，任何的收入差异都是差异。而在经济学之外（或者在“贫与富”的概念范畴内），只有最高和最低或极高和极低收入之间的差异，才是值得关注、值得分析并必须加以解决的差异。

虽然经济学无法根本上解释“贫富差距”问题，但必须坚持（以经济学方法论）分析并探讨“收入差距”才是最终解释甚至解决“贫富差距”问题的根本途径。换言之，在经济学方法论体系内分析并解释“收入差距”是如何形成的，才是最终分析并解释“贫富差距”的基础。

现代资本主义的生产过程，是资本、土地和劳动要素以特定的市场功能媒介和特定的技术比例相互组合的结果。在这个生产过程中，各生产要素通过各种报酬形式譬如利润、地租和工资等形式获取各自的回报。这种报酬形式在经济学理论架构内是“自然的”和“合理的”。如果我们不再认为这种报酬形式的自然和内在的合理性，我们便会离开经济学领地。然而，在“收入差距”和“贫富差距”面前必要的和起码的道德情绪，又是现代公共知识分子必须具备的文化品质。

我们身为现代知识分子的重要性是否超过我们身为经济学家的重要性？

在履行自身的经济学家的专业职能时，我们如何坚持身为一个现代知识分子的文化品质？

我们如何在一个经济学家承认“收入差距”或“贫富差距”具有要素报酬架构的自然合理性的同时，又认为它们在道德上和文化上是“不合理”的，以及必须加以纠正的？

在我们认为它们具有经济学的自然合理性时，又如何从经济学分析体系内部架构起或设计出一个有效的纠正方案？

这正是现代经济学家的两难之处。

我们身为经济学家，必须坚持源自生产要素报酬内在结构的“收入差距”具有内在和自然合理性的假设。这个假设具有异乎寻常的关键意义。当任何社会人文学者，任何一个现代知识分子全面或全盘地认定其不具任何社会和历史合理性时，经济学家也必须坚持这种专业认定。我们坚持这种认定，并非我们无动于衷，或者没有道德敏感，而是因为我们深刻地了解，除非我们坚持“收入差距”具有经济学的内在自然合理性，否则我们无法提出最佳的解决方案。在一开始便认定它们根本上是不合理时，所产生的任何解决应对方案决不会是最佳的，一定是过激的或负面性的，一定会牺牲经济效率，一定会戕害经济增长。

如果我们欲要认真地应对并解决“收入差距”和“贫富差距”，从一开始就必须坚定地认定它们在经济学上是自然的和合理的。

如果我们也同“其他的”知识分子一样，认定“收入差距”和“贫富差距”是道德上不正当的，甚至是罪恶的，那么我们也必须逻辑地认定那种带来较高报酬的生产要素，譬如资本要素或土地要素及其所有者，都是某种程度上的道德罪恶者。这样，我们所献身的经济学就会失去意义，我们便没有资格声称自己是经济学家。现代经济学家不能否定任何一种生产要素包括资本要素的道德正当性，经济学者不能这样做。

认为“收入差距”和“贫富差距”是显然的道德罪恶，同时认定可以带来较高收益报酬的生产要素譬如资本和土地要素的所有者都是某种道德罪恶者，不仅是世界近代史上所有左翼或激进社会改革运动共同的文化认定与理论假设，也是宗教体系及其学说的一个重要内容。圣经中便有“富人进入天堂比骆驼穿过针眼还要难”的论述。经济学之所以是经济学，经济学之所以能够在众多社会人文科学家的鄙睨中屹立不摇且发展壮大，是因为坚持“收入差距”或“贫富差距”并不具有先天的道德罪恶的独特认定。这种认定是经济学区别于任何其他现代社会人文科学部门的重要标志。

应该说，“收入差距”和“贫富差距”并不具备社会与文化合理性的认定绝非“错误”。这种认定同样具备坚实的理论与历史的依据，因此这种认定本身也同样具备“合理性”，正如“收入差距”与“贫富差距”具备自然和文化合理性的经济学式的认定一样。早期的经济学（或政治经济学）时期，前者甚至具有压倒性的优势，只是在现代（西方）经济学理论分析体系逐渐滥觞之后，后者才开始在经济学领域内占据主导地位。

最早期经济学领域中，“财富”（wealth）是主要的分析客体。所谓“财富”，在当时的年代，是生产要素和生产要素之报酬的总称。将生产要素和生产要素之报酬区别开来，并分别分析二者的不同源泉及其形成的过程，是后来的经济学即政治经济学时期才发生的。那个时代里，“价值”成为经济学的主要分析客体。“价值分析”，实际上是西方古典哲学关于世界最终构成或根本性质的分析特性的副产品。价值分析或价值理论的倡导者，要么同时也是哲学家，或者是具有高度哲学修养的人。按照价值分析体系或价值理论，社会产品（或社会总产品）的核心构成要素即价值究竟如何形成，其终极的源泉究竟在哪里，是当时政治经济学各个学派争论和分歧的核心。马克思的“劳动价值论”，即社会产品的终极构成要素“价值”唯一的、排他性的源泉为“劳动”的学说，在政治经济学各派别中是最为鲜明，最具有代表性，也是产生最广泛影响的学说。当然，马克思的“劳动价值论”也使得他的学说和单纯经济学的领域拉开了最远的距离。

按照现代经济学分析体系的标准，可以将马克思的理论归结为“价值”（或社会总产品）全盘地来自劳动要素，而非其他要素，或者“社会总产品与所有要素，譬如资本和土地要素，也都衍生于劳动（要素）”。只是在后来兴起的现代经济学分析体系中，资本要素、土地要素与劳动要素共同构成价值的源泉，这三种要素，在经济学分析体系中，具有相互独立的源泉，在现代社会生产过程中以市场价格机制，按照某种技术比率相互组合起来，共同创造“价值”。在“价值”中，也包涵了三种生产要素各自不同的报酬内容——利润、地租和工资。虽然这种基本经济假定有时被认为是或被批判是“庸俗”的，但毫无疑问，这是现代经济学最根本也是最牢固的基石。从马克思的早期经济论述（譬如发表于1865年的《工资、价格和利润》）中可以看到，他在最初似乎接受这种生产报酬理论，只是在后来更为深入的分析体系（即在《资本论》）中才将其舍弃，发展出纯粹的“劳动价值论”。但是马克思在《资本论》第三卷中对“资本主义生产过程”，以及“剩余价值”的具体形式“利润与地租”中等进行了具体的分析。

无论我们对这一段历史，对这种政治经济学内部的根本性的理论分歧采取何种立场，抱有何种观点，具有何种的道德情绪，各生产要素的相互组合共同创造价值，并分别获取相应报酬的理论，在后来的经济学领域中占有了绝对主导的地位，而“劳动价值论”则一般被认为是脱离单纯经济学分析体系范畴的社会学学说。这种结果也造就了后来经济学在“收入差距”和“贫富差距”这一问题上迥然区别于其他社会科学理论（譬如包含“劳动价值论”在内的社会学理论）之间的令人头痛的差异。

按照劳动价值理论，资本（以及土地）要素乃是劳动要素的派生物或衍生物，并不参与价值创造过程，因此它们所获得的报酬即利润和地租（理论表述为“剩余价值”）不具有道德正当性，它们的所谓报酬，乃是具有道德罪恶性的不当行为，即“剥削”或“剥夺”的产物。这种理论具有极其强大的道德感惑力和意识张力。直到现在，任何现代社会（或发达工业国家）中的激进派政治理念或社会诉求中，都毫无例外地包含这种理论主张。激进的理论和激进的社会改革方案虽林林总总，复杂纷繁，具体内容与形式亦各有千秋，但都不同程度地含有同样的内容，即对资本要素道德正当性的否定，甚或将资本要素及其持有者阶层妖魔化。

而与之相对应的现代经济学分析体系，则是将所有生产要素特别是资本要素道德中性化，将其文化道德内容加以抽取并舍弃。既然资本和土地要素与劳动要素共同参与价值形成的过程，那么所有生产要素的文化道德涵义规定上都是平等的，无差别的。或者说在经济学分析框架里，所有的生产要素都不具有任何道德内容。资本要素和劳动要素一样，都来自道德无差别的源泉。资本要素并非来自“剥削”或“剥夺”，而是源自于“储蓄”，既某人牺牲了收入中本可以用于当前个人的生活享受的部分，而将其投入到可以带来未来收益的领域，即将收入的一部分用于储蓄或投资。用于储蓄和投资的收入部分，便是“资本”。在通常的原则定义上，这样的“资本”没有道德原罪，没有必然的道德非正当性，而且它所带来的未来收益和劳动要素没有相互抵销或相互对抗的负相关性。虽然资本要素须和劳动要素相结合才能够带来更大的未来收益，但资本本身依然具有和劳动全然不相干的独立源泉。资本本身甚至可能独立地，而非必须和其他生产要素相组合的情况下带来未来收益。器材和设备等固定投资也在不与劳动要素同比率组合的情况下（甚至减少劳动要素投入的情况下）产生同等或更大的收益。现代社会的机器人则有可能完全在生产过程中排除劳动要素的参与。

当然，在历史上，资本实际积累和形成为社会生产主导性生产要素的过程绝非如此简单。正如马克思在《资本论》中关于资本原始积累历史过程深刻而细致的阐述，资本的形成过程的确存在着诸多道德上极端不正当甚至罪恶的内容，“资本的每一个毛孔都滴着血和肮脏的东西”。资本原始积累的历史过程充满了贪婪，野蛮，剥夺，海外抢掠，战争，甚至奴役（譬如美国的黑奴制度）。虽然我们不能否认很多的资本的原始积累都是人们正当行为，譬如节俭，努力，勤奋，远见的产物，但是资本原始积累过程的历史图景中令人难忘的丑恶一面却在社会人文科学者的心目中具有压倒性的分量，因此在涉及资本的终极性历史源泉时，很多资本都源自人们诚实和正直行为的事实便非常容易被集体地忽略。

事实是，在经济学领域之外，人们追求自我利益的心理动能及其外在行为，都难以被道德正当化。

然而，在现代条件下，试图通过政治经济学途径来定义资本最终源泉的努力已经完成，资本原始积累时代不堪回首的疯狂、丑陋与野蛮已经走入历史。

现代资本和原始积累的资本在源泉和动力结构上并不相同。现代资本体系，是社会成员和社会集体合法或符合道德原则的商业活动的结果。资本，是基于未来收益而放弃现时消费的那一部分收入。理论上，任何一个人或一个团体，只要能在法律框架内暂时（全部地或部分地）放弃现时出于个人欲望的生活需求，或任何不能带来未来利益的活动，而将自身收入的一部分投入到储蓄或预期带来未来收益的领域，资本就会形成，这些人或团体就成为资本要素所有者。而任何基于预期收益而放弃现时消费（享乐）者，较之那些未从事这些行为者，会享受更高的未来收益率。这是现代社会收入差距（进而贫富差异）形成的基本原因。

在经济学范畴内，特别是在将现代社会经济总体作为分析客体时，完全去除资本的历史性道德涵义，而将收入差距理解为人们或团体特定经济决定（或决策）之间差异的结果，具有至关重要的意义。当然，我们不能排除即使在现代条件下，许多地区许多时候资本要素的形成仍然具有类似原始积累时期的道德罪恶性，甚至非法性。但是我们必须时刻坚持，现代条件下的资本要素形成过程，在总体上乃是社会成员和团体合理、正当且合法的经济决策与经济行为的结果。

现代条件下严格经济学范畴内的“资本要素”之定义发生了巨大的实质性和历史性的转型。所谓“资本要素”，乃是合法正当的个人或团体收入，通过正常合法的商业机制譬如储蓄、信贷、各种有价证券如股票和债券等机制，通过现有的经济机制与杠杆，和其他生产要素特别是劳动要素相结合的部分。也就是说，只有和其他生产要素特别是劳动要素相结合并实质进入社会生产过程的资金，才是真正的“资本要素”。与之相反，并不寻求与其他生产要素特别是劳动要素相结合，而单独地完成旨在获取收益报酬之活动的资金，严格地来讲不是“资本要素”。这些资金的活动严格地来讲并不是正常的社会生产活动，而是金融投机活动。2008 年美国发生的因“次贷危机”和金融衍生产品所导致的严重金融危机，正是这种“非资本性”金融投机活动的结果。因此，我们在经济学分析方法论的框架内明确地区分“资本要素”和其他形式的资金活动，是非常重要的。这也是我们在经济学方法论体系内尽可能合理地解释收入差距和贫富差距问题的关键枢纽所在。

毋庸置疑，“收入差距”乃是生产要素报酬率差异的直接产物。固然，同类生产要素的报酬率之间，譬如高工资和低工资、高收益资本工具和低收益资本工具之间也会产生差异。但是，我们所言及的“收入差距”，在根本上是生产要素之间报酬率的差异，亦即资本要素的报酬率和劳动要素报酬率之间的差异。资金的“非生产要素性”运用，譬如金融衍生产品等投机活动，当然会导致社会收入差距。这一点仅从华尔街从业人员的高报酬高收入中便可窥一斑。但是，在经济学方法论范畴内，只会全神贯注地集中在“资本要素”和“其他生产要素”特别是劳动要素之间报酬率的差异，以及其所导致的社会收入差距。分析更为广义的收入差距，譬如金融投机活动，政治和体制特权，对资源的垄断性占有，非法经济商业活动如贩毒、色情、地下经济或贿赂等因素所造成的社会收入差距，在很大程度上乃是其他社会人文科学如政治学、社会学和法律学的课题。当然，经济学也不免会触及这个课题，但必须与其他社会科学的分析方法相结合才能够做到。这也是经济学方法论体系有限性的一个写照。人们通常认为，社会的收入差距问题，无论其实质内容和形态如何，都是“经济问题”，或者都是“经济学问题”，是需要经济学家出面来解释并提出解决方案的问题。这是一个非常微妙而且有趣的认知性误区。

经济学只能而且只应该解释生产要素收益报酬率之间，特别是资本要素报酬率和劳动要素报酬率之间的差异，以及相同生产要素之间的报酬率差异问题。

其他形式和其他内容的收入差距现象，大多由超经济的社会政治结构性原因引起，故而，严格地来说不属于经济学方法论的范畴。为什么沙特阿拉伯以及文莱等石油生产国的王公贵族如此富有？为什么很多非洲国家的政治领导人和区域军阀们都是富翁？为什么意大利黑社会的头目能够积累惊人的财富？为什么有的国家的政府官员都腰缠万贯而且享有很多经济特权？这些问题不能单单依靠经济学家来解释，更不能依靠经济学家一己之力来提出完满的解决方案。

经济学家所谈论所能够分析的“生产要素报酬率差异”型的社会收入差距有两种主要具体形式，即不同生产要素报酬率之间的差异和同类生产要素之间不同报酬率之间的差异，而前者具有主导性意义。不同生产要素之间的报酬率，主要是指资本要素和劳动要素之间的报酬率。换言之，资本要素的报酬率高于劳动要素的报酬率，因此造成这些要素所有者收入之间累加性的差距。

资本报酬率指每个单位实际周转运用资本总额与纯利润之间的比率。资本要素的报酬率高于劳动要素的报酬率，主要因为以下几个因素：

1. 资本要素比劳动要素具有多元结构形式（譬如固定资本和流动资本，金融资本和工业资本等），并具有更大的动态性，通过调整投入资本的技术结构，以及和其他生产要素之间组合的技术比率，使得资本要素在每个不同的周转过程中都可能具有不同的报酬率。相比之下，取决于人类生理机能的劳动要素的结构单一，周转状态也比较静态，在特定时间内会保持一个基本不变的或变化幅度较少的结构形态。劳动要素持有者作为个人很难以不同的“技术结构”或“技术比率”形式投入周转过程。

2. 在生产要素组合过程中，资本要素具有主导性。资本要素和劳动要素之间的组合在貌似“平等”的外观下，实际上具有超经济和法律的不平等性。法律的所有制形态，使得在现代社会生产过程中，资本要素所有者通常都具有更强有力的主导地位，而且都会利用这种主导地位，以提高资本报酬率的目标去变动组合结构。譬如，调整生产要素组合比率的最直接手段之一便是解雇或雇用劳动要素所有者。而劳动要素所有者很难这样在生产周转过程中按照提高自身报酬率的方向改变要素组合结构。有时虽然有可能（譬如通过工会要求增加工资的谈判或增加最低工资的团体努力），但往往不及资本要素的主导性那样有效，或更具主导性。

3. 资本要素的可分割和可形态转换的弹性，与劳动要素之间不可分割不可形态转换之刚性之间的差异导致报酬差异。资本要素可以在周转过程中不断完成由货币形态到证券形态，以及货币形态到设备与材料等物质形态，以及再到货币形态的转换。在这个过程中，资本的计量单位可以不断分割或集总，也可以在转换到物质形态过程中求得不同增量的产出结果。一个资本要素所有者可能在同一个周转过程中具有不同单位，不同形态，产生不同物质结果的资本要素，例如同样价格单位的（更好或改进的）设备或材料，可能导致不同的产量。但劳动要素所有者受限于人类生理机能，在同一个周转过程中，只能具有一个不可分割的通常也不可能产生不同产出结果的要素单位。

4. 劳动要素报酬率有严格的时间序列限制和时间断续性，即在特定周转中劳动要素的运用或投入必须以特定时间单位（每小时或每天）计量。譬如，劳动要素持有者即劳工们一天只能工作八小时，而资本要素报酬率则没有这种时间序列限制，和时间序列上不可持续并可阻断性的劳动要素报酬率相比，资本要素报酬率在技术上是可持续或不可阻断的。

5. 劳动要素的报酬（譬如工资）以维持劳动者的消费（生活需求）为目的。这在政治经济学中表述为“维持劳动力的再生产”。而资本要素的报酬即利润大部分是以投入生产过程再次获取利润为目的。这也使得资本要素的报酬率持续地高于劳动要素报酬率。

资本要素报酬率和劳动要素报酬率之间的这些区别，可简略地用下述公式表述：

$K = K_1 + K_2 + K_3 \cdots K_n$

式中：K 代表资本。

资本要素可以分割并重新组合成多个不同的单位，而相形之下，劳动要素具有不可分割的刚性：

$L = L_1 = L_n$

式中：L 代表劳动。

资本要素报酬率只和资本总量呈比率关系，但与时间序列无关，具有不可阻断性。故而资本要素收益率（K_p）具有高于劳动报酬率（w）或工资率的长期固定倾向：

$K_p = P_N / K$

式中：P 代表利润。

相形之下，标准工资率则为：

$W = W_{(t)} / W_T$

式中：W 代表工资，t 和 T 分别代表单位劳动时间和总劳动时间。

上式表示，标准单位工资等于工资总额与总劳动时间（总工时）之比，具有时间序列的可阻断性。

劳动要素具有不可分割性和不可任意自我组合性，其报酬率亦具有在同一周转过程中不可变化的技术刚性。因此在同一周转过程中每一变化的产量，都被视作是资本要素的结果，也改变资本要素的报酬率，但劳动要素的报酬率（工资率）在同一个周转时期里却基本保持不变。

遗憾的是，资本要素报酬率（利润率）高于劳动要素报酬率（工资率）的现象，并未在经济学分析体系内得到系统的表述。这大概也是经济学至今无法对收入差异问题提出可靠解释的原因之一。资本要素在内在结构上或者在运行机制上都具备了将自身报酬率最大化的隐性动力，而劳动要素却与之相反，它并不具备这种内在动力。二者之间确实存在超越任何道德议题的功能性差异。这是否是在现实问题上认识社会总体收入差距或贫富差距的关键枢纽所在，还无法做出即刻的定论。但是，它却能够为考察收入差距以及贫富差距问题提供一个更为清晰也更为可靠的视角。

法国经济学家托马斯·皮凯蒂（Thomas Piketty）在其具有广泛读者的著作《21 世纪资本论》（Capital in the Twenty – First Century）一书中认为收入差距是长期的历史现象，而非仅仅是现代现象，或者说是资本本身的自然产物。在任何一个社会经济共同体中（譬如村庄）任何具有物质效用的工具和设施设备（包括土地）都会带来不同的产品增量，而持有或增添这些工具和设施设备就必须在（假设）和他人同等的收入中将其一部分用于储蓄。更多的工具和设施设备带来更多的产量，也带来更多的收益。有人称之为皮凯蒂的“收入差异第一定律”，即足够的储蓄允许某人进行他人所无法进行的投资，并由此获得更高的产出率与收益率。

皮凯蒂指出，在长期的历史趋势上，由于资本收益率高于经济增长率，即 $r>g$，因此，收入差异增加的幅度也比总收入增加的速度更快①。理论上，每一个愿意将目前的收入用于储蓄并投资的人，都有机会比他人获得更高的收益率，从而增加收入差距。因此，在完全市场假设下，储蓄率较高的国家，其收入差距较之储蓄率较低的国家要大。皮凯蒂通过类似

① Thomas Piketty. Capital in the Twenty – First Century. Harvard University Press, 2013, pp. 7 ~ 21.

库兹涅茨的长期经济统计得出这种资本要素收益率“自然”地高于其他要素（他没有特别地指明是劳动要素）的结论。这一点具有极为重要的方法论意义：在经济学方法论体系内，由各生产要素的不同报酬率之间所形成的固定性和时间序列性的社会收入差异是“自然”的，不具有道德涵义。这是经济学方法论体系区别于任何其他社会人文学科方法论体系的重要标志。这里也潜在地提出了经济学“缩小”收入差距的解决方案的基本思路：增加储蓄，并成为某种资本要素所有者。任何从事储蓄并争取拥有某种资本要素的社会成员，都有可能缩小和其他更为“富有者”之间的收入差距，都有可能使自己避免成为“穷人”。除此之外的任何旨在缩小收入差距的方案，无论它采取何种经济机制和经济杠杆，无论它会产生何种“成果”，都不是“经济学的方案”。这是经济学的有限性所在，也是经济学的独特性所在。

皮凯蒂将资本定义为“任何带来报酬”的物质客体。这和传统微观经济学关于资本的定义（采取严格的货币形式并在生产过程中转化为物质形态）有很大的差距。按照皮凯蒂的定义，土地本身并非一个独立的生产要素，而属于“资本”的范畴。严格地来说，按照他的定义劳动力也是一种资本，因为劳动力也会带来报酬。同时，尽管皮凯蒂非常全面地探讨了收入差距产生并持续存在的根本动力性因素，特别是其历史序列性因素，但并未特别地指明收入差距现象中另外一个必须加以重视的侧面，即同种生产要素之间不同的报酬率所可能导致的收入差距现象。我们虽然一般性地，也是无可避免地笼统地指出了资本要素的报酬率高于其他生产要素特别是劳动要素的基本规律，但是始终未能更清晰地阐明，即使是同种生产要素之间，譬如各类资本要素之间和各类劳动要素之间都可能产生不同的报酬率。

这种报酬率差异有很多是区域性的，譬如美国的煤矿的利润率可能远比中国的煤矿利润率要低，而美国股市的报酬率则远高于中国股市等。但是同种生产要素报酬率之间的差异有更多是结构性或部门性的，譬如农业资本的报酬率可能低于制造业资本的报酬率，工业资本的报酬率又可能比不上金融资本的报酬率，零售业的利润率低于高科技产业的利润率，汽车零部件制造业的利润率低于软件业和房地产业的利润率等。而由此产生的差异也同样是总体性社会收入差异的一部分。这种差距之所以同样在方法论体系内具有重要性，是因为它也能直接地说明：（1）在完全或发达市场条件下，资本要素和劳动要素在区域间和部门间自由流动的问题；（2）技术进步与革新，以及更好更完整的教育问题。这二者都是在追求更高的报酬率，因此也会导致收入差距的扩大。通常新技术、新工艺、新设备和新的组织管理方式的采用都能获取更高的利润率或资本要素报酬率，也会导致同要素甚至同部门间收益率的差距。

在劳动要素方面，教育程度和训练程度以及由此产生的职业技能和生产率之间的差异，也直接导致部门与部门之间、员工与员工之间亦即劳动要素持有者之间的报酬率差异，即工资差异，导致显而易见的总体性社会收入差异。根据美国经济政策研究所（EPI）依据劳工部统计资料作出的分析显示，拥有四年制大学学历的美国人在 2013 年的平均年薪，比没有大学学历者的劳工高出 98%。20 世纪中叶（50 年代和 60 年代）起，美国高中义务教育的普及，以及后来受高等教育者人数在人口比率中的提高，导致美国整体工资率的大幅度提升（有一度超过制造业部门的利润率），使得这个时期成为美国历史上收入差异最小的时期之一。而与此同时，受更高教育者和更完备训练者与受教育程度较低且受训和技能程度较低者之间的收入差异，也成为引人注目的问题。

虽然不同生产要素报酬率之间的差异是形成总体收入差异的主要原因，但同种生产要素的不同报酬率所导致的收入差距问题也具有极大的重要性。这一点可以部分地说明，将社会收入差距特别是贫富差距看做某种政治议题，或看做阶级对抗议题，是没有经济学根据的。

收入差异以及“贫富差距”的议题，不可能被经济学所垄断，也不可能被所谓经济学方法论体系所全盘地涵盖。这是经济学工作者在面对这一问题时必须保持清醒和谦卑之处。经济学家必须认识到，在经济学之外，在社会文化总体的框架之内，所谓“收入差距”概念和“贫富差距”概念之间没有泾渭分明的界线，二者往往会被视作同一议题，会引发经济学家象牙塔之内颇为陌生的道德情绪与反应。这是经济学家绝无可能以一己之力提出解决收入差距问题的完美方案的根本原因。

我们必须清醒地认识到，迄今为止，历史上绝大多数解决收入差距特别是“贫富差距”的方案，都不是经济学式的，而是道德学的、政治学的、社会学的甚至宗教的或意识形态式的。人类历史上所谓的革命运动和激烈的社会冲突与动荡，无一不和对收入差距和贫富差距的激烈道德情绪有关。即使在现代条件下，在相对发达市场体系的工业国内部，旨在解决收入差距和贫富差距问题的各种方案，虽不是激烈意识形态的或政治革命式的，却大多是超经济学的或非经济学的。在每一次激烈的经济波动和经济周期（譬如2008年欧美国家严重的金融危机）之间和之后，都会引发关于贫富差距的激烈政治争议，甚至激烈的政治运动（如“占领华尔街运动”等）。在此期间和之后所出现的各种方案与对策，绝大多数也不是学院式经济学的，而更多的是政治的。经济学角度上的“收入差距”问题，在经济学领域之外演化成“贫富差距”的议题，除了由经济学的中性或非价值性判断与其他领域中的道德价值性判断之间的差异之外，还有一个判断之数量基准的问题。对经济学来说，收入差距，和其字面意义相同，意味着任何一种数量上和数率上的差距都是差距。但是，一旦问题演化成“贫富差距”或“收入不平等”，那么它指的并不是“任何数量或数率的差距”，而是最高收入和最低收入之间的差距，以及这种差距所隐含的道德学涵义。在经济学中，贫富差距即最高和最低收入之间的差距仍是收入差距，不具有特别的涵义。

但是在非经济学领域中，问题远没有如此简单。

所谓解决收入差距的方案虽必然地采用经济杠杆（特别是宏观经济政策），但在大部分情况下都具有强烈的政治倾向与政治内容，有很多甚至是政治或法律强迫式的，如美国联邦政府对大型金融企业行为规范和业务范围的严格规定，大公司领导人薪酬方面的强制限制，对高收入者的额外征税，以及美国各州的最低工资法等。有些方案或措施，譬如扩大公共基础设施建设方面的投资，降低大学教育贷款利率，增加各级政府对教育事业的拨款，加强对教师的训练和课程的调整等，虽不具有法律和政治强制性，但都是在运用经济杠杆的外表下包含着更多超经济的内容。而在很多西欧和北欧国家，通过对个人收入的极高征税，对企业行为规范，譬如对其劳工政策的严格限制，员工权利的全面保障，以及全民福利制度的实施等途径，施行更为激进也更为脱离经济学范畴的政策措施，来实现降低收入差距和贫富差距的政治目标。这在政治和道德意义上并无不当，但是其全面而广泛的经济后果，却引发长期的争议。

一旦离开经济学，一旦收入差距和贫富差距问题与社会道德意识和政治知觉产生关联，其经济后果，特别是其总体经济效率性的考量，将被置于相对次要的地位。在此时，牺牲总体经济效率，付出某种宏观性和长期性的负性经济成本，那些追求缩小收入差距和贫富差距的举措，都会被广泛地采用，都会被赋予政治和道德正义的色彩。我们耳熟能详的历史上的

“开仓放粮”，就是极端的例子。

然而，经济学之所以是经济学，它之所以能在社会人文科学的领域和历史长河中树立并保持其独特的位置，乃是因为只有经济学能够实证地和中立地探讨收入差距问题的实质与规则，并提出剔除任何道德涵义的解决方案。经济学的探讨也许是最能够触及问题实质的，但它提出的解决方案绝不可能完美，这一方面是因为经济学方法论体系的内在有限性，而另一方面是因为经济学必须和其他社会人文科学，和其他完全可能比自身更强大的社会与历史力量共存。这决不是经济学的不幸，而恰恰是它的幸运之处，因为收入差距和贫富差距所产生的社会与历史后果，不会是经济学一家独有的责任。

即使如此，经济学者也有必要坚持在收入差距或贫富差距问题上独有的观察角度和学术立场：指出并承认收入差距乃是由生产要素之间，特别是资本要素和劳动要素之间不同的报酬率所产生的“自然”的、不具有道德含义的现象。经济学明确指出，资本要素的报酬率高于劳动要素的报酬率，是收入差距的最根本性原因。因此，在完全市场条件下，在市场机制正常运作的条件下，收入差距是必然会产生并会持续存在的，是不可消除的。为此，经济学所能提出的方案只能是：在收入差距（生产要素报酬率的差异）必然存在并承认其合理性的情况下，通过提高部门性总体要素生产率的途径，来保证稳定的经济增长，提高平均个人收入并以此来提高居民全体生活质量。在这个过程中，收入差距以及最高收入和最低收入之间的贫富差距会持续存在甚至可能进一步扩大，但是每个社会成员都会在这种经济增长中获取不等的，却能导致自身生活水平提高的福利，因之总体社会收入水平和生活质量会提高。

经济学必须明确地指出，任何超越经济学范围的旨在缩小收入差距的方案与措施，都极有可能导致总体生产率和经济增长率的牺牲，进而可能阻碍居民总体生活水平和生活质量的提升。社会主义计划经济体系的历史便是一例。我们至今可以在古巴和朝鲜等国家见到这样的事例。整个社会必须在这二者之间保持明确而清醒的判断力，并作出平衡的决定，采取“合理”的行动与举措。当然，何谓“合理”，经济学和其他社会人文学科之间，经济学家和其他社会科学家以及政治与社会活动家之间，存在广泛的讨论、沟通与取得共识的空间。

在经济学看来，在完全或发达市场条件下并不存在“缩小收入差距”

这一命题，因为我们不确定这个命题是否也包括在反效率前提下，或在不追求经济增长甚至经济负增长，在总收入水平和人均收入水平维持不变甚至下降的条件下，达成缩小收入差距的目标。而这种“收入差距的缩小”是经济学绝不会同意的。皮凯蒂提到，在非正常历史条件下，譬如在革命和灾难发生时，社会的收入差距会缩小，因为此时高收入者或资产拥有者往往遭到更大的损失。红色高棉时期的收入差距几乎是人类历史上最小的，却在经济完全解体，经济结构和经济部门完全瓦解，经济增长完全停滞的条件下达成的。

对经济学来说，与其强调缩小收入差距，不如追求在经济稳定增长条件下人们对自身收入更为有效率或更佳的配置，而在宏观经济范围内，与其强调以直接的政策手段重新进行总收入的再分配譬如征收高收入税或制定最低工资法，不如推出旨在使人们更合理地配置自身资源（譬如个人收入与财产）的政策，譬如鼓励或奖励储蓄，降低中低收入者的资产交易税，甚至推广合理配置收入（理财）的全民教育等。尽量使越来越多的社会成员成为负责任的储蓄者（提高储蓄率）和资本要素所有者（扶持小型和微型企业，以及鼓励在充分教育知识培训下购买金融产品等），是解决收入差距问题的关键步骤。

换言之，解决“收入差距”问题的根本环节，不在于刻意地“缩小”收入差距。因为这个目标无法在充分市场条件下、在保证稳定而合理经济增长的前提下实现。解决收入差距的根本步骤，应该在于消除社会成员因错误而不合理的经济决定（譬如不合理地或无效率地配置自身收入）而导致的贫穷状况。这是经济学方案，或者说是经济学方法论体系内所能提出的最佳方案。

不幸的是，正如经济学以外的解决方案无法根本合理地解决收入差距一样，经济学的方案也同样无法根本解决收入差距的问题。这是由人性的本质所决定的。人性的本质在于，他们总是追求最佳境界和最大利益（这决定了微观经济学的全部重大假设条件），却因为精神心理结构的特点，无法按照这些目标和假设条件采取最合理和最有效率的经济决定。他们在认定自身“最佳利益”并为此采取相应经济决定时，根据神经生理学家的研究，人的脑部生理结构以及由此决定的心理结构，使得人们所采取的绝大部分决定都是即兴的、冲动的，缺乏缜密思考，缺乏充分依据。在这种生理和心理结构下，人们所采取的大部分经济决定都既不合理也无效率，不仅不会带来预期的最佳收益，反而经常使自身的最大利益受损。以美国为例，无论美国经济增长率如何，也无论经济结构和经济周期运动的形态如何，无论居民的教育程度如何提高，知识信息体系如何普及，居民储蓄率是逐渐降低的，有时美国的储蓄率甚至在零以下。目前，半数以上美国家庭的平均储蓄不足 1 万美元，将近 60% 的家庭不持有股票等金融资产。很多美国家庭都是所谓“从手到嘴”（hand to mouth）的月光族，经常入不敷出甚至寅吃卯粮。这决定了经济学的所谓解决方案根本不现实，根本无法诉诸在现实生活中。

因此，经济学无法独力地解决问题，无论经济学的方案多么具有最佳的预期效果，都不可能单独地在现实社会中贯彻。如果经济学家是负责任的，那么他们必须和他人共同合作，追求尽可能全面的解决方案。这种方案只能是，必须既保证最大限度减少对经济增长和总体生产率的伤害，同时保证低收入者特别是最低收入者起码的生活水准与质量。保证低收入者特别是最低收入者起码的生活品质和生活水准，从而不会引发更为严重的社会政治危机。

无论我们从哪一个角度出发去努力，收入差距和贫富差距亦无法根本消除，不仅在现代市场经济体系下无法消除，在任何一个非市场或非充分市场的经济体系下也无法消除。没有任何一个经济体制能够保证完全消除收入差距和贫富差距。这是因为，在任何一个体制（譬如非市场或非充分市场的经济体制）下，都会有某些人或某些集团在资源配置方面处于相对有利或优势的位置，而这种相对（或绝对）有利地位和优势，一定会为这些人和这些集团带来较社会平均更大的报酬。无论是国有企业的福利，还是某部门官员受贿，都属于这样的范畴。在充分市场经济体制下，这种有利地位或优势转换为生产要素之市场报酬率的差别，但结果却很近似。

因此，如前所述，最佳的解决方案并非不计结果地追求“缩小收入差距”或社会收入的平均化或平等化，而是保证最低收入者能够通过某种经济机制，尽量接近社会平均的生活质量和生活水平。这一点有着极为重要的意义：将“收入差距”和“贫富差距”加以更加清晰的区分，在承认和接受“收入差距”现状的前提下，对贫富差距问题加以特别的关注，将包括富裕阶层的自愿给付在内的扶持和补助最低收入阶层的措施常态化，是每一个国家与社会（包括经济学家）必须共同承担的责任。

马克思曾经提出过资本主义制度下“工人阶级绝对贫困化”问题。现在我们可以将其理解为：（1）绝对的低工资化，使得工人阶级或最低收入阶层无法满足保持劳动力（包括生理机能意义上的）所需的最低物质需求；（2）贫苦现象的刚性化，即工人阶级或最低收入阶层的贫困化，会在时间序列内不可更改地、既定地沿着家族血脉持续下去。也就是说一代一代毫无希望地贫穷下去。实际上马克思的这个理论依旧有着深刻的现实意义：据报道，美国仍旧有将近两千万人得不到足够的食物；而且，出生在最低收入阶层的孩子在长大后进入中产阶级以上的几率，只有其他家庭孩子的20%左右。同时，马克思的这个理论也为现代社会解决贫富差距的方案提供了一个重要的视角：即避免贫困的绝对化，或者使贫困“相对化”或“活性化”，让贫困成为一个非永久性的、非家族血脉传承性的，甚至非持久的阶段状态。换言之，人人都有可能通过某种正当的途径与渠道摆脱贫困，而且人人都有可能因为错误的经济决定和来自人性黑暗的力量而进入贫穷状态。或者，让贫穷状态成为一系列错误的经济决定和人性黑暗面才可能导致的结果。

在充分的市场经济社会，所谓解决“贫富差距”问题的解决方案的经济学思路，必须集中在：（1）通过社会性储蓄习惯的养成，使尽量多的社会成员直接地或间接地成为资本要素所有者；（2）解决“贫富差距”的关键在于解决劳动要素之间的报酬差异率所造成的收入差距。前者需要某种整体性道德文化规范的普遍形成，后者则取决于教育的普及和教育水准的提高，以及通过某种超经济的措施来限制企业高层管理人员和普通雇员之间报酬的差距（据说这类差距在美国的总体收入差距分布图中占有绝对大的份额）。

我们是经济学队伍的成员，对自身学术体系所必需的专业忠诚，对经济学基本定理和法则的执着坚持，是我们的立足之基。我们也深信自己可以比任何其他人更深刻也更客观地探讨收入差距甚或贫富差距的问题，但这并不意味着我们在这个问题上有着决定性甚至压倒性的话语权。事实恰恰相反，在这个领域中，经济学家的声音最弱，经济学家的声音往往最容易被忽略。其主要原因还是在于经济学家“实证性”和“中性”的分析，以及拒绝将资本（或资本要素及其拥有者）非文化合理化的做法不被大多数人所接受。

这谈不上是悲剧，因为经济学没有也不会因此而趋于枯萎。但它是一个几乎不可解的悖论，这使得我们感到悲哀。

在悲哀中坚守经济学家的基本战线，是我们的宿命。

第二十三章

能源及其效率：宏观层阶里的微观元素如何瓦解“帕累托最佳”

据耶鲁大学教授威廉·诺德豪斯（William Nordhaus）研究，古巴比伦人为了获取1000流明小时（lumen hour）（一种非正式的能源计算单位，相当于 一个75瓦灯泡点亮一小时所需的能源），而必须工作41小时以上。3500年以后，杰佛逊总统在办公室点燃的相当于1000流明小时蜡烛，只需付出5个小时的劳作。到了1992年，荧光灯所发出的相当于1000流明小时的光亮，只花费当时美国人半秒的工作时间[1]。笔者估计，以现在的LED照明灯计算，可能只需0.2秒左右的工作时间。从41小时到0.2秒，是3700年人类历史步履令人惊异的节拍，也是经济学上所谓“效率”的最发人深省的脚注之一。人类为了获取某种物质效用而花费更多或更少自身劳动，并将这个过程和事实移植到分析领域中，便是经济学的核心。在某种意义上，经济学是关于时间的科学，关于人类历史中时间如何决定生命存续的具体过程，以及人们在生存境遇的动态过程中其行为和时间之间的相互关系的科学。我们作为经济学工作者，在大部分时间里对“时

① William Nordhaus. The Climate Casino, Risk, Uncertainty and Economics for a Warming World. Yale University Press, 2013, III, p. 17.

间”在经济学分析中的重要性浑然无知。

同样，经济学核心概念之一“效率”，在本质上也是关于“时间”的效率。换言之，任何的效率，在本质上都是“时间”的节省，都可以归结为在更短的时间内获得同等的产品与效益满足。我们以货币精确量度经济活动以及相应的经济结果的时候，其根本含义在于衡量其中资源或要素相互组合并发挥功能的特定时间。这也是我们面对“能源”问题时所必须铭记在心的。当我们以“流明小时”记载人类利用能源效率的进步，以及其中所包含的经济学真谛时更应该如此。“能源”，乃是为社会和产业部门运转提供所必需的动能的特定物质形态的总称。社会及其产业部门的所有活动都只能在“能源”所提供的动力推动下，才能在时间序列上保持持续运作或运转的状态。这是我们无论如何强调“能源”在经济活动中的重要性也不过分，而且在本书中必须单独加以讨论的原因。

“能源”物质，譬如石油、煤炭和天然气等，都有非常独特的禀赋：

1. 它们既是经济部门运转须臾不可缺的动力的源泉，也是广泛使用的工业原料。这一点使得它和其他的“大宗商品”，譬如铁矿石、铝钒土和铜矿石等矿产品，以及谷物、咖啡和茶等农产品有着根本的区别。这种根本性区别的重要意义在于，“能源”型物质在某种程度上具有超越微观部门性的意义，或者说，“能源”是能够同时对多个部门的运转产生重要影响的“宏观”性的特殊物质。2014 年 12 月 12 日，国际布伦特石油价格降到每桶 58 美元的 7 年新低点，导致当日华尔街股市暴跌。因为华尔街担心石油价格的跌落“意味着世界各国特别是欧洲经济复苏疲弱，且中国的经济增长趋于缓慢”。任何其他单一的自然资源型产品都不会导致这样的局面。

2. 能源物质的地理性分布非常特殊。以对经济活动最具指标性意义的石油和天然气而言，它们的地理分布与主要输入国（能源运用主体）之间，不仅形成不发达国家和发达国家之间典型性国际贸易形态，而且也恰好形成当代世界国际政治局面中最具决定性意义的地缘元素。伊斯兰教的中东地区和基督教世界的西方主要工业国之间，俄罗斯和欧洲大陆之间的大体能源物质流动，以及此中所包含的国际政治力量板块之间的博弈，不仅产生地缘政治和社会文化方面的历史性冲击力，也具有不容忽视的经济学含义。即作为自然物质的无差别性特定商品，为何会通过这种地缘政治框架而取得影响超越单一部门活动局限而延展至多部门甚至国家层阶的

“宏观”经济特性？

“能源”具有的这些不为人注意却极为重要的特点，即它本身具有的“微观”性和“宏观”性经济功能特点，也使得它本身的市场运动特点具有微观和宏观经济两种运动表征。作为微观性的自然资源型商品，它遵循微观经济的基本运动规则，在大部分情况下（特别是在短期内）根据价格信号的引导，按照供需变动而调节产量。而作为宏观性的“多部门广泛应用性”特点，又使得它的长期运动样式表现出不符合微观经济学规则的变化。亦即，在长期内它的产量变化和市场价格水平产生背离。而且能源生产和经济性利用的效率化（即意在每单位产出能源耗费量的技术进步及其应用），会导致对能源更大量的需求，而这种增加的需求与平均价格水平不呈规则的相关性。换言之，只要是具有“能源”性质的商品，也就是构成经济部门运转动力的物质，它的长期价格—产量模式表现出大大有别于其他类型自然资源型商品的特征。

1866 年，英国经济学家威廉·杰文斯（William Jevons）（他是微观经济学体系中著名“边际效用”理论的主要创始人之一）在一篇题为《煤炭的问题》（Coal Question）的论文中提出了饶有兴味的，后被称之为“杰文斯之谜”的推论：英国的富裕取决于对煤炭的依赖，以及煤炭的大规模开采，“一个令人迷惑的观念是，煤炭的经济性使用（economical use）（按照现在的表述方式即为‘煤炭使用的效率化’）会导致对煤炭量需求的降低，然而事实恰恰相反。”[①] 他指出，技术进步可以节省炼铁炉平均的煤炭耗费量，并使生铁的利润增加。增加的生铁利润率会引致更大量的投资，最终导致生铁价格的降低。生铁价格降低的结果是需求量增加，需求量增加导致生产规模的增加，并最终引发更大的煤炭需求。“更多数目的炼铁炉和更大量的煤炭需求，会抵消每单位炼铁炉降低了的耗煤量”。这大概也是诺德豪斯关于 3500 年以来 1000 “流明小时”花费时间由 41 小时到半秒钟的历史变迁的考察所提出的立论基础所在：能源及其利用效率的提高，并不会导致绝对能源利用量的降低。事实恰恰相反，能源利用效率的提高及其所导致的单位时间（或单位产出）能源消耗量的降低及其产品成本的降低，导致对产品的需求增加，从而也会导致对能源的更大需求，或能源消耗总量的大幅度甚至乘数级的增加。按照诺德豪斯所

① William Jevons. Coal Question. Macmillan & Co. , 1866, Chap. XL, p. 208.

说，现今我们的能源消耗量与历史任何时期相比（譬如和古巴比伦时代相比）如此巨大，地球各个角落的城市灯光如此辉煌，以致“黑夜成为稀缺的自然资源”。

另一个英国经济学家兰·布鲁克斯（Len Brookes）在一百多年后又重新提出这样的问题（可是他本人坚持说事先并不知道“杰文斯之谜”的存在）：在20世纪70年代的石油危机后各发达国家都致力于发展节省能源（石油）或能源（石油）利用效率化的技术，亦取得很大成果，导致各部门单位产出—能源消耗比率的下降，但其结果是新的产品价格水平的变化，最终导致能源消耗总量的进一步增加。单单就“节省能源”的目标而言，“也许节省能源的技术从未产生会更好些”。布鲁克斯认为能源利用效率的提高是“能源生产率提高”的另一种表述。“如果我们增加某领域中的生产率，也意味着我们在削减这个领域中产品的价格，因为我们现在有能力提高利润率。这便意味着产品需求的增加。”接下来是什么，自然不言自明。美国经济学家哈里·桑德尔斯（Harry Saunders）也曾在1992年发表的论文中得出了相似的结论，“在相对固定的能源价格条件下，能源利用效率的提升，都会最终引致生产效率提升，生产规模扩大以及能源消耗量增加”。当然，也有人不同意这一类结论，否定“杰文斯之谜”的合理性。斯坦福大学普雷科特能源效率中心研究员李·席珀尔（Lee Schipper）承认“能源消耗量反弹”（rebound）的存在，但并不会让整个社会从能源效率提升中获取的效益全然消失无踪。他指出，在杰文斯所生活的19世纪中晚期，特定能源物质譬如煤炭的消耗，曾经是社会最重要的支柱产业（譬如炼铁业）成本的主要构成部分，而这样的产业对能源产品的产量和价格变化格外敏感。但是，“杰文斯生活时期那种产业部门结构已不复存在”。

然而，席珀尔本人并不是专业经济学家或经济史学家，也不熟悉宏观和长期经济统计数据中所反映的切实后果。不容置疑，“能源消耗量反弹”现象是客观存在的，不仅在专业经济统计层面上，即使在普通人的直观中，也不容否认能源效率持续提高和全局性能源消耗量不断增加之间正相关性的事实。美国前能源部长朱棣文曾以节能型电冰箱的普及来说明能源效率提高的“好处”。然而真实情况是，美国家庭的电冰箱数目不断增加，电冰箱体积和容量也日形增大，电冰箱总耗电量数倍于20世纪五六十年代。而且，电冰箱普及带来美国社会食品形态和美国人饮食习惯的改变：

冷冻食品和必须冷藏的半制成品类食品的比率越来越高，大多数美国家庭很少吃新鲜蔬菜水果和肉类。这些冷冻冷藏食品很容易被大量地丢弃。目前，美国家庭购买的食物中有40%是最终被丢弃的，其中被丢弃的蔬菜甚至高达50%。这种现象和电冰箱特别是节能型电冰箱的普及有直接的关系。美国记者詹姆斯·麦克威廉姆斯（James McWilliams）认为电冰箱是美国食物浪费的“祸首”：厂家告诉消费者这些东西能够冷藏很久，实际上并非如此，消费者在不当地大量购买这些食物后却又草率地将其丢弃，因为需要将新的（甚至更令人醒目愉悦的）食品填满电冰箱空间，“我们不仅是在丢弃食物，我们也在丢弃曾用来保存这些食物的能源”，“那些随之而浪费的农业耕作机械、农产品加工设备，运输设备，那些化肥、农药，以及灌溉设备和用水等这一切所需的能源”。据统计，2009年美国淡水消费的1/4以上用来灌溉那些后来被丢弃浪费的农产品。能源效率化的结果，便是带来连锁性的更大规模的能源与资源耗费。美国政府规定，所有汽车制造商必须在2027年前将汽车的耗油量在目前基础上降低30%。过去的经验表明，这种政策的结果必然是，汽车比以往省油，人们也会更无节制地开车，社会总驾驶里程、社会驾驶总耗油量和社会总汽车拥有量持续增加，完全抵消了省油的设计。根据美国汽车协会2012年的统计，美国的汽车数量比拥有有效驾照的人数多出5000万辆。根据美国能源信息署（EIA）于2005年公布的统计数字，84%的美国家庭有空调装置，其中大部分是中心空调。1993年到2005年，美国的空调节能效率提高了28%，而每个美国家庭用于空调的支出却增加了37%。

“杰文斯之谜”所揭示的“能源效率之反弹效应”，也是帕累托最优无法在跨部门（或多部门）的总体经济局面中成立的有力证明：在“2014年中国科协热点问题学术报告会”上，中国气象科学研究院研究员张小曳指出，煤炭是中国大气污染的“元凶”。2013年中国的煤炭消耗量是36.1亿吨，相当于美国煤炭消耗量的6倍；这一年中国的煤炭消耗量是1993年的3.4倍，而这一期间恰恰也是中国煤炭使用效能和技术大幅进步的时期。无独有偶，丹麦经济学家约尔根·诺尔加德（Jorgen Norgard）也指出，美国煤炭消耗量的减少和中国煤炭消耗量的增加，和大量美国制造业转移到中国生产有直接的关联。也就是说，能源的效率化（它通常的涵义是在同等的产出中能源成本降低），包括能源使用绝对量的减少，如果放在更为全局性的（譬如跨部门的或跨国的）框式内考察，其结果是在动态序列中能源使用的绝对量会再次提高。

能源效率之谜不仅为考察技术进步在经济增长中复杂而多元的作用及其效果提供视点，也为政策制定者提供非常有价值的参照。政府在制定能源相关政策时，不能一味把提高能源利用效率作为重点，而是要综合考察评量能源利用效率（包括技术）对长期能源格局和经济社会的全局性影响，制定更为“合理”和更为长期（或有远见）的能源政策。譬如美国政府硬性规定汽车制造商在2027年前将汽车的耗油量降低30%，便不是一种“好的”或“有远见”的政策。降低汽车耗油量的目标可以通过几种途径达到：一是通过技术开发来发展出更为省油的发动机系统；二是通过为汽车“减重”，譬如使用更轻的材料（譬如铝和塑料），使用更薄的钢板，更薄且不舒适的后座，甚至不再配备备胎和工具等；三是通过近乎“作弊”的手段来显示更高的燃油里程，譬如将试车场上最完好的驾驶环境和最有经验的专业驾驶员所得出的驾驶结果标榜为该车型的正式燃油效果。这类政策的误区在于，它忽视一个基本的事实：汽车是一种结构和运作原理为“一定”的机电产品，只要使用汽油（或柴油）等燃油作为动力，那么它就存在一个无法突破的技术极限，因为无论机电结构及其工作原理如何改变，汽油或柴油的物质或物理原理（譬如其燃点/动力）是一定的，不会改变的。在这个极限上，现有的任何技术都无法再提高燃油效率。T型轿车是福特汽车公司在1908～1927年间生产的畅销车型，其燃油效率为13～22英里/加仑汽油（相当于5.5～9.4公里/升汽油），这和现在的汽车燃油效率相差无几。也就是说，在100年间，汽车燃油效率几乎没有提高，因为它确实存在一个无法突破的技术—物质—物理的极限，任何强制性的行政命令都无济于事。

笔者曾经提出，最合理的政策，不应该聚焦于硬性降低燃油里程，而是应该致力于普及和鼓励小型车，或者缩减汽车尺寸。这可以通过对大排气量和体积超过一定标准的汽车征收附加税（豪华汽车税），增加大排气量和大体积汽车的保险费，通过立法调整大型车在交通事故中的责任权重，以及对小排气量和小体积汽车的退税、保险优惠、停车优惠等多种奖励措施。这种政策不会强迫厂商完成几乎不可能的技术突破，却能产生几个方面的正面效果：一是，小排气量的小型车普及会普遍地降低社会总的燃油消费量。二是，小型车通常会使用更少的钢材和其他材料，降低对这些材料的需求，产生更间接却更广泛的节省能源的效果。三是，小排气量汽车排出的废气相对较少，因此更有利于环保。四是，小型汽车尺寸的减少，譬如长度的缩短，在理论上是公路里数的增加。譬如，若每辆汽车长度能缩短1/3公尺，按照目前北京市总机动车拥有数量（约500万辆），汽车总长度几乎减少170公里。这些长度放在道路上，可以大略地换算成相应省出的道路空间，这意味着它有助于缓解市区交通堵塞情况。五是，减少的汽车尺寸和相应减少的汽车总重量，对公路（道路）的破坏强度也会减低。当然，即使是这样的政策也难免会产生杰文斯效应，引发能源使用量反弹。但是，此时减少能源使用的总量是分散在两个部门，即消费者的燃油使用和汽车材料部门，故而产生杰文斯效应的时间也会比只有一个部门的情况下更为推迟，强度也会降低。

这是经济学令人骄傲又令人迷惑的吊诡之处：只有经济学才能提出“杰文斯之谜”，发现并揭示“能源”产品的价格与产量的市场规则如何导致“跷跷板”现象，即市场价格信息下供需均衡如何被本身的内在张力所打破，从而达到新的均衡，而这种新的均衡所实现的是比前一次均衡更为“宏观”跨部门的经济结果。这种经济结果在经济学自身的分析体系范畴内本无任何特殊的涵义，但是一旦达到更为“宏观”的层阶，便会引发充满道德情绪的超经济学争议：能源的效率化本应带来节省能源，减少能源消耗，从而更加绿色环保，减少废气排放和大气温室效应的“好”的结果。但恰恰相反，能源更加有效利用或使用的结果，导致能源使用量的增加，这和“能源效率化”和“节省能源”的社会初衷与政策目标南辕北辙，背道而驰。这样的诡异现象是由经济学发现并揭示，也只有通过经济学的手段才能够得到阐明，并为社会所广泛了解。但是，一旦社会总体广泛地意识到这一点时，这个现象就立即变形为文化学的、政治学或政策学的、社会学的议题，不再与经济学相关联。这时，经济学也不再拥有自身的话语权。任何问题一旦沾附道德情绪和道义内容，便会和经济学无缘。围绕地球温室效应和气候暖化所引发的争议，不仅不单是气象学的，更不是经济学的。这很难说是经济学的悲剧，但确是经济学的短板。

经济学客观而中性地揭示了问题，即使这个问题的核心内容和自身最深刻的信念相冲突：能源效率化的本质在于效率的提升，是经济学“最佳”境界譬如帕累托最优的根本路径，同时它也是现实经济活动中技术进步的结果。这本是经济学最具吸引力的特质所在，但是它（在动态或长期化的时间序列中）所引发的结果却不是这种路径或特质所通往和设定的

"归宿"本身，这个归宿并非最佳而且也不为社会所欢迎。只有经济学才能清晰地描绘并指出这种路径和结局的全面图景，给出最清楚和正当的解说。但是，此时的经济学却处于令人窘困的两难之境：经济活动的效率化和社会的技术进步，本是经济学最牢固的信念根基所在，但是当它本身不可避免地引发破坏最佳境界的结果时，如何肯定并伸张它们的正当性？当经济学揭示了这个问题，而其他人（其他学科和其他集团）本着这种揭示而得出义愤填膺的结论，并一面倒地制定出"解决"问题的方案和路线图时，经济学应该将自身置于何地？正如经济学并不羞于发现问题——即使问题的发现和自身最牢固的信念相冲突——一样，经济学也不羞于平静地叙述这种问题会导致令自己窘困的局面。但是这都不能解决一个根本的问题：当一个本来是单纯经济学的议题演化成社会整体都可以思考并定义，而且提出自己的解决方案时，坚信只有自己才能拿得出最佳方案的经济学如何再次让这样的局面最终再次变得最佳？经济学有这个能力吗？

这是非常饶有兴味，也最令经济学感到无奈的症结所在。经济学不能否定效率化和技术进步，这是经济学命脉所系。无论效率化和技术进步如何引发令人不快的结果，经济学都不会成为文化浪漫主义者。经济学不可以在根本上否定经济活动效率化和技术进步的正当性。任何一个经济学家都不可以这样做。"令人不快"的结果，在经济学看来并不具有特定的道德涵义，它既非"好"也非"坏"，它就是它该是的那个东西，那个样子，它本就是经济学剖析的中性课题，从剖析"令人不快"的局面开始，走向探索和发现最佳世界的旅程，本来就是经济学的宿命。经济学只跟随自己的学术良心，不会跟随汹涌澎湃的"时代的召唤"。

只有经济学能够以在社会科学体系中最为细密，也最具有说服力的专业方式特别是价格分析和长期统计方式，为这样的现象描绘最清晰的前行和动态变迁的图景。石油等能源物质，作为在经济活动中发挥特殊效能和功用的商品，其价格和供需之间的相关性虽也遵循微观价格分析的通常路径，但其结果和技术进步之间的交互作用，会以超越单纯微观生产要素的范畴，而发生具有宏观效果的形态变化。"能源"商品不仅是特定行业普通的工业生产原料，也是为社会生产的绝大多数部门共通采用的动力源泉。因此，"能源"商品是独特的公共性物质，它天然地具有影响社会生产整体或宏观经济局面的潜在能力。而一旦具有这种能力，"能源"商品便和黄金一样，脱离单一性市场商品的属性，而发挥社会整体性甚至全局性的独特经济杠杆作用。任何具有“宏观”性质的经济范畴，无论其采取政策或意识性元素形式，抑或采取商品形式，都会摆脱单纯的经济学领域的局限，而成为被社会各个层面所共同审视的、具有特定价值涵义与道德内容的议题。

这使得我们对微观经济学和宏观经济学之间复杂而微妙的相互对应关系有了一个崭新的切入点。二者之间的相互关系的特征不仅在于均衡分析和宏观分析假设条件之间的差异，厂商分析和总量分析之间的差异，或者对价格信号条件下市场功能的不同的解读；而且也在于，一旦微观分析中的元素转入到宏观考察的框架里，那么价格条件与产量假设之间的对应关系就会以反式回归的形式重新回到最初分析的出发点，亦即价格与产量的相关变量会在这种格局中相互倒错，形成新对应关系式的基础条件。进而言之，单一（厂商和部门）效率的提升以及由此引起的价格—产量关系的改变，会引发以新的产量—价格关系所体现的整体性的非效率。能源效率化的结果是社会全局性的能源非效率化；能源效率化永远无法达到帕累托最优。帕累托最优要求商品的边际替代率对所有消费者都完全相同：

所有效用对任何消费者来说都是：

$Zi = fi(xi), xi = (xi1, xi2, \cdots, xin)$

此时才可以得出：

$fi/x(i, j) / fi/x(i, s) = fk/x(k, j) / fk/x(k, s)$

式中：Z 代表总效用，x 代表总商品，f 代表边际效用，i，s 和 j，s 是 i 和 j 分别获取的两组商品效用。

假设：i，$k = 1$，…，m 而且 j，$s = 1$，…，n

在这里，所有消费者 i 和 j 都拥有完全均等的两组商品边际效用即 $fxis$ 和 $fxks$，或者，两组商品的边际替代效果对于所有消费者均完全相同，两种边际替代率等于两种商品的边际转换率。即厂商和“所有”消费者的效用（利益）在此等式中达到均衡。而在任何这个等式以外的情境中，任何一方更大效用（利益）的取得，都导致其中某一方效用（利益）的减损。

我们通过这个公式，对帕累托最优模型有了一个重新审视的机会。帕累托最优模型存在四个必须注意的“缺陷”：

1. 帕累托最优模型只是简单假设商品边际替代率对所有消费者均相同，亦即所有消费者都不能在这个模式范畴以外得到更大的利益而不损害其他人。但是，相同的“边际替代率”并不意味着相同的收益量。换言之，帕累托最优模型不保证所有消费者在相同的边际替代率下获得相同的收益满足量，只要一个人的收益增加不减损他人的现有收益量即可。有些人在帕累托最佳成立之前的经济活动中效用收益大于他人，因此在此刻的最佳状态（即相同的边际替代率）中也会获得比他人更大的效用收益。而这正是收入差距形成并日益扩大的原因（阿玛塔雅·森就曾指出过这一点）。

2. 帕累托最优是二维的或平面理论的，也就是“即刻”的，不具有时间序列性的偶发状态。它不能说明在这个最优等式成立之前是否有任何一个消费者（或任何一方）曾处于非最佳状态，也不能说明这个等式成立之后任何一种价格—产量变动是否能够继续维持同样的等式。它能够说明能源效率化对炼铁业者和消费者均“有利”，但不能保证在“此刻”之后对需求减少进而利润减少的石油商也是有利的，更不能保证因此而引发的“能源需求反弹”对整个社会都是“有利”的。

3. 帕累托最优是静态的，因此也过于“狭义”，不包含任何动态的特别是技术进步的内容。因为在动态条件特别是技术进步条件下，价格和产量的改变必然会改变某一方特别是消费者的效用（利益）状态。功能更多却更贵的 iPhone 6 比起 iPhone4 或 iPhone5 令所有消费者付出同等的更高昂的价格，但不能保证为所有消费者带来同等（特别是同幅价格上涨条件下）的效用。很多依赖地理定位系统的消费者购买了 iPhone5 和 iPhone6 之后发现它很糟糕，错误百出，几乎无法使用。以很高的价格购买一辆配备更多先进而复杂电子装置的汽车，会受到部分驾驶者的欢迎，但也令很多驾驶然困惑烦恼，因为这些装置没有实质效用且维护成本更高，而所有驾驶者都为同样的装置付出同等上涨的价格。当然，能源效率技术也可作为一个实例。

4. 帕累托最优是非常狭义的微观分析概念，并非宏观经济分析体系的概念。一般地来讲，在宏观经济分析领域中，通常不会产生帕累托最优效率的结果，这个理论也并不适用。其根本原因在于，宏观经济分析中不再适用单纯的价格—产量分析，社会各经济部门在整体性结构中的互动，不再单纯地依赖市场—价格杠杆作用的考察，而是同时也取决于建立在市场不完整假设之上的凯恩斯心理预期条件，以及由此所引致的经济活动，包括政府活动。所以，一旦我们的分析进入到宏观（或多部门）相关性的领域，非帕累托最优化便是新的常态。这也是能源效率化所最终导致社会全局性能源非效率化的根本因素。

（笔者在本书第五章中也讨论了帕累托最佳理论及其内在矛盾性）

一旦将其三维化并引进时间序列因素，一旦进入由微观层阶到宏观层阶的必然转化路径，一旦由宏观或全局性的格式来多角分析对社会整体的实质影响，帕累托最优效率便立刻破解，不复成立。换言之，如果介入时间序列因素，并在宏观层阶的三维角度考察，那么任何的效率化都不是最优的，都可能导致效率流失或非效率的结果。

这是经济学中饶有兴味的现象。为何特定的商品，如黄金和石油等能源物质会在常规的微观运动中最终取得具有宏观（全局）性质的功能？如前所述，这些商品具有区别于其他商品的内在禀赋：即特定而普通的技术物质效用性和泛部门且无差别的经济公用性。黄金是具有特定物质和技术公用的金属材料，也是具有流通、储藏和支付功能的货币；石油等能源产品不仅是特定工业部门（譬如石化工业）所需的原料，也是所有经济部门和社会经济活动所（无差别地）依赖的直接的动能来源。它们的价格和产量变化（常规微观形态）会对所有部门和社会整体经济结构同时地无差别地产生直接的（宏观形态的）影响。但是，这种影响的“幅度”不同甚至方向不同，因此帕累托最优的条件趋于瓦解。石油价格下跌，驾车人和航空公司获益，而石油公司却利润受损；石油价格下跌，有利于商品价格维持稳定甚至略有下降从而使消费者受益，但引发的通货紧缩的忧虑促使美国联邦储备委员会重新考虑于 2015 年升息的计划，导致市场忧虑，华尔街股市连续暴跌，从而使广大投资人蒙受损失。

经济学不能解释能源消费量的增加导致排气和环境污染，以致引发大气层温室效应和地球气候暖化的“恶果”。有趣之处在于，在经济学不能对这些价值道德议题提出解释时，只有它提出的解决方案才可能是最佳的。任何非经济学的解决方案都不可能最佳。美国前副总统戈尔曾多方奔走疾呼，呼吁世界各国重视碳排放和大气温室效应——气候暖化的问题，并因此而获得诺贝尔国际和平奖。戈尔也提出了自己的判断和方案。但是，他的方案没有也不会产生效果，他的判断不精确，他的解决方案也无法实施，因为他的方案不是经济学的，也不能精确甚至精密地说明世界各国为了达到他所希望的目标，应该采取何种“合理”而“可行”的措施，而且会因此而承担何种成本，为此世界各国的资源如何“合理”地重新配置。在日本发生大海啸和核电站泄漏事故后，德国决定在十年左右的时间内彻底废除核电厂，代之以其他“清洁绿色”能源。这个决定肯定不是经济学的，因为它不包含德国社会为此而必须付出何种成本，能源资源如何重新配置的考量。而缺乏这种考量的政策，一定不是经济学的，也一定不会是“最佳”的。目前德国的电价比这个政策提出之前上升了27%～30%，使得很多普通德国家庭减少用电，特别是冬季的取暖用电，导致生活质量的下降。而同时，核电量的减少，并未被所谓清洁绿色电力所替代。德国的太阳能发电量所占比重虽有大幅度提高，但不能填补核电所留下的缺口，因此必须重新启动煤炭发电，导致污染的增加。

能源效率之谜（或杰文斯之谜）的致命吸引力在于，诚如前边强调，乃是它的最终结果，即能源消费量因能源利用效率的提高而增加的现象，与经济学之间复杂而微妙的关系。除了经济学，没有任何一门社会科学能够发现、揭示和解释这种现象。但是它的结果即“能源消费量的增加”本身所包含的价值内涵甚至道德情绪，则超出了经济学的范围。经济学只能解释能源消费量不断递增的逻辑线路，但不能判断并解释为什么这种结果是“不好”的。这是经济学在社会科学领域中独特位置的原因所在：它最彻底地放弃价值判断，所以在很多当代重大问题上它失去了话语权。在这些重大问题上，轮不到经济学说话。但是，如果没有经济学，这些重大问题可能从不会被发现、被揭示。经济学揭示了问题，解释了这些问题如何和为何产生，而且如何运作成型并导致相应的后果，然后让其他学科、其他人去判断，更让其他学科、其他人或其他力量去编制出“解决问题”的方案。经济学是最具实效的、最沉默的社会工具。经济学不能解释排气和环境污染如何形成，那是环境科学的任务，但是，如果环境科学能够清楚解释污染源和污染结果之间的关系，那么，只有经济学才能在污染源和污染结果之间相互关系的基础上，解释社会必须承受何种代价，付出何种数量的成本，而且在这种代价和成本下，社会通过某种举措或行为，可以得到或可能失去多少。其他社会科学对这种现象可以进行描绘，也可以提出解释，但不会像经济学所提出的解释那样精确。

这就是经济学。在大多数情况下，经济学和经济学家都是忍者和幕后人，于无声处，在不可视的隐匿处沉默地工作。经济学和经济学家永远不会是台上的表演者。任何不再隐忍，不在隐匿处，不在幕后，耐不住寂寞而走到台上的表演者，都不再是经济学家。那位诺贝尔经济学奖获得者保罗·克鲁格曼就是这样摆脱了经济学家阵地的前台表演者。坚定而沉默地永葆经济学的信念，在最隐匿和最不引人注目的寂寞角落发现牵动或推动这个世界的最根本的动力，以及它的工作原理，并让其他人和其他力量去改编成自己的剧本，大张旗鼓、热闹喧天地前台表演，不仅是经济学家的责任，也是宿命。每一个经济学家，都必须接受这样的宿命并乐在其中。我们经济学家独到而犀利地发现问题并给出独到的解释，并非因为我们聪明，或者幸运，而是因为我们有独特的工具，以及运用这种工具的能力和意愿。经济学家对经济学及其原理的坚守，首先是对自己角色的全盘认同，并永远在这种角色下以科学和理性的精神探索新的问题、新的领域和新的世界。

经济学是个无声的世界，话语权不是经济学家面前的选项。认真的经济学家是超越时代的真挚献身者。

经济学和经济学家永远不会声称世界因为自己的献身而变得更好。但是，经济学和经济学家坚信，如果没有自己的献身，这个世界永远不会拥有使自身变得更好的有效工具。经济学和经济学家也不会被世界无条件地欢迎，因为在世界为了眼前的凯旋而普天同庆时，唯有经济学家才能醍醐灌顶地指出，我们正在步入另一个沉沦的旅程。任何的胜利与凯旋，在经济学和经济学家看来都是另一个衰落的开始。经济学和经济学家看得到任何朝霞背后的滚滚乌云，看得到逼近城楼的凄风山雨。这个世界上没有至美的境界，只有经济学里才有。譬如那个如昙花般转瞬即逝，令人惊鸿一瞥，却从来没有贴近过我们的帕累托最佳。我们经济学家坚信深藏在我们的心中、隐踪在我们信念里的最佳世界的存在，并力图以这个最佳世界的蓝图来重塑现实。因此，在世界无可避免地陷入黑暗与痛苦、堕落与衰竭的痛苦之境时，也只有经济学家才能指出柳暗花明的羊肠道。

经济学不是“时代”的科学。有生命力的经济学必须是超越“时代”的。

为此，在一个迷宫般令人迷惑，又圆周般刻板单调的轮回世界里，对经济学的良心、目光和憧憬的坚守是值得的。

外一章

世上没有经济学家：从 2008 年金融危机谈起

伯南克第一次到白宫进行任命联储会主席的面谈时，小布什很不客气地问他："本（伯的名字），你为什么穿浅色的袜子？"伯南克不疾不徐地说："总统先生，这个袜子很便宜，我在 GAP 店里买的，7 块钱 3 双呢！"在这次谈话中，小布什不止一次提到伯的袜子。

小布什被人诟病的不仅是其政府的种种劣迹，以及他那被称为"缺乏严肃的智慧内涵，思考的习惯和自省意识"的顽冥个性，可能还有这种不知分寸也不会察言观色的处事待人风格。他曾在记者会上亮出弟弟杰布（前佛罗里达州长）小时光屁股的照片，令杰布十分光火。伯南克在这个总统任内达到其个人生涯的顶峰。他得到任命，一定和小布什这种主子的相处之道有关。可是，在后来如暴风骤雨般袭来的金融危机中伯南克的表现和作为及其所导致的全球性后果，在这种相处之道的偶然中无意地留下了一个关于今日经济学，一个经济学家和时代之间梳不清理还乱五味杂陈的微妙关系的伏笔。其实，伯南克要小心伺候的主子不只是小布什一人，还有一个是他的前任格林斯潘。和小布什相比，格林斯潘也好不到哪里，据说老格是个典型的搞"小圈子"的土皇帝，对持与他相左的观点的人很排斥。在挑选接班人的问题上，当时声望如日中天的老格有一言九鼎的发言权。可以说伯南克就是他“挑选”的。要被老格看中，伯南克不仅要有能受胯下之辱的气度，更重要的，他在关于联储会主要方向和功能的重大问题上的见解和老格非常接近甚至吻合。1999 年夏天，伯南克和他的好友——纽约大学教授马克·格特勒在堪萨斯联储银行举办的政策议题年会上提交了一篇论文。当时高科技泡沫正在顶峰，经济学家们就联储会是否应该提高利率以抑制泡沫而争论不休。很多经济学家认为联储会应该提高利率，以提高借贷成本，阻止“基于假象”的经济行为，并防止资产价格如股价和房价等过度膨胀。而伯南克和格特勒在论文中力排众议，认为联储会应该超然于关于泡沫的争论之外，而将注意力集中在控制通货膨胀方面。他们借用大量电脑计算模型来说明针对通货膨胀的经济政策比针对“人”的行为的经济政策更能奏效。当时与会的老格并未明确表态，但是在会议休息期间他悄悄地走到伯南克和格特勒身边，小声说道：“我同意你们的看法。”格特勒后来回忆到，这大概是伯南克被老格看中，最终成为其接班人的关键一步①。

伯南克升任联储会主席算是“平步青云”。但是恰在他（加上财长保尔森）任内遇到这次百年一见的大危机，却是谁都没有预料到的。在“错误”的时间坐在“错误”的位子上的人生谬误，只有他们自己点滴在心头了。

引爆这次危机的所谓次贷危机实际上早在 2007 年夏天就开始出现。自高科技泡沫以来，格林斯潘主持下的联储会一直采取低利率政策。自 2002 年成为联储会理事之后，伯南克是这一政策的坚定支持者。他强调：“联储会无法从资产价格上来判断泡沫是否存在。即使泡沫存在，将货币政策也当作防止泡沫的正当工具来使用未免太冒险。”换言之，联储会不能将任何强劲的经济繁荣局面当作泡沫来假设；在繁荣阶段贸然提高利率会招致突如其来的衰退。老格也不止一次迎合说：房地产的荣景“并不是泡沫”。从 2002 年开始美国房价开始飙升，人们以升值的房屋为抵押，大肆扩张消费信贷，平均储蓄率降到负数。各银行开始大肆扩张信用，降低借贷门槛，推出各种匪夷所思的贷款形式，其中最具代表性的便是所谓“次级贷款”或次贷（sub - prime mortgage），这种贷款只需支付很少一部

① James Surowiecki. An Avoidable Crisis. New Yorker, December 5, 2010.

分头款甚至不需支付头款，在最初几年内不需支付贷款本金，只需支付利息，因此贷款的最初几年每月按揭额很低。许多收入不高，信用也不好的人们纷纷以这种贷款形式购买原先根本不敢奢望的大房子。2006 年美国房屋市场达到顶峰，房价迅猛上涨，炙手可热，一房难求。笔者的几个华人朋友纷纷投资房地产，有的甚至在全美各地购买了十几处房地产，俨然一副大地产商模样。很多时薪 10 美元的墨西哥劳工每小时赚取 10 美元，却买了三四套房屋。而在 2007 年后，借款者开始偿还本金，每月按揭额成倍增加，由每月的三四百美元增加到上千美元甚至二三千美元。借贷人不堪负担，便纷纷卖房，导致房价猛跌，房屋售不出去。借贷人的房屋便被银行收回拍卖。银行手中的这类房屋增多，导致坏账。而投资银行原先将这种次贷包装成债券，并点石成金地将其升级为高评级的金融产品，推销给全球投资人。一场历史性的金融海啸于是酿成。

2008 年 3 月初，贝尔斯登的股价开始大幅下跌，因为华尔街内部传出消息说这个华尔街五大券商之一无法在隔夜借贷市场上筹到现金。而这正好印证了美国房屋次贷市场开始出现泡沫破灭的猜测，因为贝尔斯登恰好是次贷债券的主要购入者之一。3 月 13 日（星期四）下午，贝尔斯登宣布由于投资者抽出资金，目前公司只剩下 20 亿美元的现金储备，不足以坚持到星期五。据说伯南克当时非常震惊，他周围的人说，看来他根本未曾预料会有这样的事情发生。最初，他和联储会纽约分会主席盖特纳（被任命为奥巴马政府的财长）打算放手让贝尔斯登破产。这也符合联储会一贯的传统，不向过分“冒进”的华尔街企业提供援助，深恐这样会助长他们的气焰。但是，当天晚上联储会和联邦证管会的官员到贝尔斯登了解情况时，赫然发现该公司是基金再购市场（repo）的主要操作者，repo 市场鲜为人知，这是投资银行从共同基金和避险基金、保险公司甚至联储会借入短期资金（譬如一天）以调头寸的市场。每夜平均有 2.5 万亿美元的资金在 repo 市场流动，如果贝尔斯登当夜关门，repo 市场的狂澜势必会猛烈冲击全球金融市场。同时贝尔斯登也是 CDS 市场的主要中介者之一。CDS 是信用迟付保险基金的简称，购入资金者保证在信用资金迟付时提供与本金等额的保险。联邦官员了解到，贝尔斯登和超过五千家的企业签订了这种合同。凌晨四时，盖特纳打电话给伯南克，说他无法保证能控制放任贝尔斯登破产的后果。伯南克立刻同意了盖特纳的意见，决定出手挽救，向贝尔斯登最大的清算银行 JP 摩根银行提供为期 28 天的贷款，以向贝尔斯登贷款。稍后伯南克和联储会敦促 JP 摩根采取进一步的行动，在亚洲股市开市之前完成对贝尔斯登的并购。联储会为此提供 200 亿美元的资产担保，这在近百年的联储会历史上是第一次。

但不知出于何种理由，栽了这么大筋斗的伯南克仍不相信大难在前。在劳工节发表的谈话中，他声称“虽有困难和可能导致困难的局面存在，但我看到一条通向持续繁荣的清晰道路”。他的话音刚落，9 月 15 日，另一个五大券商之一莱曼兄弟宣布寻求破产保护，此后 48 小时的道琼斯指数下跌 400 多点。美国银行宣布收购五大券商之一美林，世界最大保险公司 AIG 也开始和纽约联储银行商谈，寻求援助。而仅剩的两个券商高盛和摩根斯坦利也开始败象渐露。此时华尔街惊恐万状，投资者纷纷撤出资金，股市一泻千里。联储会和华尔街巨头们会商，讨论“生命线”（lifeline）的可能性，即为这些巨头们取得联邦资金而开方便之门。9 月 17 日，联储会宣布向 AIG 提供 550 亿美元的贷款。此时伯南克仿佛大梦初醒，告诉财长保尔森：“我们不能再这样下去了！一是因为我们没有足够的资源，二是这种举措在民主制度下也缺乏法律正当性。我们必须让国会出面收拾烂局。”[①]

10 月 3 日，众议院通过决议，授予财长以更广泛的权力，向陷入危机的金融业提供总额达 7000 亿美元的资金援助，即“救市方案”（Bailout Plan）。但是华尔街的恐慌情绪有增无减，10 月 6 日至 10 日之间，道琼斯指数下跌 18%，为百年仅见。此时对联储会和伯南克的指责纷至沓来，联邦政府没有出手救助莱曼兄弟而任其破产，被认为是近年来“最愚蠢的政府决定”。法国财长拉贾德称此为“可怕的决策失误”。伦敦经济学院教授理查德·波特斯指出，美国政府未出手救助莱曼兄弟的败笔，将永远会被日后的金融史学家们耻笑，下一代的伯南克将视它为最深刻的教训。

实际上，这段时间内伯南克和保尔森的举措中最令人诟病的，并不是没有救助莱曼兄弟，而是其前后矛盾相互冲突：救助贝尔斯登却任莱曼兄弟破产；数个月来他们一直坚持经济基本面健康不会有重大危机产生，却突然之间推出一系列让人眼花缭乱的救市措施；他们一开始称 7000 亿美元的救市资金主要用来购买银行和券商的坏账，而在 10 月又突然宣布这笔资金将主要用来购入银行的优先股。华尔街和经济界的不满情绪达到顶

① James Surowiecki. An Avoidable Crisis. New Yorker, December 5, 2010.

点：经济和政策研究中心主任迪恩·贝克说：“伯南克在这段时间里一直都是事后诸葛亮，在房地产泡沫破灭之后他才看到；直到（2008年）夏季为止，他都否认有任何危机的征兆；在政策制定过程中他缺乏清晰目光；在很多时候，他指出了一个方向，然后朝另外的方向采取行动。如果奥巴马在2010年会重新任命他为联储会主席，我会很奇怪。”美国一直都有一个隐蔽的传统，即高度尊重现任的联储会主席，避免对其进行责难。在国会听证会上，大家对联储会主席都会毕恭毕敬，不会使用对政府官员和公司负责人极尽辛辣挖苦的尖刻词语。但是，这次大家好像都失去了耐心，对伯南克也明显地没有那么客气了。曾和伯南克同为普林斯顿大学经济学系同事的诺贝尔经济学奖得主保罗·克鲁格曼自然要客气一些，但也掩饰不住其不满：“世界上任何一个中央银行都不会走到联储会走到的这一步，都不会把自己的信用扩张到这个强度，会让自身和这么庞大的非常规金融资产挂上钩。”当然他还是补了一句：“勿宁说这是联储会错误使用自身权限的一个极端例子，而非伯南克个人的失误。”①

联储会在美国政府架构中具有很特殊的超然地位，美国政府体制的设计中也尽量使联储会独立发挥其功能，免受任何可能的政治影响。联储会的首脑对美国乃至世界经济活动和运行所能发挥的巨大影响，是如何描写都不为过的。美国经济评论家亚当·戴维森曾说，在经济生活中，联储会所作到的，是先知和弥赛亚未曾做到的。他甚至说到，联储会通过对美元的控制，创立了一个关于一个抽象符号（即美元）的全球性集体崇拜。这个职位具有如此重大的权力，却不属于三权政府架构之外，除了“个人良知”，基本不受任何制约。因此，这个首脑人物的选择和其他政府人员的任命不同，有一套独特的标准。这个人选首先必须是声誉崇隆，背景单纯，没有争议，在个人和经济生活中具有良好记录，党派色彩不明显的学者型人物。在其任职的整个过程中，政府乃至学界和新闻界都不约而同地保持“默契”，避免对他或她进行政治批评，维持其“个人威望”。这种“个人威望”是其职务和权力的重要基础。他的每一句话，甚至每一个遣词，都可能对全球金融市场产生难以想象的巨大影响。美国彼得森国际经济研究所所长亚当·波森（Adam Posen）曾指出，现任联储会主席叶伦的公开讲话中某个形容词的运用都可能会影响全球金融体系：如果她说，

① Adam Davidson. On Money Section. New York Time Magazine, March 1, 2015.

“少许”（slightly）高于2%的长期通货膨胀目标是可以接受的，可能会立刻引发国际货币市场的大震荡，因为投资者会担忧他们手中的美元会贬值。因此，她应该使用“非常少许” （a bit slightly），或“极为少许”（very slightly）等词，才能保证金融市场的平静稳定。

伯南克（以及他的继任者叶伦）能够在十几个候选人中脱颖而出，雀屏中选，正是因为他或她具有这样小心使用词汇的能力。

伯南克自小就是难得的“好孩子”，他出生于南卡州和北卡州交接处一个小镇的奥地利裔犹太人家庭。在幼儿园时他就可以阅读，十一岁时，他是南卡州的拼字冠军，到华盛顿参加全国少年拼字比赛，结果在第二轮因拼错 edelweiss 这个词而被淘汰。有趣的是，这是一种生长在他的祖籍奥地利山地的野花，中文称雪绒花，在电影《音乐之声》中曾多次提到。伯南克压根不知道这个词，因为他没看过这部电影。那个小镇子里没有电影院。这个经历是否对他后来在联储会主席高位上能够非常谨小慎微地运用词汇的习惯产生影响，不得而知，试想这是可能的。在高中时，他自学高等数学，参加州的诗歌比赛。在高考中，他的 SAT 成绩是1590分（满分1600分）。这是南卡州有史以来的最高分。在哈佛大学求学期间，他的一篇关于能源政策的论文曾获奖。在麻省理工学院攻读博士，其博士学位论文运用复杂的数学模式来探讨经济波动，被认为是当年全国最优秀的博士学位论文之一。在斯坦福大学执教数年后，他又返回东岸，在普林斯顿大学任教，并于1996年担任普大经济学系主任，保罗·克鲁格曼就是该系教授。据说伯南克最大的成就之一，就是将系里“学院派”和“应用派”这两股几乎呈水火之势的人马拉到一起，并合作无间。同事们说，伯南克最大的优点之一就是充分尊重少数人的意见，使少数派在他们的意见被否决时也能感到他们的声音“已经被听到”了。身为伯南克走向仕途的“伯乐”，向小布什推荐伯南克的格兰·哈巴德（曾身为布什的总统经济顾问委员会主席）曾强调，他之所以推荐伯南克为自己的继任人和联储会主席，是因为他是一个“大好人”，他和人相处得宜，愿意倾听别人的意见，性格安静，说话柔和，结合其令人印象深刻的学术生涯和成就，以及在宏观经济学领域中清晰的视野和深刻的论点，应该是联储会主席这个美国经济领航人的不二人选。伯南克为人朴实而低调，个人生涯几乎“无懈可击”，这和锋芒毕露的克鲁格曼恰成对照。伯南克最亲近的朋友，和他共著《经济学原理》一书的罗伯特·弗兰克甚至不知道伯南克是哪个党派的，他一直以为伯南克是民主党人。伯南克被委任为联储会一职，让弗兰克很诧异，打电话问："布什干嘛要任命一个民主党人啊?"伯南克答："谁说我是民主党人啦!"①

直到此刻，伯南克都一直舒服地坐在"神坛"上，没有人想到去怀疑他说的话。但是，日益深化的危机似乎让人们失去了耐心，也顾不得尊崇这个职位的一贯传统和政治默契，对伯南克的不满、怀疑和批评此起彼伏。他在前些年所说的话，都会被拿出来和今天的烂局作令人尴尬的对照。走下神坛的格林斯潘当然更成为箭靶。他长期以来的低利率政策，对美国经济基本面"健康"的固执坚持，未能在房屋市场泡沫非常明显时采取任何升息行动的重大失误，人们不再客气，一一摆到桌面上"秋后算账"，格林斯潘也忙于为自己辩护。伯南克作为他的忠实追随者，随仍位居神坛，也无法避免被"究责"被"清算"的难堪。

此时我们所看到的不仅是一个危机，还有危机中政策决策者的个人责任的归属，甚至决策者位置设计的政治意涵和特征及其与经济活动结局之间的联系，决策者个人性格对决策的影响。在这里我们实际上观察到现代经济决策功能体系和经济运行之间互动的正式布局，及其课程化的诠释，也情不自禁地回顾近百年来经济学体系演化的脉络。所谓"经济学体系演化的脉络"，不仅是指经济学在方法论和研究客体上的变化，也意味着经济学作为一个整体，在科学工具论、社会科学、现实社会经济生活的狭缝中艰难游移，不停寻找自我定位的挣扎。伯南克在经济学领域中的成就，以及他在布什政府和联储会的任职历程，实际上是经济学这种茫然无措挣扎的一个缩影。在我们的年代，如果我们坚持"经济学是一门科学，而不是工具"的理念，一定会被笑话。现在，包括在中国，没人会认真地把"经济学家"当作科学家或社会科学家看待。

我们不禁温暖地、也不无惆怅地回想起经济学的"黄金年代"。现在很多人将凯恩斯时期作为经济学的全盛时代，不过在笔者看来，经济学真正全盛的"希腊期"应该是在瓦尔拉斯—马歇尔时代。在瓦尔拉斯—马歇尔（以下简称瓦—马）时代，经济学才正式成为一门完全独立的学科。在此之前，经济学是"政治经济学"，即哲学方法论，是政治意识主导和历史分析为主线条的一门综合学科。只有到了瓦—马时代，经济学彻底离开

① James Surowiecki. An Avoidabie Crisis. New Yorker, December 5, 2010.

了哲学、政治学和历史学的藩篱，其标志是以边际分析、均衡分析和厂商分析三大元素为主要内容的数学模型化（微观经济学）方法论体系基本成型。瓦尔拉斯更为经济学打造了一个近乎铁幕般的理论限界，中立，实证，不包含任何功利与道德内容的分析程序的所谓“纯粹科学”的框架。为此，经济学将原来许多的客体都赶出了经济学领域，经济学的研究客体范围严重地缩化，只剩下价格条件下供给与需求之间的物理般的往复均衡活动，以及在这个活动过程中个人和厂商行为模式的“合理性”内涵的探索。

瓦—马的经济学革命引起了许多反弹。这些反弹包括三个方面：一是对方法论体系三大要素中均衡分析体系的不停的质疑，以及对其进行修正或补正的努力，如张伯伦和罗宾逊夫人的垄断竞争理论或不完全竞争理论，以及后来一系列的补正模式的出现，如无差异曲线，蛛网理论，生产函数理论，福利经济学理论等。二是对其方法论体系客体设定布局的价值涵义的反弹，即经济学在追求完全的学术独立过程中大量排除研究客体，这以制度经济学为主。三是试图在微观经济学的假设体系下，研究客体范围和方法论方面三管齐下，试图同时在这三个领域中扩展经济学理论分析体系的努力，这就是以凯恩斯为代表的所谓“宏观经济学”的滥觞。自然，这三者中宏观经济学是“最主要”的一股力量。我们说它“最主要”，不仅因为它成为和微观经济学鼎足而立的经济学主要分支，而且因为在后期的演化中它逐渐地孵化出经济学的另一个始料未及的历史转型——经济学的非学院化、社会工具化。从单纯经济学的角度看，凯恩斯理论并非主要是一个将经济研究客体全面“宏观化”的方法论首创者，而毋宁说是一个对瓦—马体系生搬硬套将经济学“科学化”的深刻怀疑。

凯恩斯最令人拍案叫绝的贡献在于，他发出这样的质问：一个以物理学般精确运作的机制，包括价格杠杆下自然达成的总体均衡或一般均衡，如果不能解释一个突如其来的局面，譬如大危机那样均衡完全被破坏的局面，那么经济学打算在“科学”和“社会科学”之间的狭缝中走多远？笔者以为这种提问，只有凯恩斯这样世纪性天才人物才能提出来，现在没有人会再提了。世上已经没有凯恩斯了。“科学”和“社会科学”之间的差别，简而言之，就是强调机制和强调人的因素之间的差别。而凯恩斯精辟地指出，瓦—马体系最重大的缺陷，它之无力解释现实经济局面的局限性，就是因为它从根本上排除了“人”的因素，将“人”简化为完全按照给定和量化的"机制"信号动作的被动个体。

凯恩斯的出发点是，人们在不确定条件下会做出何种反应？而人们对外在情势和生存环境做出反应的机制是远远超出经济学框式之外的。人们在任何情势下，特别是在危害生存环境的不利情势下，都试图做出"正确的决定"，以把对自身生存状况的危害减至最低。而人们做出自以为"正确决定"时，是基于过去的经验，趋向于相信未来将继续维持当前所处的，也为自身所熟悉的情势。如果股市上涨，房市繁荣，人们通常会趋于相信未来会继续这种上升和繁荣的局面。而当危机突如其来时，人们对新信息的接收和处理能力出现障碍，因为他们不知道哪一种信息是必要的。而一旦接收新信息的能力出现问题，则人们的常规行为会脱序。而危机的很大一部分动力便来自人们这种基于加工信息能力丧失的脱序行为，譬如过度的惊慌。在人们的常规经济行为下货币多半是"支付手段"，但是人们的行为一旦脱序，货币的职能便可能发生变化，即由"支付手段"转换为"储藏手段"。这意味着，人们根据当前的经验，趋向于悲观地相信未来将持续危机局面，因此将现金握在手中，停止或减少支出。凯恩斯将这部分人们掌握的现金形式的资产称为"心理上的流动偏好"。银行等经济组织也会采取相同的行动：如果他们对前景感到悲观，他们会尽量将现金储存起来，即使借贷，也会大大提高其"收费"，即提高利率或提高借贷门槛。即使中央银行向银行体系注入资金，这些银行也不会将这些资金用于借贷，而是储存起来。因此，凯恩斯认为即使中央银行降低贴现率和短期基金利率，也不会使银行很快降低其借贷利率。这种情况下社会经济体系的资金动力源泉逐渐枯竭，社会的"有效需求"便降低。而填补"有效需求"缺口的唯一方法便是政府支出，扩大政府支出和投资，"不管是修公路，建医院，还是垒金字塔，总之政府要支出。"这里面也包括政府通过积极的财政政策，不仅直接购买产品和劳务，也包括越过银行体系向私人企业直接注入资金。

凯恩斯对经济学最独特的贡献在于，不仅深刻触及了经济学方法论的基础，也为经济学重新划出一个更大的区域。换言之，他的理论不止是对经济学方法论体系的理论补正，也彻底改变了经济学的方向。在凯恩斯以后经济学彻底放弃了瓦—马体系的科学性自我设定，而完全地社会工具化，亦即成为完整的政府政策工具。由此，它不可避免地"超经济学化"，在很大程度上和政治学理论结合在一起，完成了"政治经济学"的复兴，这便是自“凯恩斯学说”到“凯恩斯理论”，“凯恩斯学派”直至“凯恩斯主义”的现代经济学不停转型的轨迹。对凯恩斯革命的“反革命”发生在两路：一是弗里德曼（及芝加哥学派）试图在理论领域继续与凯恩斯体系缠斗；二是哈耶克和米塞斯等人的维也纳学派索性脱出经济学框架，在政治学和历史学领域内直击凯恩斯。最后弗里德曼也随哈耶克之后投入了经济学的“政治意识形态大战”。一方面由于凯恩斯的开风气之先，另一方面出于自由主义学者以权宜之计防堵凯恩斯“社会主义”的浸漫，经济学体系出现了极其饶有兴味的历史变化：经典微观经济学方法论彻底象牙塔化，永久性地固定在大学教科书里；而在实际社会经济生活领域，经典方法论体系彻底地虚拟化，经济学体系整体性地工具化甚至工程化，经济学领域里的任何争议也政治学化和意识形态化，凯恩斯主义和非凯恩斯主义之间的政策之争，也成为“社会主义”和“自由主义”之争。

这种政策领域中的意识形态壁垒，使得“经济学家”分化为三个团体，一是学院的教书匠，二是政府的经济官员和政策专家，三是私人经济团体包括银行和企业的经济分析人员。大概我们谁都想不到这个世界上已经没有纯粹的“经济学家”了，世上没有亚当·斯密，没有马克思，没有瓦尔拉斯和马歇尔，没有凯恩斯，没有哈耶克，只有在这些伟大先哲的理论之间游走并拾人牙慧的学者，只有心中没有先哲也没有“经济学理念”的官员，只有那些开讲座、上电视、搞咨询、做项目、去做官的“专家”，那些摇唇鼓舌、煞有介事为经济诊断号脉猜局占卜，却多半会错得离谱的支领高薪者。经济学，注定从先哲的背后开始便是这样实惠的“学科”。

不必议论伯南克这样出色的经济学家和“好人”，当他从象牙塔坦然无涩走向官场时是否想到“经济学的堕落”。经济学家不做官谁做官？令人感兴趣的是，伯南克到底是什么样的经济学家？凯恩斯派还是非凯恩斯派？没有一个人说得出来。布什和他的小圈子看中伯南克，是因为他们感觉伯南克“像一个坚持市场理念的自由主义经济学家”。但“好人”和卓有学术声誉的伯南克，虽不像斯蒂格利茨和克鲁格曼那样锋芒毕露地批判资本主义市场体系，但从不是芝加哥学派般坚定的反凯恩斯主义者。这也是他能担任这个要职的主要优势之一。如果他是克鲁格曼，在参议院提名听证会上过不了共和党的关；如果他是卢卡斯那样旗帜鲜明的反凯恩斯主义者，也一定被民主党人追打。他之所以能上任而且受到两党“一致好评”，就是因为他什么都不是。他只是一个学院教书匠。从他身上，我们可以再清楚不过地看到当代经济学，经济学家，经济学理论和理念，以及政府与政策，政治程序和政治决策之间错综复杂却也紧密而直接的关联，看到经济学作为一门“学科”，如何以它独有也空前的形式立足于社会的情景。在学院里，象牙塔里，经济学是绝对寂寞无声的，没有人会多看它一眼。只有在官场里商场上，经济学才如雄狮般威风八面，虽整日被人唾骂，但也让众人洗耳恭听。现实生活中没有人相信经济学家，但是人们还有什么更好的东西可以相信？在不值得相信的东西里面，经济学还是排在后面。经济学就是这样来立足的。如果伯南克不热爱经济学，他不会走上仕途。

这就是为什么伯南克要走出象牙塔，去趟官场的浑水？这就是为什么斯蒂格利茨和克鲁格曼这样的优秀“经济学家”不甘寂寞，成为专打布什政府的重炮手？这就是为什么那么多经济学家通过这种形式发声，为经济学争一份天地？

任何一个决定社会经济运动结果的政府政策包括宏观经济政策，都首先是一种政治操作和政治程序，而不是经济行动。经济政策所设定的任何目标，都是含有特定价值内容的公共政治目标，而不是特定利益指向的经济主体的决策。而这种政治操作是由“经济学家”来制定和采取的。现在的经济学家就这样都成了政治操作者。在危机中他们的责任不仅是设计“经济解救方案”，而且必须直接回答和摆平许多尖锐的政治难题：贝尔斯登这种近乎胡作非为，章鱼般在金融深海的每个角落伸出贪婪触角的金融界恶棍，居然握有“胡作非为的规模太大，不容倒闭”的免死金牌，社会和政治生活中起码的公义性在哪里？出手援救贝尔斯登，却对莱曼兄弟的破产袖手旁观的道义标准在哪里？全力支援贪婪的华尔街金融大鳄，却不愿对汽车工业提供帮助的合理依据是什么？帮助华尔街（Wall street）而不“扶助”社会民众（main street）的价值准绳又是什么？共和党指责联储会像一个什么都管的社会主义机构，民主党也反讽白宫救助华尔街的措施是“资本社会主义”，在“社会主义”无异于一盆脏水的国度里，也有“姓社”“姓资”的另类口水战。联储会及至学院派经济学家出身的伯南克的盘算里，到底有多少“资本主义”、“社会主义”或“市场自由”的料子，他们自己说不出来，但他人贴上的标签是逃不脱的。如果他们的盘算以及社会对这种盘算的检视，都是政治导向的，都包含着玩弄意识形态的低级花样，那么，经济学在哪里？那个曾骄傲地作为科学一支的经济学究竟在哪里？

伯南克的个人生涯成功，是经济学在当代社会“成功”的范例。他应对危机的态度和出手的政策都出自他个人严格的经济学学术训练。他本人并不是一个政客，经济学家不至于堕落为政客。但是他却必须和政客一起在政治的浑汤里打滚。所以他的“成功”，也是经济学倒地不起的绝好象征。经济学的灵魂是浮士德式的，如果在经济学里一切都可以交换，灵魂为何不可以？经济学去吃政治奶水的历程，符合凯恩斯和哈耶克以降经济学体系所教导的大纲。凯恩斯和哈耶克都教导我们也教导经济学，经济学应该是关于“人”的科学，微观经济学方法论体系的根本失误在于他们将曾是关于人的学说，关于人和社会之间相互关系形式与内容的学说，转型为“个体”与“个体”之间以物理学般的机能互动并作出反应的学说，“人”本身不再重要，重要的是人对机能的反应及其结果。当凯恩斯和哈耶克等先哲们认识到经济学必须回到以“人”为出发点的基本面时，经济学是对的。但是，经济学如何回到这个基本面，回到“人”的哪一个层面上去呢？凯恩斯主张回到人的心理机制，而哈耶克主张回到人在市场制度定位的历史意识面去。而经济学最后失望地发现，所谓“人”根本是一个回不去的空荡基点，因为人必须和外在机能之间维持一定的关系，无论是市场均衡的价格机能，还是制度决定的社会运作机能，都能让人的行为和决策变形。伯南克、斯蒂格利茨和克鲁格曼都是聪明绝顶的人，焉能意识不到这个难题？只是他们走了各自不同的路。

20 世纪初美国著名经济学家弗兰克·奈特（Frank Knight）曾指出，“危机”本身是可以用数学模型来定义和解释的现象，但是“不确定性”(uncertainty）却是一种“深切的不可知”（deep unknown）。那么，“危机”和“不可知”之间有何异同？如果“危机”是一种可知现象（通过数学模型)，那么不可知的“不确定性”究竟又是何种经济现象？如果“危机”本身是可知的或可认识的，为什么我们还要受危机之苦，而且在危机面前手足无措，毫无回天之力？如果我们无法防止也无法避免危机，危机是否和不确定性一样，也是一种不可知现象？

或者说，“危机”和“不确定性”二者本来就是一个东西？

奈特这种将特定的经济局面或经济现象超经验化，或神秘主义玄学化的做法，本来是西方学者在其总体文化哲学体系范畴内必然会产生的现象，甚至也来自西方社会犬儒主义和诡辩主义的源远流长的传统。通过这种将可能是相同属性的经济现象加以概念割裂和不可知化的手段，经济学家早早地为自己找好了一条退路。当他们被围困在自身专业领域的极限内而对外部世界及其运动无能为力时，可以搪塞，可以含混其词，然后可以逃避。这时经济学家们说：我们是有能力解释危机、开出药方并指明方向的，但“不确定性”是上帝的物件，我们无能为力。究竟何为“不确定性”，我们“不可知”。所以，我们说“经济学的堕落”时，其实是在观察一种近乎完美的自我变身，在犹抱琵琶半遮面的扭捏中步上适者生存的轨道。经济学家可以为危机本身给出解说，甚至开出药方。但一旦我们给出的解说是不靠谱的，开出的药方是错的，那么，我们想解释或医治的“危机”就是另一种病症，即“不确定性”。我们经济学家可以解决任何问题，包括危机。如果我们解决不了，那就不是我们的问题，是上帝的。

“危机”，是经济领域里的战争。既然是战争，它就具有战争的一切特征：兵败如山倒的全线溃退，盲目恐惧下的树倒猢狲散，砸锅卖铁后的欲哭无泪，鼠目寸光的胆怯与慌张，自扫门前雪的利己主义根性，对智慧原则的全面背叛所导致的最差的群体决策，等等。在这样的危机局面中，标榜纯粹理性和标准科学体系的经济学理论毫无用武之地。一切的规则和对规则的精细解说，一切行为决策及其所依赖的合理依据，都让位给自残相残的疯狂无理性行为。这大概就是经济学家所说的“不确定性”。换言之，“危机”可以解释也可以从容面对，它只是经济曲线的向下倾斜。但是，人们感觉到（或错觉到）“向下倾斜”时的恐惧慌张的心态不可解释，这种心态的群体催化所做出的决策究竟有何种爆发力和破坏力的路径不可解释，在这种局面中人性的所有正面价值会以何种加速度堕落，也不可解释。经济学没有解释突如其来的、无可名状的恐惧的本领。当这种恐惧的力量往往大于经济学的精妙法则，将它无情地踏在脚下时，经济学没有力量重新站起。

经济学只能解释人性在理性局面下会如何反应，如何行为，但对非理性局面下的人类反应与行为全然无能为力，而人类的绝大部分行为都是非理性的和反智慧的。美国的俗话说，钱对于人就像是肉对于狗，人在金钱面前都是动物。人们恰恰在金钱面前不能采取理性态度。而可笑的是，经济学家却天真地将人和金钱这个经济活动的核心元素当作了两张完全按照理性原则均衡运作的乖乖牌。这就决定了经济学本身从一开始就有先天缺陷：人和金钱之间的互动（经济活动的中心内容）只能在经济学家撰造的理论模型里才能够自律地、规则地按照既定的理性规则运作。这种运作在现实中没有可能性。这决定了经济学理论在根本上是与经济活动的现实脱节的。这是经济学这个自称为科学的学科与任何自然科学学科之间的根本区别。但是经济学必须面对和解释现实问题，这是它的道德职能所在。经济学通过一系列的假设条件来将现实条件实验室化。而当（人性和金钱力量的）现实过于强大，过于严峻，过于具有压倒性而完全无可回避，使得经济学的分析工具达到其极限时，经济学家的唯一退路便是“不确定性”论。借此，他们间接地承认经济学方法论工具已经无效，同时也倔犟地辩解：如果经济学无法解释不确定性，那么任何其他科学也无法解释。因为这是上帝的领域。

经济学总是身处于这类毫无胜算的角力中，然后被人笑称为一个不堪一击的泥足巨人。

如果经济学是泥足巨人，那么哪一个社会科学不是？这时的经济学甚至会有一丝的安慰。

的确，在危机之中，我们什么都不能做。我们所钟爱的经济学没有更好的路可走。经济学自诩也自信能设计出一条永世最佳的康庄大道，但是它从来没有给出过这样的路线图。经济学既不能预测危机的逼近，不能减少危机的伤害，也不能让人们心中少一些愁云。当经济学这只黔驴的三踢脚功夫到了山穷水尽的窘境时，它只能要么视而不见，要么厚颜以对，要么（至少暂时地）堕落成为一种诡辩术。

克鲁格曼有一句名言：“战壕里没有无神论者，危机中没有自由主义。”① 而我说，战争中不需要教官，经济里不需要经济学家。不是吗？繁荣时我们需要乔布斯或马云，还是需要萨缪尔逊或克鲁格曼？危机到来时我们需要经济学家们华山论剑，还是需要联储会的点石成金？危机如战时，一切服从命令听指挥，市场机制和均衡价格通统靠边站。此时，经济学必须扪心自问：不能让经济局面变得更好的经济学，到底有什么用处？如果一切政策说了算，上边决定就是一切，走向繁荣要靠李光耀这样的能者，我们为什么还需要经济学？在危机中我们看到一切经济学理论体系里的公式和定理停止了工作，市场不再均衡，价格不再是杠杆，经济个体的“合理决策”每一个都是错的。我们从经济学理论中所期待的一切都是竹

① Paul Krugman, New York Times, Financial Page, May 27, 2009.

篮打水。

原来，堕落真的是经济学秘笈的一部分。

当然，经济学家们可感到一丝欣慰的是，“堕落的不是经济学家，而是经济学。”那么，堕落的经济学还算不算经济学？堕落经济学里的经济学家还算不算经济学家？

如果本人说，世上没有经济学，经济学只是一堆随时可以被橡皮擦掉的模型；而在没有经济学的世界里，也不会有真正的经济学家，“经济学家”们愿意听吗？

参 考 文 献

1. Alfred Marshall, *Principle of Economics*, 8th ed. MacMillan & Co. , London, 1920.

阿尔弗雷德·马歇尔:《经济学原理》,麦克米伦出版公司 1920 年第 8 版,伦敦。

2. Gordon Wright, *One Side, All Sides——Or No Sides*, Stanford Today, Winter, 1965.

戈尔登·莱特:《一方、各方,或者没有任何一方》,《今日斯坦福》(刊物),冬季,1965 年。

3. Thomas R. Malthus, *An Essay on the Principle of Population*, Reeves & Turner, London, 1878, 8th ed.

托马斯·马尔萨斯:《人口原理文集》,里夫斯与特纳出版社 1878 年第 8 版,伦敦。

4. Paul Samuelson, *Economics*, McGraw – Hill Book Co. , New York, 4th ed. , 1958.

保罗·萨缪尔逊:《经济学》,麦格劳 – 希尔书籍出版公司 1958 年第 4 版,纽约。

5. Ansley J. Coale, *Man and His Environment*, Science, vol. 170, by American Association for the Advancement of Science, 1977.

安斯利·寇尔:《人及其环境》,《科学》杂志,第 170 期,美国先端科学学会出版,1977 年。

6. Sumner H. Slichter, *Modern Economic Society*, Henry Holt & Co. , New York, 1928.

萨姆纳·斯利契特:《现代经济社会》,亨利·霍尔特出版社 1928 年版,纽约。

7. R. A. Radford, *The Economic Organization of a P. O. W Camp*, Economica, vol 12, 1945.

R. 拉德福:《战俘营里的经济组织》,《经济学杂志》, 第 12 期, 1945 年。

8. Eugen von Bohm – Bawerk, *Positive Theory of Capital*, MacMillan & Co, London, 1891.

尤金·庞巴维克:《资本实证论》, 麦克米伦出版公司 1891 年版, 伦敦。

9. Milton Friedman, *Free to Choose*, Harcourt, San Diego, 1980.

米尔顿·弗里德曼:《自由选择》, 哈尔考特出版社 1980 年版, 圣迭戈。

10. Kenneth Arrow, *Social Choice and Individual Values*, Wiley, 2nd ed. , New York, 1963.

肯尼思·阿罗:《社会选择与个人价值》, 威利出版社 1963 年第 2 版, 纽约。

11. Robin Marris, *Galbraith, Solow, and the Truth about Corporation*, The Public Interest, No. 11, Spring, 1968.

罗宾·马里斯:《加尔布雷思、索洛以及关于公司的真相》,《公共利益》杂志, 第 11 期, 春季, 1968 年。

12. Robert Solow, *The Economics of Resources of the Resources of Economics*, The American Economic Review, 64 (2), 1974.

罗伯特·索洛《经济学资源之资源经济学》,《美国经济评论》, 64 – 2 期, 1974 年。

13. Jack Hirshleifer, *Capitalist Ethics——Tough or Soft*, The Journal of Law and Economics, Oct. , 1959, The University of Chicago Law School.

杰克·赫什莱佛:《资本主义伦理——刚性与柔性》, 芝加哥大学法学院《法律与经济学》杂志, 1959 年 10 月期。

14. ichard Epstein, *Takings: Private Property and Eminent Domain*, Harvard University Press, 1985.

理查德·爱泼斯坦:《掠取: 私人财产与强制征用》, 哈佛大学出版社 1985 年版。

15. Frank Levy, *The New Dollars and Dreams: American Incomes in the*

Late 1990*s*. Russell Sage Foundation, 1999.

弗兰克·列维：《新美元与梦想：1990 年后期的美国收入》，罗素·塞吉基金会，1999 年版。

16. Richard Posner, *The Economics of Justice*, Harvard University Press, 1983.

理查德·波斯纳：《正义经济学》，哈佛大学出版社 1983 年版。

17. Thomas Piketty, *Capital in the Twenty – First Century*, Harvard University Press, 2013。

托马斯·皮凯蒂：《21 世纪资本论》，哈佛大学出版社 2013 年版。

18. 崔勇列：《怪诞的真理和颠覆的经济学》，《书城》杂志，2007 年 10 月号。

19. Peter Diamond and Steven Kotler, *Abundance*: *The Future Is Better Than You Think*, Free Press, New York, 2012.

彼得·戴雅门和斯蒂芬·科特勒：《充裕社会：未来好于想象》，自由出版社 2012 年版。

20. Jeff Madrick, *Seven Bad Ideas*: *How Mainstream Economics Have Damaged America and the World*, Alfred A. Knopf, New York, 2014.

杰夫·马德里克：《七个不要：主流经济学如何损害美国与世界》，阿尔弗雷德·诺普出版公司 2014 年版，纽约。

21. Martin Wolf, *Fixing Global Finance*, John Hopkins University Press, Baltimore, 2008.

马丁·沃尔夫：《修复世界金融》，约翰·霍普金斯大学出版社 2008 年版，巴尔的摩。

22. 崔勇列：《幸福与经济学的断层》，《书城》杂志，2007 年 5 月号。

23. George J. Stigler, *Production and Distribution Theories*: *The Formative Period*, MacMillan Co., New York, 1994.

乔治·斯蒂格勒：《生产与分配理论：规范时期》，麦克米伦出版公司 1994 年版，纽约。

24. James Tobin, *On Improving the Economic Status of the Negro*, Daedalus, Journal of American Academy of the Arts and Sciences, Fall, 1965.

詹姆斯·托宾：《论黑人经济地位的改善》，《美国艺术与科学院杂志》，

1965 年秋季刊。

25. James Tobin, *National Economic Policy*, Yale University Press, New Haven & London, 1966.

詹姆斯·托宾:《国家经济政策》，耶鲁大学出版社 1966 年版，纽海文与伦敦。

26. Andrew Shonfield, *Modern Capitalism*, Oxford University Press, 1965.

安德鲁·萧恩菲尔德:《现代资本主义》，牛津大学出版社 1965 年版。

27. John Kenneth Galbralth, *How Keynes Came to America*, New York Times Book Review, May, 1965.

约翰·肯尼思·加尔布雷思:《凯恩斯如何来到美国》，《纽约时报》读书周刊，1965 年 5 月。

28. Henry Hazlitt, *The Development of Economic Thought*, National Review, New York, Nov. , 1965

亨利·哈兹利特:《经济学思想的发展》，国家评论出版社 1965 年版，纽约。

29. Frank D. Graham, *Exchange, Prices, and Production in Hyper – Inflation Germany*, 1920 – 1923, Princeton University Press, 1930.

弗兰克·格拉姆:《1920 ~ 1923 年高通货膨胀时期德国的汇率、价格与生产》，普林斯顿大学出版社 1930 年版。

30. Joseph Grunwald, *The Structuralist, School of Price Stabilization and Economic Development*: The Chilean Case, Latin American Issues, The 20th Century Fund, New York, 1961.

约瑟夫·格伦瓦尔德:《价格稳定领域中的结构学派与经济发展: 以智利为例》，《拉丁美洲问题》论文集，20 世纪基金出版，纽约，1961。

31. Sumner Slichter, *Argument for "Creeping" Inflation*, New York Time Magazine, Mar. 8, 1959.

萨姆纳·斯利契特:《关于"怪诞"通货膨胀的争论》，《纽约时报》周刊，1959 年 3 月 8 日。

32. Jules Backman, "*The case Against Creeping Inflation*", New York Time Magazine, May 3, 1959.

朱勒斯·巴克曼:《怪诞通货膨胀之反论》，《纽约时报》周刊，1959 年 5 月 3 日。

33. Almarin Philips and Oliver Williamson, *Prices: Issues in Theory, Practice, and Public Policy*, University of Pennsy Lvania Press, 1968.

马林·菲利普斯和奥利弗·威廉姆森：《价格：理论、实践与公共政策论文集》，宾夕法尼亚大学出版社1968年版。

34. Williams H. Nicholls, *Price Policies in the Cigarette Industry*, Vanderbilt University Press, Nashville, 1951.

威廉姆斯·尼科尔斯：《烟草工业的定价政策》，凡德比尔特大学出版社1951年版，纳什维尔。

35. Franklin Fisher, Zvi Griliches and Carl Kayson, *Abstract and the Costs of Automobile Model Changes since* 1949, American Economic Review, May 1962.

弗兰克林·费雪、兹维·格里利切斯和卡尔·开森：《1949年以来汽车车型改变的成本及总貌》，《美国经济观察》，1962年5月刊。

36. Joseph Schumpeter, *Capitalism, Socialism and Democracy*, Harper & Bros. , New York, 1942.

约瑟夫·熊彼特：《资本主义、社会主义和民主主义》，哈泼兄弟出版公司1942年版，纽约。

37. John Brooks, *The Fate of the Edsel and Other Business Adventures*, Harper & Bros. , New York, 1962.

约翰·布鲁克斯：《福特艾德塞尔型汽车的命运和其他的商业冒险》，哈泼兄弟出版公司1962年版，纽约。

38. Carl Kayson and Donald Turner, *Antitrust Policy*, Harvard University Press, 1959.

卡尔·凯森和多纳德·特纳：《反托拉斯法》，哈佛大学出版社1959年版。

39. Edward Denison, *United States Economic Growth*, Journal of Business, Vol. XXXV, No. 2, April, 1962.

爱德华·丹尼逊：《美国的经济增长》，《商业周刊》，第35集第2号刊，1962年4月。

40. Frederic Bastiat, *Economic Sophisms*, G. P. Putnam's Sons, New York, 1922.

弗雷德里克·巴斯蒂亚特：《经济诡辩》，G. P. 普特南父子出版公司

1922 年版，纽约。

41. Joyce Appleby, *The Relentless Revolution: A History of Capitalism*, W. W. Norton & Company, New York, 2010.

乔伊丝·艾坡尔比：《无情的革命：资本主义史》，W. W. 诺顿出版公司 2010 年版，纽约。

42. Gerald Meier, *Financing Asian Development: Performance and Prospects*, The Asian Society, University Press of America, 1986.

杰拉尔·德梅伊尔：《向亚洲发展的融资：表现与展望》，亚洲学会，美国大学出版社 1986 年版。

43. Richard Gill, *Economics and the Public Interest: Principles and Macroeconomics*, 5th Edition, Bristlecone Books, Mayfield Publishing, Co., Mountain View, CA., 1991.

理查德·吉尔：《经济学与公共利益：原理与宏观经济学》，梅菲尔德出版公司 1991 年第 5 版，山景城，加利福尼亚。

44. Richard Gill, *Economics and the Private Interest: An Introduction to Microeconomics*, Goodyear Publishing Co., CA., 1970.

理查德·吉尔：《经济学与个人利益：微观经济学入门》，固特异出版公司 1970 年版，加利福尼亚。

45. Susan Previant Lee and Peter Passell, *A New Economic View of American History*, W. W. Norton & Co., New York, 1979.

苏珊·普雷维安特·李和彼得·帕塞尔：《美国史的经济新视角》，W. W. 诺顿出版公司 1979 年版，纽约。

46. Stanley Fischer and Rudiger Dornbusch, *Economics*, McGrow – Hill Book Co., New York, 1983.

斯坦利·菲舍尔和鲁迪格尔·唐布什：《经济学》，麦格劳－希尔书籍出版公司 1983 年版，纽约。

47. Arnold Anderson and Mary Jean Bowman, *Education and Economic Development*, Aldine Publishing Co., Chicago, 1965.

阿莫尔德·安德森和玛丽·简·鲍曼：《教育和经济发展》，阿尔丁出版公司 1965 年版，芝加哥。

48. John Krutilla and Anthony Fisher, *The Economics of Natural Resources*, Resources for the Future, Inc., Washington D. C., 1985.

约翰·克鲁提拉和安东尼·费雪：《自然资源经济学》，“为了未来的资源”公司 1985 年版，华盛顿特区。

49. Douglas North, *The Economic Growth of the United States*, 1790 - 1860, W. W. Norton & Co., New York, 1961.

道格拉斯·诺思：《1790～1860 年的美国经济增长》，W. W. 诺顿出版公司 1961 年版，纽约。

50. W. W. Rostow, *The Stage of Economic Growth*, Cambridge University Press, 2nd ed., 1971.

W. W. 罗斯托：《经济成长的阶段》，剑桥大学出版社 1971 年第 2 版。

51. Richard LaPiere, *Social Change*, McGrow - Hill Inc., Kogakusha, Tokyo, 1965.

理查德·拉皮埃尔：《社会变迁》，麦格劳－希尔与日本考学舍合资出版公司 1965 年版，东京。

52. Charles Glaab and Theodore Brown, *A History of Urban America*, Collier - Macmillan Ltd., London, 1970.

查尔斯·格拉布和西奥多·布朗：《美国都市史》，科利埃尔－麦克米伦出版公司 1970 年版，伦敦。

53. Richard Leftwich and Ansel Sharp, *Economics of Social Issues*, Business Publications, Inc., Dallas, 3rd ed., 1978.

理查德·雷夫特维奇和安塞尔·夏普：《社会议题经济学》，商务出版公司 1978 年第 3 版，达拉斯。

54. *Rapid Population Growth*, Prepared by a Study Committee of the Office of the Foreign Secretary National Academy of Science with the Support of the Agency for International Development, The John Hopkins Press, Baltimore, 1971.

《人口之高速增长》，在国际发展署支持下为国家外长科学院研究委员会的报告，约翰·霍普金斯大学出版社 1971 年版，巴尔的摩。

55. 崔勇列：《贸易与发展的双刃剑》，《读书》杂志，2005 年 11 月期。

56. John Williamson, *The Open Economy and the World Economy: A Textbook in International Economics*, Basic Books, Inc., Publishers, New York, 1983.

约翰·威廉姆森：《开放经济与世界经济：国际经济学教科书》，书籍出版公司 1983 年版，纽约。

57. Joseph Stiglitz, *The Price of Inequality*, W. W. Norton, New York, 2012.

约瑟夫·斯蒂格利茨：《不平等之代价》，W. W. 诺顿公司 2012 年版，纽约。

58. Angus Deaton, *The Great Escape: Health, Wealth, and the Origin of Inequality*, Princeton University Press, 2013.

安古斯·迪顿：《大逃亡：健康、财富与不平等之源》，普林斯顿大学出版社 2013 年版。

59. Michael Casey, *The Unfair Trade: How Our Broken Global Financial System Destroys the Middle Class*, Crown Business, New York, 2012.

迈克尔·凯西：《不平等贸易：我们残缺不全的全球金融体系如何摧毁中产阶级》，王冠商务出版社 2012 年版，纽约。

60. Daniel Gross, *Better, Stronger, Faster: The Myth of American Decline ... and the Rise of a New Economy*, Massachusetts, Free Press, 2012.

丹尼尔·格罗斯：《更好，更强，更快：美国衰落之谜以及新经济体的崛起》，自由出版社 2012 年版，马萨诸塞州。

61. Charles Calomiris and Stephen Haber, *Fragile by Design: The Political Origin of Banking Crises and Scarce Credit*, Princeton University Press, 2014.

查尔斯·卡洛米尼斯和斯蒂芬·哈伯尔：《脆弱的设计：银行危机与稀缺信用的政治基础》，普林斯顿大学出版社 2014 年版。

62. Zachary Karabell, *The Leading Indicators: A Short History of the Numbers That Rule Our World*, Simom Schuster, New York, 2014.

扎卡里·卡拉贝尔：《领先指标：统治当今世界的数据小史》，西蒙·舒斯特，2014 年，纽约。

63. Felix Martin, *Money: The Unauthorized Biography*, Alfred Knopf, New York, 2014.

费利克斯·马丁：《金钱：未经许可的自传》，阿尔弗雷德·诺普出版社 2014 年版，纽约。

64. Albert Hirschman, *National Power and the Structure of Foreign Trade*, University of California Press, Berkeley, 1980.

阿尔波特·赫尔什曼:《国家力量与外贸结构》，加利福尼亚大学出版社1980年版，伯克利。

65. Robert Schiller, *Finance and the Good Society*, Princeton University Press, 2012.

罗伯特·席勒:《金融与良好社会》，普林斯顿大学出版社2012年版。

66. Jeffery Sachs, *The End of Poverty*, Penguin Press, New York, 2005.

杰弗里·萨克斯:《结束贫穷》，企鹅出版社2005年版，纽约。

67. Jeffrey Sachs, *Economic Possibilities for Our Time*, Penguin Press, New York, 2005.

杰弗里·萨克斯:《我们时代的各种经济可能性》，企鹅出版社2005年版，纽约。

68. 本书中有关中国的经济数据引用自新浪新闻网站。